"十四五"高等职业教育本科新形态规划教材

DIGITAL SUPPLY CHAIN OPERATION MANAGEMENT

数字化供应链运营管理

于文玲　张炳达　主编

图书在版编目(CIP)数据

数字化供应链运营管理 / 于文玲,张炳达主编.
上海：上海财经大学出版社, 2025.1. -- ("十四五"
高等职业教育本科新形态规划教材). -- ISBN 978-7
-5642-4477-4

Ⅰ.F252.1-39

中国国家版本馆 CIP 数据核字第 20249NG758 号

□ 责任编辑　杨　闯
□ 封面设计　贺加贝　陶斯佳

数字化供应链运营管理

于文玲　张炳达　主　编

上海财经大学出版社出版发行
(上海市中山北一路 369 号　邮编 200083)
网　　址:http://www.sufep.com
电子邮箱:webmaster@sufep.com
全国新华书店经销
上海新文印刷厂有限公司印刷装订
2025 年 1 月第 1 版　2025 年 1 月第 1 次印刷

787mm×1092mm　1/16　22.75 印张　458 千字
定价:59.00 元

前 言

随着科技的迅速发展和全球市场的不断变化,供应链管理正面临着前所未有的挑战和机遇。数字化技术的崛起已经彻底颠覆了供应链的传统观念,改变了企业内部的运营模式,为企业提供了更高效、更灵活、更智能的运营管理方式。本教材旨在深入探讨数字化时代下供应链运营的理论与实践,为学习者提供系统的知识体系。通过应用实时数据分析、人工智能、物联网等技术,企业可以更好地优化供应链流程,降低成本,提高效率,增强市场敏捷性,同时能够灵活应对日益复杂的商业环境,取得可持续竞争优势。

本教材力图以全面、系统的方式呈现数字化供应链运营管理的核心概念、关键技术和最佳实践。本教材的编写体现了"岗课赛证"融通的理念,注重实践、突出应用、强调跨学科融通,力求使学生具备在现代商业环境中脱颖而出的竞争力。本教材从基础知识出发,深入剖析了数字化时代对供应链运营的深刻影响,涵盖数字化供应链运营管理的各个方面,为学习者提供了整体认识数字化供应链运营的框架。

首先,本教材简要介绍了供应链运营的基础知识,使学习者对供应链有一个清晰的认识。其次,深入探讨了数字化对供应链管理产生的深刻影响,强调了数字化技术在提升效率、降低成本、增强可见性等方面的重要作用。再次,详细剖析了数字化供应链运营的各个流程,包括销售与运营计划、采购管理、生产管理、物流管理、库存管理等。通过将数字化理念融入各个流程要素,学习者将了解如何通过先进的技术手段优化每个环节,实现供应链的协同运作,本教材强调的不仅是数字化工具和系统的应用,还包括数字化思维和文化的塑造。接着,详细阐述了数字化质量管理、供应链风险管理、供应链金融管理等技术要素。这些要素在数字化时代具有特殊的重要性,通过数字技术的支持,企业能够更加精准、实时地进行质量监控、风险评估和金融决策,提高整体运营的稳健性。接着,从低碳供应链运营管理和低空物流运营两个方面阐述了供应链的创新发展,强调了在数字化时代,企业需要更加关注可持续性和环保问题,通过低碳供应链和低空物流等创新方式,实现绿色发展。最后,结合企业真实案例,提供了一些常见的数字化供应链运营解决方案,使学习者能够了解企业的典型案例,学习数字化供应链运营的成功经验,为实际运营提供参考。

本教材是团队合作的成果。于文玲负责本教材的结构安排和统稿,顾涛负责本教材的图文编辑,项目一、三、四、六、十由于文玲编写,项目二、七、八由李冬梅编写,项目五由顾涛、丁锋编写,项目九由远亚丽编写,项目十一由王玥编写,项目十二由张雯雯编写。感谢杭州迅蚁网络科技有限公司、苏州丝路制造技术服务有限公司、上海阿法迪智能物联技术有限公司等在教材编写过程中给予的大力支持，它们为本教材提供了丰富案例，也为教材的实践应用提供了基础。

本教材适用于供应链管理、物流管理、运营管理等相关专业的学生以及从业人员。通过学习本教材，学生能全面掌握数字化供应链管理的核心知识，形成运用数字化技术解决实际供应链问题的能力。对于从业人员而言，本教材将成为其在数字化时代提升供应链管理水平、推动企业创新的重要参考资料。希望本教材能成为学习者在数字化供应链领域探索的有力帮手。

于文玲　张炳达

2024 年 10 月

目 录

项目一　认识数字化供应链运营 ··· (1)
　　任务一　了解运营管理 ··· (2)
　　任务二　初识供应链管理 ··· (7)
　　任务三　走进数字化供应链管理 ·· (24)

项目二　数字化营销管理 ·· (39)
　　任务一　客户需求管理 ··· (40)
　　任务二　市场分析与营销管理 ··· (45)
　　任务三　销售与运营计划 ··· (56)
　　任务四　订单管理 ··· (63)

项目三　数字化采购管理 ·· (70)
　　任务一　供应链环境下的采购需求分析 ······································ (71)
　　任务二　供应商调查与开发 ··· (76)
　　任务三　供应商的评价与选择 ··· (85)
　　任务四　采购计划执行 ··· (94)
　　任务五　协同采购 ··· (99)

项目四　数字化生产管理 ··· (106)
　　任务一　工厂选址 ··· (107)
　　任务二　产能规划与调控 ··· (113)
　　任务三　排产管理 ··· (118)
　　任务四　精益生产 ··· (133)
　　任务五　大规模定制 ··· (147)
　　任务六　数字化生产 ··· (152)

项目五　数字化物流管理 ··· (159)
　　任务一　供应物流 ··· (160)
　　任务二　生产物流 ··· (165)
　　任务三　销售物流 ··· (171)

任务四　精益物流···(175)
　　任务五　物流业务外包···(182)

项目六　数字化库存管理···(187)
　　任务一　进行有效库存管理···(188)
　　任务二　供应商管理库存···(194)
　　任务三　联合库存管理···(201)
　　任务四　供应链协同式库存管理···(206)

项目七　数字化质量管理···(215)
　　任务一　统计质量控制···(216)
　　任务二　抽样检验··(220)
　　任务三　ISO9000族标准··(224)
　　任务四　服务质量管理···(231)

项目八　供应链风险管理···(240)
　　任务一　认识供应链风险···(241)
　　任务二　供应链风险识别···(245)
　　任务三　供应链风险管理与评估···(248)
　　任务四　数字化管理工具···(253)

项目九　供应链金融管理···(267)
　　任务一　预付款类供应链金融模式···(269)
　　任务二　应收账款类供应链金融模式··(275)
　　任务三　库存类供应链融资模式···(282)
　　任务四　供应链金融业务需求管理···(290)
　　任务五　供应链金融业务优化方案制定···(294)

项目十　低空物流运营管理···(300)
　　任务一　低空物流的发展历程···(301)
　　任务二　低空物流的发展要素···(302)
　　任务三　低空物流服务模式···(303)
　　任务四　城市低空物流运行体系···(306)

项目十一　低碳供应链运营管理···(319)
　　任务一　认识低碳供应链管理体系···(320)

任务二　低碳采购…………………………………………………………（321）
　　任务三　低碳制造…………………………………………………………（326）
　　任务四　低碳支付…………………………………………………………（331）
　　任务五　低碳物流…………………………………………………………（332）

项目十二　供应链数字化运营解决方案……………………………………（338）
　　任务一　供应链数字化运营方案设计……………………………………（339）
　　任务二　数字化供应链运营优秀案例……………………………………（344）

参考文献………………………………………………………………………（353）

项目一　认识数字化供应链运营

1. 知识目标
(1) 掌握运营管理、数字化供应链管理的含义；
(2) 掌握运营和供应链的基本理论；
(3) 掌握数字化供应链运营的主要环节；
(4) 了解我国数字化供应链发展现状；
(5) 熟悉供应链数字化转型的必要性。

2. 能力目标
(1) 能够明确企业供应链运营管理的目标；
(2) 能够分析供应链数字化转型的原因；
(3) 能够分析"牛鞭效应"的成因。

3. 思政目标
(1) 了解我国数字化供应链发展现状，培养爱国主义情怀，增强民族自信；
(2) 掌握供应链数字化转型的原因，培养创新精神和社会责任感。

导入案例

京东数字融合供应链体系：供需两端全打通[①]

数字化的第一步是上云，然而在实际业务中，供应链往往是整个产业数字化过程中最具挑战性的部分。从供应链的视角优化产业链效率不仅需要全面的数字化改造，还对数据网络化、网络智能化等提出了更高要求。

数字化若只是简单的操作，可能成为企业一项昂贵的生产成本。同时，如果前端在数字化方面取得了进展，而后端的供应链未能实现"全国一盘棋，全渠道一盘货"，就可能导致前端市场营销和用户增长的步伐与后端供应链能力不协调。因此，企业需要以供应链的思维推动数字化转型，通过数字化管理整个供应链循环，寻找增长机会，提高效率。

在过去的一年里，京东云取得了超过 110% 的高速增长，数智供应链服务成为京东云的重要特色。借助京东云构建的数智供应链，许多客户已成功实现了"商品生产和销售的价值链条重构，用最少的资源，满足用户最核心的价值需求"。

以数智采购为例，京东已在异常复杂的工业品采购管理方面实现了数智化，涉及 100 多个品类、5 000 多个品牌，管理超过 5 000 万最小存货单位(Stock Keeping Unit,SKU)，实现了采

---

① 刘常宝.数字化供应链管理[M].北京:清华大学出版社,2023:1.

购全链路的数字化。在协同研发方面,京东用户直连制造(Customer-to-Manufacture,C2M)服务已覆盖超过70个一级品类,与近2 000家知名品牌合作,显著提升了新品开发速度和成功率。

在兰州新区,多式联运平台连通欧亚;在陕西白水,智能供应链服务打开苹果产业销路,成为带动农民增收的主要抓手;在江苏常州,出口企业格力博借助"超级虚拟工厂",一举扭转外销不利局面,成功转舵国内市场。

任务一 了解运营管理

自古以来,人类就从事生产活动,但直到18世纪70年代的产业革命才彻底改变了生产管理。手工作坊被工厂取代,人力被机器取代,这些转变使生产管理理论得到了系统研究。运营管理不仅要解决传统产业面临的问题,还需研究服务业、高新技术等新兴产业所面临的挑战。搞好运营管理所涉及的劳动、资本、人力和物力投入要远远超过企业管理的其他领域。现代企业内部分工日益细化,任何生产环节的失误都可能阻碍整个流程。为适应激烈的市场竞争,提高产品竞争力,采用先进的生产技术和模式、提升运营管理水平已成为必然趋势。

一、运营管理的含义

运营管理广泛应用于全球各类企业,无论是制造型企业(如福特、华为、长虹、海尔等)还是服务型企业(如迪士尼、肯德基、顺丰速运、光线传媒等)都离不开运营管理。运营管理的核心任务是确保企业能够提供有价值的产品或服务。

微课
认识数字化
供应链管理

在制造业中,产品生产活动涉及从原材料到最终市场产品的多个环节。例如,某生产木质椅子的工厂所提供的产品比较简单,但将原材料转变为最终面向市场的椅子却涉及非常多的活动。在那些不提供有形产品的公司里,运营职能的表现形式可能不那么明显,但其作用仍然存在。例如,律师事务所提供法律咨询服务,通过专业知识和技能将客户的法律需求转化为有价值的法律意见,从而满足客户的需求。总体而言,运营被看作将投入要素转化为有价值产出(产品或服务)的过程(如图1—1所示)。

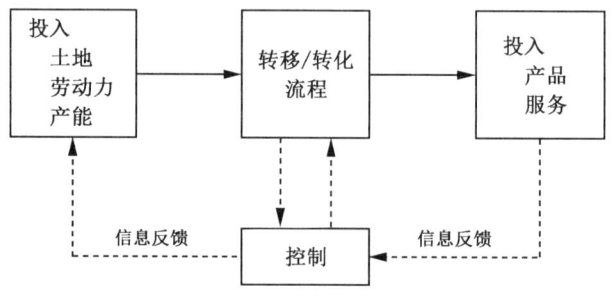

图1—1 运营是一个转换过程

运营的输入来源多种多样,包括有形的原材料、无形的需求和信息,这些输入对于运营的质量和效果至关重要。例如,在生产椅子的工厂中,如果无法获取或保证原材料的质量,生产活动就可能受到影响。因此,获得高质量的原材料并保持其稳定供应是生产优质产品的先决条件。

运营是企业的三大主要职能之一,与财务和营销共同构成组织的基本运作框架。这种组织结构不仅适用于商业企业(包括银行、航空公司和制造企业等),而且适用于任何组织,即使是公益性组织,也需要按照这三种基本职能来组织和运作。图1—2至图1—4展示了这些企业如何围绕这些职能来运作,其中灰色部分表示企业中的运营职能。从图中可以看出,通常运营系统占据了企业大部分资源,因此运营管理在企业竞争中具有举足轻重且不可替代的地位。大多数运营活动需要与企业的其他职能或活动协调。

案例分析1-1

运营创新改变你的公司

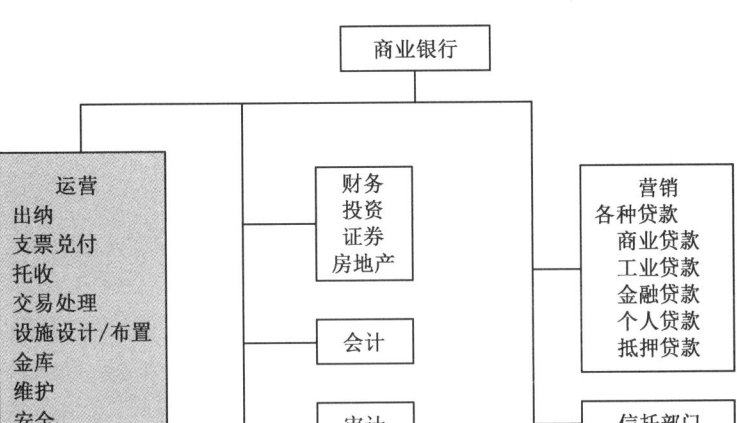

图1—2 商业银行的组织结构图

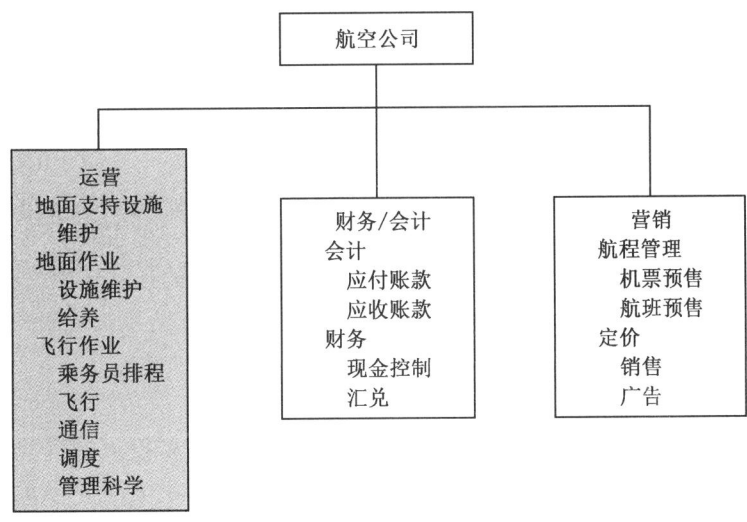

图1—3 航空公司的组织结构图

运营管理(Operation Management)是指对投入转换成产品或服务的过程进行计划、调度和控制。它将运营战略、新产品开发、产品设计、采购供应、生产管理、产品配送以及售后服务视为一个完整的"价值链",并进行综合管理。通过科学的运营管理,企业可以为客户提供最高的价值,并实现资源的最优配置。信息和决策是运营管理活动的关键内容,一名成功的运营经理不一定亲自装配产品,但需要确保合适的人和机器工作、适当的物料供应、成本控制以及按要求及时交货。

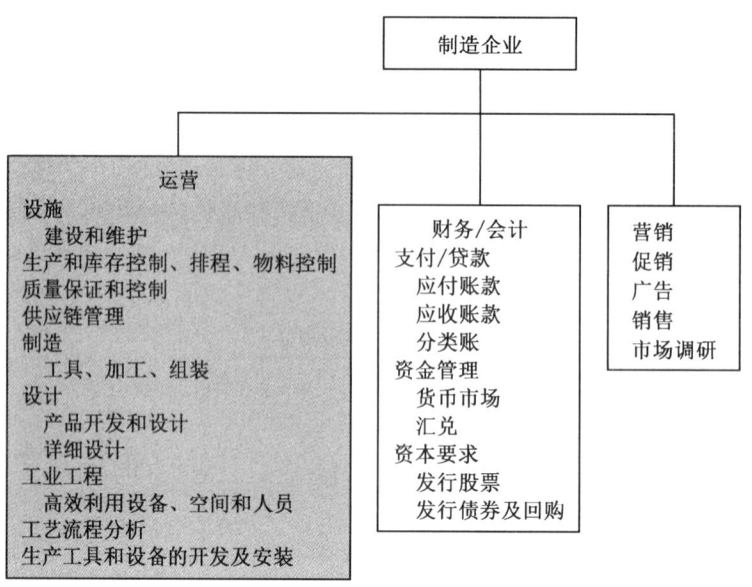

图1-4 制造企业的组织结构图

二、运营管理的内容

(一)运营管理的目标

运营管理的目标是以高效、低耗、灵活、清洁、准时的方式生产合格产品或提供满意服务。高效强调满足用户需求的迅速性,在激烈市场竞争中,缩短订货提前期能更有效地争取用户。低耗意味着在生产相同数量和质量的产品时,将人力、物力和财力的消耗降至最低,以低成本、低价格来吸引用户。灵活性表示能够快速适应市场变化,具备生产不同品种、开发新产品或提供不同服务的能力。清洁强调对环境的无污染。准时则是指在用户要求的时间内,保质保量地提供用户所需的产品和服务。

(二)运营管理的主要内容

管理的过程包括计划、组织、人员配置、领导和控制,在企业的运营管理中同样适用。现代运营管理涵盖了对企业提供产品或服务的运营管理战略制定、运营系统规划与设计、管理与控制以及优化等多个层次。

1. 运营管理战略制定

运营管理战略决定了产出的内容、不同产出品种的组合、需要投入的资源、资源的优化配置、设计生产组织方式以及确立竞争优势等方面。主要目的是为产品生产及时提供全套的、技术经济效果令人满意的技术文件,并尽量降低开发费用、缩短开发周期。

2. 运营系统规划与设计

运营系统规划与设计包括设施选址、生产规模与技术层次决策、设施建设、设备选择与购置、运营系统总平面布置、车间及工作地布置等方面的内容。其目的在于以最快速度、最少的投资建立起最适合企业的运营系统主体框架。

3. 运营系统管理与控制

运营系统管理与控制是对运营系统的正常运行进行计划、管理和控制,以充分利用企业资源,实现高效、优质、安全、低成本的生产,最大限度满足市场销售和盈利要求。其中,计划编制包括综合计划和作业计划的制定,而管理与控制则以计划为标准,实施对质量和库存的控制。

4. 运营系统优化

运营系统只有通过不断优化改进才能适应市场的变化。运营系统的优化是指采用先进的生产方式对现有系统进行改进,包括生产现场和生产组织方式的改进(JIT 和精益生产以及其他先进的生产方式)。运营管理系统的优化改进计划、管理和控制最终都要落实到生产现场。因此,企业需要加强生产现场的协调与组织,以消除无效劳动和浪费,排除不适应生产活动的异常和不合理现象,使运营管理过程的各要素更加协调,不断提高劳动生产率和经济效益。

运营管理是一门生机勃勃且广泛应用的学科。对于想成为优秀管理者的人而言,运营管理至关重要。无论何时,以最有效的方式将产品和服务交付给客户都是企业生存发展的关键。运营管理的原则适用于所有企业,不论是生产产品还是提供服务,都需要运营管理。由于公司的使命不同,组织结构的运营决策以及其他职能之间的关系也会有所不同。然而,运营决策只有与其他职能(如营销决策、财务决策、管理信息系统战略以及人力资源策略等)协调,才能取得成功。这种协调也确保了公司的各个职能都朝着一个目标努力。例如,在航空业,短期计划受顾客旅行方式的影响很大,假期、季节原因、学校安排等,都会对计划产生影响。因此,飞行计划不仅是运营管理的一部分,同时也是营销的一部分。在货车货运行业,效率通常通过货车的装载率来反映。然而,制定货运计划还需要考虑其他许多信息,如交货情况、装车点的情况、驾驶员以及公司其他部门的情况。只有运营管理和其他职能协调一致,企业的竞争优势才能够得到有效提升。

案例分析1-2

海尔的创新之道

运营管理的决策范围如表 1-1 所示。

表 1-1　　　　　　　　　　　　运营管理的决策范围

决策范围	基本问题
预测	需求状况如何
设计	
产品和服务设计	顾客需要何种产品或服务,产品和服务如何改进
运营能力	需要多大的运营能力,组织如何最好地满足运营能力要求
流程选择	组织采用什么样的工艺流程
布置	从成本、生产效率的角度看,部门、设备应如何布置
工作系统设计	激励员工的最好办法是什么,生产率如何提高,工作如何衡量
选址	什么是设施的最佳选址
运行	
质量	怎样定义质量,如何提供优质产品和服务,如何改进
质量控制	工序能力如何,应采用什么标准,达到质量标准了吗
综合计划	中期需要多大的能力,如何最大限度满足生产能力需要
库存管理	订购量多大,何时续订,哪些物资应重点管理
物料需求计划	需要什么物料、零件和部件,何时需要
准时生产和精益系统	如何利用较少的资源达到一个平稳、平衡的工作流
时间进度安排	怎样才能最好地规划工作和资源,谁做哪一项工作
供应链管理	如何取得整个链上有效的信息流和产品流
项目管理	完成项目的最关键活动有哪些,需要什么资源,何时需要
等候队列	什么样的服务能力是合适的

三、运营的基本理论

(一)精益思想

1. 精益思想的概念

20世纪上半叶,福特生产系统(Ford Production System,FPS)的生产组织方式被认为体现了精益思想的基本原理。1937年,日本丰田汽车公司成立时,首席工程师大野耐一被派往美国学习福特生产系统及相关理论与技术,以在日本环境下应用这一生产组织方式。大野耐一学成归来后不仅掌握了FPS,还提出了进一步提高效率的额外原则和方法。在接下来的几十年中,丰田生产方式的原则广泛应用于公司的各个方面,为丰田在世界市场上取得巨大成功创造了条件。

精益思想(Lean Thinking)的核心在于以最小的资源投入(人力、设备、资金、材料、时间和空间等),创造尽可能多的价值,给顾客提供更满意的产品和服务。"精"即少而精,强调减少资源投入、减少消耗、缩短时间,特别是要减少不可再生资源的使用和浪费,同时追求高质量。"益"即所有经营活动都要有益、有效,具有经济性,从而实现企业升级的目标,不断改进和提高效率。精益管理的目标可以概括为:企业在为顾客提供满意的产品与服务的同时,将浪费降到最低程度。

浪费是指在生产活动中除了生产不可或缺的最少量设备、原材料、零部件和工人(工作时间)之外的任何东西。企业存在的七大浪费通常用"TIMWOOD"来表示,包括运输、库存、动作、等待时间、过量生产、多余工序和产品缺陷,消除这七大浪费是精益生产的核心理念之一。

> 延伸阅读1-1
> 关于浪费

2. 精益思想的最新发展

"精益"这一理念已经存在了几十年,精益生产(Lean Production,LP)实现了20世纪工业企业的重大改革,被广泛应用于汽车、航空、电子等高技术领域,被认为是新一代工业革命的代表。时至今日,精益思想已逐渐超出制造业的范畴,演变为一种广泛应用的管理哲学,在各行各业传播并得到应用。精益模式颠覆了长期以来对于大规模批量处理和层级管理的传统观念,改变了人们的工作方式,提高了各类社会活动的效率,降低了资源的使用量,成为引领新一轮管理革命的指导思想。

进入21世纪,实现精益的方法和经验日益丰富和成熟。数字化制造为精益实践提供了更强大的工具,拓展了其在制造企业中的应用范围。精益的先驱者们开始对传统或通俗的精益思想概念提出修正,从而系统提升精益理论和实践。这些进步集中体现在以美国精益航空进取计划(Lean Aerospace Initiative,LAI)为代表的精益企业价值观中。

(二)看板系统

看板管理是实现准时化生产的关键工具之一。在丰田生产模式中,生产看板管理是一个重要的概念,是为了实现准时生产而采用的现场生产流程控制的工具。看板可以采用不同形式,如卡片、揭示牌、电子显示屏等,甚至可以是任何一种能够表示某种信息的形式,如彩色乒乓球、方格标识、信号灯等。看板通过可视化的方式传递信号,授权生产有助于企业明确何物需要生产、何时开始、需要生产多少数量以及应采用何种方式进行生产和搬运。

1953年,日本丰田公司创造了一种多品种、小批量混合生产条件下的高效生产方式,即准时生产(JIT)。其核心思想是在适当的时间生产所需的零部件和成品,将存储、装配、等待时间以及残次品等视为浪费。准时生产的基本理念是"在需要的时候,按需要的量生产所需的产品"，通过精细的生产计划、控制和库存管理，追求无库存或最小化库存的生产系统。看板系统是 JIT 生产中的核心控制技术，该系统通过看板方式组织生产和物流管理，只有在下道工序需要零件时才生产。

任务二　初识供应链管理

运营管理理念强调企业将资源转化为客户期望的产品或服务的过程。尽管运营管理对企业至关重要，但仅仅强调企业内部的正确操作是不够的。了解企业与供应商、分销商和客户之间的运营连接同样重要，这就是供应链。

一、供应链管理概述

供应链（Supply Chain）是指在生产和流通过程中，将产品或服务提供给终端客户的上游与下游企业所构成的网链结构。它围绕核心企业，将供应商、制造商、分销商、零售商和终端客户连接成一个整体，通过控制物流、资金流和信息流，将原材料制成中间产品和最终产品，最后由销售网络将产品送到消费者手中。

供应链的概念与传统企业组织截然不同，它超越了企业界限，将企业管理的视角扩展到上下游各个合作伙伴。在实际运行中，供应链系统通常由多个企业共同构成，形成一个复杂的合作体系。在这个系统中，有一家企业扮演核心角色，其作用类似于一个协调中心，负责管理和协调整个供应链上的信息流、资金流和物流。供应链系统结构模型如图 1—5 所示。从模型中可以看出供应链系统的多层次和多参与方的特点，这突显了核心企业在整个协作网络中的关键地位。

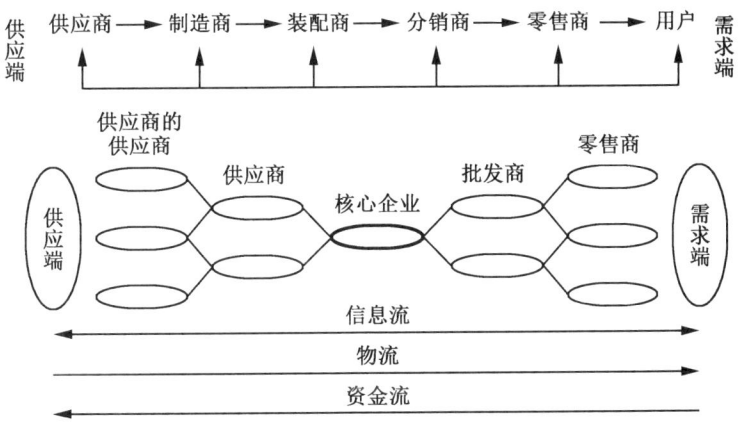

图 1—5　供应链结构模型

供应链管理（Supply Chain Management，SCM）系统最初是由企业资源计划（Enterprise Resource Planning，ERP）发展而来。它通过对物流、信息流和资金流的管理，规划和协调与这些流相关的所有活动，使其成为一个无缝连接的过程。几种比较典型的供应链管理定义如表 1—2 所示。

表 1—2　　　　　　　　　　　　几种典型的供应链管理定义

学　者	定　义
Monczka、Trent 和 Handfiel(1998)	供应链管理(SCM)不仅要求将传统上分离的职能视为一个整体过程,并将其交由一位经理人员负责协调,而且要求与横贯整个过程各个层次的供应商建立合作伙伴关系。SCM是这样一个概念:"它的主要目标是以系统的观点,对多项职能和多层供应商进行整合,并对外购、业务流程和物料控制进行管理。"
La Londe 和 Masters (1994)	供应链战略包括"供应链上的两个或更多企业达成一项长期协定……信任和承诺发展成伙伴关系……需求和销售信息共享的物流活动的整合……提升对物流过程控制的潜力"
Stevens(1989)	供应链管理的目标是使来自供应商的物流与满足客户需求协同运作,以协调高客户服务水平和低库存、低成本之间的冲突
Houlihan(1988)	供应链管理和传统物料制造控制的区别:(1)供应链被视为一个统一的过程,链上的各个环节不能分割诸如制造、采购、分销、销售等职能部门;(2)供应链管理强调战略决策,"供应"是链上每一个职能的共同目标,并具有特别的战略意义,因为它影响整个供应链的成本;(3)供应链管理强调以不同的观点看待库存,将其看作新的平衡机制;(4)一种新系统方法——整合而不是接口连接
Cooper 等(1997)	供应链管理是"管理从供应商到最终客户的整个渠道的总体流程的集成哲学"
Mentzer 等(2001)	供应链管理是对传统的企业内部各业务部门之间及企业之间的职能从整个供应链的角度进行系统的、战略性的协调,目的是提高供应链及每个企业的长期绩效
Ling Li(2007)	供应链管理是一组有效整合供应商、制造商、批发商、承运人、零售商和客户的协同决策及活动,以便将正确的产品或服务以正确的数量、在正确的时间送到正确的地方,以最低的系统总成本满足客户服务要求

二、供应链运营的基本环节

供应链管理是当今企业战略中至关重要的一环,它涵盖了多个关键环节,构建了一个全方位的业务生态系统,其中包括营销、采购、生产和物流等多个运营流程。在这个庞大而复杂的网络中,各个环节之间的协同合作显得尤为重要,库存管理成为各个环节共同关注的焦点,直接关系到产品从生产制造到最终用户手中的高效流通。

（一）营销管理

1. 营销的概念

案例分析1-3

国货之光,小米的营销观念

营销是指组织为了满足顾客需求、实现自身利润最大化而进行的一系列活动和过程。传统的营销涵盖了产品设计、定价、促销和渠道等方面的管理,其目标是通过有效的市场推广将产品或服务引入市场,吸引消费者购买。营销的本质在于满足市场需求,同时建立和维护企业与客户之间的良好关系。

营销管理的核心在于对与目标顾客的交换关系进行分析、设计、实施和控制,从而实现企业的经营目标。营销管理的过程旨在调整需求的水平、时机和性质,实质上是需求管理的过程。通过制定有效的市场营销策略和计划,企业能够更好地满足顾客需求,实现产品和服务的销售,最终达到自己的经营目标。

在营销管理中,企业通过深入分析市场,了解顾客需求和竞争对手情况,制定相应的营销方案,包括产品定价、促销活动、渠道选择和产品定位等。随后,通过实施这些策略,企业可以引导和满足顾客需求,提高产品和品牌知名度,实现销售和市场份额的增长。

营销管理不仅要销售产品,更要与客户建立长期稳定的关系,通过提供有价值的产品和服务赢得客户的信任和忠诚度。除此之外,营销管理还需要监控市场反馈、评估策略效果等,以便能够及时调整和优化营销方案,确保与企业整体战略一致。

延伸阅读1-2
营销的观念

2. 数字化营销

随着市场竞争的激烈和消费者行为的变化,传统的企业营销模式逐渐变得陈旧。数字化营销能够更好地满足当代消费者的需求和习惯,成为企业在转型升级中采用的一种全新的营销模式。对于数字化营销的定义有多种观点,有人认为它是新兴的营销技术,有人认为是引流获客的新形式,更有人视之为商业模式的全新象征。无论如何定义,我们认为,数字化营销的核心在于借助数字技术,通过在线渠道,实现品牌推广、用户获取和销售转化。

在经营实践中,企业会逐渐发现以前成功的获客方式不再奏效,投入相同的资金已难以获得同样数量的新用户,这直接影响了收益的增长,最终导致企业陷入财务困境。数字化营销的优势在于它能够更精准地定位目标用户,通过数据分析和智能技术提升用户体验,实现品牌与用户之间的深度互动。通过有效运用社交媒体、搜索引擎优化、内容营销等手段,企业可以更灵活地进行市场推广,提高品牌曝光度,进而促进经济增长。在数字化营销的道路上,企业需要不断学习和创新,充分发挥数字技术的优势,以适应当下瞬息万变的市场环境。

(1) 数字化营销的概念。

数字化营销是通过"数据+技术"的驱动,整合多种数据,利用智能技术推动营销智能化的一种策略。数字化营销可以实现更广泛的数据采集、更精准的用户接触、更灵活的团队营销以及更有针对性的用户沟通,进而实现更高效的智能化营销。

通过数据分析,企业可以深入地了解消费者的偏好,进行精准的目标人群定位。通过数字工具,企业可以实施优惠活动、在线预订服务等,提升用户体验,最终实现数字化营销的目标(即引导消费者完成购买)。这种数字化的全流程营销策略带来了更高效、更智能的营销运作,是企业在数字时代获取竞争优势的关键手段。

(2) 如何做好数字化营销。

在数字经济时代,数字化营销至关重要。企业可以从以下几个方面实施数字化营销,充分发挥数字化营销的优势。

① 充分利用数字化资源,搜集、挖掘和分析相关数据。

数字化营销的核心是数据驱动。通过物联网和 AI 技术,企业能够高效地搜集、挖掘和分析用户数据,深入了解用户喜好、购买行为、购物习惯和常用渠道,构建详细的用户画像。通过对数据的精准分析,企业能够制定有针对性的宣传、促销和交易策略,提高营销活动的效果。

② 全网覆盖新媒体渠道的推广营销。

当今,新媒体营销已成为主流,各类营销平台层出不穷,各具特色。在竞争激烈的环境中,企业不能仅仅依赖少数媒体渠道进行数字化营销,否则曝光量会不足。为成功实施数字化营销策略,企业应全面覆盖新媒体渠道,根据行业和企业特点定制最适合的新媒体营销方案,快速占领市场,提升品牌知名度,推动产品销售。

③ 充分发挥数字化的价值。

数字化的优势使得企业能够深度挖掘和智能分析数据,根据不同客户和潜在客户的特征制定差异化的营销策略。这种个性化的数字化营销能使企业更精准地满足客户需求,提升用户体验,不仅可以提高转化率和复购率,还可以降低开发新客户的成本,有助于提升客户忠诚度,实现可持续的经济增长。

(二)采购管理

1. 采购

狭义的采购即购买,是买方以对等的价格支付来换取卖方物品和服务的行为过程,其中一定会涉及所有权转移而产生商流。广义的采购是指在以市场经济条件为前提的商品流通过程中,各企业及个人为获得商品,对商品的渠道、方式、质量、价格、时间等进行预测决策,把货币资金转化为商品资金的交易过程。广义的采购包括直接购买、租赁、借贷、交换等方式,具有商业性质。在大型企业中,采购不仅是采购员或采购部门的任务,而是整个企业供应链的重要组成部分,是集体或团队的工作。同时,采购也是物流管理的重要组成部分。

2. 采购管理

采购管理是为了达成生产或销售计划,在确保质量的前提下,适时适价从适当的供应商那里购入适量的商品所采取的一系列管理行动。采购管理是对整个企业采购活动的计划、组织、指挥、协调和控制,是一系列管理行为的集合。采购管理不仅关乎企业内部的业务,还需要协调与设计、质保、请购、生产计划和物料控制等各部门之间的协作。采购部门在产品设计开发前期要积极参与,并协调制定质量标准和规范。请购行为是采购管理的重要任务,其使命是保证整个企业的物资供应,其权利则涉及调动全企业资源。采购管理经历了供应管理、采购管理和资源管理三个阶段。图1-6为某公司的采购作业流程。

延伸阅读1-3

采购管理的目标

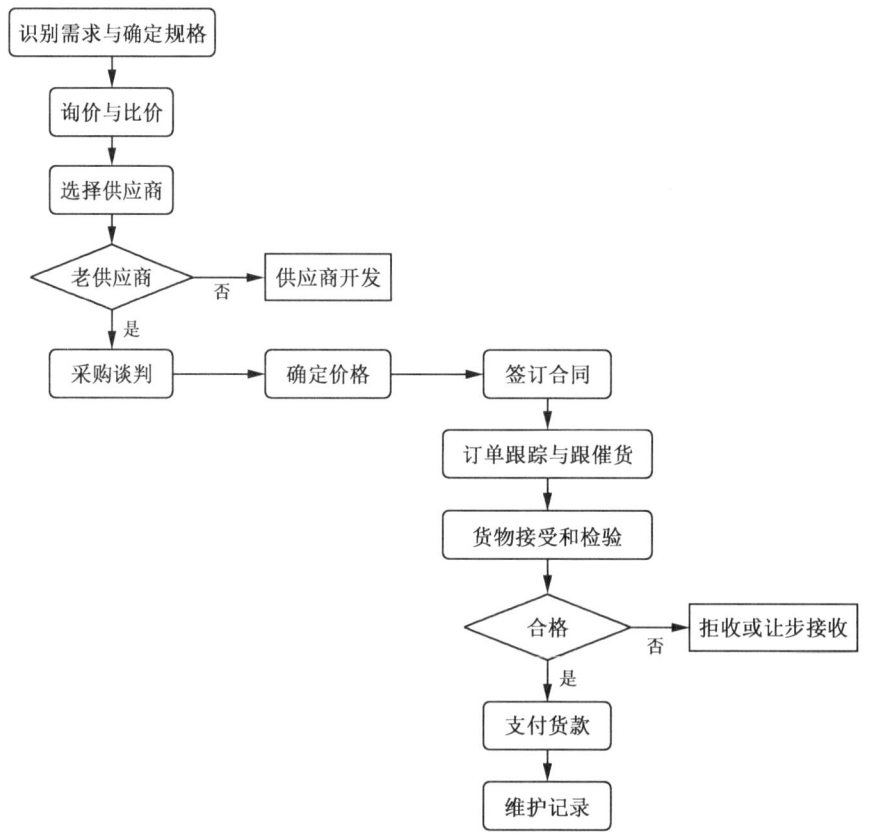

图1-6 某公司的采购作业流程

采购管理和采购之间既有区别又有联系。采购是根据采购订单规定的指标,从资源市场完成采购任务,其本身也包含一些管理工作,如与供应商谈判、签订合同、组织进货等。如果仅将这些工作的管理称为采购管理,那只能是狭义上的采购管理。本书所讨论的采购管理是广义上的采购管理,不仅包含了具体采购过程中的业务管理,还包含与采购业务相关的其他方面的管理,是对整个采购活动的计划、组织、指挥、协调和控制。广义的采购管理包括三个方面内容:一是采购需求管理;二是市场和供应商管理;三是具体采购业务管理。

3. 数字化采购

虽然数字化采购已出现在众多文献中,但学术界对其并无权威的定义。表1-3是关于数字化采购的几种典型定义。广义上讲,数字化采购是通过数字化工具管理采购流程和活动,旨在实现采购活动的增值,提升组织价值。数字化采购重点体现在高效的信息传输方式上,并通过技术平台共享。数字化工具从根本上改变了采购职能的运作方式,影响着采购人员履行职责、内部与跨职能利益相关者互动以及与外部供应商的合作方式等。

表1-3　　　　　　　　　　　有关数字化采购的几种典型定义

提出者	定　义
德勤咨询公司(2017)	应用颠覆性的技术,使战略性采购更具预测性,交易性采购自动化,供应商风险管理变得更加主动
普华永道咨询公司(2019)	通过数字化工具提高公司或组织价值的采购,它允许相关人员在整个价值链中及时互动
英国皇家采购与供应学会(2019)	利用技术进步,重新定义采购和供应的模式、职能、操作、流程和活动的实践,以建立一个高效的数字商业环境,使(运营和财务)收益最大化,并使成本和风险最小化

数字化工具为采购人员提供了更高效地履行职责的途径。通过系统集成,采购人员可以轻松获取企业内外采购流程的实时可视性,决策者能够通过触手可及的信息制定最为合适的行动方案。数字化工具还可进一步实现常规采购流程的自动化,使采购人员无需在这些例行业务上花费过多时间,从而将精力集中于增值的活动上。

数字化工具可以进一步强化采购人员与内部利益相关者和相关职能部门(如营销、财务和生产运营)的互动。通过集成的ERP系统和电子采购平台,采购人员能够有效地与各相关人员分享信息,提升整个企业内部的协作效率。

数字化工具还可以为采购人员与供应商之间的沟通提供更强大的协作平台。例如,供应商门户网站作为采购方—供应商关系的中央信息存储库,通过网络应用实现了授权用户的便捷访问,使供应商能够主动了解库存水平,并积极响应企业的需求。

总体而言,数字化采购降低了成本,增强了流程的可追溯性,促进了企业与供应商的紧密互动。通过监测、审计和报告流程的数字化,采购工作对企业产生了显著的积极影响。此外,数字化工具的应用使得采购部门能够发挥战略性职能,利用人工智能技术和在线工具提供实时的洞察和分析,改变数据转化为信息的方式,并通过智能合作平台改变与供应商及其他第三方的互动方式。

(三)生产管理

1. 生产与生产管理

生产是一种转换过程,是一种将资源(如原材料、劳动力、资本)转变为最终产品或服务的活动。这一过程包括设计、制造、装配和交付产品,以满足市场需求。生产涵盖制造业、服务业、农业等各个领域。

生产管理是指对生产活动进行规划、组织、协调、控制和改进的管理过程。生产管理涉及生产计划、生产调度、质量控制、库存管理、成本控制等多个方面。其目标是通过有效利用资源，提高产品或服务的质量和数量，降低成本，确保按时交付，从而达到组织的整体目标。

2. 生产的类型

生产有很多种类型，根据企业组织生产的特点，可分为备货型生产（Make to Stock, MTS）与订货型生产（Make to Order, MTO）。

备货型生产是根据市场预测按照已有的标准产品或产品系列，在没有接到用户订单时就开始生产。其主要目的是补充成品库存，以便迅速满足未来用户的需求。典型的备货型生产产品包括轴承、紧固件、小型电动机以及一些日常消费品（粮油米面和洗涤用品）等。这类产品通常需求量大、通用性强、标准化程度高，且对个性化要求较少。

订货型生产是接到客户订单后，根据客户的具体要求生产。生产过程会根据客户订单的具体要求设计和制造（如产品性能、结构质量、数量和交货期等）。如锅炉、船舶等产品的生产就属于订货型生产。这类产品通常具有较强的专用性，大多数是非标准化的，并面向特定的用户。备货型生产与订货型生产的主要区别如表1－4所示。

表1－4　　　　　　　　　　备货型生产与订货型生产的主要区别

指标	备货型生产特征	订货型生产特征
驱动生产的方式	预测驱动	订单驱动
产品	标准化产品	非标准化产品
生产过程	均衡	不稳定
面临的风险	成品积压风险	交货期长的风险
交货期	不重要，由产品库存随时供货，时间短	很重要，订货时确定，时间长
适应市场	供不应求的卖方市场	供过于求的买方市场
设备	多采用专用高效设备	多采用通用设备
生产人员	专业化人员	具有多种操作技能的人员

3. 数字化生产

数字化生产是在数字化技术和制造技术融合的背景下，在虚拟现实、计算机网络、快速原型模型、数据库和多媒体等支撑技术的支持下，根据用户需求迅速收集资源信息，对产品、工艺和资源信息进行分析、规划和重组，实现产品设计和功能的仿真以及原型制造，进而快速完成整个制造过程。

制造技术、计算机技术、网络技术等各种技术的相互融合与发展推动了制造业的数字化转型。数字化生产是制造企业、制造系统以及生产过程和系统不断实现数字化的必然趋势，其实质是生产领域的数字化。数字化生产通过虚拟现实、计算机网络、快速原型模型等技术的支持，能使制造企业更快速、更灵活地响应市场需求，实现产品设计和制造的全过程数字化，从而提高效率、降低成本，促进制造业向智能化、高效化发展。

延伸阅读1-4

数字化生产的优势

(四)物流管理

1.物流及物流管理

有调查表明,在供应链总生产周期中,真正花在生产过程上的时间往往不到总周期的5%,剩余的95%都消耗在等待、运输、存储过程中。这不但使响应周期延长,而且增加了成本。以前对美国食品杂货业的一个调查显示,麦片生产厂家的产品,从出工厂到配送至北美中部地区的超市上架,途经一连串的分销商、批发商、物流公司等,居然要耗用104天。提高物流水平有助于缩短产品的供应链响应周期,降低等待、运输和存储时间,提高客户满意度,在竞争中取得更有利的地位。因此,物流管理对于提高供应链效率和降低成本至关重要。

我国国家标准《物流术语》(GB/T18354-2006)将物流定义为:"物品从供应地向接收地的实体流动过程。根据实际需要,将运输、储存、装卸、搬运、包装、流通加工、配送、信息处理等基本功能实施有机结合。"对物流管理的定义为:"为了以合适的物流成本达到用户满意的服务水平,对正向及反向的物流活动过程及相关信息进行计划、组织、协调与控制。"

站在供应链管理的角度看,物流是供应链不可或缺的组成部分,而物流管理则是对供应链上物料、服务和信息流动过程进行计划、组织和控制的综合性活动。在数字化时代,物流管理通过充分利用信息技术,将各个环节有机结合,为供应链的高效运作提供支持,实现了全方位的综合物流服务,最终满足用户需求。图1-7展示了从供应链角度考量的企业运作过程,突显了物流和信息流在企业内部及供应链各环节的相互作用。

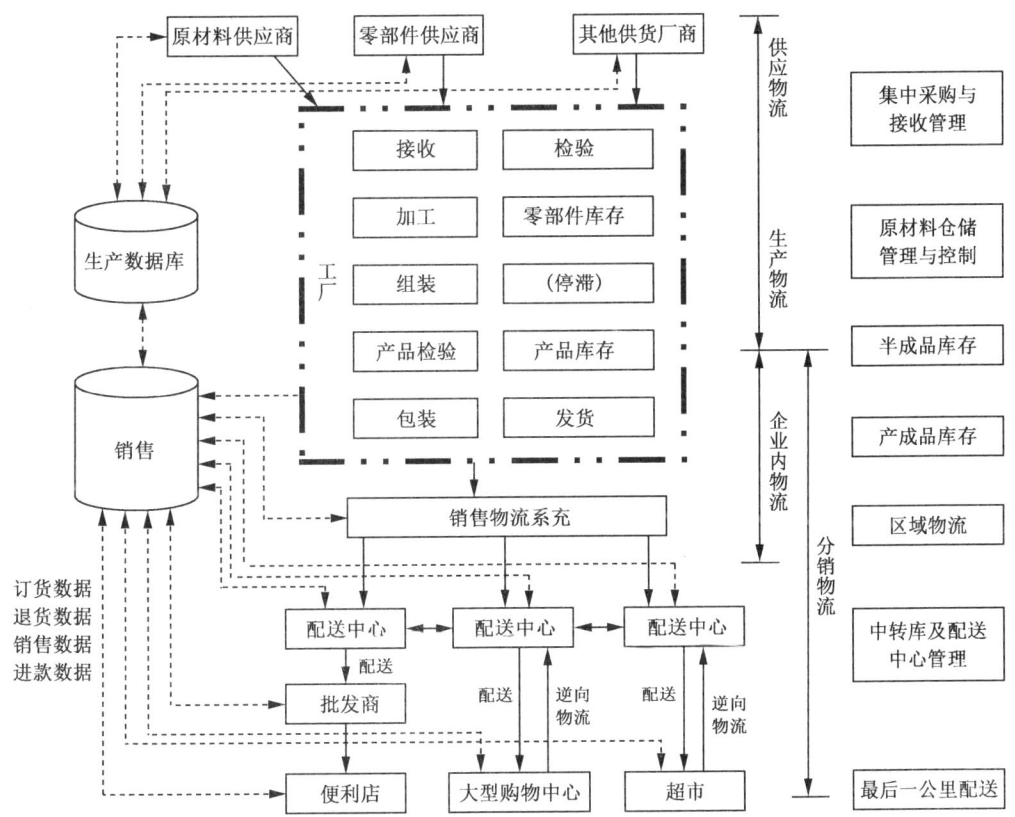

图1-7 供应链环境下的物流与信息流

2. 数字化物流管理

物流管理数字化转型是利用信息技术和数字化工具对物流管理过程进行优化和升级的过程。通过引入先进的技术和数字化解决方案，企业可以提高物流运营的效率、提升可视化管理、智能决策等方面的能力。这种数字化转型通常包括物流信息系统的建设，物联网技术的应用，数据分析与挖掘以及整个供应链网络的数字化连接，目的是实现物流过程的数字化、智能化和可持续发展。

数字化物流在物流管理中具有重要作用，可对货物进行全程管理，包括跟踪、计划、预测和优化等功能。人工智能技术可通过智能路线规划对货物进行最佳路线选择，以提高运输效率和降低运输成本。智能仓库管理系统能够实现对货物的快速识别、定位和管理，提高仓库作业的效率和准确性。数据分析和预测算法可帮助物流企业实时监控货物运输过程中的情况，预测交货时间和库存需求，从而优化运输计划。基于人工智能的货物跟踪技术能够实现对货物实时位置的监控和跟踪，提高货物安全性和管理效率。这些应用方法结合人工智能技术能够有效提升物流管理中对货物的管理效率和决策精度。

（六）库存管理

1. 库存及库存管理

作为企业运作中的重要问题，库存问题越来越受到企业经营者特别是物流经营管理者的关注。它既涉及满足用户存取商品的各种需要，又与增加企业收入、扩大市场等问题密切相关。但因为库存商品会占用大量的人、财、物等资源，因此，减少库存量、降低库存成本成为库存管理追求的目标。

库存是指用于满足未来外部需求而目前处于闲置状态的一切有经济价值的资源。它包括两层含义。其一，库存是资源，并且是有价值的资源。库存资源既可以是人、财、物等有形实物，也可以是无形物质。其二，资源的闲置就是库存，与这种资源是存放在仓库中还是处于运动状态没有关系。比如，存储在仓库中的物质资源无论存储时间长短，都是库存。而在超市货架上未销售完的少量存货也可称为库存。

延伸阅读1-5

库存的作用

库存管理是指对库存资源进行管理。它主要是指在保障供应的前提下，通过预测和计划，选择并采用合适的库存管理模式和方法，确定合理的库存量标准并掌握库存的变化动态，适时调整库存，以期达到库存量最优化、库存成本最小化的目标。库存管理的宗旨或目标主要是保障供应、降低成本、满足企业快捷性需求。无论是生产、流通还是消费，都离不开库存物资。若要顺利生产，就要确保有足够材料的供应。当企业在销售机会较多的时期，有足够的产品存货供应，就能增加销售的数量，从而降低因缺货带来的不必要的损失。

然而，若单纯为了保证供给而保持大量库存，必然会占用很多库存资金，并且需要管理和维护所在仓库，保管库存物资，这会增加企业的运营成本，会使企业的利润空间下降。因此，库存管理就是针对这一现象进行科学的统筹，将库存成本控制到最低。只有降低成本、增加盈利空间，才能增强企业在行业中的竞争力。

2. 库存的分类

从不同的角度出发，可以将库存分为不同的类型，如表1—5所示。

表 1-5　　　　　　　　　　　　　　　　库存的分类

分类原则	不同类型	含 义
按库存物资在生产加工过程中所处的状态分类	原材料库存	原材料库存是指未经过加工的、直接用于企业生产产品的材料的库存,如木材、布料等
	零部件库存	零部件库存是指已经过一定的加工、被用于企业生产产品的材料的库存
	在制品库存	在制品库存是指在完成最终加工成为成品前的物品的库存
	产成品库存	产成品库存是指已完成最终加工的物品的库存
按库存所处状态分类	静态库存	静态库存也称在库库存,是指存储在固定仓库中的库存,是人们传统认识意义上的库存
	动态库存	动态库存也称在途库存或途中库存,是指库存的物资正处于运输的状态,或者在中途的临时存储库、中转站处于待运状态
按库存目的分类	储备库存	储备库存也称备用库存。储备库存主要是基于未雨绸缪的思想,为防意外情况的发生而储存相应的物资以备用
	周转库存	周转库存是为了保证生产和流通顺利进行的重要库存,它必须是适量的、适时的
	安全库存	安全库存也称缓冲库存,是指由于生产需求存在不确定性(如大量突发性订货、供应商延期交货等情况),企业需要持有周期库存以外的安全库存或缓冲库存
	投资库存	投资库存不是为了满足目前的需求,它是考虑其他原因,如价格上涨、物料短缺或罢工等而囤积的库存
按用户对库存的需求特性分类	独立需求库存	独立需求是指需求变化不受人们的主观控制能力的约束,而与市场状况有关
	相关需求库存	相关需求是指企业对某项物品的需求与对深层物品的需求有一定的内在关联
按对物品需求的重复程度分类	单周期需求库存	单周期需求库存也称一次性订货。所谓单周期需求,是指仅仅发生在比较短的一段时间内或库存时间不可能太长的需求
	多周期需求库存	多周期需求库存也称重复性订货,是指在足够长的时间内对某种物品的重复的、连续的需求,其库存需要不断补充

3.库存管理的发展趋势

随着计算机技术和网络通信技术的发展、经济全球化的推进,库存管理呈现出信息化、整合化和零库存等新特点。

其一,信息化管理。

随着信息技术的不断发展与应用,企业信息化成为不可逆转的潮流。库存管理是为了支持企业的运营发展,因此,基于企业信息化的趋势,库存管理也逐步推广应用计算机技术和网络通信技术。随着网络的覆盖范围不断扩展,网络技术迅速发展,库存管理的网络化成为一种新的趋势。基于全局思想,可以建立覆盖整个供应链的库存管理系统,充分发挥网络化的优势。充分利用网络通信技术,可以大量节省通信和管理费用,方便、快捷地查询公司分布在各地的库存信息,进而做到库存管理的联机实时处理。

其二,整合化管理。

库存管理的主要目标是在保证供应的前提下,确定合理的库存量,有效减少库存成本。因此,库存管理必须把供应链上各相关方(供应商、零售商、批发商、客户等)的库存管理整合起来,即实行整合化管理,从而实现企业库存管理的优化,提高供应链的整体效益。

(3)零库存管理。

库存管理的终极目标是实现零库存,实施企业零库存管理应注意以下问题:

第一,企业必须转变观念。现代市场的主流趋势强调"共赢",因此要注意与供应链中各方建立相互信任、相互合作、相互协调的战略伙伴关系。

第二,加快企业信息系统建设,最大限度地将销售信息、库存信息、生产信息、客户信息、成本信息等与合作伙伴交流分享,做到信息共享,增加信息透明度。

第三,采用先进的供应链库存管理技术与方法,努力提高管理水平,包括采用供应商管理用户库存(VMI)管理系统,联合库存管理,多级库存优化,以及按订单采购、制造、配送等。同时,对原材料采购管理、生产管理、销售管理、信息管理、人力资源管理等都必须有供应链管理全局的思想。

第四,充分利用第三方物流资源。坚决走专门化、集约化的道路,集中人力、财力物力努力发展本企业具有核心竞争力的产品,把非核心业务的物流交由第三方物流企业代理、配送,只保留少量的安全库存,增强企业的市场竞争力。

第五,加快企业内部物流设施设备的更新,推广高新技术在物流设备中的应用。要想实现零库存,仅有很好的"软件"是不行的,还必须有与之配套的"硬件"才行。目前国内大部分企业的物流设施设备阻碍了零库存的实现,提高物流设备的技术含量,加快物流设施设备的更新已刻不容缓。

第六,加速企业电子商务的发展,尤其注意电子商务与物流领域的结合。企业电子商务的快速发展促进了供应链各环节的信息共享和协调。通过电子商务平台,企业可以与供应商、物流公司和客户实时沟通和合作,提高供应链的透明度和反应速度,支持零库存管理的实施。

三、供应链运营的技术要素

为了确保供应链的高效运营,不仅需要依赖数字化技术,还需借助质量管理、风险管理、供应链金融管理等关键技术元素的支撑。

(一)全面质量管理

1.质量

质量是当今商业环境中至关重要的因素。从广义上讲,质量是指产品或服务满足客户需求的程度。在竞争激烈的市场中,高质量的产品和服务是企业赢得客户信任和忠诚度的关键。为了提供高质量的产品和服务,企业需要深入了解客户的需求和期望。通过市场调研、客户反馈和竞争对手分析等方式,企业可以获取有关客户需求的信息,进而在产品设计和服务提供过程中充分考虑这些需求。实现高质量的产品和服务不仅需要关注产品的性能和功能,还要关注服务的质量和体验。企业需要关注产品或服务的整个生命周期,从设计阶段到生产、测试、包装和运输等环节,确保每个环节都能达到客户的需求和期望。同时,企业需要建立持续改进的文化和机制,不断收集客户反馈,分析问题的原因并采取有效的纠正措施,逐步提高产品和服务的质量,满足客户的要求。

顾客对于质量的判断会具体到明确的事物对象,通常是对产品质量的感知。产品质量是企业的生命线,它直接关系到企业的生存和发展。产品质量指的是产品在生产、加工、测试、包装和运输等过程中所达到的技术性能、精度、稳定性、耐用性以及满足客户需求的程度。一个高质量的产品,应该具备其应有的功能性、安全性、可靠性、易用性以及环保性。如果一个产品能够超越同类产品,满足消费者的期望和需求,那么这个产品就会在市场中占据优势地位,为企业带来更大的市场份额和更多的利润。相反,如果产品质量不过关,不仅会影响企业的声誉,还会失去消费者的信任,从而影响企业的销售和收益。因此,对于企业来说,产品质量至关重要。企业需要从产品设计、原材料采购、生产工艺、质量控制、产品测试、包装和运输等各个环节进行精细化管理,确保每一个环节都能够达到相应的质量标准。

2.质量管理

质量管理是指确定质量方针、目标和职责,并通过质量体系中的质量策划、控制、保证和改进来使其实现的全部活动。质量管理不仅关注产品的结果,还涉及产品生产的全过程,包括设计、制造、采购、销售和售后服务等环节。质量管理的目的是通过一系列管理手段和方法确保产品质量,以满足客户需求并提高客户满意度。企业通过实施质量管理,可以提高生产效率、降低成本、提高市场竞争力并获得长期成功。

 **知识拓展**

质量管理的发展阶段

现代质量管理的发展经历了以下几个阶段(如图 1-8 所示):

1.传统质量管理阶段

这个阶段从原始的质量管理方法出现,一直到 19 世纪末资本主义的规模化工厂生产取代分散的家庭和手工业作坊。在这个阶段,产品质量主要靠生产者的实际操作经验,靠手、眼等感官的主观感知和简单的度量衡器的测量而定。商品生产者就是质量管理者,经验就是检验的"标准",而且代代相传。

2.质量检验阶段

西方工业革命催生了大规模工业化生产,取代了家庭手工作坊,出现了对正规企业的生产和质量检验管理的需求。在质量检验阶段,检验通常在生产结束后通过度量衡器检测产品,符合规定标准的才是合格品。质量检验阶段是质量管理发展的重要阶段,为全面质量管理奠定了基础。这种方法尽管能控制产品质量,但存在一定问题,如不能及时发现生产问题和无法预防不合格品。随着规模扩大和效率提高,仅依赖质量检验已无法满足现代生产需求,需进一步发展质量管理。

3.统计质量控制阶段

20 世纪 40 年代初至 50 年代末是统计质量控制阶段。这个阶段注重使用统计方法控制生产过程,降低不合格率、降低成本、提高效率。这一时期在质量管理实践中质量控制重心由事后检验转向生产过程控制,通过统计数据预测不良率,实施预防措施。质量控制点从生产末端延伸到生产前端,质量职能扩展到专业的质量控制人员,大大提高了专业化程度。此外,这一阶段还引入了休哈特的控制图理论,通过图表直观展示产品质量数据分布,及时发现异常情况。

4.全面质量管理阶段

20 世纪 50 年代末开始的全面质量管理阶段将质量管理思想贯彻于整个生产过程,从产品研发、生产、销售到售后服务全方位追求质量目标。此阶段突破了仅关注产品检验结果的传统模式,将质量扩展至产品全生命周期。其目标是在整个生产过程中贯彻质量管理的思想,以提高产品质量,通过满足顾客需求、让组织成员满意以及社会受益,实现长期成功。全面质量管理阶段强调持续改进和创新,通过不断优化生产过程和产品以适应快速变化的市场和技术环境。这一阶段的质量管理活动为现代质量管理提供了理论基础和实践指南。

总的来说,质量管理是一个不断演进和发展的过程,其目的是确保产品质量,满足客户需求,并不断提高生产效率和经济效益。

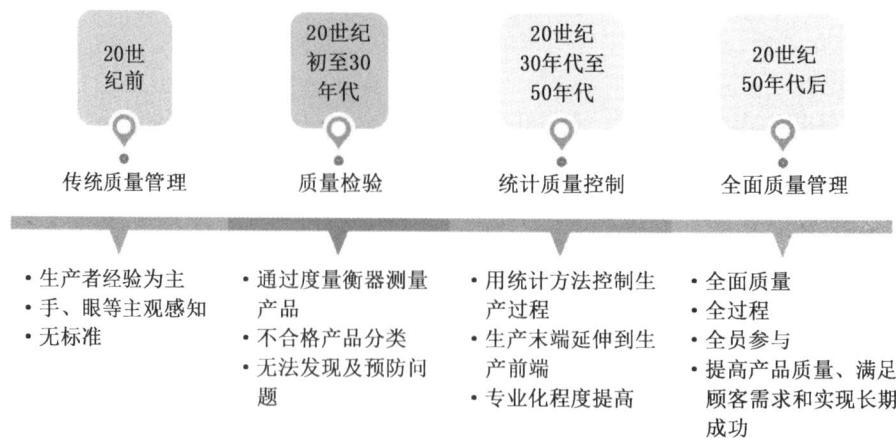

图1-8 质量管理发展阶段

3. 全面质量管理的含义

全面质量管理(Total Quality Management,TQM)是指一个组织以质量为中心,以全员参与为基础,通过让顾客满意和本组织所有成员及社会受益而达到长期成功的管理途径。在全面质量管理中,质量这个概念和全部管理目标的实现有关。全面质量管理是一种全面的、系统性的质量管理方法,旨在持续提升产品和服务的质量,提高企业的竞争力和客户满意度。全面质量管理是一种新的理念,它改变了原来的质量管理观念,从原来的检查最终产品或服务转变为对产品或服务全过程的监控。

我们可以这样来描述全面质量管理方法:

(1)全面的质量管理。全面质量管理不仅仅关注产品的生产过程,还将质量融入整个业务流程和管理体系,包括产品设计、原材料采购、生产过程控制、产品检验、售后服务等各个环节,这使得质量管理更加全面和系统化。在产品设计阶段,企业要注重产品的功能、性能、安全性、可靠性等方面的设计,确保产品设计符合市场需求和客户期望。在原材料采购阶段,企业要选择优质的供应商和原材料,确保原材料的质量和稳定性。在生产过程控制阶段,企业通过采用先进的生产技术和工艺,对生产过程进行精细化管理,确保生产过程的质量和稳定性。在产品检验阶段,企业要对产品进行全面的质量检验和测试,确保产品的质量符合标准和客户要求。在售后服务阶段,企业要提供优质的售后服务和支持,解决客户问题和满足客户需求。

(2)全过程的管理。全面质量管理不仅关注最终产品的质量,还注重在整个产品生命周期中实现质量管理和控制。它要求在整个产品生命周期中,从研发、设计、制造、销售到服务等环节,都进行质量管理和控制。这包括从产品设计、研发、制造、运输、销售到售后服务的全过程。通过在整个过程中进行质量管理,企业可以更好地满足顾客需求,提高产品质量和客户满意度。在产品研发阶段,企业会注重产品的创新和研发,开发具有竞争力的产品;在制造阶段,通过采用先进的生产技术和工艺,提高生产效率和产品质量;在运输阶段,确保产品的安全和完整性,采用合适的运输方式和包装方式;在销售阶段,提供优质的销售服务和销售渠道,提高产品的市场占有率和销售效果;在售后服务阶段,提供优质的售后服务和支持,解决客户问题和满足客户

案例分析1-4

广东云浮力推"首席质量官"

需求。

（3）全员参与的管理。全面质量管理强调所有员工（包括管理层、技术人员、生产工人、销售人员等）参与质量管理。这有助于提高员工对质量管理的认识和责任感，促进员工之间的协作和沟通，形成良好的企业文化和团队精神。在全员参与的管理中，每个员工都承担着质量责任，积极参与质量管理。管理层要制定和实施质量计划和政策，明确质量目标和标准，为质量管理提供支持和资源。技术人员要积极参与产品设计和研发，提高产品质量和技术水平。生产工人要严格遵守生产规程和操作要求，确保生产过程的质量和稳定性。销售人员要提供优质的售前和售后服务，满足客户需求和促进产品销售。通过全员参与的管理，企业可以形成良好的质量管理氛围和文化，提高产品质量和客户满意度。

 知识拓展

全面质量管理的原则

全面质量管理（TQC）的基本原则是建立在"顾客满意"和"有利于社会"的方向上，以"改进、预防、控制"为指导思想，以"全员参与、全过程控制、全方位管理"为特点，以促进"质量、效率、效益"为目标，运用各种现代管理方法，建立完善的质量保证体系，使质量管理更加科学化、规范化。具体来说，全面质量管理的基本原则包括以下几个方面：

1. 以人为本，员工第一

TQC强调人的因素在质量管理中的决定性作用。企业通过加强质量意识教育和技术培训，提高员工的素质和技能，使其真正懂得质量是企业的生命，是自身生存和发展的条件。

2. 宾客至上，服务第一

TQC认为顾客是企业的生命所在，必须时刻以顾客需求为出发点，提高服务质量。这要求企业不仅要满足顾客的基本需求，还要尽可能地超越顾客的期望，提高顾客满意度。

3. 预防为主，防范结合

TQC强调预防性的质量控制，即在产品设计、原料采购、生产加工、成品检验等各个环节中，提前采取措施，防止质量问题的发生，而不是在问题出现后再补救。

4. 共性管理和个性服务相结合

TQC要求在质量管理中既要有一般性的规定和标准，又要根据不同的情况和需求进行个性化的管理和服务。

5. 定性管理和定量管理相结合

TQC要求在质量管理中既要有定性的分析和评价，也要有定量的数据支持和控制。通过定性和定量的结合，质量管理能做到更加科学和有效。

全面质量管理对于提高企业产品质量、满足客户需求、提高企业竞争力、降低成本、提高员工素质等方面都具有重要的意义。企业应该重视全面质量管理，建立完善的质量管理体系，不断提高产品质量和服务质量，提高企业的竞争力和市场地位。

（二）供应链风险管理

供应链系统是一个复杂的系统，参与主体多、跨地域、多环节的特征使供应链容易受到来自外部环境和链上各实体内部不利因素的影响，形成供应链风险（Supply Chain Risk）。供应链风险是很难界定的，不同学者从不同角度来定义，表1—6是几种典型的供应链风险的定义。

表1-6　　　　　　　　　　　几种典型的供应链风险的定义

学　者	定　义
Mitchell(1995)	供应链风险是由各成员企业中员工的教育层次等因素的不同以及供应市场的特征（如市场结构的稳定性、市场利率的变化等）导致供应上的不足而带来的风险
英国克兰菲尔德大学管理学院（2002）	把供应链风险定义为供应链的脆弱性，供应链风险因素的发生通常会降低供应链运行效率，增加成本，甚至导致供应链的破裂和失败。有效的供应链风险管理将有利于供应链安全运行，降低运行成本，提高供应链的运行绩效
中华人民共和国国家标准《供应链风险管理指南》（GB/T24420-2009）	供应链风险是指有关供应链的不确定性对目标实现的影响
Deloitte咨询公司（2004）	供应链风险是指对一个或多个供应链成员产生不利影响或破坏供应链运行进而使得供应链达不到预期目标甚至导致失败的不确定性因素或意外事件
Cranfield School of Management	把供应链风险定义为供应链的脆弱性，供应链风险因素的发生通常会降低供应链运行效率，增加成本，甚至导致供应链的破裂和失败。有效的供应链风险管理可以保障供应链运行安全，降低运行成本，提高供应链的运行绩效
丁伟东	供应链风险是一种供应链潜在的威胁，供应链风险会导致供应链系统脆弱对供应链系统造成破坏，给上下游企业以及整个供应链带来损失和损害。供应链上的各环节是环环相扣的，彼此依赖，相互影响，任何一个环节出现问题，都可能波及其他环节，影响整个供应链的正常运作

因此，我们认为，供应链风险涵盖了所有可能影响和破坏供应链安全运行的因素。供应链风险会使企业无法达到供应链管理预期目标，从而导致供应链效率下降、成本增加，最终可能引发供应链合作失败或解体的各种不确定性因素和意外事件。这既包括由自然灾害引起的风险事件，也包括由人为因素引发的风险事件。

为了提高供应链的竞争力并获取竞争优势，企业需要高度重视供应链风险管理。这不仅是供应链管理理论体系的核心内容之一，更是供应链管理的内在要求。企业必须采取措施避免可能对供应链造成破坏的风险，最大限度地降低风险对供应链的损害，并确保供应链在受到风险事件冲击后能够迅速恢复到正常运行状态。这些目标只有通过合理的风险管理和控制措施才能实现。

为了有效管理供应链风险，企业需要建立完善的风险管理体系，包括风险识别、评估、监控和应对等方面。风险识别是指企业需要对供应链中的各个环节进行全面的风险分析，确定可能的风险源和风险类型。风险评估是指企业需要量化评估识别出的风险，确定风险的大小和可能的影响程度。风险监控是指企业需要对供应链中的风险进行实时监测和预警，及时发现和处理风险事件。风险应对是指企业需要制定相应的应对措施和预案，以应对可能发生的供应链风险事件。

延伸阅读1-6

玩具公司的供应链风险管理

除了建立完善的风险管理体系外，企业还需要加强与供应链伙伴的沟通和协作，建立稳定的合作关系和信任机制，共同应对供应链风险挑战。同时，企业还需要不断提升自身的供应链管理能力，包括供应链优化、供应链透明度提升、供应链数字化等方面，以提高供应链的可靠性和韧性，降低供应链风险的发生概率和影响程度。

(三)供应链金融管理

1.供应链金融的含义

供应链金融是一种以供应链为基础的金融服务模式，它通过整合供应链上的各个参与方

(包括生产商、经销商、供应商等)将金融服务融入整个供应链的各个环节,以满足参与方在供应链中的融资、支付、结算等金融需求。该金融模式的目标是通过提高供应链上各个环节的资金效率,降低融资成本,加速资金流转,提升整个供应链的稳定性和竞争力。

在供应链金融中,核心企业往往面临资金压力,因此直接提供解决方案并非常态。核心企业自行提供金融支持可能替代银行,但存在专业性和效率问题,同时背负上下游信用风险。由于股东和投资人对企业财务稳健的要求,以及企业自身资金压力,企业更倾向于向上游延长账期,向下游缩短账期。在这种背景下,银行等金融机构成为供应链金融解决方案的关键参与者。银行除了提供资金外,还能设计和实施供应链财务管理解决方案。在国际银行实践中,电子交易网络平台通常作为供应链金融解决方案的提供者,通过信息流为基础的"按钮"触发贷款交易,引导供应链成员按照平台规定的路径交易和结算,确保银行贷款的自偿性。因此,对于供应链金融我们可以从核心企业、银行、电子交易平台三个视角进行理解。

(1)供应链核心企业的视角。供应链金融是一种在核心企业主导的企业生态圈中对资金的可得性和成本进行系统性优化的过程。该优化过程主要通过对供应链内的信息流进行归集、整合、打包和利用,同时嵌入成本分析、成本管理以及各类融资手段来实现。

(2)银行的视角。从银行角度看,供应链金融是指银行审查整个供应链,基于对供应链管理程度和核心企业信用实力的掌握,为核心企业和上下游多个企业提供金融产品和服务的一种融资模式。它将资金流整合到供应链管理中,利用各种金融产品向供应链中所有企业,尤其是中小企业,提供供应链运作中所需的货币资金,以提高资金运行效率。供应链金融与传统银行融资有三个主要区别。首先,对供应链成员的信贷准入评估不是孤立的。银行首先会评估核心企业的财务实力和行业地位以及其对整个供应链的管理效率。如果条件满足,并且整条供应链联系足够紧密,银行将为成员提供融资安排,而不会特别评估成员的财务状况。其次,对成员的融资严格限定于其与核心企业之间的贸易背景,控制资金的挪用,并通过针对性的技术措施引入核心企业的资信,作为控制授信风险的辅助手段。此外,供应链融资还强调授信还款来源的自偿性,即引导销售收入直接用于偿还授信。银行与供应链成员的关系如图1—9所示。

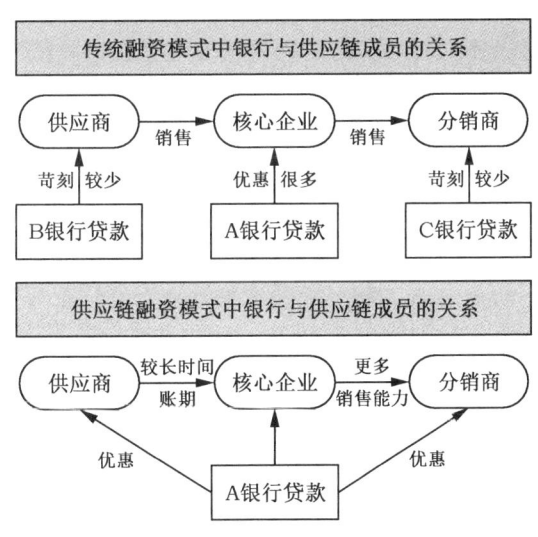

图1—9 银行与供应链成员的关系

(3)电子交易平台服务商的视角。供应链金融的核心关注点在于嵌入供应链的融资和结算成本,并构建出对供应链成本流程的优化方案。供应链融资的解决方案主要由提供贸易融资的金融机构、核心企业自身以及连接贸易双方和金融机构的信息的技术平台提供商组合而成。技术平台的作用是实时提供供应链活动中能够触发融资的信息按钮,例如订单签发、按进度的阶段性付款、供应商管理库存(VMI)的入库、存货变动、指定货代收据(FCR)的传递、买方确认发票项下的付款责任等。

2.供应链金融产品

供应链金融产品主要包括金融机构提供的信贷类产品,包括供应商信贷产品(如存货质押贷款、应收账款质押贷款、保理等)和分销商信贷产品(如仓单融资、原材料质押融资、预付款融资等)。除了资金融通,金融机构还提供一系列中间增值服务,如财务管理咨询、现金管理、应收账款清收、结算和资信调查。此外,金融机构还直接为核心企业的资产、负债和中间业务提供服务。供应链金融不仅限于供应链融资或授信,而是涉及更广泛的金融服务。

案例分析1-5

山东毕升印刷
物资有限公司
动产质押融资

3.供应链金融的参与主体

供应链金融的参与主体大致可划分为以下四类:

(1)资金需求主体。即供应链上的节点企业,包括生产企业、供应商、分销商等。这些企业通过参与供应链金融获得资金支持,解决经营中的资金压力。

(2)资金供给及支付结算服务提供主体。主要是金融机构,尤其是商业银行。它们为供应链中的企业提供融资服务,包括应收账款融资、存货融资等,同时提供支付结算服务,促进交易的顺利进行。

(3)支持型机构。包括物流监管公司、仓储公司、担保物权登记机构、保险公司等。这些机构在供应链金融中发挥辅助作用,提供信息、风险管理、担保等服务,增强供应链金融的可靠性。

(4)监管机构。主要是各级金融监管部门,负责监管和规范供应链金融市场的运作,确保金融活动的合法性、公正性和稳定性。

这四类主体共同构成了供应链金融生态系统,通过各自的作用协同合作,推动整个供应链的金融活动,促进资金在供应链上的流动,提高企业的融资能力和整体运营效率。

四、供应链运营的发展前沿

(一)低空物流运营管理

1.城市低空物流的含义

说起城市低空物流,必须提到目前的经济发展热点——低空经济。城市低空经济(Urban Low-altitude Economy)是以各种有人驾驶和无人驾驶航空器的各类低空飞行活动为牵引,辐射带动相关领域融合发展的综合性经济形态。低空经济广泛体现于第一、第二、第三产业之中,在促进经济发展、加强社会保障、服务国防事业等方面发挥着日益重要的作用。低空经济主要由低空制造产业、低空飞行产业、低空保障产业和综合服务产业构成。城市低空物流主要应用于"低空飞行产业"部分,也与"低空保障产业"和"综合服务产业"息息相关。

作为城市空中交通的一部分,城市低空物流也是低空经济的重要组成部分,其是指在城市内特别是在城市中心区域,使用低空飞行器或其他类似技术进行货物运输和物流服务。这种物流方式通常涉及小型无人机、垂直起降飞机或其他无人飞行器,它们能够在低空范围内快速、高效地运送货物,以应对城市交通拥堵和物流运输的挑战。

2.低空物流发展对供应链运营的重要意义

未来低空物流将在供应链运营中扮演举足轻重的角色,为供应链管理带来革命性的变革。

首先,低空物流将提高物流运输的效率。传统的物流运输受制于交通拥堵、路线限制等问题,而低空物流可以避开这些问题,实现更快速、高效的配送。通过无人机等无人驾驶技术,物流运输可以实现更快的响应时间,降低货物配送的时间成本。

其次,低空物流有望降低物流运输的成本。传统的货运方式可能需要大量人力和车辆,而低空物流可以实现自动化、智能化的运输,减少人力成本和能源消耗。此外,无人机等设备的使用成本也随着技术的发展逐渐降低,使低空物流成为更为经济可行的选择。

再次,低空物流将提升供应链的灵活性和响应速度。在需求波动大、订单变化频繁的情况下,低空物流可以更加灵活地调整运输方案,快速适应市场的需求变化。这将有助于降低库存水平,提高供应链的敏捷性。

此外,低空物流还有助于解决城市供应链最后一公里配送难题。城市配送常面临交通堵塞等问题,而无人机和自动驾驶车辆等低空物流技术能更好地应对这一挑战,实现更为便捷、高效的末端配送。

最后,低空物流的推广将推动供应链数字化的发展。通过物联网、大数据等技术,低空物流可以实现对货物运输过程的全面监控和数据采集,为供应链管理提供更为准确的信息支持。这有助于优化运输路线、提高运输效率,并通过数据分析为供应链决策提供科学依据。

未来低空物流将成为供应链运营的重要组成部分,在提高效率、降低成本、增强灵活性和解决末端配送问题等方面发挥关键作用,为供应链带来更多创新和发展机遇。

(二)低碳供应链运营管理

美国著名学者布朗(1999)在《生态经济革命》一书中最早提到了低碳经济,他指出:创建可持续发展经济"首要工作乃是能源经济的变革",面对地球温室化的威胁,应尽快从以化石燃料(石油、煤炭)为核心的经济转变为以太阳能、氢能为核心的经济。低碳经济的概念在社会和经济层面产生了广泛影响,涵盖产业、能源、管理等多个领域。在这一概念中,供应链因其特殊地位而成为关注的焦点。供应链涵盖了从原材料供应商、制造商、分销商到消费者的完整业务链条,各个环节都涉及能源消耗和二氧化碳排放。其中,某些环节是二氧化碳排放的主要来源,因此供应链的低碳化成为迫切的问题。

低碳供应链管理将低碳理念贯穿于整个供应链的方方面面,从原材料采购、产业设计、制造、交付到生命周期支持,形成了一个完整的低碳供应链管理体系。在这个体系中,各个环节需要高度协同和集成,以确保达到低碳的整体目标。然而,在供应链中,各个企业节点之间存在复杂的委托—代理关系。这种关系既包含合作又涉及竞争,是一个长期的、动态的博弈过程。企业在供应链中充当着委托方和代理方的双重角色,这带来了逆向选择和道德风险问题。低碳供应链目标的多元性导致多目标的委托—代理关系。企业不仅需要与核心企业和其他成员企业保持一致,还要求供应商企业提供的产品和服务与整体目标相一致。这种一致性需要在设计、生产、运营等多个层面实现,并且需要通过信息共享和协同合作来达成。

目前,尽管关于低碳供应链尚未形成统一的概念,但在对其内涵的理解上,人们普遍认同以最小环境代价实现可持续发展的理念。相较于绿色供应链,低碳供应链更强调对"低碳"指标的深入和细化。本书参照供应链管理比较常用的提法和低碳经济的定义,认为低碳供应链管理是在可持续发展理论、生态学理论、供应链管理理论以及低碳经济的指导下,对供应链中的供应商、制造商、分销商、零售商,乃至最终用户的商流、物流、信息流、资金流、知识流等进行科学的计划、组织、协调与控制。其目的是在供应链中考虑和强化碳排放因素,通过各节点企业间的合作以及企业创新,实现碳排放的最小化,从而实现低碳制造、低碳营销、低碳物流、低碳消费、逆向物流等,最终达到低碳经济的目标。

任务三　走进数字化供应链管理

目前,数字化供应链已经成为推动产业数字化的关键因素之一。未来的产业竞争将不再侧重于单一的优势,而是整体产业效率的竞争。抓住数字供应链,就是抓住高效转型的先机。只有各行各业都致力于打造数字化供应链,才能有效助力产业实现全球竞争力的重塑。

一、数字化供应链管理概述

(一)数字化供应链的概念

数字化供应链(Digital Supply Chain,DSC)是基于新一代信息技术(如互联网、物联网、大数据、人工智能等)和现代管理理念,以用户为中心、以价值创造为导向、以数据为驱动,对供应链活动进行整体规划设计与运作的新型供应链。其本质是将基础供应链管理与数字化相结合,通过对供应链数据的实时收集、分析、预测、反馈和协同等智能决策,实现精准对接用户需求、提高效率、控制风险的目标。为了更深入地研究数字化供应链的概念,本书梳理了国内外关于数字化供应链的定义(如表1-7所示)。

延伸阅读1-7

数字化供应链的特点

表1-7　　　　　　　　　　数字化供应链定义汇总

定义	提出者
数字化供应链是一个智能的、价值驱动的网络,该网络利用新的技术和分析方法来创造新形式的收入和商业价值	肯耐特(2015)
数字化供应链是一个以用户为中心的平台,它捕获并最大限度地利用各种来源的实时信息,从而实现需求刺激、感知、匹配和管理,以实现性能优化和风险最小化	全球企业中心(2016)
数字化供应链分析从商品采购到交付端到端数据信息,持续优化联合设计、新品测试、库存优化、物流透明、质量追溯,改进内部和外部仓储与物流网络,优化和创新供应结构和生态关系,保持快速高效供应	德勒(2017)
供应链数字化变革四趋势:运营从"串联"改造为"并联"、由"链"到"网"、从短期改善到长期变革、从成本中心到利润中心	埃森哲(2017)
透明数字化供应链是指应用ICT(信息与通信技术)、IoT(物联网)、大数据、云计算和人工智能等先进技术实现供应链的透明数字化。供应链的透明数字化是一个渐进的发展过程,这个过程包含两个阶段:第一个阶段是实现供应链的业务数据化,第二个阶段是深挖第一个阶段所积累的数据的价值,实现数据业务化	黄滨(2019)
数字化供应链由数据驱动,采用数字化方式执行,旨在提高透明度、支持高级规划能力、预测需求模式以及利用现有资产。预测基于对企业与合作伙伴数据的实时访问,以及多种先进技术的广泛使用。它广泛整合供应商、制造商和用户,打造端到端视图	IBM商业价值研究院(2020)
数字化供应链是以客户为中心、基于网络互相连接、协同、智能、数据驱动、动态、自适应、可预测、弹性、可持续发展的供应链	JDA(2020年更名为Blue Yonder,2017)

数字化供应链管理以用户为中心,运用数字技术收集、分析数据信息,实现低成本、高效率

的供应网络业务流程管理。在数字化背景下,企业需全面了解生产物料需求和供应商生产情况,同时把握客户需求,因此必须对整个生产链进行数字化管理。

(二)全球供应链发展历程

现代供应链管理是在工程技术和管理手段不断发展与推动下逐步演进而来的。供应链的发展经历了四个阶段(如图1-10所示)。

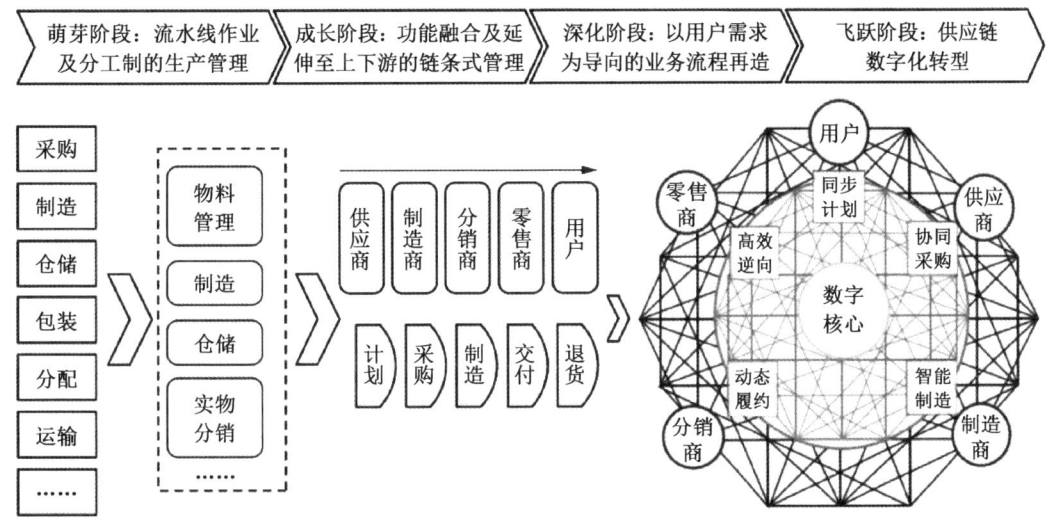

图1-10 供应链的演进

1. 萌芽阶段:流水线作业及分工制的生产管理

供应链的萌芽可追溯至第一次工业革命时期的流水线作业。在这一时期,英国的手工业生产已无法满足市场需求。随着技术的改良和蒸汽机的引入,生产方式逐渐从手工劳动向动力机器转变。为了提高效率和规模,工厂引入了生产分工制度,形成了标准的生产管理模式。1913年建立的福特T型车流水线是该阶段的代表,该流水线彻底改变了汽车生产方式,奠定了现代工业的基本模型。企业在这一阶段追求提高效率和降低成本,这一时期可看作供应链的雏形阶段。

2. 成长阶段:功能整合及延伸至上下游的链条式管理

在20世纪50年代之前,物流概念尚未形成,当时的通用术语为"后勤"(Logistics)。后勤也可指在军事活动中进行军事设施的采购、维护和运输等活动。在这个时期,管理人员还没有充分认识到在正确的时间将正确的货物运送到正确的位置的重要性,企业的供应链活动仍以分散方式进行。

20世纪60年代,供应链功能开始整合,管理层逐渐认识到物流职能的作用和重要性。然而,由于供应链功能任务的碎片化和企业之间的信息壁垒,供应链管理问题不断浮现,表现为功能冲突、效率低下和资源浪费等。在不同功能的激烈碰撞下,供应链功能整合逐渐显现。

在20世纪70年代和80年代,系统性方法在供应链领域的影响不断深化,将采购和分销活动整合到物料管理(侧重于货物的流入)和实物分销(侧重于货物的流出)中。然而,管理层仍未将与物料流相关的所有活动概念化为一项综合任务,而是将重点放在协调每个职能部门之间的活动上。在生产方面,物料需求计划(Material Requirement Planning, MRP)系统扩展到包括更多的制造过程,如财务估计、需求和商业计划等。这一时期,MRP升级为制造资源计划（Manufacture Resource Plan，MRPII）。

在20世纪80年代，日本丰田汽车公司提出了精益生产的制造理念，其实质是保持物质流和信息流在生产中的同步，实现以恰当数量的物料、在恰当的时候进入恰当的地方、生产出恰当质量的产品。为了达到准时制生产的目的，供应链上下游的生产环节开始整合，企业不断根据用户需求调整内部生产模式，同时与供应链合作伙伴展开深度合作，打通从原材料到制造到用户的过程。

3. 深化阶段：以用户需求为导向的业务流程再造

在20世纪90年代，与物料流相关的活动在"集成物流"的框架下开展，企业开始实施企业资源计划（Enterprise Resource Planning，ERP）。ERP在MRPII的基础上，增加了质量管理、业务流程管理、产品数据管理、存货、分销与运输管理、人力资源管理和定期报告系统等。ERP是一个以管理会计为核心的企业管理软件，它能够提供跨地区跨部门整合信息，更好地改善用户服务体验，减少库存并降低运营成本。

随着大部分企业效仿丰田汽车公司实行的精益生产方式以保持竞争力，管理人员开始考虑对企业运作流程的新一轮革新，推动了业务流程再造（Business Process Reengineering，BPR）理念的诞生。该理念强调以用户为导向，审视和设计业务流程，将以用户需求为导向提升到更高层次，同时深化对供应链"三大流"（物流、信息流、资金流）的管理。

21世纪初，信息和通信技术的广泛运用实现了供应链"三大流"更全面的集成，促使供应链管理迅速发展。信息和通信技术不仅可以整合与协调物料的流动，还使得信息流和资金流得以整合与协调。在这个阶段，企业开始拓展生产和分销的新领域，并在全球范围内扩大，使供应链管理成为一系列旨在创造和获取价值的复杂活动。

随着管理人员对供应链优化的关注增加，企业开始专注于控制其供应系统并预测用户需求。为更准确地反映供应链的潜在复杂性和动态性，一些学者提出将供应链视为一个复杂的自适应系统。这一概念在21世纪初引起了一系列对管理产生影响的研究，随着新的数据分析方法的兴起，这些概念和见解也在不断演进。

4. 飞跃阶段：供应链数字化转型

随着全球数字经济的蓬勃发展，产业链和供应链数字化的趋势日益明显。创新和颠覆性的数字技术使得管理复杂的自适应供应网络成为可能，各国充分认识到数字经济和新一轮技术革命为当今社会的发展带来了历史性机遇。自2010年以来，各国纷纷推出相关战略和政策，以推动供应链的数字化转型。与此同时，一些行业领先的企业也在全力推动数字化转型，并取得了显著成果。

数字化供应链在第四次工业革命中崛起。2012年，美国通用电气首次提出"工业互联网"概念，引领了全球数字化供应链发展。2013年，德国推动"工业4.0"战略，美国政府成立数字化制造与设计创新研究所。2014年，美国通用电气公司、美国电话电报公司、思科系统公司和国际商业机器公司等企业共同成立了工业互联网联盟。2015年，英国发布数字经济战略，以促进社会经济发展。2016年，日本工业价值链促进会提出智能工业制造基本框架。2017年，俄罗斯批准了数字经济规划，以便推动数字经济发展。

2018年，全球供应链数字化转型升级，以物联网、云计算、人工智能和大数据等为代表的技术已在企业中得到验证并广泛推广。"灯塔工厂"被世界经济论坛和麦肯锡公司选为"数字化制造"和"全球化4.0"的示范者。"灯塔工厂"指的是规模应用第四次工业革命技术的实际生产场所，将这些技术大规模整合，实现显著的经济和经营效益。2019年，产业数字化成为全球数字经济发展的主导力量,全球产业数字化占数字经济的比重为84.3%,数字技术正在加速改变和重塑供应链。欧盟推出"数字欧洲计划"以确保在数字化挑战中具备必要的技能和基础设施。2020年,在新冠疫情的冲击下,数字化供应链的抗风险能力得到了验证,20%的供应链领导者认为数字化供应链已经成为主导模式,其他领导者也预计在未来5年内数字化供应链将主导行业。

(三)我国数字化供应链发展现状

我国数字化供应链探索始于21世纪初,近年来发展速度迅猛,我国数字化供应链发展经历了信息化(业务流程信息的搭建与管理)、电子商务化(分销渠道的在线化和数字化)、两化融合(生产环节的在线化和数字化)、O2O化(消费环节的在线化和数字化)以及数字化供应链(各环节全流程协同数字化)五个阶段(如图1-11所示)。

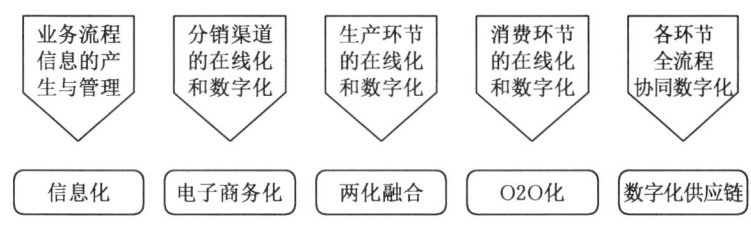

图1-11 我国数字化供应链发展历程

在两化融合和O2O化的推动下,新时期快速变化和不确定的用户需求对供应链预测和响应能力提出更高要求。为推动中国由制造大国向制造强国的转变,我国政府于2015年5月19日发布了《中国制造2025》,明确了信息化和工业化深度融合,推动制造业升级。在此背景下,国内企业更加注重供应链创新发展。新兴数字技术(如物联网、云计算、大数据分析和人工智能等)的快速发展为供应链数字化转型奠定了技术基础。在技术的支持和赋能下,供应链中各环节的数据价值被挖掘和利用,数字化供应链成为供应链进一步发展的新模式。

2016年左右,我国企业正式启动数字化供应链建设。2016年11月3日,工业和信息化部发布《信息化和工业化融合发展规划(2016—2020)》,以提高供给体系质量效率层次,深化制造业数字化转型改革。国内一批优秀企业,如华为、京东、联想、美的、海尔等,响应国家号召,更加重视供应链的创新升级,数字化供应链为其业务发展注入新动力。2017年10月13日,国务院办公厅发布《国务院办公厅关于积极推进供应链创新与应用的指导意见》(国办发〔2017〕84号),将供应链创新与应用从企业层面上升到整个国家社会经济体系建设会面,标志着供应链创新与发展上升为国家战略。

2019年年底,新冠疫情的爆发给我国供应链带来巨大冲击,供应中断、市场需求萎缩、物流成本激增等为我国经济复苏和发展带来了新挑战。在此背景下,随着疫情防控日趋常态化,"复工复产"成为我国构筑内部供应链体系、重回经济社会发展正轨的关键任务。2020年4月10日,商务部等8部门联合印发《商务部等8部门关于进一步做好供应链创新与应用试点工作的通知》,推动供应链创新与应用试点工作,要求供应链创新试点城市和企业加速复工复产,加强区域协同,排查供应链风险点,同时推进供应链数字化、智能化发展,稳定国内和全球供应链。在疫情常态化背景下,我国率先走出疫情危机,经济进入真正复苏期,我国供应链也开始进入竞争优势提升期,供应商本土化、数字化趋势更加明显。

案例分析1-6

华为的数字化转型

2020年11月,《中共中央关于制定国民经济和社会发展第十四个五年规划和二〇三五年远景目标的建议》(以下简称《建议》)再次强调提升产业链供应链现代化水平。《建议》指出,要发展先进适用技术,推动供应链多元化发展,形成更具创新力、更高附加值、更安全可靠的供应链。此外,《建议》强调加快数字化发展,推进数字产业化和产业数字化,促进数字经济和实体经济深度融合,提出了"以国内大循环为主体、国内国际双循环相互促进的新发展格局",而"新基建"被视为数字经济时代畅通"双循环"的关键。

根据中国工业互联网研究院发布的《工业互联网创新发展成效报告(2018—2021年)》,我国工业互联网应用创新已渗透到钢铁、机械、电力、交通、能源等40个重点行业,形成平台化设计、智能化制造、网络化协同、个性化定制、服务化延伸、数字化管理等应用模式,从而改变了制造业生产方式与企业形态。供应链作为各行业运行的连接基础,正在加速数字化转型。

案例分析1-7

中兴的供应链数字化实践

党的二十大报告强调推动高质量发展,将实施扩大内需战略与深化供给侧结构性改革有机结合。这包括增强国内大循环内生动力,提升国际循环质量,加快建设现代化经济体系,提高全要素生产率,改善产业链供应链韧性和安全水平,促进城乡融合和区域协调发展,以实现经济质的有效提升和量的合理增长。一批优秀企业数字化水平的提升,标志着我国数字化供应链已趋于世界先进水平,我国正积极向全球分享数字化供应链实践成果和优秀方案。

二、数字化供应链的基本理论

(一)延迟理论

20世纪50年代,美国营销学家奥尔德逊提出了"延迟"的概念。经过半个多世纪的实践,延迟的内涵得到了扩展,并在企业管理的多个方面得到了应用。需要强调的是,延迟或延迟策略并非指拖延时间,而是一种应对预测风险、适应产品多样化生产而采用的策略。其基本思想是将供应链中的产品生产过程划分为通用化阶段和差异化阶段。制造企业事先只生产中间产品或可模块化的部件,推迟产品的差异化业务,直至最终明确了用户对产品外观、功能和数量等具体要求后,再完成产品的差异化业务。这一策略的目的在于提高灵活性,减小不确定性。

延迟实现了大规模生产和定制化生产的有机结合。大规模生产带来规模经济,而定制化生产获得范围经济,使企业能够在满足客户多样化需求的同时提高快速响应能力。当接到客户订单时,企业能够以最快的速度完成产品的差异化和交付过程,灵活应对不同需求,从而缩短产品的交货提前期。这不仅能降低供应链运作的不确定性,还能提高企业的竞争能力。延迟策略被视为一种对供应链业务流程的创新,通过巧妙平衡大规模生产和定制化需求,实现了高效、灵活的供应链管理。

1. 制造延迟

制造延迟是一种管理策略,其核心思想是在了解客户需求之前,将产品保持中性和非承诺状态,并通过制造标准产品以实现规模化经济。在接到客户订单后,再进行最终产品的生产和装配,以满足多样性需求和缩短交货期。延迟策略对于解决供应链库存过剩和提高快速响应性具有显著效果。例如,上海通用汽车公司延迟了喷漆工序,以在接到客户订单后满足其对汽车颜色的个性化需求。这种策略还可以应用于客户对车内音响座位等设施有具体要求的情况。

2. 物流延迟

物流延迟是一种战略性的管理方法,其核心理念是在特定地区建立储备产品的仓库,只有在接到客户订单后才分拨和配送库存产品。一旦物流程序启动,企业则致力于以经济有效的方式将产品直接送达客户手中。这种延迟策略在地理上表现明显,特别适用于高价值和创新型产品。

物流延迟的具体实施方式包括在战略性地区设立全套产品的储备仓库,以便在收到订单后能够快速响应。这种做法有助于企业摆脱传统的预测型运作模式所带来的库存风险,因为产品仅在实际需求产生时才被分拨和运输,避免了过度库存。耐克在全球设立了多个区域配送中心,通过制造延迟和物流延迟策略,实现了显著的经济效益。根据客户订单的具体需求,耐克在配送中心完成最后的定制和包装,将全球订货提前期缩短至72小时内。这一策略不仅满足了客户对个性化产品的需求,还有效降低了成品库存成本和市场风险。

3. 流通加工中的延迟

流通加工是在需求地通过简单装配、分割、包装和冠以商标等作业面形成最终产品,是制造在流通领域的延续和终结。流通加工的目标是改变产品的形态,创造产品的形态价值,并在运输和物料处理方面发挥作用。这一过程对于某些成品的运输和处理,特别是那些在形状和特性上不适合集装箱运输的产品具有重要作用。例如,自行车和家具在整体形态上可能不适合集装箱运输,但在散件状态下可以更方便地运输和处理,实现规模效益。

在流通加工中应用延迟策略的目的是在接到客户订单后立即开始装配、分拨等操作,以满足客户的多样化需求。这样的做法可以在供应地到需求地之间实现规模运输,将产品在消费地完成流通加工,充分地满足客户的个性化需求。延迟策略的应用有助于提高供应链的灵活性,减少库存,同时更好地满足客户需求。

(二)快速反应(Quick Response,QR)

1. QR产生的背景

美国服装纺织和化纤行业于1984年设立了专门的委员会,1985年开始广告宣传,旨在提高美国消费者对本国服装生产的信任度。Kurt Salmon咨询公司经过1985年到1986年的分析,最终得出结论:尽管系统中各个部分实现了高效运作,但整体运行效率较低。供应链中的各个环节导致整个服装供应需要花费66周的时间(包括11周的制造车间时间,40周的仓库转运时间以及15周的商店销售时间)。这些环节的总体费用很高,而且社会需求的不确定性导致生产和分销无法有效匹配,从而引起了严重的生产过剩问题。

根据当时的统计数据,每年在服装供应系统中造成了25亿美元的经济损失,其中缺货和制造商/零售商降价引起的损失占到了总经济损失的2/3。为了解决这些问题,供应商和零售商采取了一种密切合作的有效策略,即快速反应。这种策略通过利用共享POS系统信息来预测未来市场需求,及时发现新的营销机会并迅速反馈消费者需求,实现了供应链的敏捷性和市场响应速度的提升。

延伸阅读1-8
QR成功的条件

2. QR的含义

QR是指在供应链中为了实现共同目标而至少在两个环节之间的紧密协同工作。QR的实施有助于加速信息流和物流,其目的是减少原材料到销售点的时间,降低整个供应链上的库存,并最大限度地提高供应链的运作效率。

供应链的共同目标包括以下两个方面:

(1)提高顾客服务水平。在满足消费者需求时,需要确保时间、地点、价格、成本、质量、数量、来源、服务、运输方式以及包装的准确性,共同努力以提高顾客满意度和服务水平。

(2)降低供应链总成本。企业通过有效控制供应环节的成本,降低整个供应链的总成本。这有助于增加零售商和厂商的销售额,进而提高它们的盈利能力。通过协同合作,供应链中的各个环节可以更有效地协同工作,从而实现成本的最小化。

3. QR 的优点

(1)QR 对厂商的优点。QR 对厂商的优点如图 1—12 所示。

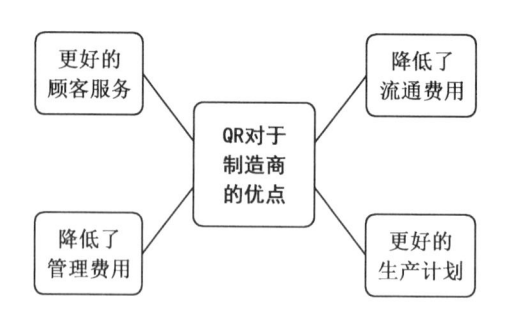

图 1—12　QR 对厂商的优点

①提升服务顾客的质量。QR 能够使店铺从快速反应服务商处获得更高质量的服务,从而通过零售商将更好的服务供应给客户。维持厂商与零售商之间的合作关系,确保按照要求向零售商提供产品,有助于长期提供良好的服务,进而扩大市场份额。

②降低流通费用。QR 通过有效地预测市场需求,使得厂商能够在此基础上进行生产规划。这有助于迅速周转产品库存,有效减少库存管理成本,从而降低整个流通环节的费用。

③降低管理费用。QR 摆脱了传统的手工输入模式,能在订单管理中降低错误率。有效减少额外发货,采用验证机制和提前送达运输信息等方式,有助于降低管理费用。

④更优的生产计划。QR 为厂商提供准确的销售信息和预测信息,使得生产计划能够更加准确地按照需求安排。这有助于避免生产过剩或短缺,提高生产效率。

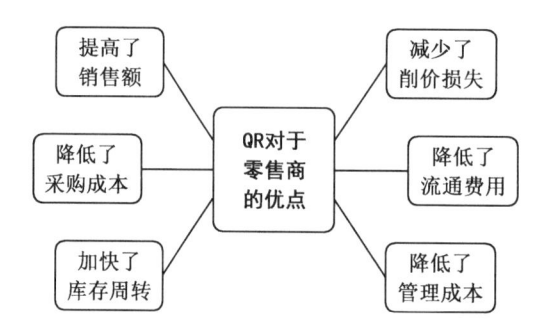

(2)QR 对零售商的优点。QR 对零售商的优点如图 1—13 所示。

图 1—13　QR 对零售商的优点

(三)有效客户反应(Efficient Consumer Response,ECR)

有效顾客反应(ECR)是日杂百货行业的供应链营销战略,它是一种通过协调和合作,更好、更快、更低成本地为顾客提供更多价值的供应链管理方法。ECR 涉及零售商、批发商和厂商等供应链节点之间的紧密合作,目的是提高整个供应链的效率和顾客满意度。

由于日杂百货行业面临着降低分销成本的压力,ECR 在该行业变得越来越重要。ECR 的实施可以在供应链的各个节点中提高顾客满意度,并显著降低整体成本。

1. ECR 产生的背景

ECR 的产生可以溯源到 20 世纪商业竞争的激化和信息技术的发展。20 世纪 80 年代开始,尤其是在 20 世纪 90 年代后期,美国日杂百货业中零售商和生产厂家的交易关系发生了根本性的变革，原本由生产厂家主导的格局逐渐演变为零售商占据主导地位。在供应链内部，为了争夺供应链主导权，零售商和生产厂家之间展开了激烈的竞争，这些竞争主要集中在商家品牌（PB）和厂家品牌（NB）在零售店铺货架空间的份额上。这一竞争导致供应链各个环节之间成本的不断转移，从而使得整个供应链的成本水平逐渐上升。

零售业面临新的业态，如仓储商店和折扣店的大量涌现，使得日杂百货业的竞争变得更加激烈。零售商从这一变革中感受到了压力，因此开始寻找新的管理方法。为了获取销售渠道，生产商采取了直接或间接降价的策略，甚至牺牲了自身的利益。他们期望与零售商建立更为紧密的联盟，以实现双方的利益最大化。然而，从消费者的角度来看，过度竞争导致了对高质量、新鲜、良好服务和合理价格的需求被忽视。为了吸引消费者转移品牌，许多企业采用诱导型广告和促销手段。

ECR 的产生背景要求从消费者的需求出发，提供满足消费者需求的商品和服务。为此，美国食品市场营销协会（Food Marketing Institute）联合可口可乐、宝洁公司对供应链进行了调查、总结和分析，得到了改进供应链管理的详细报告，并提出了 ECR 的概念体系。这一体系被零售商和制造商采用，并在实践中广泛应用。

在当今中国，制造商和零售商为渠道费用而激烈竞争，零售业中制造商与销售商关系日趋恶化，消费者的利益也日趋受到损害。ECR 被视为真正实现以消费者为核心的方法，它改变了制造商与零售商之间的买卖关系，实现了供应与需求一整套流程从对立到统一的转变。

2. ECR 的含义

ECR 是指有效的顾客反应，其本质是促使批发商、供应商、生产厂家和零售商形成良好的供应链，实现各企业之间的协同，从而为消费者提供更快、更优质的服务，以提高整体效率，满足消费者实际需求。这意味着供应链体系中的各个企业能够及时分享信息并朝着共同的目标而努力。ECR 的主要作用在于将原本分离的供应链体系紧密地结合在一起，为满足消费者的核心需求提供必要的保障。

ECR 本质上是一种贯穿于供应链各方的活动过程。因此，其主要的战略分布在 4 个不同的领域：高效率地安排店铺空间、高效率地补充商品、高效率地开发新产品并将其投入市场、高效率地组织开展营销活动。

3. ECR 的特征

（1）在传统模式下，生产方和销售方之间存在相互对立的关系，交易时更注重各自利益，导致存在输赢的矛盾。ECR 通过管理意识的创新，将这种传统对立关系转变为合作关系。这意味着为了向消费者提供更高质量的服务并降低成本，供应链上的各方需要协调与合作。因此，ECR 建立了一种双赢的关系。

延伸阅读1-9

ECR系统的构建

（2）供应链整体协调。在传统供应链中，企业内部的生产、采购和销售等部门之间合作效率低下，零售商、批发商和生产厂家之间的联系效率也不高，导致流通活动缺乏效率。传统组织在经营活动中通常以某种职能或部门为中心，将追求最大化部门或职能效益作为根本目标。然而，这种高效率的合作可能导致各个职能部门之间的摩擦。在传统供应链模式下，企业追求自身利益最大化，但有可能导致合作过程中的利益冲突。相比之下，ECR 供应链体系的实施可以促使信息流通、商品流通以及各个部门之间的协作更加流畅。通过提升效益，ECR 有助于消除可能产生的各种摩擦，实现供应链整体协调。

（3）涉及范围广。ECR 的核心要求是有效协调整个供应链体系，这需要制造业、零售业以及批发业等各个关联行业实现良好的配合。为了最大限度发挥 ECR 的作用，需要充分研究供应链中各个关联行业之间的关系,并形成有效的管理机制。

4. ECR 战略

(1)有效的店内布局。实施这种策略的目的是最大限度提高商品的获利能力,主要通过合理布局店铺内的空间来实现。零售商可以利用计算机管理系统提高货架的利用效率。在执行过程中,需要确保商品分类中的产品具有高消费率,以高效地提高销售量。

企业在商品品种决策时应充分考虑消费者的意见,因为消费者的购买行为和特点可以从这些信息中反映出来。定期监测店内的空间分配情况是企业确定产品销售业绩的关键,优秀的零售商需要每月甚至每周检查商品的空间分配。品种经理在制定策略时需要及时、准确地考虑旧产品的撤销、新品导入、季节性产品导入以及促销等因素。检查商品的投资回报率有助于深入地了解销售趋势,从而调整商品的空间分配,促进销量,实现收益目标。

(2)有效的补货。实现有效的补货战略的重要措施之一是降低系统成本并减少商品售价。最终目标是使消费者在正确的时间、地点以有效的方式获取正确数量的产品。这一战略包括以下要素:店铺的电子收货系统、POS 机扫描、店铺商品预测、商品的价格和促销数据库、集成的采购订单管理、动态的计算机辅助订货系统、厂商订单履行系统、动态的配送系统、直接出货、仓库电子收货、议付、自动化的会计系统等。

(3)有效的促销。简化交易关系、将经营重点从采购环节转移到销售环节是当前快消行业促销的有效策略。目前,该行业将更多的财力和时间用于评估促销活动的影响。新型的低成本促销活动能够为消费者提供更大的益处。贸易促销、消费者促销以及消费者广告是食品行业促销的三种主要方式。

(4)有效的新产品导入。在任何行业中,新产品导入都是创造巨大价值的业务。这些活动可以为消费者带来新的快乐和兴趣,同时在食品行业中,这些策略还能创造大量新的就业机会。通过采取一定的措施,厂商和零售商可以促使零售商和消费者更快地接触到新产品。实现这一目标的关键在于建立厂商和零售商之间的深度合作,共同追求利益目标。试销是主要的实施方法,通过将新产品放置在部分店铺试销,并根据销售结果分析消费者行为,从而为新产品的处理提供信息。新产品的处理方法包括采用不同的分销策略、改进产品、改进营销策略以及淘汰不合适的新产品。

知识拓展

QR 和 ECR 的对比

ECR 主要在食品行业应用,目的是通过整个供应链的成本控制来提高效能。与食品行业不同,普通商品和纺织行业更注重利用 QR 快速响应顾客需求,实现快速补货。这是因为服装纺织行业与食品行业在经营特点上存在较大的差异。

在食品日杂行业,产品通常具有功能性和较长的使用寿命,即使零售商大量订购,也不容易造成损失。相反,在纺织服装行业,产品寿命较短,具有一定的创新和时尚性,过了流行季节就难以售卖,过多采购可能导致损失。因此,普通商品和纺织行业更注重通过 QR 等策略迅速适应市场需求,以避免库存过剩和损失。

QR 和 ECR 之间的共同特征主要体现在以下三个方面:

1. 提高贸易伙伴之间商业信息的效率。通过获取零售商的不公开 POS 系统单品管理数据,制造商或分销商能够更好地执行生产计划,降低产品库存调度计划的复杂性。

2.提升物流服务水平并涉足零售业。建立制造商、分销商和供应商与零售商之间更紧密的联系,有助于提高商品物流环节的运作效率。共享库存和零售商销售信息对于提高物流效率至关重要。

3.采用 EDI(电子数据交换)作为订货和发货的依据,通过无纸化方式传递订货数据和出货数据。采用 VMI、CAO 和 CRP 等策略,企业可以充分地适应市场变化的需求,实现高效订货和发货管理。

三、供应链数字化转型势在必行

传统供应链存在信息缺失、滞后、多主体协同困难、不确定性显著增强、复杂性不断上升等问题,这常常导致产能过剩、库存积压、物流协调差、需求响应速度慢、订单流程混乱、整体交付水平低等问题。随着传统供应链问题日益突显,数字化转型势在必行。通过数字化转型,企业能够优化供应链,提升产能利用率,减少库存压力,提高物流协调性,更快速地响应市场需求,应对挑战。

(一)供应链信息缺失与滞后

在供应链中,上下游企业之间的信息传递经常面临信息缺失和信息滞后等问题。上游企业通常依赖下游订单来预测市场需求,但如果下游订单数据缺失,就会导致预测偏离真实市场的情况。此外,如果下游订单信息滞后传递,供应商的反应可能与实际市场状况脱节,进而影响整个供应链的协同运作。这种信息的缺失和滞后现象使得供应链管理者难以实现精准的市场预测和及时的生产调整,因此解决这一问题成为提高供应链效率和灵活性的关键。

1."牛鞭效应"的概念

"牛鞭效应"(Bullwhip Effect)是指供应链中需求信息失真、需求波动放大的现象。其基本思想是,当供应链中的各节点企业仅依赖相邻下游企业的需求信息做出生产和供给决策时,需求信息的不准确性逐级逆流上升,导致需求波动逐级放大。当这一效应传递到供应链的上游时,需求信息与实际顾客需求可能存在显著差异。由于这种需求放大效应,上游供应商往往维持比下游供应商更高的库存水平,反映了供应链库存管理中"所见非所得"的普遍现象。这一现象在图形上呈现出牛鞭形状,因此被形象地称为"牛鞭效应"(如图 1—14 所示)。这一现象的存在表明,更加精细和协同的供应链管理方法是降低库存水平、提高效率的重要途径。

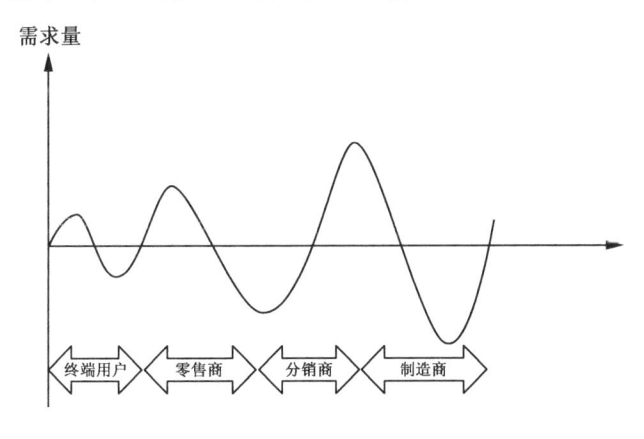

图 1—14 牛鞭效应示意图

宝洁公司在研究"尿不湿"产品的市场需求时最早发现了"牛鞭效应"。婴儿家庭(终端用户)对"尿不湿"产品的需求相当稳定,但当终端用户需求出现轻微波动时,零售商往往因为预测和订货策略等原因将波动放大,进而向分销商订货。为了达到相同的目的,分销商也会在汇总零售商全部订货量的基础上,再次将订单量放大,并向制造商订货。这种行为导致了以下情况的发生:虽然终端用户的需求波动很小,但在零售商和分销商的订货环节中,订单量逐级地被放大,而随着订单逐级传递至供应链上游,其偏差也会逐渐增大。这种现象的存在说明,在供应链中,由于信息不对称和传递的失真,即使最初需求波动很小,最终在供应链的各个层面都可能被放大,形成"牛鞭效应"。这个案例突显了对供应链中信息流的精细管理的重要性,因此在企业运营中要注意减轻"牛鞭效应"对供应链运作的不利影响。

2."牛鞭效应"的成因分析

"牛鞭效应"产生的主要原因在于从最终用户端收集来的需求信息在向供应链上游传递时不断地被延迟和曲解。这一现象涉及多个层面,具体而言,牛鞭效应的成因主要包括以下几个方面:

(1)需求预测不当。在供应链中,为了确定理想的库存水平和订货数量,成员企业通常需要采用定量方法(如移动平均或指数平滑等)预测下游成员的订货数量。任何预测方法都存在一定的局限性,无法精确地预测未来。因此,不准确的预测需求信息在供应链上游传递时会引发牛鞭效应。

(2)波动的订货提前期。在供应链中,各成员企业通过需求预测调整目标库存水平,而提前期的长短会导致目标库存水平发生较大改变。提前期越长,企业越需要提前进行订货决策,而对未来需求的预测不确定性也随之增加,从而引发牛鞭效应。

(3)不恰当的批量订货。为了降低订货成本和缓解缺货风险,销售商常倾向于基于理想状态批量订货,以减少订货次数。供应商则通常要求销售商在一定数量和周期内订货,以降低工作量和成本。然而,为了尽早获取货物或备不时之需,销售商可能会人为提高订货量,确保及时供应。这种实际订货量与理想订货量的差异,导致供应链中的订货波动,增加了库存不确定性。

(4)供应不足。市场上某些商品面临短缺时,零售商和分销商往往会为了规避缺货风险扩大订货数量。然而,需求减少或短缺情况结束后,之前扩大的订货量并不会立即消失。这种现象可能导致需求预测和判断失误,也是牛鞭效应产生的原因之一。

市场上某些商品短缺时,为规避缺货风险,零售商和分销商往往倾向于过度订货,以确保供应充足。这过度反应与实际需求的变化不同步,最终导致供应链中出现波动和库存积压。然而,一旦需求减少或短缺情况结束,之前扩大的订货量不会立即减少。这一现象可能导致需求预测和判断失误,从而导致牛鞭效应。

(5)供应链链条过长。供应链链条越长,供应商距离最终客户越远,对需求的预测就越难以准确。这是因为信息在供应链中的传递过程中可能发生失真,而且距离较远的供应商难以获取实时、准确的市场需求信息。同时,随着需求信号通过供应链各环节传递以及企业为规避风险而设置的多层安全库存,需求信息的扭曲程度逐渐增大,从而导致牛鞭效应更为明显。

(6)缺乏信息交流与协作。在供应链中,由于下游企业的真实需求和上游供应能力无法被准确了解,企业可能会过量储备货物。同时,由于信息孤岛的存在,企业之间难以实现存货互通有无和转运调拨,每个企业都独立持有高额库存,进一步提升牛鞭效应的发生概率。

(7)应付环境变异的过高库存。政治环境、经济环境、社会环境和政策环境的变化常常带来不确定性,这种不确定性可能导致销售商采取应对措施,主要表现为持有高库存。随着不确定性的增强,库存量也会相应增加。销售商可能会通过增大订货量来应对这些不确定性,将不确定性风险转移到供应商身上,从而导致牛鞭效应。

3."牛鞭效应"的消极影响

在传统供应链中,各参与企业(供应商、制造商、经销商、零售商等)往往会陷入"信息孤岛"的困境,这意味着信息传递存在失真和滞后,从而导致"牛鞭效应"。"牛鞭效应"的消极影响主要体现在以下两个方面。

(1)库存水平的不稳定。由于信息孤岛导致各个环节的企业无法准确获取实时的市场需求信息,每个参与企业都倾向于基于历史销售数据或自身感知做出订货决策。这种信息不对称和滞后会使得库存水平在供应链中逐级递增,形成"牛鞭效应"。因为零售商看到的需求波动可能比实际需求大,而制造商则需要根据零售商的订单生产,最终导致整个供应链中库存水平的不稳定。

(2)成本的上升和效率的降低。"牛鞭效应"导致供应链中的库存水平不稳定,企业往往需利用更多的安全库存以应对潜在的需求波动,导致库存成本的增加。同时,由于供应链中的企业难以协调和合作,难以实现精准的需求预测和库存管理,整个供应链效率下降。这样的情况可能导致过度生产、仓储费用增加以及产品滞销等问题,进而影响整个供应链的经济效益。

(二)供应链多主体协同困难

供应链的复杂结构使得每个企业,甚至企业内部的不同部门对于供应链协作的目标和要求存在差异,这导致供应链中的多主体协同困难。这种困难主要表现在两个方面:

1.企业内部产销协同困难

产销协同是企业通过聚焦各部门目标,实现整体目标一致性的过程,它连接了产品生命周期管理(Product Lifecycle Management,PLM)、产品走向市场(Go to Market,GTM)、供应链管理以及各支持部门,是经营管理中基础而关键的工作。产销协同不仅包括部门间的沟通,还涉及业务上的协同和最优决策。在传统的供应链环境中,由于需求计划难以控制、部门职能不一致等问题,实现产销协同一直是一项艰巨的任务。

需求计划在产销协同中扮演着关键的角色。如果需求计划出现偏差,那么供应计划也会相应偏离。然而,由于牛鞭效应的存在,企业很难做到精准地产销协同。在企业内部,各部门之间的组织职能差异是另一个制约产销协同的困难因素。企业内部结构复杂,包括制造、仓储、订单管理、销售等多个分支,当这些部门追求各自的利益最大化时,实现产销协同变得更加复杂(如图1—15所示)。

图1—15 企业内部各部门目标相互冲突

因此,产销协同的实现需要克服需求计划的困难、缓解牛鞭效应,并在企业内部建立更加协同一致的组织结构。这可能涉及采用先进的技术工具提高供应链的可见性和预测准确性等问题,同时需要建立激励机制,促使各部门共同朝着整体目标努力。

在传统供应链模式下,许多企业并未设立专门负责产销协同的部门,也未对产销协同进行精确的管理和推动。因此,要实现企业内部的产销协同,必须努力探寻新的决策方式,并迈向数字化升级的决策路径。

2. 上下游企业间协同困难

上下游企业间协同是指供应链上各个企业战略目标一致,始终以整体效益最大化为出发点运作供应链。在这个过程中,信息共享、合作机制和技术支持是关键因素。然而,由于供应链的动态性以及不同节点企业目标的冲突,实现供应链上下游企业的整合和协同存在一定难度。

在传统供应链模式下,上下游企业通常按照核心企业(链主企业)的意愿协作。核心企业的地位相对固定,其他企业被视为链属企业,但这种关系并非绝对,而是相对的,这就增加了供应链协调的难度。以苹果手机为例,从设计、品牌运营、技术整合的角度来看,苹果公司是链主企业;而在整机组装生产环节,富士康是链主企业;当苹果手机通过电商平台销售时,这些电商平台也可被视为链主企业。这种情况使得上下游企业之间的协作变得复杂。

供应链要求上下游企业为了整体利益有效协作,但企业之间的本质关系是商业交易,最终形成协同效应往往是零和博弈。信息的不对称和合作机制的不完善可能导致企业为了保护自身利益而采取短视的行为,缺乏长期合作的动力。供应链成员之间的频繁博弈可能阻碍供应链整体效率的提高。

(三)供应链不确定性显著增强

近年来,供应链面临的不确定性逐渐增强,这种不确定性使得供应链中的企业管理变得更加困难,同时也对经济效益和社会效益产生了负面影响,最终可能导致用户满意度下降。从供应链流程的角度来看,不确定性主要有三个方面。

1. 供应不确定性

供应不确定性是指由于企业内在原因或外部不可控制的力量,企业难以在预定的时间或地点向下游企业或终端用户提供既定数量和质量的服务或商品。这种不确定性主要体现在供应提前期、供应量和货物可得性方面。

2. 制造不确定性

制造不确定性指企业制造系统的不可靠性,包括设备故障、新系统故障、制造工艺不稳定以及生产计划失效等因素,制造不确定性最终可能导致整个制造过程延迟或中断。

3. 需求不确定性

需求不确定性是指用户对产品需求的波动性和随机性,表现在需求产品的偏好变化、购买数量波动和价格不稳定性上。具体体现在用户需求量、需求结构和需求在时间、空间上的分布的不确定性。

(四)供应链复杂性不断上升

供应链是一个多级网链结构,其中任何一个环节的变化和业务需求波动都会影响其他环节。供应链的运作是各功能、要素不断协同的过程,其运作过程存在多样性和动态性,从而使得供应链变得复杂。供应链复杂性的不断上升主要有两个方面的原因。首先,随着共享和合作概念的普及,供应链参与者不断增多,结构更加复杂。合作伙伴在利益、目标、规模、环境等方面存在差异,导致内部复杂性逐渐增加。其次,供应链处于一个不断变化的环境中,受到社会、经济、政治等因素的持续影响。随着全球化的不断发展，市场环境动荡，需求越来越难以预测。外部市场环境导致外部复杂性的增加。这两种复杂性叠加使得供应链面临更大挑战。

(五)"双碳"背景下的利润空间拓展

党的二十大报告指出："我们要加快发展方式绿色转型，实施全面节约战略，发展绿色低碳产业，倡导绿色消费，推动形成绿色低碳的生产方式和生活方式。"在"双碳"背景下，企业面临机遇与挑战的双重考验。尽管各行业迅速发展，企业为创造营收做出了巨大努力，但同时也可能给生态环境带来了巨大压力。相关机构的调查显示，2020年中国工业排放的二氧化硫、氮氧化物、粉尘分别占排放总量的90%、70%、85%。这表明工业活动对环境产生了显著影响，资源环境的承载能力接近极限。

尽管国家已推出一系列促使企业实施绿色供应链管理的政策，但政府、企业和消费者对绿色供应链的了解仍相对不足。政府通常关注供应链末端的环境治理，难以从根本上推动企业开展绿色供应链的发展。绿色供应链涉及多个主体和环节，这对企业提出了更高的要求，需要企业具备较高的管理和协同能力。此外，绿色供应链要求每个环节都实现"绿色化"，要求企业不断创新并改造升级原有生产技术，这将给企业带来巨大的负担。

因此，借助新一代信息技术推动传统工业经济向数字经济过渡，加速供应链的数字化转型，是每个企业亟需关注的重要议题。通过数字化转型，企业能够提高供应链的透明度、灵活性和效率，进一步挖掘产业链中的潜在利润空间。这对更好地应对绿色供应链管理所带来的挑战至关重要，有助于实现可持续发展。

小　结

在任何组织中，运营与供应链环节都是创造价值的重要环节。为了确保制定正确的运营与供应链决策，管理者必须在企业战略的指导下制定这些职能战略。本项目首先介绍了运营、运营管理的定义、内容、基本理论；其次，详细介绍了供应链及其供应链管理的概念，供应链运营的各个环节、各技术要素以及未来发展进行了分析；最后阐述了全球供应链发展的历程及我国数字化供应链现状及数字化供应链的基本理论，分析了供应链数字化转型的必然性。

案例讨论[①]

SHEIN是一家跨境电商企业，专注于女性快时尚产品，为全球消费者提供高性价比的时尚商品。在新冠疫情期间，尽管全球消费市场不景气，SHEIN的市场份额却迅速增长。根据数据统计，2020年SHEIN的年营收达到约100亿美元，2021年增至近157亿美元。在2022年第一季度，SHEIN超越亚马逊，成为全球下载量最高的购物App。

SHEIN之所以能够取得如此迅猛的发展，主要得益于其强大的供应链体系。自2012年起，SHEIN利用中国供应链优势，不断整合行业资源，建立了从设计、采购、制造到电商运营和售后服务的一体化供应链体系。在消费端，SHEIN采取了"小单快返"的模式，通过生产小批量产品先投放市场测试，然后根据销售数据反馈，对爆款产品进行快速返单、大规模生产，实现销售和利润的最大化，并降低库存风险。在供应端，SHEIN利用自建的供应商管理数字化系统，高效透明

---

① 马潇宇.数字化供应链理论与实践[M].北京：清华大学出版社，2023：2—3。

地管理整个供应链,包括实时监控供应商的订单处理、原材料库存、人员状态等信息。当消费端有需求时,SHEIN能够根据供应商信息进行精准的产能分配,打造了"柔性供应链"。

据悉,SHEIN每日上新数量可超过3 000款,周上新量大约是ZARA的30倍。每件新品从设计打版到上架仅需14天,上架后配送至消费者最快只需7天,实现了服装产业全球领先的优势,表现为品种多、价格低、速度快。

讨论:

1. SHEIN如何实现对市场需求的快速响应?
2. SHEIN的供应链为其带来了哪些优势?

思维导图

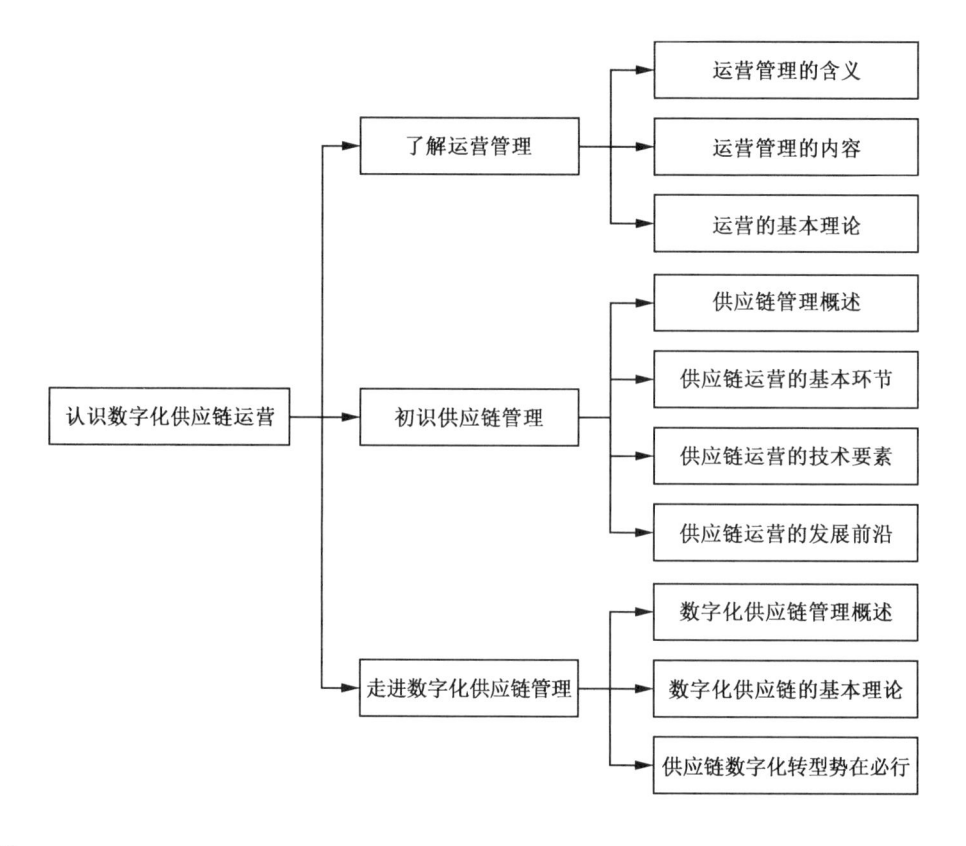

```
                            ┌── 运营管理的含义
              ┌─ 了解运营管理 ─┼── 运营管理的内容
              │              └── 运营的基本理论
              │
              │              ┌── 供应链管理概述
              │              ├── 供应链运营的基本环节
认识数字化供应链运营 ─┼─ 初识供应链管理 ─┤
              │              ├── 供应链运营的技术要素
              │              └── 供应链运营的发展前沿
              │
              │                  ┌── 数字化供应链管理概述
              └─ 走进数字化供应链管理 ─┼── 数字化供应链的基本理论
                                 └── 供应链数字化转型势在必行
```

思考题

1. 简要说明运营管理的主要内容。
2. 简述库存的重要性。
3. 什么是数字化供应链管理?
4. 简述我国数字化供应链发展现状及未来发展趋势。
5. 什么是牛鞭效应?其产生的主要原因有哪些?

项目二　数字化营销管理

1. 知识目标
(1)理解客户需求管理和客户需求预测的概念和意义；
(2)掌握市场分析的理论与方法；
(3)掌握各类销售策略；
(4)掌握销售与运营计划的制定方法，了解销售与运营计划的组织和实施过程；
(5)了解销售与运营计划数据采集与处理的一般步骤。

2. 能力目标
(1)能够编写客户需求分析报告；
(2)能够制定销售与运营计划；
(3)能够进行订单管理。

3. 思政目标
(1)通过分析市场需求，制定销售策略，并实施运营计划，培养社会责任感和道德观念；
(2)通过学习销售与运营计划，培养学生的团队合作能力；
(3)通过订单管理的学习，培养学生的社会责任感和担当精神。

导入案例

比优特超市管理：降本增效

在当前实体零售企业普遍面临经营困境的背景下，比优特超市以其独特的降本增效策略和创新驱动模式，成功实现了从成本优化到业绩增长的华丽转身。作为一家从黑龙江鹤岗起家的区域零售企业，比优特凭借其不懈的探索和创新精神，逐渐在全国范围内拓展影响力，成为零售行业内的降本增效典范。

在零售行业市场竞争日趋激烈的环境下，实体零售企业普遍面临人力成本上升、库存积压、效率低下等挑战。比优特超市也不例外，但公司董事长孟繁中却看到了行业变革的机遇，决定通过系统性地推行降本增效策略，实现企业的可持续发展。比优特降本增效的核心举措如下：

其一，"两个十分钟原则"。比优特通过调整员工工作时间和流程，推行"两个十分钟原则"，即员工不必提前两小时到岗，而是利用开店前十分钟快速陈列生鲜商品，以满足早到顾客的需求；门店打烊后，员工在十分钟内完成收尾工作并离店，以提高工作效率和降低人力成本。

其二，AI电子秤的普及。引入自动识别商品信息的AI电子秤，顾客购买生鲜商品时直接在收银台称重结账，减少称重环节，提高购物便利性，同时降低人工成本。

其三，门店"零库存"管理。通过优化物流配送和库存管理，实现门店除生鲜商品外的标品"零库存"，减少库存积压和浪费，提高商品周转率。

在成功实施降本增效策略后，比优特进一步提出创新驱动的发展策略，通过三个通道鼓励员工创新：(1)成立创新基金。将因创新举措而节省的成本核算成现金价值，用于奖励推进创新项目的团队，激发员工的创新热情。(2)店长和采购经验交流会。定期组织店长和采购人员分享各自的研究成果和经验，促进知识和经验的交流共享，提升整体运营水平。(3)搭建创新平台：为员工提供创新培训和指导，搭建创新平台，鼓励员工提出创新建议和方案，形成自下而上的自驱型创新机制。

董事长孟繁中是比优特降本增效的推动者。比优特超市通过实施一系列降本增效策略和创新驱动发展策略，成功实现了从成本优化到业绩增长的转型。其成功经验不仅为实体零售企业提供了宝贵的借鉴，也为整个零售行业带来了启示：在激烈的市场竞争中，只有不断创新、优化流程、提高效率，才能在竞争中立于不败之地。孟繁中有个理念，降本增效，是减动作，而不是减人。在与孟繁中交流中，我们提炼出关于零售企业降本增效的两个关键点。

其一，降本增效是"一把手工程"。降本增效是全局的降本增效，并不是每个部门平均分配。在实施过程中，有些时候个别部门的成本反而增加了，这个时候，需要一把手全盘统筹，避免陷入以部门利益为中心的本位主义窠臼。

其二，降本增效必须有"底层思维"。降本增效的核心是减少多余动作，但如何判断一个动作是不是多余的？依据何在？这就要看它是否直接指向事物本质，这便需要企业一把手具备"底层思维"。

案例来源：根据网易平台相关资料整理。

任务一 客户需求管理

在当今的商业环境中，客户需求管理已经成为企业成功运营的重要一环。对了解并满足客户的需求是任何一家企业实现持续增长和竞争优势的关键。客户需求管理不仅仅是一个简单的任务，它首先需要一种系统的方法和策略来识别、理解和实现客户的需求。通过实施有效的客户需求管理，企业可以更好地理解市场趋势，提高客户满意度，增强品牌形象，并最终实现可持续的商业成功。

什么是客户需求呢？其实，客户需求理解起来非常容易，就是客户需要什么，客户期待能获得什么。客户需求是指客户需要的产品或服务以及客户期望从企业获得的价值。这些需求包括基本的产品或服务功能以及客户期望的便利性、舒适性和增值服务。因此，企业需要了解并满足客户的需求，以便为客户提供更好的体验，提高客户满意度和忠诚度，从而实现商业成功。

一、客户需求预测

预测是对未来可能发生的情况的预计与推测。需求预测是指在一系列特定的条件下对未来预期的需求量的预估。预测不仅可以给企业提供其产品或服务在未来一段时间的需求期望水平，也可以为企业的计划与控制决策提供依据。客户需求预测是指对特定时期内的客户需求进行未来估计的过程。更具体地说，需求预测是在一系列特定的条件下，通过历史数据分析和预测客户需求,以了解关键的经济状况并协助企业做出关键的供应决策以优化业务盈利能力。

再周密的预测也可能与未来发生的事实不完全相符,甚至可能相差很远。然而,需求预测对于每一个企业或重要的管理决策是至关重要。预测是实施长期计划的基础,也是未来决策的依据。

(一)客户需求预测的意义

1. 供应链管理

通过预测客户需求,企业可以更好地规划其生产和供应链管理。例如,如果预计未来几个月内某产品的需求将激增,企业可以提前增加生产量并做好库存管理,确保产品供应充足且不出现断货情况。

2. 库存管理

预测客户需求可以帮助企业更有效地管理库存水平。例如,通过预测销售趋势,企业可以提前采购生产所需的产品数量,避免库存积压或缺货现象。例如,某服装品牌预计明年春季将有一波促销活动,根据对过去几年销售数据以及今年市场趋势的分析和预测,预计需要增加20%的库存量来应对销售高峰期。通过预测客户需求,企业可以提前做好采购和生产计划,安排足够的原材料和生产资源,确保产品供应充足且不过度库存,提高企业的市场竞争力。

3. 生产计划

预测客户需求有助于企业制定更准确的生产计划。如果预计某产品的需求量将持续增加,企业可以提前安排,扩大生产线和提高生产效率,确保产品及时供应市场。

4. 销售策略

预测客户需求可以帮助企业制定更有效的销售策略。例如,如果预计某产品的需求将增加,企业可以提前备货并制定相应的促销活动,抓住销售机会并提高销售额。

5. 风险管理

预测客户需求可以帮助企业提前识别潜在的市场风险并采取相应的防范措施。例如,如果预计未来几个月内某产品的需求将大幅下降,企业可以提前调整生产和销售计划,降低库存压力和市场风险。

随着市场竞争的日益激烈,客户需求预测已成为企业获取竞争优势的重要手段。通过预测客户的需求趋势,企业可以科学地规划其生产和供应链管理,优化产品设计和功能,制定精准的销售策略,从而提升市场竞争力。然而,客户需求预测并非易事,需要遵循一定的步骤和流程。下面将介绍客户需求预测的一般步骤,以帮助企业更好地理解和应用这一重要工具。

(二)客户需求预测的一般步骤

1. 明确预测目的

预测目的决定了预测的范围和深度以及所需的数据和预测方法。通过明确预测目的,企业可以确定所需信息资料的详尽程度、必要资源(人力、时间及成本)的数量和预测的精准度。

2. 确定时间跨度

在明确预测目的后,需要确定预测的时间跨度。时间跨度是指预测开始的时间点到预测结果所涵盖的时间范围。时间跨度的选择取决于预测的目的和实际需求。在确定时间跨度时,需要考虑数据的可用性和预测的准确性。如果可用的数据范围有限,则应选择较短的时间跨度。如果数据比较充足且预测的准确性要求较高,则可以选择较长的时间跨度。需要注意的是,在选择时间跨度时,还需要考虑数据的变化趋势和波动性。如果数据的变化趋势较快或波动性较大,则需要选择更短的时间跨度以准确地反映数据的实时变化。

3.选择预测方法

在确定预测目的和时间跨度后,需要选择合适的预测方法。选择预测方法时,需要考虑数据的特性、预测目的和计算复杂度等因素。例如,对于具有线性关系的预测数据,可以选择线性回归;对于多个自变量之间存在高度相关性的预测数据,可以选择主成分回归;对于非线性关系的预测数据,可以选择神经网络等方法。需要注意的是,在选择预测方法时,还需要考虑计算资源和时间成本等因素。如果数据量较大或计算资源有限,可以选择计算效率较高的方法;如果对预测结果的准确性和稳定性要求较高,可以选择精度较高的方法。

4.收集并分析相关数据

在选择预测方法后,需要收集并分析相关的数据。这些数据应该包括历史销售数据、市场趋势数据、客户反馈数据、行业报告等。在收集到相关数据后,需要清洗和整理数据。这包括去除异常值、处理缺失值、进行数据转换和标准化等。此外,还需要对数据进行探索性分析,了解数据的分布和特征,以便合理地选择预测方法和构建模型。

(三)数据的收集和分析

数据的收集和分析是客户需求预测的重要步骤之一。通过收集和分析相关数据,企业可以更好地了解客户需求和市场趋势,为决策提供有力支持。

数据的收集和分析首先需要根据预测方法的要求,对信息资料或数据进行处理分析,获得预测结果。然后监控预测结果,以确定预测是否像预期的那样进行。监控的内容包括模型的预测结果和实际结果的比较,以及模型性能的评估。在模型的预测结果和实际结果出现偏差时,需要调整和优化模型。需要注意的是,在实际应用中,需要充分考虑预测结果的可靠性和稳定性以及实际应用场景的需求和特点。同时,要定期调整和优化模型,以保持模型的自适应性和泛化性能。此外,还要注意数据隐私和安全问题,保护客户的数据隐私和安全,避免数据泄露和滥用。

在数据分析和处理过程中,还需要注意以下几点:

1.数据的质量和可靠性

需要确保所使用的数据是准确的、可靠的,避免使用不准确的数据预测。

2.数据的代表性和完整性

需要确保所使用的数据具有代表性,能够涵盖各种情况和变化。同时,还需要保证数据的完整性,避免遗漏重要信息。

3.数据的预处理和标准化

对于不同性质的数据,需要预处理和标准化,使得不同性质的数据能够在同一个尺度上比较和分析。

4.数据的隐私和安全

需要保护客户的隐私和数据安全,避免数据泄露和滥用。

二、客户需求分析报告编写

编写客户需求分析报告是了解客户期望和需求的关键步骤,它为企业提供了深入洞察市场趋势和消费者行为的机会。通过这份报告,企业可以明确自身的市场定位,优化产品设计,提高客户满意度,从而实现商业目标。

(一)客户需求分析报告的编写步骤

其一,需要明确客户的需求和要求,包括要解决的问题、目标和期望等。这些可以通过与客户的直接交流、问卷调查、现场观察等方式获取。

其二,需要从各种渠道收集客户的需求数据。这些数据包括客户的痛点、需求、期望等。可以通过与客户的交流、在线调查、客户反馈等方式收集这些数据。

其三,需求分类和分析,即分类整理和分析收集到的需求数据。这包括将客户需求归类,并根据优先级排序。同时,需要深入理解客户的需求,确定这些需求是否具有普遍性。

其四,基于需求分析的结果,制定相应的解决方案。这可能包括产品或服务的改进、优化、新增等。提出的解决方案需要满足客户的需求,同时需要考虑到解决方案的可行性、成本效益和实施时间等因素。

其五,将上述分析过程和解决方案编写成一份详细的客户需求分析报告。报告应清晰地描述客户需求、分析结果和解决方案。此外,报告还应包括对解决方案的评估和预测,以及对实施计划的简要说明。

其六,将编写好的客户需求分析报告呈现给客户或其他相关人员。要注意听取他们的反馈和建议,以便进一步优化和改进产品或服务。

其七,根据客户需求分析和解决方案建议,实施解决方案。在实施过程中,需要持续关注客户反馈,持续改进和优化产品或服务,以满足不断变化的市场需求和客户期望。

(二)编写客户需求分析报告注意事项

其一,注意保持客观性和中立性。在分析客户需求时,应尽量保持客观和中立,避免主观偏见。

其二,注重细节和量化。在描述客户需求时,应注重细节并使用量化的数据来支持观点,使报告更具说服力。

其三,考虑可实施性。提出的解决方案应考虑到实际可实施性,包括资源投入、技术可行性、时间安排等因素。

其四,关注竞争对手。在分析客户需求时,也应关注竞争对手的产品或服务,了解竞争对手的市场策略和竞争优势,从而更好地满足客户需求。

其五,注意合规性和隐私保护。在收集和使用客户数据时,需要遵守相关法律法规和隐私政策,确保客户数据的安全性和合规性。

(三)客户需求分析报告对企业的意义

客户需求分析报告可以帮助企业获取客户反馈、提高品牌忠诚度和客户黏性、制定更精准的产品或服务策略以及提高销售业绩,从而推动企业的可持续发展和长期盈利。

首先,客户需求分析报告是帮助企业获取客户反馈的有效途径。通过深入了解客户的需求和期望,企业可以获取更全面的客户反馈,进而改进和优化产品或服务。这有助于提高客户的满意度和忠诚度,增强品牌形象和市场竞争力。

其次,客户需求分析报告可以帮助企业提高品牌忠诚度和客户黏性。根据客户需求分析,企业可以针对客户的不同需求,提供个性化的产品和服务,从而提高品牌忠诚度和客户黏性,这有助于企业在激烈的市场竞争中脱颖而出,吸引更多的客户并保持竞争优势。

再次,客户需求分析报告可以帮助企业制定更精准的产品或服务策略。通过对客户需求的分析,企业可以了解市场趋势、客户需求变化以及潜在商业机会等信息,从而制定更精准的产品或服务策略。这有助于提高企业的市场占有率和盈利能力。

最后,客户需求分析报告还可以帮助企业提高销售业绩。根据客户需求分析报告,企业可以制定更具针对性的销售策略和营销计划,从而吸引更多的潜在客户并提高销售业绩。这有助于企业实现可持续发展和长期盈利。

三、客户需求计划编制

在当今商业环境中,了解客户需求并为其提供满足需求的产品或服务是企业取得成功的关键。为了精准地预测市场和客户需求,许多企业纷纷采用客户需求计划编制这一重要工具。客户需求计划编制不仅可以帮助企业更好地了解客户需求,还可以协调各个部门和员工的工作,提高生产效率和销售业绩,并增强客户满意度。本节将详细介绍客户需求计划编制的概念、意义以及如何编制,帮助企业更好地应对市场变化和客户需求的变化。

(一)客户需求计划编制的含义

客户需求计划编制是指通过收集、分析客户的需求,并基于这些需求制定相应的计划,以满足客户的需求。假设一个制造企业的市场需求发生变化,企业通过客户需求计划编制,可以了解客户对产品的具体需求和未来趋势,比如知晓客户更注重产品的性能、外观或者环保等哪些方面。根据这些信息,企业可以调整生产计划,优化产品设计,改进生产工艺,并加强与供应商的合作,以满足客户的需求。因此,客户需求计划编制可以帮助企业深入地了解市场需求和客户期望,从而做出更准确的决策,提高生产效率和客户满意度,增强企业的竞争力,这对于企业的运营和发展有着重要的战略意义。

(二)客户需求计划编制的意义

客户需求计划编制不仅有助于企业深入了解市场动态,还可以指导产品开发、生产计划和供应链管理。一般来说,客户需求计划编制的意义主要体现在以下几个方面。

1. 提高企业市场预测能力

通过客户需求计划编制,企业能够更好地预测市场和客户需求,并提前做好相应的准备和安排。这种预测不仅可以基于现有的市场需求,还可以预测未来的市场趋势,帮助企业提前做好布局。

2. 优化生产和库存管理

通过客户需求计划编制,企业可以制定更精确的生产计划和库存管理策略。这不仅可以减少库存积压,还可以提高生产效率,降低成本。

3. 提升客户满意度

通过关注客户需求,满足其期望,企业可以增强客户对企业的信任和满意度。这不仅可以提高现有客户的忠诚度,还可以吸引更多的新客户。

4. 增强企业竞争力

通过客户需求计划编制,企业可以更好地了解市场需求和竞争状况,从而制定更有效的竞争策略。这不仅可以提高企业的市场竞争力,还可以帮助企业实现可持续发展。

5. 促进各部门协作

客户需求计划编制需要多个部门共同参与,这可以促进各部门之间的协作和沟通。通过共同制定计划,企业可以减少部门之间的信息不对称现象,提高整体运营效率。

(三)编制客户需求计划

1. 理解客户需求

(1)收集客户需求。通过市场调研、客户访谈和调查问卷等方式,收集并整理客户对产品或服务的需求、期望和建议。

(2)分析客户需求。对收集到的需求进行分类、优先级排序,确定关键客户群体及其核心需求。

(3)制定客户细分策略。根据客户需求、市场潜力和企业战略,将客户群体划分为不同的细分市场,以便为每个细分市场提供更具针对性的产品或服务。

2. 预测未来需求

(1)分析历史数据。收集并分析过去一段时间内的销售数据,了解产品或服务的市场需求趋势、季节性变化和竞争状况。

(2)预测未来需求。结合历史数据和市场趋势,运用合适的需求预测方法(如时间序列分析、回归分析等)预测未来一定时间内的市场需求。

(3)调整预测。考虑可能的市场变化、政策因素和企业战略调整等因素,调整预测结果,使预测更加准确。

案例分析2-1

京东诠释消费者需求变化

3. 制定客户需求计划

(1)确定生产计划。根据预测需求和市场供应情况,确定生产计划和库存管理策略,以满足客户需求并控制库存成本。

(2)资源配置。根据生产计划合理安排物料、人力和设备等资源,确保顺利生产。

(3)监控与调整。在实施过程中,密切关注市场动态和实际销售情况,及时调整生产计划和资源配置,以确保满足客户需求并降低风险。

4. 实施与优化

(1)制定实施方案。明确实施步骤、时间表和责任人,确保客户需求计划的顺利实施。

(2)培训与沟通。针对新的需求计划,组织内部培训和沟通,确保员工理解并支持计划的实施。

(3)持续优化。根据实际执行情况和市场反馈,定期对客户需求计划进行评估和优化,以满足不断变化的市场需求和客户期望。

客户需求计划编制是一个系统性的过程,需要深入了解客户需求、准确预测未来需求,并据此制定有针对性的生产计划和资源配置方案。通过实施与优化,企业可以准确地把握市场动态,满足客户需求,提升竞争力。

客户需求计划编制是企业实现可持续发展的关键环节之一,它能够帮助企业更好地预测市场和客户需求,制定相应的生产计划和销售计划,从而提高企业的生产效率和销售业绩,增强客户对企业的信任和满意度,并提升企业的竞争力。在编制客户需求计划时,企业需要关注客户的需求和期望,了解市场趋势和发展方向,并制定相应的计划和策略,以应对市场的变化和客户的需求。

任务二 市场分析与营销管理

市场分析是营销管理的基础,主要包括对目标市场的调查和研究,分析市场需求、竞争态势、消费者行为等。通过对市场的深入了解,企业可以制定更符合市场需求的销售策略和营销计划。

市场分析是对市场供需变化的各种因素及其动态、趋势的分析。其过程包括搜集有关资料和数据,采用适当的方法,分析研究、探索市场变化规律。市场分析的主要目的是了解消费者对产品品种、规格、质量、性能、价格的意见和要求,了解市场对某种产品的需求量和销售趋势,了解产品的市场占有率和竞争单位的市场占有情况,了解社会商品购买力和社会商品可供量的变化,并从中判明商品供需平衡的不同情况(平衡或供大于需,或需大于供),为企业生产经营决策(合理安排生产、进行市场竞争)和客观管理决策(正确调节市场、平衡产销、发展经济)提供重要依据。

营销管理是一个企业成功的关键因素,其内容包括市场营销策略的制定、销售管理、客户关系管理和品牌建设等方面。通过制定有效的市场营销策略、科学合理的销售管理、健全的客户关系管理和良好的品牌建设,企业可以提高市场竞争力,实现长期稳定的发展和盈利能力。因此,企业需要高度重视营销管理,不断完善和提升营销管理水平,以应对激烈的市场竞争,实现企业的长期发展目标。

一、市场营销环境的概念

市场营销环境是指影响企业市场营销活动的各种外部和内部因素的总和。这些因素包括宏观环境、微观环境和内部环境。它们共同构成了企业所处的市场营销环境,对企业的市场营销活动产生着重要的影响(如图2—1所示)。

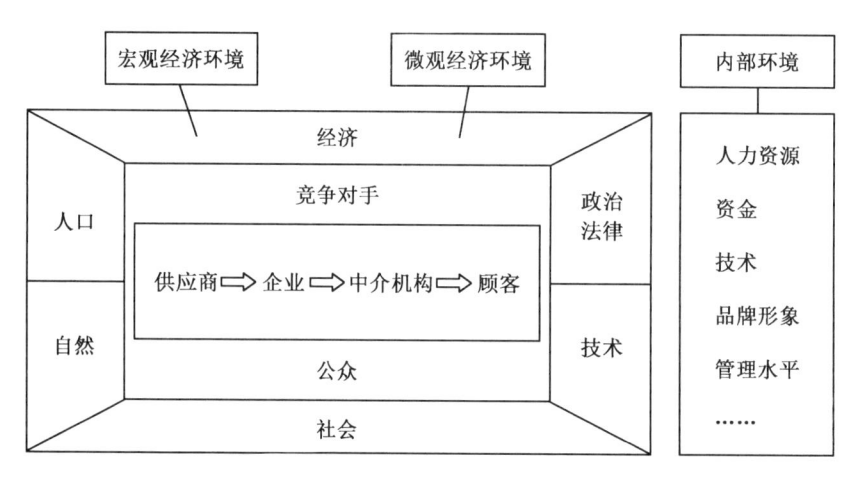

图2—1 市场营销环境图示

1. 宏观环境

宏观环境是指影响整个行业或市场的外部因素,包括政治、经济、社会、技术、法律等方面的因素。政治稳定、经济繁荣、社会和谐、技术进步以及法律法规的完善都会对市场营销活动产生积极的影响,相反,政治动荡、经济衰退、社会不稳定、技术滞后以及法律法规的不完善都会对市场营销活动产生消极的影响。因此,企业需要密切关注宏观环境的变化,及时调整市场营销策略,以适应外部环境的变化。

2. 微观环境

微观环境是指企业所处的具体市场或行业的外部因素,包括顾客、竞争对手、供应商、中介机构等。顾客的需求和偏好、竞争对手的行为和策略、供应商的产品和服务质量以及中介机构的影响力和渠道优势都会对企业的市场营销活动产生直接影响。因此,企业需要深入了解微观环境的变化,灵活调整市场营销策略,以满足不同顾客群体的需求,抵御竞争对手的挑战,保持与供应商和中介机构的良好合作关系。

3. 内部环境

内部环境是指企业内部的资源、能力和组织结构等因素,包括人力资源、资金、技术、品牌形象、管理水平等。这些因素对企业的市场营销活动同样产生重要的影响。人力资源的素质和数量、资金的充裕程度、技术的创新能力、品牌形象的知名度以及管理水平的高低都会直接影响企业市场营销活动的效果。因此,企业需要不断提升内部环境的各项因素,以提高市场营销活动的成功率。

市场营销环境是一个综合性的概念,企业需要密切关注市场营销环境的变化,灵活调整市场营销策略,以适应外部环境的变化,提高市场营销活动的成功率。同时,企业还需要不断提升内部环境的各项因素,以增强市场营销活动的竞争力。只有充分理解和把握市场营销环境的概念,才能更好地开展市场营销活动,取得更好的市场营销效果。

二、市场调研

(一)市场调研的含义

市场调研是对市场状况进行系统、客观、全面和准确了解与评估的重要手段。它通过对市场供求关系、消费者需求、竞争对手等各方面进行深入调查和分析,为企业制定营销策略、进行产品定位、发掘潜在机会等提供重要依据。

(二)市场调研的作用

1. 了解市场需求

通过市场调研,企业可以了解目标市场的需求和消费者偏好,包括产品类型、价格、品质等方面的需求。这些信息有助于企业确定产品开发方向和定位,满足市场需求,提高销售业绩。

2. 识别市场趋势

市场趋势是指未来一段时间内市场的变化方向和走势。通过市场调研,企业可以及时掌握市场动态,预测未来市场的变化,提前调整策略,适应市场需求。

3. 评估竞争对手

市场调研可以帮助企业了解竞争对手的产品、价格、促销策略等方面的信息,分析竞争对手的优势和不足,从而制定有效的竞争策略,提高市场占有率。

4. 发掘潜在机会

市场调研可以帮助企业发现潜在的市场机会,例如新兴市场的需求、消费者新的需求点等。这些机会可能成为企业发展的新增长点,提高企业的竞争力和盈利能力。

5. 优化产品定位

通过市场调研,企业可以了解消费者对产品的认知和评价,从而优化产品定位,提高产品在市场上的竞争力和品牌形象。同时,根据消费者的反馈和意见,不断改进产品设计和功能,提高产品的品质和用户体验。

6. 提高营销效果

市场调研可以帮助企业了解目标受众的喜好、消费习惯和心理预期等信息,从而制定更加精准和有效的营销策略,提高营销效果和投入产出比。同时,通过了解消费者的反馈和意见,不断优化营销活动和推广方式,提高营销效果和客户满意度。

7. 指导经营决策

市场调研所提供的数据和分析结果可以为企业的经营决策提供重要的参考依据。通过了解市场需求、竞争对手和市场趋势等信息,企业可以制定更加科学、合理的经营策略和计划。同时,根据市场调研的反馈和评估结果,及时调整经营策略和方向,可以确保企业的持续发展和竞争力提升。

延伸阅读2-1

市场调研方法

(三)市场调研步骤

市场调研的步骤包括确定调研目标、收集二手资料、设计调研问卷、实施调研、分析调研数据、撰写调研报告和汇报调研结果等方面。按照这些步骤进行市场调研,有助于企业全面了解市场需求、竞争态势和市场趋势,为制定科学合理的营销策略和经营决策提供重要依据。

1. 确定调研目标

在进行市场调研之前,首先需要明确调研的目标和目的。这有助于确定调研的范围、对象和重点以及后续的数据收集和分析方向。

2. 收集二手资料

在确定调研目标后,应首先收集已有的二手资料,如行业报告、市场分析报告、统计数据等。这些资料有助于了解市场的基本情况和趋势,为后续的调研提供背景和参考。

3. 设计调研问卷

根据调研目标和二手资料的分析结果,设计合适的调研问卷。问卷应包含与调研目标相关的问题,并注意问题的表达方式、顺序和逻辑关系,以提高受访者的回答质量和调研效率。

4. 实施调研

根据调研目的和范围,选择适合的调研方法(如问卷调查、访谈、观察等)和样本量,并实施调研。在实施过程中,应注意受访者的隐私保护和知情同意,确保调研的合法性和公正性。

5. 分析调研数据

在收集到足够的数据后,应进行数据的整理、筛选和统计分析。通过数据分析,企业可以发现市场需求的规律、消费者偏好、竞争对手的优势和不足等信息。分析过程中应注意数据的真实性和可靠性,采用适当的统计方法和技术进行数据挖掘和分析。

6. 撰写调研报告

根据调研目的和数据分析结果,撰写市场调研报告。报告应清晰地阐述调研目标、方法、数据分析和结论,并提出相关建议和展望。报告的撰写应注意条理性和逻辑性,使读者能够快速理解和掌握调研的核心内容。

7. 汇报调研结果

将市场调研报告向相关人员汇报,分享调研结果和建议。汇报时应注意表达得简洁明了,突出重点和亮点,使听众能够快速理解并接受报告内容。同时,也可以根据听众的反馈和提问互动交流,进一步探讨和解释报告内容。

三、消费者购买行为

消费者购买行为是一个复杂的过程,受到多种因素的影响。了解消费者购买行为对企业制定营销策略至关重要,只有充分了解消费者的需求,才能制定出有效的营销策略,提升产品或服务的市场竞争力。

企业可以通过研究消费者购买行为,了解消费者的偏好,发现市场机会。同时,消费者购买行为的研究也有助于政府和社会更好地了解消费者的权益和需求,制定相关政策和规定,促进市场健康发展。

1. 消费者购买行为的概念

消费者购买行为是指人们为了满足个人或家庭的生活需要,或者企业为了满足生产的需要,购买产品或服务时所表现出来的各种行为。消费者的购买行为是一个复杂的过程,受到消费者的内在因素和外在因素的交互影响。消费者的购买行为包括寻找、选择、购买、使用、评价及处置产品或服务等一系列活动,其中,购买决策居于核心地位,其正确与否直接决定购买行为的发生方式、指向及效用大小。

2. 消费者购买行为的特点

消费者的购买行为具有动态性、互动性、多样性、易变性、冲动性、交易性等特点。消费者的主观心理活动和客观物质活动两个方面共同构成完整的购买行为过程。其中,消费者的心理活动包括需求认知、信息收集、品牌评价、购买决策和购后行为等阶段。

3. 消费者购买行为的影响因素

消费者购买行为受到多种因素的影响,可概括为内在因素和外在因素。内在因素包括消费者的个性、年龄、性别、职业、收入等个人因素以及消费者的价值观、态度、生活方式等心理因素。外在因素包括社会文化环境、媒体广告、竞争状况、政策法规等。消费者购买行为的影响因素之间相互影响,共同作用于消费者的购买行为。

知识拓展

需求层次理论

需求层次理论是美国心理学家亚伯拉罕·马斯洛在20世纪50年代提出的,该理论将人类需求划分为5个层次,即生理需求、安全需求、社交需求、尊重需求和自我实现需求。这些需求从低到高依次排列,形成了一个完整的层次结构。

生理需求是人类最基本的需求,包括食物、水、呼吸等基本生存条件。当生理需求得到满足后,人们会追求安全需求,如住所、健康、财产安全等。社交需求则涉及人们在社会生活中所需要的归属感、友谊和爱情等方面的需求。尊重需求则包括自尊和他尊两个方面,即自我尊重和他人尊重。自我实现需求是最高层次的需求,涉及个人成就、自我发展和自我价值的实现。

马斯洛认为,当某一层次的需求得到满足后,人们才会追求更高层次的需求。同时,如果较低层次的需求没有得到满足,人们可能会回归到较低层次的需求。此外,不同层次的需求对人们的重要性也不同,下一层次的需求满足是上一层次需求出现的前提条件。

需求层次理论对市场营销和消费者行为研究具有重要的指导意义。企业可以根据消费者的需求层次来制定营销策略,满足不同消费者的需求,提高市场占有率和销售业绩。同时,该理论也可以帮助政府和社会更好地了解消费者的需求,制定相关政策和规定,促进市场健康发展(如图2—2所示)。

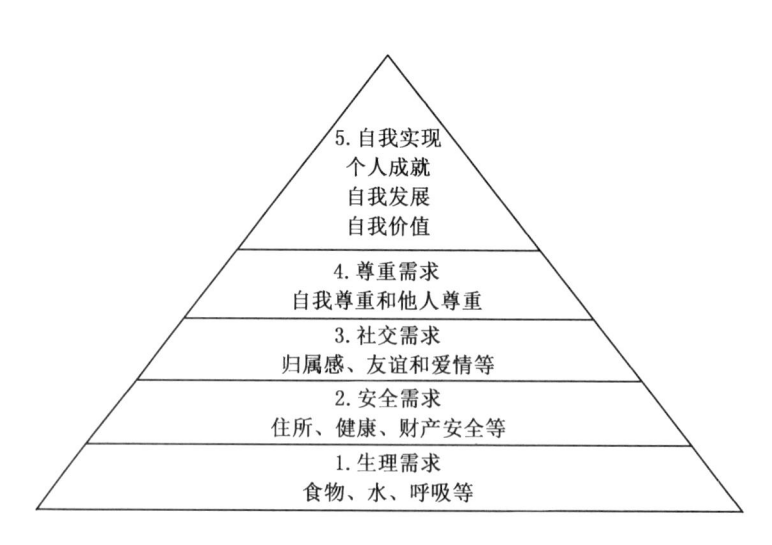

图2—2 需求层次理论图

4.消费者购买行为分析

消费者购买行为是市场营销领域中的一个重要概念,它涉及消费者在购买产品或服务时所展现出的行为和决策过程。了解消费者购买行为对企业制定营销策略和产品定位至关重要。

在制定营销策略时,企业需要充分考虑消费者购买行为的影响因素,并针对不同的消费者群体采取相应的策略。例如,针对不同年龄段的消费者可以设计不同风格的产品包装和广告宣传,以吸引他们的注意。对于不同收入水平的消费者,企业可以推出不同价格层次的产品线,以满足不同消费者的需求。此外,企业还可以通过社交媒体、线上线下活动等方式影响消费者的购买决策,提升产品或服务的认知度和美誉度。

消费者购买行为还受到产品本身的特性和竞争对手的影响。产品的品质、功能、价格等特性会直接影响消费者的购买决策,而竞争对手的市场策略和产品定位也会对消费者的购买行为产生影响。因此,企业在制定营销策略时还需要充分考虑产品的特性和竞争对手的动态,以保持市场竞争力。

四、目标市场营销

(一)市场细分

市场细分是指企业按照某种标准将市场上的顾客划分成若干个顾客群,每一个顾客群构成一个子市场,不同子市场之间,需求存在明显的差别。市场细分是选择目标市场的基础工作,它能帮助企业更好地了解消费者需求,从而制定针对性的营销策略,提高市场占有率。

市场细分一般分为四种,即按照定性变量、按照定量变量、按照属性特征细分和按照价值特征细分。其中,按照定量变量细分市场指的是根据消费者在购买次数、购买金额、购买周期、历史等消费习惯量化变量,将市场划分成若干小市场,以此优化营销策略,在更细的范围内为消费者提供更准确的产品及服务。

市场细分可以帮助企业深入地理解消费者需求,找到目标市场,并制定相应的营销策略。通过合理地细分市场,企业可以更有效地满足消费者需求,提高市场占有率和盈利能力。

在市场细分方面,可以基于多种维度来进行。主要的市场细分维度有以下几种(如表2—1所示)。

1. 地理细分

这涉及国家的地理位置、地区、城市、气候、地形等因素。在不同的地理区域,消费者的需求和购买习惯可能存在较大差异。比如,北方人可能偏好购买能御寒的衣物和用品,而南方人可能更偏好能防暑的产品。

2. 人口统计细分

根据人口特征,如年龄、性别、职业、收入、家庭人口等划分市场。比如,针对年轻人的市场可能需要产品更时尚,针对中老年人的市场可能更注重产品的实用性。

3. 心理细分

消费者的个性、价值观、生活方式、兴趣等心理因素也可以作为市场细分的依据。例如,喜欢户外活动的人可能更倾向于购买运动装备,而喜欢宅家的人可能对家居用品的需求更大。

4. 行为细分

消费者的购买时机、追求的利益、产品使用率、忠诚度、购买阶段以及对产品的态度等行为变量也可以作为市场细分的依据。例如,有些消费者可能更注重产品的性价比,而有些消费者可能更注重品牌。

5. 价值细分。基于消费者对产品或服务的价值认知划分市场。不同消费者对价值的理解不同,可以根据他们的价值认知提供相应类型的产品或服务。

6. 利益细分。这种细分方法主要关注消费者从特定产品或服务中寻求的利益。不同的消费者可能从同一产品中寻求不同的利益。

表 2—1　　　　　　　　　　　　　细分市场维度表

细分标准	细分变量
地理细分	地理位置、地区、城市、气候、地形等
人口统计细分	年龄、性别、职业、收入、家庭人口等
心理细分	消费者的个性、价值观、生活方式、兴趣等
行为细分	消费者的购买时机、追求的利益、产品使用率、忠诚度、购买阶段以及对产品的态度等
价值细分	消费者对产品或服务的价值认知划分市场
利益细分	消费者从特定产品或服务中寻求的利益

(二)目标市场

目标市场是指具有相同需求或特征的、公司决定为之服务的购买者群体。所谓目标市场的选择是企业在市场细分之后的若干"子市场"中,所运用的企业营销活动之"矢"而瞄准市场方向之"的"的优选过程。

目标市场的选择是基于市场细分的结果进行的。由于企业资源有限,无法满足所有消费者的需求,因此,企业需要从细分市场中选取具有共同需求和特征的目标客户群体,集中资源和营销力量满足这部分客户的需求。通过选择目标市场,企业可以更有效地满足客户需求,提高市场占有率和盈利能力。

目标市场的选择需要经过市场调研、市场分析、市场定位等步骤。首先,需要进行市场调研,了解消费者的需求和偏好。其次,进行市场分析,分析消费者需求和市场竞争情况,确定目标市场的特征和规模。最后,进行市场定位,根据目标市场的特征和规模,制定相应的营销策略和产品定位。

在选择目标市场时,需要考虑市场规模、竞争情况、消费者特征、企业资源等多个因素。选择适合企业的目标市场可以发挥企业的竞争优势,提高市场份额和盈利水平。

(三)战略选择

在选择目标市场战略时,企业可以根据自身特点和市场环境选择不同的战略模式。常见的目标市场战略选择有无差异性市场战略、差异性市场战略、集中性市场战略(如图2-3所示)。

1. 无差异性市场战略

无差异性市场战略是指企业将整个市场视为一个大的目标市场,不进行细分,用单一的产品或服务满足广大消费者的共同需求。这种战略的优势在于能够降低成本,提高效率,但也可能导致产品缺乏特色,难以满足消费者多样化的需求。

2. 差异性市场战略

差异性市场战略是指企业根据不同消费者的需求和偏好,将市场划分为若干个小的目标市场,并为每个市场提供有针对性的产品或服务。这种战略能够充分地满足消费者多样化的需求,提高市场占有率,但需要企业拥有较强的研发和营销能力,投入更多的资源。

3. 集中性市场战略

集中性市场战略是指企业选择一个或少数几个细分市场作为目标市场,集中资源和营销力量满足这部分消费者的需求。这种战略的优点在于能够更好地了解目标市场的需求和竞争情况,提高产品或服务的专业性和差异化,但需要企业具有较强的市场调研和营销能力,以及较高的市场进入门槛。

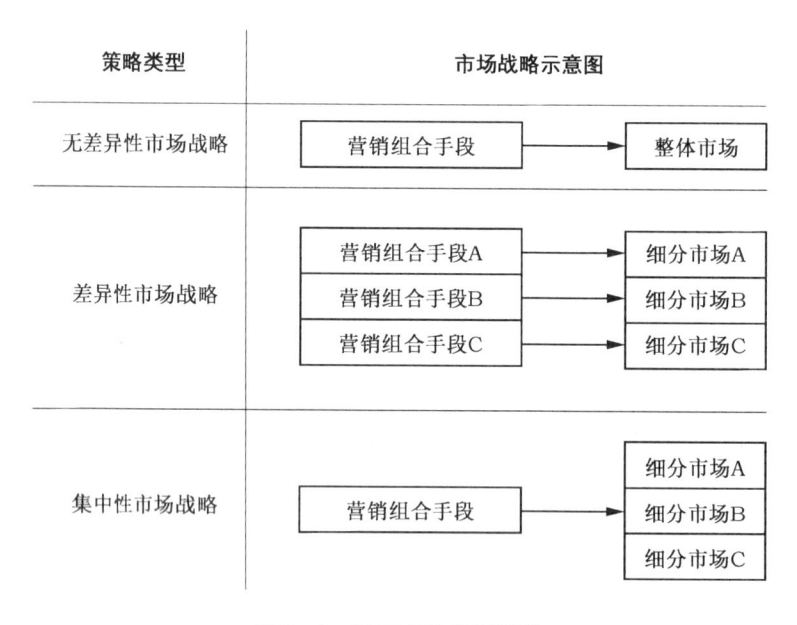

策略类型	市场战略示意图
无差异性市场战略	营销组合手段 → 整体市场
差异性市场战略	营销组合手段A → 细分市场A 营销组合手段B → 细分市场B 营销组合手段C → 细分市场C
集中性市场战略	营销组合手段 → 细分市场A 细分市场B 细分市场C

图2-3 目标市场选择战略

以上三种战略各有优缺点,企业在选择时应根据自身实力、产品特点、市场环境等因素综合评估和决策。同时,企业在实施目标市场战略时,还需要注意以下几点。

其一,了解消费者需求。企业需要深入了解目标市场的消费者需求和偏好,掌握消费者的购买行为和心理特征,以便为消费者提供更好的产品和服务。

其二，定位准确。企业在选择目标市场时，要明确自身的优势和特点，确定适合自己的目标市场，并准确定位。这有助于企业在市场竞争中树立独特的品牌形象和竞争优势。

其三，不断创新。随着市场的变化和消费者需求的升级，企业需要不断创新产品和服务，以满足目标市场的需求。同时，企业还需要密切关注竞争对手的动态，及时调整自己的竞争策略。

其四，制定科学的营销策略。企业需要制定科学的营销策略，包括定价、渠道、促销手段等，以便更好地满足目标市场的需求和提高市场占有率。同时，企业还需要建立完善的销售网络和售后服务体系，提高客户满意度和忠诚度。

其五，持续优化。企业在实施目标市场战略时，需要不断进行调研市场和分析数据，了解目标市场的变化和趋势，及时调整自己的产品和营销策略。同时，企业还需要不断优化自身的组织结构和业务流程，提高效率和降低成本。

五、销售策略

销售策略是企业针对目标市场的具体情况，制定相应的销售计划和措施，包括产品定位、定价策略、分销渠道、促销策略等。销售策略的制定需要充分考虑市场需求、竞争状况、企业自身实力等因素，根据市场分析的结果，力求在市场上获得更大的竞争优势，以满足市场需求和提高销售业绩为目标。

(一)产品定位

1.产品概念

产品整体概念包括核心产品、有形产品和附加产品三个层次。

(1)核心产品是指产品本身所提供的主要功能和效用，是消费者购买产品时所追求的最基本、最主要的利益。

(2)有形产品是指产品的实体形态，包括品质、外观、包装等方面，是核心产品的物质载体。

(3)附加产品是指消费者在购买和使用产品过程中所得到的附加服务和利益，例如售后服务、维修保养等。

在产品整体概念中，核心产品是产品的基本功能和效用，有形产品是产品的物质载体，而附加产品则是产品的延伸服务和利益。企业需要从这三个层次出发，全面考虑产品的功能、品质、外观、包装、服务等要素，以满足消费者的需求和偏好。

2.产品组合策略

产品组合策略是指企业根据市场需求和自身资源，将不同类型的产品组合搭配，形成完整的营销体系。在产品组合策略中，企业需要考虑不同产品的类型、品质、市场定位等因素，以保证产品的整体竞争力。

常见的产品组合策略包括全线全面型、市场专业型、产品线专业型。

(1)全线全面型。这种产品组合策略是指企业推出全系列的产品，覆盖不同类型和层次的市场需求，以提高市场占有率。这种策略需要企业具有较强的研发和生产能力，同时需要深入研究和分析市场。

(2)市场专业型。这种产品组合策略是指企业专注于某一特定市场或行业，推出符合该市场需求的产品组合。这种策略需要企业具有较强的市场洞察力和专业能力，能够深入了解目标市场的需求和趋势。

(3)产品线专业型。这种产品组合策略是指企业深度开发和推广某一特定产品线，推出具有专业性和差异化竞争优势的产品组合。这种策略需要企业具有较强的研发和创新能力，能够不断推陈出新,满足市场的变化和需求。

(二)定价策略

定价目标是企业在对其生产或经营的产品制定价格时,有意识地要求达到的目的和标准。它是指导企业价格决策的主要因素。在选择定价目标时,企业需要综合考虑自身的发展战略、市场需求、竞争情况等因素。企业的定价目标通常从以下几个方面来考虑。

1. 维持企业生存

在市场竞争激烈、产品滞销的情况下,企业为了保持生产和经营的连续性,需要设定一个较低的价格,旨在尽快扩大销售量,加快资金周转,及时回收资金,避免企业破产。

2. 市场份额扩张

企业希望通过制定具有竞争力的价格来抢占市场份额,增加销售量。为了达到这个目标,企业可能会采用价格战的方式,通过降低价格吸引更多的消费者。企业为了扩大市场份额,可能会选择在定价时采取较为激进的策略,以低价吸引更多消费者。这种策略的目的是通过提高销售量降低单位成本,从而获得更大的市场份额。

3. 实现利润最大化

企业的最终目标是实现利润最大化,因此许多企业会设定一个较高的价格获取更多的利润。这种定价策略通常适用于具有品牌优势、技术优势或垄断地位的企业。这种目标下的定价策略会根据产品的成本、市场需求和竞争状况,制定出能够实现利润最大化的价格。这种策略通常需要企业在市场上具备一定的竞争优势和品牌影响力。

4. 保持产品质量和品牌形象

企业为了维护其产品的质量形象和品牌形象,可能会采用高品质、高价格的市场定位策略。这种定价方式通常适用于追求高端市场的企业。企业可以通过制定高品质、高价格的产品策略提升品牌形象。这种策略通常适用于具有一定品牌影响力和市场地位的企业。

5. 应对竞争对手

企业经常会根据竞争对手的定价策略来制定自己的价格,以保持竞争优势。如果竞争对手的产品价格较高,企业可能会采用较低的价格策略吸引消费者;反之,如果竞争对手的产品价格较低,企业可能会通过提高产品质量或提供更多的附加值来保持较高的价格。在面对激烈的市场竞争时,企业可能会选择与竞争对手类似的定价策略,以保持市场份额和消费者忠诚度。

6. 平衡收益与成本

企业在追求长期发展时,会力求在收入和成本之间寻找平衡,通过合理定价实现持续稳定的经济收益。

7. 产品创新推广

对于新产品的定价,企业可能会采取创新性的定价策略,如低价促销、免费试用等,以吸引消费者试用并促进产品推广。

8. 保持利润率与市场份额的平衡

对于处于成熟期的产品,企业可能更关注利润率的稳定,通过优化生产成本和提高销售量维持市场份额与利润率的平衡。

企业的定价目标应该是明确的、可行的,并且要考虑到市场需求、竞争状况、产品成本等多个因素。合理的定价策略可以帮助企业实现经营目标,提高市场竞争力,促进自身的发展。企业在选择定价目标时,应结合自身实际情况和市场环境综合评估。同时,企业需要关注市场反馈和消费者需求，及时调整定价策略，以实现最佳的市场表现。

（三）分销渠道

分销渠道是指产品或服务从制造商流向消费者（用户）所经过的各个中间商联结起来的整个通道。其功能主要包括以下几个方面：

其一，分类。对产品进行分类、分等、装配和包装等，以使产品符合顾客的需要。

其二，物流。涉及产品的运输和储存，有助于减轻生产企业的压力。

其三，融资与担保。为渠道工作的资金取得和支出以及企业生产提供担保。

其四，风险承担。承担与渠道工作有关的全部风险以及企业生产的部分风险。

其五，寻找顾客与促销。寻找尽可能多的顾客并进行相应的促销活动吸引顾客。

其六，调查市场及反馈。利用自己熟悉市场的优势，及时把市场信息反馈给生产企业，使其能生产出满足市场需要的产品。

此外，分销渠道是让产品以正确的数量、正确的时间和正确的地点运送，有助于提高顾客服务水平。例如，沃尔玛与宝洁公司和其他生产商交换有关库存量和产品获取性的数据，建立了伙伴关系，使所有供应链成员的竞争优势机会最大化并获取利益。

（四）促销策略

为了实现销售目标，可以采用多种促销手段。常见的促销策略主要有以下几种。

1. 体验式策略

即提供一定期限的免费试用。向潜在客户提供免费试用服务，帮助他们了解产品或服务的优势和价值。企业通过让消费者亲身体验产品或服务来增加其购买意愿。例如，试吃、试穿、试用等。

2. 折扣和优惠券

即提供降价、折扣或发放优惠券，吸引消费者购买。例如，限时折扣、季节性折扣、数量折扣、"双十一""黑色星期五"等。

3. 组合销售策略

即将多种产品组合在一起销售，以吸引消费者购买。例如，买一送一、捆绑销售等。

4. 赠品策略

即通过提供赠品或附加品吸引消费者购买。例如，购买特定商品可以获得免费赠品，或者购买指定数量的商品可以获得额外折扣或赠品。

5. 品牌推广

即通过广告、公关活动等方式，提高品牌知名度和美誉度，增加消费者购买意愿。

6. 推荐奖励

即消费者将自己的购买体验分享给其他人，以获得奖励或优惠。

7. 会员策略

即通过建立会员制度增加消费者的忠诚度和黏性，提供会员专享的优惠和服务。为会员提供更多优惠和特权，以增加其忠诚度。

8. 增值服务策略

即提供附加的服务或产品增加消费者购买的价值。例如，免费安装、免费送货、免费维护等。

9. 限量版策略

即通过限量销售的商品或服务增加其稀缺性和价值。例如，限量版商品、限量版纪念品等。

延伸阅读2-2
将营销策略融入促销策略

促销手段可以根据实际情况灵活运用,结合目标市场和消费者需求,制定有效的促销策略,以达到提高销售和扩大市场份额的目的。同时,企业需要注意促销策略的合理性和可持续性,注重产品质量和服务质量,避免对消费者产生过度刺激或不合理的诱导行为,保持消费者的信任和忠诚度,以提高销售业绩和客户满意度。

知识拓展

促销策略制定指南

1. 确定目标受众

在制定促销策略之前,首先需要明确目标受众。了解目标受众的年龄、性别、收入、消费习惯、兴趣爱好等信息,有助于更好地制定有针对性的促销策略,提高促销效果。

2. 确定促销目的

确定促销目的也是制定促销策略的重要步骤。促销目的可以是增加销量、提高品牌知名度、清理库存等。明确促销目的有助于制定更具针对性的促销策略,同时也有助于评估促销效果。

3. 选择促销方式

促销方式的选择对促销效果有重要影响。常见的促销方式包括赠品、折扣、捆绑销售、试用等。选择适合目标受众和促销目的的促销方式,可以更有效地提高销量、促进销售目标的达成。

4. 制定促销计划

制定详细的促销计划有助于确保促销活动的顺利进行。促销计划应包括以下内容:(1)确定促销活动的时间和地点;(2)确定促销方式和预算;(3)确定参与人员和职责分工;(4)制定详细的实施方案和流程;(5)预测可能出现的风险和问题,制定应对措施。

5. 实施促销活动

实施促销活动是整个策略的关键步骤。在这个阶段,要确保活动顺利进行,企业需要对参与人员进行充分的培训和协调,企业及时处理突发事件和问题,以确保促销活动的成功实施。

6. 评估促销效果

促销活动结束后,企业及时评估,分析活动的优点和不足,了解活动的销售情况,通过各种反馈了解目标受众的感受,通过数据分析找到更好的改进方向。同时,评估结果也可以为未来的促销活动提供参考和借鉴。

7. 调整促销策略

根据评估结果和反馈意见,企业总结和调整原有的促销策略,优化策略方案,以提高未来的促销效果。同时,还要不断关注市场变化和竞争对手的动态,及时调整策略以保持竞争优势。

任务三　销售与运营计划

随着市场经济的发展和全球化的加速,企业面临越来越复杂和多变的市场环境。传统的生产导向和销售导向的管理模式已经无法满足企业的需求。因此,销售与运营计划作为一种综合性的管理方法逐渐被企业采用。在20世纪80年代和90年代,随着信息技术的快速发展和应用,销售与运营计划的概念和方法得到了进一步的推广和应用。企业开始利用先进的信息系统和数据分析工具开展市场调研、客户需求预测、供应链管理和库存优化等工作,以提高销售能力和运营效率。随着互联网的兴起和电子商务的普及,销售与运营计划的重要性进一步凸显。企业需要更加灵活和敏捷地应对市场变化和客户需求,利用互联网和电子商务平台开展市场营销和销售活动,实现销售与运营的一体化管理。

假设某服装制造公司的销售部门预测在即将到来的季节市场需求将大幅增长,并设定了相应的销售目标。然而,运营部门在面料采购和生产方面遇到了挑战,无法满足销售目标。在这种情况下,需求和供应平衡非常重要。如果需求过高而供应不足,会导致交货时间延长,客户满意度下降,影响销售业绩;而如果供应过高而需求不足,则会导致库存积压,浪费资源和资金。通过销售与运营计划的协调和优化,公司可以平衡需求和供应之间的关系,实现销售目标,同时保持运营效率,降低成本,提高盈利能力。

一、销售与运营计划的含义

销售与运营计划(Sales and Operations Planning,S&OP)是一个协调和综合销售、制造、物流、营销和财务等各个业务领域的流程。这个计划的目标是确保公司能满足市场需求,同时优化销售和运营效率。它是由美国人 Dick Ling 在1980年首次提出的,首先在欧美公司里获得推广应用。随着跨国企业在中国设立公司,这套管理理念逐渐被引入了中国。

S&OP 流程是一个跨部门的过程,涉及销售、市场、生产、采购、财务等多个部门。它主要目的是协调和优化销售与运营部门之间的关系,以实现公司的销售目标和长期战略目标。随着市场环境的变化和企业的发展,S&OP 流程也在不断演进。在传统的 S&OP 流程中,公司通常按照固定的时间周期进行计划和执行,比如每月一次。但是,随着供应链不确定性的增加和市场需求的变化,一些公司开始采用更灵活的 S&OP 流程,比如实时的 S&OP 流程。实时的 S&OP 流程可以及时响应市场需求和供应链变化,更好地平衡市场需求和供应能力。这种流程通常需要更先进的数据分析和预测技术,以便更准确地预测市场需求和供应能力。

S&OP 流程主要包括销售预测、销售目标设定、销售策略制定、生产计划和库存管理等环节。销售预测是基于历史销售数据和市场趋势等因素,对未来市场需求的预测。销售目标是根据销售预测设定的具体销售业绩指标。然后,根据销售预测和销售目标,制定相应的销售策略和生产计划。通过 S&OP 流程的协调和优化,公司可以更好地平衡市场需求和供应能力,确保公司的销售目标和长期战略目标得以实现。同时,S&OP 流程还可以监控和评估计划的执行情况,及时发现问题并采取相应的措施。总之,S&OP 是一种公司内部的管理流程,旨在协调和优化销售与运营部门之间的关系,实现公司的销售目标和长期战略目标。通过 S&OP 流程的协调和优化,公司可以提高销售业绩,降低库存成本,提高客户满意度,推动公司的长期稳定发展。

S&OP 是一种集成计划,它协调销售、营销和运营多部门的活动,确保企业在供过于求或供不应求时能够做出快速响应。它的作用主要包括以下几个方面。

1. 协调销售、营销和运营

S&OP 使这些部门在制定和执行计划方面达成共识,确保它们的目标一致。这有助于避免部门之间的冲突和矛盾,提高整体运营效率。

2. 优化产品组合和库存管理

S&OP 帮助企业根据市场需求和销售预测,调整产品组合和库存水平,以满足消费者需求并降低库存成本。这有助于提高企业的盈利能力和市场竞争力。

3. 提高销售预测准确性

S&OP 通过更准确地预测市场趋势和客户需求,提高销售预测的准确性。这有助于企业更好地把握市场机会,优化生产和库存计划。

4. 强化供应链管理

S&OP通过优化供应链,提高采购、生产和运输效率,降低成本。这有助于企业降低成本,提高运营效率。

5. 快速响应市场变化

S&OP能够快速调整生产和销售计划,以应对市场需求变化。这有助于企业及时调整战略,适应市场变化,提高竞争力。

6. 提高客户满意度

S&OP通过更好地满足客户需求,提高客户满意度和忠诚度。这有助于提高企业的市场口碑和市场份额。

二、S&OP制订的主要方法

制订S&OP一般有两种主要的方法,即自上而下的计划和自下而上的计划。

(一)自上而下的制订方法

S&OP的自上而下的制订方法是一种从企业战略目标和长期规划出发,根据企业的目标和战略,制定相应的销售和运营计划的过程。这种计划方法注重整体性和战略性,通常需要高层管理人员的参与和支持。其基本假设是管理者能够根据总体预测制订出精确的战术计划,然后在作业计划与控制阶段可以将资源分配给各产品或者服务。其制订过程主要分为以下几个步骤。

1. 预测总销量并计算计划值

预测总销量是一个关键的步骤,它是指企业基于自身的销售目标和销售预测,结合市场需求和竞争对手情况,预测产品或服务的总销量。预测总销量的目的是制定销售目标和制定销售策略,以便更好地满足市场需求和实现销售目标。预测总销量的方法有很多种,包括历史销售数据法、市场调研法、专家意见法等。

历史销售数据法是根据过去销售数据和趋势,通过数据分析预测未来的销售量。市场调研法是通过市场调研,了解市场需求和竞争对手情况,从而预测总销量。专家意见法则是通过专家对市场和行业的分析和判断,预测总销量。一旦总销量预测完成,就可以根据企业的销售目标和销售预测,结合库存策略和供应计划,计算出计划值。计划值是指为实现销售目标而制定的销售计划值,它是制定S&OP计划的重要依据。

延伸阅读2-3

生产计划

2. 将预测的销量转化为资源需求

在完成预测总销量并计算计划值之后,下一步是将预测的销量转化为资源需求。资源需求是指为实现销售目标所需的各项资源,包括人力资源、物力资源、财力资源等。

将预测的销量转化为资源需求是一个复杂的过程,需要考虑多个因素。一旦确定了资源需求,就应该检查企业是否具备足够的资源以支撑所需。如果企业的资源不足,则须考虑如何协调资源上存在的差距。在将预测的销量转化为资源需求时,需要考虑以下方面:

(1)产品组合和产品线

不同的产品组合和产品线对资源的需求是不同的。因此,需要根据预测的销量和产品组合情况,计算出所需的资源需求。

(2)销售策略和销售渠道

不同的销售策略和销售渠道对资源的需求也不同。需要根据销售策略和销售渠道,计算出所需的资源需求。

(3)营销活动和推广策略

营销活动和推广策略是实现销售目标的重要手段,因此需要计算出所需的资源需求。

(4)供应链和库存管理

需要考虑供应链和库存管理所需的资源,例如采购、生产、仓储等。

(二)自下而上的制订方法

自下而上的计划适用于各种产品或服务组合不同、需求资源差异很大的情况。应用这种方法,管理者无法根据总体预测销量确定资源的需求量,而是需要分别估计每类产品或服务需要的资源量,最后总体估量总资源需求。

其制订计划的步骤与自上而下方法的步骤大体相同,主要区别是计算各类产品或服务的资源需求应单独计算,最后将所有产品的资源需求相加,得到总的资源需求。

三、S&OP 的组织和实施

(一)制订 S&OP 的前期准备

制订销售与运营计划(S&OP)的前期准备包括以下几个方面。

1. 收集历史销售数据和趋势分析

了解过去几年的销售情况和趋势,以便预测未来的需求。收集历史销售数据可以帮助企业了解销售季节性变化、产品的生命周期和市场趋势等信息,为未来的销售计划提供参考。这是 S&OP 流程的第一步,需要收集实际需求、供应、库存、未完结订单以及初步数据统计层面的预测等必要信息。这些数据是制定 S&OP 的基础,因此必须准确无误。

案例分析2-2

美的稳定盈利驱动增长

2. 与供应商沟通

了解供应商的生产能力、交货时间和价格变化等信息,以便更好地计划生产和采购。与供应商沟通可以帮助企业了解供应链的瓶颈和风险,为未来的生产和采购计划提供参考。

3. 了解市场和竞争情况

了解市场趋势和竞争对手的动态,以便制定更准确的销售计划。了解市场和竞争情况可以帮助企业了解市场需求和竞争环境,为未来的销售计划提供参考。

4. 与销售团队沟通

与销售团队沟通,了解他们的销售预期和市场反馈,以便制定更准确的销售计划。与销售团队沟通可以帮助企业了解销售团队的销售预期和市场反馈,为未来的销售计划提供参考。

5. 建立跨部门合作机制

建立跨部门合作机制,确保销售、生产、采购和物流等部门之间的协调和合作。建立跨部门合作机制可以帮助企业实现销售和生产的协调,避免销售和生产之间的冲突和浪费。

6. 制定预算和目标

制定销售、生产和运营的预算和目标,以便监控和评估业绩。制定预算和目标可以帮助企业了解销售、生产和运营的目标和预期业绩,为未来的销售和生产计划提供参考。

7. 确定关键绩效指标

确定关键绩效指标,例如销售额、库存周转率和交货准时率等,以便评估和改进业绩进行。确定关键绩效指标可以帮助企业了解业绩的强项和弱项,为未来的销售和生产计划提供参考。

(二)制定 S&OP

S&OP 是营销管理的重要环节,它不仅涉及销售预测和供应计划的制定,还与整个企业的运营和发展密切相关。为了确保 S&OP 计划的准确性和可行性,需要各个部门协商,需要多个部门的参与,最终实现各部门协调一致。

例如,综合市场计划部门作为 S&OP 的前端输入,将提供市场要货计划的重要信息。企业计划部门将主导 S&OP 计划会议的召开,并协调相关部门一起制定和发布 S&OP 计划。生产计划部门将提供物料及半成品、成品库存等数据支撑,并根据发布的 S&OP 计划制定相应的物料需求计划及生产计划。

制订 S&OP 是一个反复修改和调整的过程,需要多个部门之间的协商和合作,最终制定出更加科学、合理、可行的 S&OP 计划,实现企业的长期发展和稳定运营。制定过程如图2-4 所示。S&OP 一般是通过预备会议和正式会议协商、沟通并最终确定和实施的。

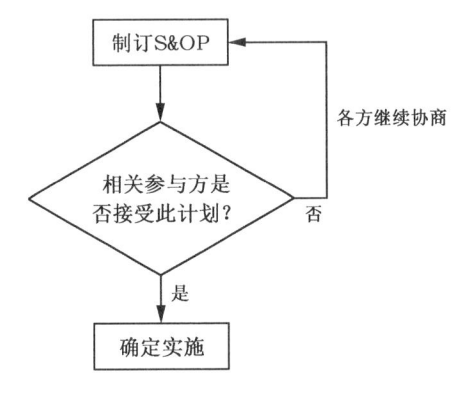

图 2-4 制订 S&OP 过程

S&OP 预备会议的主要参与人员包括 S&OP 专员、销售计划人员、生产计划人员、采购人员、研发人员(针对新产品)以及各部门主管。该会议的主要目的是进行初步的供需匹配,制定可行的发货计划,并发现供需匹配中存在的问题,以便在正式的 S&OP 会议上决策。此外,S&OP 预备会议还负责安排正式的 S&OP 会议。

S&OP 正式会议是在 S&OP 预备会议的基础上由公司相关高层领导参加的会议,主要是进行专业评议意义上的会议。正式会议的目的一是批准 S&OP 预备会议的提议方案或制订新的方案;二是调整生产或采购计划。此外,还包括对预备会议未达成的决议进行最终决策以及审查低于计划水平的关键指标,更新各部门业务运作计划,协调一致,实现公司总体经营战略目标等。

通过审批的 S&OP 不仅要体现企业经营计划的目标和要求,还须经过企业生产经营各职能部门的认真分析和调整,使其更具可行性。

S&OP 可以协同不同利益相关者达成目标,包括相关的服务水平、生产供应和成本控制以及其他方面,帮助企业整合所有的业务计划,包括销售、市场营销、生产、库存和财务等,作为各项工作计划的依据,有效地指导各部门的业务工作,将长期的战略规划、中期的产销协调与短期的执行有机结合起来。

(三)S&OP 选择

选择 S&OP 需要考虑成本、净现金流等多方面因素。

1. 成本

不同的 S&OP,生产率、设备工时、人员分配、用工量以及库存等都不相同,产出计划成本也存在差异。选择成本低的 S&OP 可以帮助企业提高效率和竞争力,降低运营成本,增加利润和市场份额,提高企业形象和供应链协同效率。因此,在能完成经营目标的前提下,企业会优先考虑成本低的计划方案。例如,通过销售预测和优化库存,企业可以避免过度或不足的库存和运输,从而降低库存和运输成本,提高库存周转率。采购方面,通过对原材料的精确预测和采购策略的优化,企业可以降低采购成本和运输成本。此外,通过对生产计划的精确预测和优化,企业可以提高生产效率和产品质量,降低生产成本。值得注意的是,制订 S&OP 还涉及不同部门之间的平衡及运行成本。例如,财务部门希望通过削减库存,降低库存成本,而销售部门则担心低库存将会影响客户的服务质量。因此,需综合考虑各方面的因素,协调不同部门之间的平衡,制订出最符合整体利益的 S&OP。

2. 净现金流

净现金流是反映企业经济效益的重要指标之一。制订 S&OP 时,需要考虑企业的经济效益,而净现金流是反映企业经济效益的重要指标之一。如果企业的净现金流为正,说明企业的经济效益好;如果企业的净现金流为负,说明企业的经济效益不好。因此,在制订 S&OP 时,需要考虑净现金流的因素。此外,净现金流可以优化投资决策。在制订 S&OP 时,需要考虑企业的投资决策。如果投资决策不合理,会导致现金流减少,影响企业的经济效益。因此,需要考虑净现金流的因素,优化投资决策,提高企业的经济效益。

净现金流是指正现金流和负现金流之间的差,即

$$净现金流=现金流入-现金流出$$

对于一个企业而言,经济效益的最终体现就是净现金流,只有当企业的净现金流为正,才可以说这个企业的经济效益好。根据 S&OP 方案,计算出每月的现金流入和花费的计划成本,可以计算出不同 S&OP 方案大致的净现金流量,不仅可以衡量企业实施所制订 S&OP 产生的现金和活力,而且可以判断承担成本后的余额应用于其他商业投资的可能性。

3. 其他因素

制订 S&OP 时,除了考虑因素和净现金流成本外,还需要考虑一些外部因素。

如市场需求、竞争对手情况、经济形势、政策变化等因素可能会对销售和运营计划产生重要影响;市场需求的变化可能会导致销售预测的不准确,而竞争对手的行动可能会影响市场份额和销售收入;经济形势和政策变化也可能会对销售和运营计划产生直接或间接的影响。因此,在制订 S&OP 时,需要充分考虑这些因素,以便更好地应对市场变化和不确定性。

此外,计划将对供应链合作伙伴产生什么影响?计划中工作人员的主动性和产出能力是否有变化?如果遇到问题,修改计划是否存在难度?生产能力、人员配置、技术水平等问题也需要考虑。这些因素都可能会对销售和运营计划产生影响。因此在制订 S&OP 时需要综合考虑各种因素。

(四)计划实施

为了保持 S&OP 的时效性,定期更新 S&OP 是一个重要的过程,以确保计划与市场需求和供应链的变化保持一致。定期更新 S&OP 是一个持续的过程,需要持续关注市场变化和供应链状况,并根据实际情况调整。通过定期更新 S&OP,企业可以更好地满足客户需求,优化销售和运营绩效。其实不断更新 S&OP,就是在不断完善 S&OP。通过定期更新计划,管理者运用 S&OP 结果来对关键的需求和资源进行决策,推动企业的顺利发展。定期更新 S&OP

的建议更新频率和步骤如下。

1. 设定更新频率

根据公司的业务需求和供应链复杂性,设定适当的 S&OP 更新频率。例如,可以设定每月、每季度或每半年更新一次 S&OP。

2. 准备更新会议

在更新 S&OP 之前,组织一个更新会议,邀请相关人员参加。会议目标是将最新的销售、库存、预测和供应链数据整合到 S&OP 中。

3. 数据采集与处理

收集销售、库存、预测和供应链数据,并进行必要的处理和分析,包括数据清洗、整合、转换和可视化。

4. 评估市场需求

分析销售数据和市场需求,了解客户需求的变化和竞争状况。这有助于调整销售预测和优化产品供应。

5. 评估供应链状况

评估供应链的状况,包括库存水平、生产能力、物流效率和供应商绩效等。这有助于调整供应链计划和优化采购决策。

6. 制定新的 S&OP

根据新的销售预测和供应链状况,制定新的 S&OP,包括调整销售预测、优化库存水平、调整供应链计划等。

7. 沟通与执行

在新的 S&OP 制定后,与相关人员沟通并确保计划的执行,包括分配任务、制定时间表、监控执行情况等。

8. 持续监控与调整

在 S&OP 实施后,持续监控销售、库存和供应链状况,并根据实际情况调整。这有助于及时应对市场变化和供应链风险。

实施的过程中,还可以通过可以考虑使用先进的技术和工具,如大数据分析和人工智能,帮助提高数据分析及预测的准确性。企业通过优化供应商选择、加强合作关系、提高物流效率等方式优化供应链管理。

此外,还可以加强沟通和协作,确保所有参与者能够相互合作,共同实现业务目标。企业通过定期评估 S&OP 的执行情况,并持续监控市场和客户需求的变化。如果发现存在问题或有机会改进,应该及时采取行动。

四、S&OP 的数据采集与处理

S&OP 是一个综合性的流程,可以平衡市场需求和供应链,以满足客户需求并优化企业绩效。数据采集与处理是 S&OP 的重要组成部分,收集和分析销售、库存、预测和供应链数据,可以帮助企业做出更明智的决策。

数据采集与处理步骤基本可分为数据采集、数据清洗、数据整合、数据转换、数据可视化、数据解释与决策。

(一)数据采集

首先,从销售、库存、供应链等多个来源收集数据。这些数据可能包括实际销售数据、库存数据、预测数据、供应链计划数据等。

(二)数据清洗

在收集数据后,要进行数据清洗,以确保数据的准确性和一致性。这一过程包括去除异常值、处理缺失值、纠正错误等。

(三)数据整合

整合不同来源的数据,形成一个统一的数据集,以便进一步分析和处理。

(四)数据转换

根据需要转换和加工数据,以便更好地满足分析需求。例如,将销售数据进行透视分析,按产品、地区、时间段等分类,以便准确地预测销售趋势。

(五)数据可视化

以图表、报告等形式,将数据以可视化的方式呈现,以便深入地理解和解释数据。如制作销售趋势图、库存水平表、供应链绩效报告等。

(六)数据解释和决策

根据数据分析和可视化结果,做出相应的决策和调整。如调整销售预测、优化库存水平、调整供应链计划等。

我们可以通过一个简单的例子说明 S&OP 的数据采集与处理过程。假设某电商公司想要制定一个月的销售计划。首先,他们需要收集销售数据,包括过去几个月的销售数据、竞争对手的销售数据、市场趋势等。然后,清洗和整合这些数据,确保数据的准确性和一致性。接下来,根据收集的数据进行销售预测,分析市场需求、竞争对手情况等因素。进而,根据销售预测和库存水平制定供应链计划,确定产品的生产、库存和配送计划。最后,根据供应链计划和市场趋势等因素评估和调整,确保销售计划的顺利实施。

任务四 订单管理

订单管理是指管理客户下单的整个过程,包括订单的接收、处理、发货、售后等环节。订单管理是企业管理中的一部分,其主要流程为:先接收客户订单信息以及仓储管理系统发来的库存信息,然后按客户和紧要程度将订单归类,再配置不同仓储地点的库存并确定交付日期。

一、订单管理的重要性

(一)提高客户满意度

订单管理是满足客户需求的关键环节。通过有效的订单管理,企业能够及时了解市场需求,掌握客户对产品的需求,从而提供符合客户需求的产品和服务。优秀的订单管理能够提高客户满意度,增加客户忠诚度和口碑传播,从而促进企业的业务增长。

(二)有效控制成本

订单管理对企业的成本控制具有重要影响。通过有效控制订单成本,企业能够降低生产成本、优化库存管理、提高运营效率,从而增加企业的盈利能力。同时,良好的成本控制能够帮助企业在激烈的市场竞争中保持优势。

(三)合理管理库存

订单管理是库存管理的核心环节。通过合理的订单管理,企业能够实时掌握市场需求和库存情况,从而合理规划和调整库存,避免库存积压和缺货现象。有效的库存管理能降低库存成本,提高企业的整体运营效率。

(四)提高销售预测准确度

订单管理过程中收集的市场信息和客户需求趋势,可以帮助企业进行销售预测。通过分析历史销售数据和市场趋势,企业可以预测未来的销售情况,从而制定更加合理的生产和销售计划。销售预测的准确性对于企业的决策和运营至关重要。

(五)改进运营效率

订单管理可以帮助企业改进运营效率。通过优化订单处理流程、提高订单执行速度、减少订单错误率等措施,企业能够提高运营效率,降低成本,提高竞争力。同时,订单管理的改进也能够推动企业整体运营水平的提升。

(六)提升企业竞争力

有效的订单管理能够提升企业的竞争力。通过对订单的精细化管理,企业可以提高产品质量、降低成本、优化库存,从而在市场竞争中占据优势。同时,良好的订单管理也能够提高企业的服务水平,满足客户需求,增加客户忠诚度。

(七)管理风险

订单管理过程中的风险管理对于企业的稳定运营至关重要。通过对订单风险的识别、评估和控制,企业能够降低风险发生的概率和影响程度,保障企业的利益和可持续发展。风险管理还包括对供应商风险、库存风险、物流风险等的管控。

(八)协同供应链

订单管理是实现供应链协同的关键环节。企业通过与供应商、物流服务商等合作伙伴的协同合作,实现订单信息的共享和协同操作,提高供应链的透明度和响应速度。供应链协同能够降低整个供应链的成本和风险,提高效率和竞争力。同时,良好的供应链协同还能够增强企业与合作伙伴之间的信任和合作关系。

二、订单输入管理

订单输入管理是订单管理的第一个环节,它是指将客户订单信息录入企业订单管理系统。在订单输入过程中,需要核对订单信息的准确性,包括商品名称、规格、数量、价格等信息。同时,还需要根据企业的生产计划和库存情况处理和调整订单。

(一)订单输入管理的步骤

订单输入管理包括订单数据获取、订单信息核实、订单状态更新、库存管理、物流信息录入、订单数据分析、客户反馈处理几个步骤。

1. 订单数据获取

订单输入管理的第一步是从各种渠道获取订单数据。这些渠道可能包括企业内部管理系统、电商平台、客户直接提交的订单或其他合作伙伴的系统。获取订单数据后,应将其整理成统一的格式,便于后续处理和分析。

2. 订单信息核实

在获取订单数据后,需要核实订单信息。这包括核对订单号、客户、产品、数量、价格等关键信息是否准确无误。此外,还需核实交货日期、付款方式等其他细节。信息核实可以避免因信息错误导致的后续问题。

3. 订单状态更新

在核实订单信息后,需要根据订单的进展情况及时更新订单状态。例如,当订单已确认、已发货、已交付等不同阶段时,应及时标记或变更订单状态。这样可以帮助企业实时了解订单的执行情况,便于及时调整和优化运营策略。

4. 库存管理

订单输入管理过程中需要实时关注库存情况。当收到订单时,应根据产品库存情况判断能否满足客户需求。如果库存不足,就需要及时通知客户并协商解决方案。同时,要关注库存周转率,避免因库存积压导致成本上升。

5. 物流信息录入

在确认订单信息和库存充足后,需要将订单信息录入企业的物流管理系统。这包括录入发货地址、物流方式、发货时间等相关信息。同时,还要确保物流信息的准确性,以便客户随时查询订单配送情况。

6. 订单数据分析

通过分析订单数据,企业决策可以提取有价值的信息来支持。例如,企业可以分析销售趋势、客户偏好、产品畅销情况等,以制定更加精准的市场策略。此外,企业还可以通过数据分析发现潜在问题,如客户投诉、产品质量等,进而采取相应措施改进。

7. 客户反馈处理

客户反馈是优化订单输入管理的重要依据。当客户对订单或服务提出投诉或建议时,应及时反馈处理。要积极倾听客户意见,了解他们的需求和期望,然后采取相应改进措施。同时,还可以将客户反馈作为改进客户服务质量和提升企业形象的重要参考依据。

(二)订单输入管理的目的

订单输入管理的目的是确保订单信息的准确性和完整性,以便后续的订单处理和执行能够顺利进行。订单输入管理的目的主要有以下几个方面:

1. 提升效率

订单输入管理的主要目的是提升效率。通过自动化和优化订单输入流程,企业能够减少人工干预,降低操作成本,并提高订单处理速度。这有助于提高整体运营效率,减少处理时间,并为客户提供更快捷的服务。

2. 减少错误

订单输入管理可以减少错误。通过规范化和系统化的订单输入流程,企业可以降低人为错误的风险,减少信息传递的错误和延误。这有助于提高订单的准确性和一致性,降低纠错成本,并提高客户满意度。

3. 数据分析

订单输入管理过程中可以收集大量有关客户需求、市场趋势和运营状况的数据。通过对这些深入分析数据,企业可以提取有价值的信息,进而更好地了解市场和客户需求,优化产品和服务,并制定更加明智的决策。

4. 优化库存

订单输入管理对于优化库存管理具有重要作用。通过实时掌握市场需求和库存情况,企业能够更加精准地规划和调整库存,避免库存积压和缺货现象。这有助于降低库存成本,提高库存周转率,并为企业带来更多的利润。

5. 提升客户满意度

订单输入管理的最终目的是提升客户满意度。通过提供高效、准确、及时的订单服务,企业能够满足客户需求,提高客户满意度和忠诚度。这有助于维护客户关系,增加客户推荐和口碑传播，为企业带来更多的商机和业务增长。

三、订单交期时间规划

订单交期时间规划是指企业根据客户需求和生产计划，计划和安排订单的交货时间。它是订单管理中的一个重要环节，对于企业的生产和销售有着重要的影响。

订单交期时间规划包括以下步骤：

(1)评估订单交期时间。根据客户需求和生产能力，评估合理的订单交期时间。需要考虑客户的紧急程度、生产周期、库存情况等因素。

(2)考虑生产周期与时间安排。在评估订单交期时间时，应充分考虑生产周期和时间安排。需要将生产计划、生产进度、原材料采购等因素考虑在内。

(3)设定合理的交期时间。综合评估客户需求、生产周期和时间安排等因素后，设定合理的订单交期时间。需要与客户沟通协商，确保双方认可。

(4)制定生产计划和调度。根据订单交期时间和生产计划，制定具体的生产计划和调度安排。需要考虑生产线的利用率、原材料的采购进度、人员的排班等因素。

(5)监控订单进度和交付。在订单生产过程中，需要定期监控订单的进度和交付情况。如出现异常情况，需要及时采取措施调整和解决。

订单交期时间规划的作用有：

(1)确保按时交付。通过对订单交期时间的规划和安排，企业可以确保按时交付客户订单，满足客户需求。

(2)提高客户满意度。通过对订单交期时间的精细化管理，企业可以提高客户满意度，增加客户忠诚度和口碑传播。

(3)提高企业竞争力。通过合理的订单交期时间规划，企业可以提高生产效率、降低成本、优化库存管理，从而提高企业的竞争力。

(4)促进企业可持续发展。通过持续改进和创新，企业能够提高效率、降低成本、拓展市场，从而实现企业的可持续发展。

四、订单评审

订单评审是综合评估客户订单的过程，包括审核和评估订单的细节、要求、交货日期等。它是确保企业能够满足客户需求，同时保证订单的合理性和可行性的一项重要工作。

订单评审的方法包括以下步骤：

(1)确认订单细节。确认客户订单的细节，包括产品名称、规格、数量、价格、交货日期等。

(2)评估生产能力。根据企业的生产计划和生产能力，评估订单的生产可行性。需要考虑生产线的利用率、原材料的采购进度、人员的排班等因素。

(3)确认客户要求。与客户沟通，确认客户对产品的要求、质量标准、包装方式等。

(4)审核订单风险。审核订单的风险，包括交货时间、产品质量、运输方式等因素，确保订单的顺利执行。

(5)综合评估订单。根据以上评估结果评估订单进行，确定能否满足客户需求，同时保证订单的合理性和可行性。

订单评审的作用包括：

(1)确保客户需求得到满足。通过订单评审，企业可以确保客户订单的细节、要求、交货日期等符合客户需求,从而满足客户的需求。

(2)提高企业竞争力。通过对订单的精细化管理,企业可以提高产品质量、降低成本、优化库存,从而提高竞争力。

(3)优化库存管理。订单评审能够实时掌握市场需求和库存情况,从而进行合理规划和调整库存,避免库存积压和缺货现象。

其四,促进企业可持续发展。通过持续改进和创新,企业能够提高效率、降低成本、拓展市场,从而实现企业的可持续发展。

小　结

营销管理对于企业来说非常重要,它能够跨职能地协调销售和市场营销、产品开发、运营和管理高层之间的计划。营销管理是制定生产计划的基础,并且可以提供管理变化的途径,确保不同部门的计划切实可行、互相协调,并支持战略商业计划。本项目首先介绍了客户需求管理的含义和内容、客户需求分析报告以及需求计划的编写。其次,介绍了市场分析与营销管理,主要有市场营销环境,市场调研方法与步骤,消费者购买行为,目标市场与营销策略。接着详细介绍了销售与运营计划的制定方法、组织和实施,并简要介绍了它的数据处理和采集。最后详细介绍了订单管理的重要性和内容。

案例讨论

欧莱雅集团是一家法国化妆品公司,创立于1907年,总部位于法国巴黎。欧莱雅集团创始人欧仁·舒莱尔毕业于巴黎国立高等化工学校,他打造出的无害染发剂——L'Oreal染发剂一炮而红,成为欧莱雅品牌的起点。欧莱雅集团收购了赫莲娜、理肤泉、科颜氏、美宝莲等知名品牌,目前的欧莱雅集团囊括美发、护肤、美妆、香水等各个领域,覆盖了从顶级品牌、中高端品牌到大众品牌的各个层级。欧莱雅集团作为世界级美妆龙头企业,旗下共有四大业务部门,总品牌36个,遍布全球150多个国家,年产品销量超过65亿件。

欧莱雅公司的销售与运营计划(S&OP)是其整体战略规划的关键组成部分,贯穿于从产品设计到市场销售的整个过程。欧莱雅的S&OP流程开始于每年的9月,为期6个月。每个季度的前两个月,欧莱雅的销售团队会根据市场趋势、历史销售数据、新产品推出、促销活动等因素进行销售预测。这些预测数据被提交给生产计划部门,以制定生产计划。

在制定生产计划的过程中,生产计划部门会考虑到市场需求、生产能力、成本和利润等因素。他们会与采购部门合作,确定所需的原材料和零部件,并尽可能地预测未来6个月的库存需求。此外,他们还需要考虑供应商的能力和成本以及运输和存储等因素。

在确定了生产计划后,欧莱雅的采购部门开始与供应商谈判,以确定原材料采购价格和交货时间。采购部门需要确保供应商能够按时提供高质量的原材料,同时价格也在公司的预算范围内。他们还需要与供应商协商长期合同,以确保原材料的稳定供应。

根据生产计划,欧莱雅的生产部门会安排生产时间和产能。他们需要确保生产过程高效,产品质量高,同时避免生产过剩。在生产过程中,他们还需要与质量部门密切合作,确保产品符合公司的质量标准和其他法规要求。

最后,欧莱雅的库存管理部门负责监控库存水平,并根据销售数据和生产计划进行调整。

他们需要确保库存既能满足销售需求,又不会占用过多的存储空间和资金。在库存管理方面,欧莱雅公司采用了先进的物流和信息技术,以实现库存水平的实时监控和精准预测。

通过这个 S&OP 流程,欧莱雅可以协调各个部门的工作,使整个供应链更加高效、协调和可控。这有助于欧莱雅实现其业务目标,提高客户满意度,增加市场份额。

讨论:
1. 案例企业 S&OP 运行各阶段一般都有哪些人员参与?
2. 实施 S&OP 体系应注意哪些关键因素?

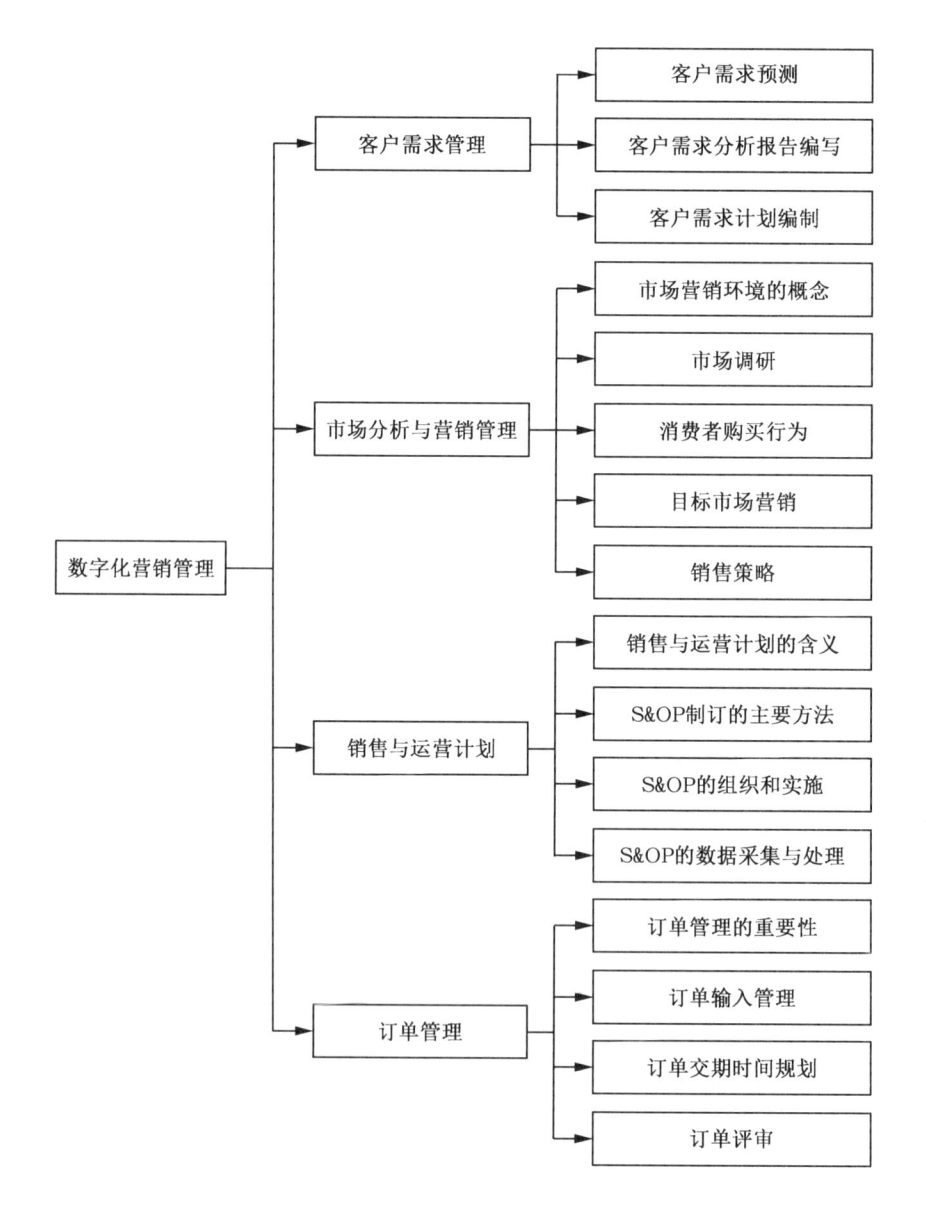

思维导图

```
数字化营销管理
├── 客户需求管理
│   ├── 客户需求预测
│   ├── 客户需求分析报告编写
│   └── 客户需求计划编制
├── 市场分析与营销管理
│   ├── 市场营销环境的概念
│   ├── 市场调研
│   ├── 消费者购买行为
│   ├── 目标市场营销
│   └── 销售策略
├── 销售与运营计划
│   ├── 销售与运营计划的含义
│   ├── S&OP制订的主要方法
│   ├── S&OP的组织和实施
│   └── S&OP的数据采集与处理
└── 订单管理
    ├── 订单管理的重要性
    ├── 订单输入管理
    ├── 订单交期时间规划
    └── 订单评审
```

思考题

1. 什么是客户需求管理？简述为什么要进行客户需求预测。
2. 什么是销售与运营计划？简述销售与运营计划的重要性。
3. 简述销售与运营计划制定的主要方法。
4. 简述订单管理的重要性。

项目三　数字化采购管理

1. 知识目标
(1)掌握供应链环境下采购需求分析的方法;
(2)掌握供应商调查、开发、评价及选择的思路、方法、步骤;
(3)熟悉订货决策模型(单周期模型和多周期模型);
(4)熟悉协同采购的含义及实现方法。

2. 能力目标
(1)能够根据市场环境分析采购需求;
(2)能够结合公司情况调查、开发、选择和评价供应商;
(3)能够有效进行采购订货决策。

3. 思政目标
(1)了解我国数字化采购发展现状,培养爱国主义情怀,增强民族自信;
(2)掌握采购数字化转型的原因,培养创新精神和社会责任感。

导入案例

当采购员遇到了……[①]

企业的"利润中心"就是采购部门,通过降低采购额,企业可以增加利润。采购管理对公司的支出有着直接的影响,因此许多企业将其视为经营利润的关键环节。在企业的生产经营管理中,采购管理越来越受到重视。

采购工作涉及复杂的人际关系、对产品的深入了解,需要打电话、传真、反复谈判,确保采购的顺利进行。采购部门一直默默地为企业付出,是企业的"幕后英雄"。只有身处其中的人才能真正领略到这份工作的不易。听听众多采购员所说的"采购",就能更深刻地理解这个职责重大的部门。

当采购遇见价格

采购员通常不应过分压低价格。在采购中,真诚合作至关重要,应给予供应商合理的利润空间,因为供应商是企业的合作伙伴。建立双赢关系是关键,因为没有利润,供应商是不愿意继续合作的。采购员在谈判时会保留一定的议价余地,以展示自身的谈判技巧,并让供应商感受到采购的真诚。给予供应商适当的利润空间,能够促使供应商更好地合作。在紧急情况下,供应商愿意帮助解决问题。如果采购员将价格压得太低,同时对品质和交期提出高要求,那么

[①] 张磊,张雪.物流与供应链管理[M].北京:北京理工大学出版社,2021:275-276。

在紧急情况下可能会面临麻烦,因为供应商可能不愿意积极配合。

某印务公司的采购员小王讲述了他的采购经验与技巧:

我通常不太喜欢与没有决策权的业务员谈论单价。因为很多业务员在面谈时会回答:"这个我需要请示一下经理。"然后回头告诉我:"我们的经理表示这个单价无法成交,会亏本的。刚刚我还因为这个被经理责备了,说这么低的价格是不能接受的。"其实我知道这只是一种托词。这样的人可能主要是想欺骗那些不太了解行情的新手。我的回应通常是:"既然你为难,那就算了,我会找别的供应商。"有时候,我也会直接告诉业务员,再降低两个点,如果有问题,就让你们的经理亲自给我打电话。

当采购员遇到回扣

除了需要具备良好的沟通能力和敬业精神外,采购员最关键的一点是要保持理智,抵制金钱等物质利益的诱惑。回扣问题通常在采购与销售环节频繁出现,很多业务员为了促使采购员购买其产品,通常会提供回扣作为回报。然而,吃回扣不仅是道德问题,更是将自身价值观降低到了很低的层面。此外,如果过多的人涉及回扣问题,将对整个行业的良性竞争产生不利影响。

目前,一些公司采用捆绑式奖励制度,按比例分配订单提成给销售、采购、生产跟单等人员,例如外销员 50%、采购 30%、跟单验货人员 20%。这种方式既能激励采购员更好地努力工作以降低公司成本和控制产品质量,又有助于改善老板和采购员之间的关系,避免与供应商之间的关系紧张。

当采购员遇到考验

有些采购员明目张胆地寻求从供应商那儿获取好处,而有些则通过强硬的议价手段压低价格。这些自以为是的采购员通常难以赢得供应商的信任,也得不到上司的认可。

在成功的采购经理必备素质中,高尚的道德素养位居首位。行业中顶尖的采购经理通常具备极高的道德水准和严谨的工作态度。他们能够保持对企业的忠诚,不受个人偏见影响,从全方位考虑,选择提供最佳价值的供应商。这些优秀的采购经理坚信诚信是工作的基石,回避可能危害商业交易的潜在问题,拒绝接受供应商的赠礼,不断提升自己在采购工作中的专业知识,遵循良好的商业准则。这种道德操守和专业素养使得他们能够在采购过程中保持公正、透明,建立可靠的合作关系,从而在行业中脱颖而出。

采购是保障供应链顺畅运转的基础,采购活动在生产和流通领域扮演着至关重要的角色。在生产领域,企业需要采购原材料、零部件和辅助材料,离开采购活动企业将无法组织生产。同样,在流通领域,缺乏采购活动将导致产品无法供应,从而中断整个流通过程。此外,科学、教育、文化、卫生、体育等社会部门也依赖于采购活动获取必要的物资支持。因此,采购在经济和社会生活中具有不可忽视的重要性,必须加强对采购活动的管理。有关采购的基本概念在项目一中已做过详细介绍,不再赘述。以下将从如何在供应链环境下进行采购需求分析、如何调查与开发供应商、如何评价与选择供应商、如何执行采购计划以及协同采购几个方面介绍。

任务一 供应链环境下的采购需求分析

企业在竞争激烈的市场环境中通过市场调查分析相关因素,最终做出科学的采购决策服务于企业生产或销售是至关重要的。

一、采购市场调查

(一)采购市场调查的定义

市场调查是对市场及相关问题进行的一种调查研究,旨在了解其历史、现状以及影响其发展变化的因素。市场调查具有两层含义,一是指以市场为对象的调查研究活动,这是一种经济调查;二是指研究和阐述市场调查理论和方法的科学。通常所说的市场调查指前一层含义。采购市场调查指企业以采购市场为对象,通过科学方法搜集、记录、整理、分析相关信息,了解采购市场的现状和发展趋势,为采购决策提供客观、准确的资料的过程。

(二)采购市场调查的作用

采购市场调查在现代企业管理中扮演着至关重要的角色,有助于科学预测和降低经营风险。

1. 为企业经营决策提供基础

在企业经营管理的核心决策中,信息是关键的前提。通过准确、及时的市场调查,企业能够科学处理信息,从而做出更为准确的决策,降低经营失误的可能性和潜在经营风险。

2. 为调整和修正采购计划提供有力依据

通过深入了解采购市场的实际情况,企业可以检查采购计划的准确性,发现并纠正存在的不足和错误。市场调查有助于企业认识到客观环境的变化,发现新的问题和情况,为修改和调整计划提供必要的支持。

延伸阅读3-1
采购市场调查的方法

3. 改善企业经营管理的重要工具

采购市场调查是企业管理活动的起点,能有效帮助企业了解市场并获取第一手资料。通过市场调查,企业能够制定更为正确的采购策略,实现更好的采购效益,进而提升整体经营管理水平。采购市场调查不仅是获取信息的手段,更是企业成功经营的关键步骤。

(三)采购市场调查程序

采购市场调查是一项既经济又科学的工作,具有强烈的科学性。为确保准确性,通常需要按照一定的科学程序调查。一般而言,采购市场调查可分为以下六个步骤。

1. 确定调查目标

调查之前,要先确定调查的目的、范围和要求,如调查什么问题、解决什么问题、将谁作为调查对象等。

2. 制定调查计划

经过对调查目标的研究,综合考虑价值、数据获取难易和费用等方面的因素,确定具体的调查项目。根据调查项目的要求,确定具体的调查方案,制定详细的调查计划,包括调查的时间、地点、调查方法和样本规模等。计划能够提高调查的组织性和系统性。

3. 收集调查资料

调查资料的收集是市场调查工作的重点。一般情况下,企业采购市场调查收集的资料分为第一手资料(原始资料)和第二手资料(间接资料)两种。第二手资料通常是其他机构或个人搜集且经过加工整理的现成资料,如政府公报、有关单位的海报等。

4. 数据整理与分析

通过市场调查所得的大量信息资料,往往是零星分散的,某些资料甚至是不真实的,不能系统而集中地说明问题。这就需要系统地加以整理分析,严格筛选,去粗取精,去伪存真,以保证资料系统完整和真实可靠。对资料的分析整理主要包括检查、核实与核对。分类编号,统计计算,分析并得出结论。

5. 撰写调查报告

在综合分析的基础上,得出结论,提出建议,写成调查报告供决策者参考。采购市场调查报告的内容包括:

(1)引言,包括标题和前言。

(2)包括调查目的详细的解释方法调查结果的描述分析、调查结论与结论摘要、意见与建议等。

(3)附件,包括样本的分配、图表及附录。

6. 报告反馈与修正

将调查报告反馈给相关利益方,接受他们的意见和建议,并根据反馈修正和完善。

二、采购需求分析方法

在采购需求调查的基础上,为了科学预测采购需求,必须运用采购需求预测的技术与方法。一般将采购需求预测技术分为定性预测方法和定量预测方法两种。

(一)定性预测方法

定性预测方法是指预测人员通过分析所掌握的采购市场情况的数据资料,根据自身的实践经验、主观分析以及直觉判断,预测有关市场需求指标的变化趋势或未来结果的方法。定性预测方法主要有以下四种。

1. 德尔菲法

德尔菲法又称专家意见法,是一种通过对专家意见进行多轮征询和反馈以达成共识的方法。该方法的提出可追溯到20世纪40年代末期,由美国兰德公司引入。德尔菲法的核心原理是通过专家的匿名征询、整理和反馈的多轮过程,逐步收敛专家意见,最终得出一致的结论。这种方法可以消除个体因素和权威压力,反映专家群体的整体看法。专家的选择至关重要,应该选择具有代表性和广泛专业知识的专家,专家人数通常在10到50人。

具体而言,使用德尔菲法的过程包括以下步骤:

(1)确定预测项目和目标。

(2)选择代表性的专家群体,他们具有对预测对象的深刻理解和专业知识。

(3)以匿名方式向专家群体提出问题,收集他们的意见。

(4)整理专家意见并进行统计分析。

(5)反馈整理后的意见给专家,让他们重新发表意见。

(6)通过多轮征询和反馈,逐步达成专家间的共识。

德尔菲法常用于需要长期预测的领域,如销售预测、利润预测以及技术预测等。该方法能够在复杂不确定的情境中提供相对可靠的预测结果,其优点在于专家能够匿名发表意见,避免互相之间的影响,反映专家真实的看法。然而,由于需要经过多轮征询和反馈,可能会导致过程较为烦琐,时间较长,不适用于需要迅速做出决策的情况。

2. 类比预测法

类比预测法又称比较类推法,包括纵向类推预测方法和横向类推预测方法两种,通过比较预测目标与类似事物,推断未来的发展变化趋势,以得出预测结论。

纵向类推预测方法通过比较当前采购市场需求情况与历史上曾经发生过的类似情况,预

测市场未来情况。主要用于长期市场趋势的预测,通过历史数据的对比来揭示潜在的发展趋势。具体实施步骤如下:

(1)详细了解和分析当前采购市场的需求情况。

(2)检视历史上曾经发生过的与当前情况相似的市场需求事件。

(3)基于历史情况的发展变化,推断未来市场的趋势和可能发生的变化。

横向类推预测方法是指在同一时期内,比较某一地区某项产品的市场情况与其他地区市场情况,然后预测这个地区的未来市场情况。这种方法适用于同一时期内,不同地区市场的情况类比,为目标地区的市场未来变化提供参考。具体实施步骤如下:

(1)详细研究目标地区某项产品的市场情况。

(2)与其他地区的市场情况比较,找出相似之处和差异之处。

(3)基于比较结果,预测目标地区未来市场的发展趋势。

类比预测法的优点在于通过对类似情境的对比分析和预测未来的市场趋势。然而,它也有局限性,因为历史情境不一定完全适用于当前情境,而且市场本身可能因多种因素而发生变化。因此,在使用类比预测法时,需要谨慎考虑相关因素,结合其他方法综合分析。

3. 用户调查法

用户调查法是一种通过直接调查采购企业分析其采购量的变化趋势,以预测某种物资在未来一定时期采购量的方法。在用户调查法中,可以采用全面调查法、抽样调查法和典型调查法,具体选择哪种方法取决于研究的目的和资源的可行性。

全面调查法是指详尽调查所有用户,获取全面而准确的数据。该方法能够提供全面的信息,结果较为精确,但是时间长、费用高,操作相对烦琐,尤其当用户数量众多时这些缺点更为明显。抽样调查法是指从整体用户中抽取一部分调查,通过对样本的研究来推断整体用户的情况。该方法的优点是节省时间和成本,能提供相对准确的预测。缺点是结果的精确度受样本选择的影响,需要确保样本的代表性。典型调查法是指选择具有代表性的重要用户或行业,深入调查。该方法重点关注核心用户,能够更深入地了解关键领域的需求。但是结果的适用性受选择的典型用户范围限制,可能无法覆盖全部情况。

4. 经验判断法

经验判断法是一种依赖于熟悉业务、经验丰富、具备综合分析能力的人员预测的方法。在采购市场的预测中,有三种常用的经验判断法:

(1)经理人员评判法。经理人员评判法是指把一些经理人员集中起来,通过座谈研究市场的前景。由于经理人员主管各项业务,对市场情况和发展方向比较清楚,经过座谈,相互启发,相互补充,能做出比较切合实际的判断。

(2)采购人员意见综合法。企业召集直接从事市场采购工作的有关人员,对市场进行预测。由于采购人员对自己负责的区域及联系部门是熟悉的,因此他们的估计是比较可信的,但他们可能只看到一个局部。因此所做的短期预测比较准确,用于中长期预测则有一定困难。

(3)意见汇总法。意见汇总法是汇总企业采购所属各个部门的预测意见,然后加以分析、判断,确定本企业预测结果的一种方法。

这些方法都依赖于具有实际经验和业务洞察力的人员,通过集体智慧和讨论来形成对市场未来的看法。这些判断法的优点在于能够充分利用企业内部的专业知识和经验,形成更为全面和实际的预测结果。然而,也需要注意局限性,特别是在长期和复杂市场变化的情况下,单一的经验判断法可能会受到限制。因此,在实践中,常常会将经验判断法与其他更科学的预测方法结合使用,以获得更全面、准确的市场预测。

(二)定量预测方法

定量预测方法是一种基于大量、准确、系统的数据资料,应用数学模型和统计方法对预测指标的变化趋势和未来结果进行预测的方法。这类方法具有科学理论较强、逻辑推理缜密、结果较有说服力的优点,但也伴随高成本和对较高理论基础的需求,因而在应用中受到一定限制。定量预测方法一般包括时间序列预测法和回归预测法。

1. 时间序列预测法

时间序列预测法是通过分析历史数据中预测对象的发展变化规律来预测的方法。该方法首先将某变量的数据按时间顺序排列,然后根据时间序列中数值变化的基本类型,选取适当的数学模型描述变化情况,最后利用数学模型,根据过去的需求变化规律向未来延伸,预测。时间序列预测的基本方法包括算术平均法、移动平均法、加权移动平均法和指数平滑法。

(1)算术平均法。算术平均法是一种按时间序列预测的方法。其操作方法是计算过去各个时期实际采购量的算术平均值,然后将其平均数值作为下一时期的预测采购量。

(2)移动平均法。移动平均法是一种按时间序列预测的方法。它从时间序列的第一项数值开始,选取一定的项数求得序列的平均数,得到一个时期的预测值,然后逐项移动,边移动边平均。在进行新的预测时,必须加进一个新数据并剔除一个最早的数据。这样滚动下去,就可以得到一个由移动平均组成的新的时间序列。在简单移动平均法中,各期数据都被视为具有相同的权重。操作时将最近几个时期的数据综合起来,它们的平均数就是下一个时期的预测数。选择适当的移动平均期数对预测结果的准确性至关重要。通常来说,移动平均期越长,对随机变动的平滑效果越好,预测结果也就越准确。这种方法的优点在于可以过滤原始数据中的随机因素,消除数值的起伏波动,同时在一定程度上反映了市场需求的发展趋势。然而,缺点主要在于需要大量的历史数据,成本较高。移动平均法主要适用于数据变化平稳、没有明显趋势或季节性变化的情况。

(3)加权移动平均法。加权移动平均法是一种时间序列预测方法。在这种方法中,预测期相邻的若干期实际值根据它们距离预测期的远近,按照近大远小的原则,分别乘以在平均值中的权数,然后将这些加权值相加,得到加权平均值作为预测期的预测值。

这种方法考虑了不同期数对预测的影响,还通过加权平均的方式强调了近期数据的重要性。权数的设定需要根据具体情况来调整,通常近期的数据被赋予较大的权数,而远期的数据则具有较小的权数。

加权移动平均法相对于简单移动平均法更加灵活,能够更敏感地反映时间序列的变化趋势。然而,这也要求有足够的历史数据和对权数的科学设定。这种方法在对某些产品或市场具有季节性波动的情况下特别有用。

(4)指数平滑法。指数平滑法是一种利用过去的数据资料预测的方法,通过平滑指数的加权平均作用,修订反映变量历次变化情况的时间序列,消除随机波动的影响,以更好地预测变量的未来趋势。

2. 回归预测法

回归预测法是一种常用的数学预测方法,通过运用数学模型,以一个或多个自变量为基础,预测因变量的发展变动趋势和水平。这种预测不仅仅反映了在时间序列上的自然变化规律性,更主要地表现为变量之间因果关系的规律性。回归预测法可分为线性回归预测法和非线性回归预测法,而线性回归预测法又分为一元和多元回归预测法。

任务二　供应商调查与开发

供应商调查的主要目的是了解企业的潜在供应商,熟悉各个供应商的基本情况,同时深入了解资源市场的基本情况和性质。这为正确制定采购决策、选择适当的供应商提供了基础。在供应商调查和资源市场调查的基础上,可能发现潜在的供应商,但不一定立即得到符合企业要求的供应商。因此,供应商的开发过程实际上是将现有的原型供应商转化成基本符合企业需要的供应商的过程,是一个寻找、发现并开发,以建立适合企业需求的供应商队伍的过程。

一、供应商调查

供应商调查是指在采购过程中全面了解供应商的一项活动,通常包括资源市场调查、供应商初步调查和供应商深入调查三个阶段。

1. 资源市场调查

资源市场调查阶段旨在全面了解资源市场的基本情况和性质,为企业制定正确的采购决策提供基础。

(1)供应商市场调查的内容。供应商市场调查包括三个方面的内容。①资源市场的规模、容量、性质。例如资源市场究竟有多大范围,有多少资源,多少需求量,是卖方市场还是买方市场,是完全竞争市场还是垄断市场。②资源市场的环境如何。例如市场的管理制度、法制建设、市场的规范化程度、市场的经济环境、政治环境等外部条件如何,市场的发展前景如何。③资源市场中各个供应商的情况如何,分析众多的供应商的调查资料,就可以得出资源市场自身的基本情况,如资源市场的生产能力、技术水平、管理水平、质量水平、价格水平、需求情况及竞争性质等。

资源市场调查的目的,就是要进行资源市场分析。资源市场分析对于企业制定采购策略以及产品策略、生产策略都有很重要的指导意义。

(2)资源市场分析的内容。资源市场分析包括三个方面的内容。①要确定资源市场是紧缺型的市场还是富余型市场,是垄断性市场还是竞争性市场。②要确定资源市场是成长型市场还是没落型市场,如果是没落型市场,则要趁早准备替换产品。③要确定资源市场总的水平,并根据整个市场水平来选择合适的供应商。

2. 供应商初步调查

供应商初步调查阶段主要侧重于了解各潜在供应商的基本情况,包括了解供应商的名称、地址、生产能力,能提供什么产品,能提供多少,价格如何,质量如何,市场份额有多大,运输进货条件如何等,以筛选出符合企业需求的潜在合作伙伴。

(1)供应商初步调查的目的。供应商初步调查的目的是了解供应商的一般情况。而了解供应商的一般情况的目的一是为选择最佳供应商做准备,二是了解、掌握整个资源市场的情况。因为许多供应商基本情况的汇总就是整个资源市场的基本情况。

(2)供应商初步调查的特点。供应商初步调查的特点,一是调查内容浅,只要了解一些简单的、基本的情况;二是调查面广,最好能够对资源市场中所有供应商都有所调查、有所了解,从而掌握资源市场的基本情况。

(3)供应商初步调查的方法。供应商初步调查的基本方法通常采用访问调查法。企业通过访问有关人员，如供应企业的市场部人员、相关用户或市场主管人员等，获取必要信息。这可以通过访问的方式建立供应商卡片（如表3-1所示），以便整理和记录关键信息。

表3-1　　　　　　　　　　　　　　供应商卡片

公司全称：		法人代表：
成立时间：	总经理：	
技术负责人：	职称职务：	
营业执照号：	注册资金（万元）：	
详细地址：		邮编：
联系电话：		
公司网址：	电子邮箱：	
公司简介：		
产品情况（包括产品名称、规格、质量、价格、市场份额等）： 资质与认证： 运输方式： 过去三年主要的经营业绩：		

供应商卡片是采购管理的基础工作。在采购工作中，要经常选择供应商，就可以利用供应商卡片选择。当然供应商卡片要根据情况的变化维护、修改和更新。目前多数企业实行了计算机信息化管理，通常会将供应商卡片信息输入计算机系统，利用数据库操作维护和使用。

在供应商初步调查的基础上，要利用供应商初步调查的资料分析供应商。供应商分析的主要目的是比较各个供应商的优势和劣势，选择适合企业需要的供应商。

(4)供应商分析的主要内容。供应商分析的主要内容包括以下几个方面：①产品的品种、规格和质量水平是否符合企业需要，价格水平如何。只有产品的品种、规格、质量水平都适用于企业，才能成为潜在备选供应商，才有必要进行下一步的分析。②企业的实力、规模、生产能力、技术水平、管理水平、信用度等方面的评估。信用度指企业在履行与客户、银行等相关义务方面的诚信程度，包括对产品质量保证、按时交货、往来账目处理等方面的履行能力。③产品是否属于竞争性商品以及供应商之间的竞争态势、产品销售情况和价格水平是否合适。④供应商相对于本企业的地理交通状况的分析，包括运输方式、运输时间、运输费用等方面的评估，以确保运输成本的合理性。

3.供应商深入调查

供应商深入调查阶段是在初步调查的基础上，更为详尽地了解选定的供应商，包括生产能力、质量控制、交货能力等方面的细致调查，确保最终选择的供应商能够满足企业的实际需求，最终结果可以用供应商调查表的形式反映（如表3-2所示）。只有通过这样深入的调查，才能发现可靠的供应商，建立起比较稳定的物资采购供需关系。

深入的供应商调查并非对所有供应商都必要,而主要在以下情况下才显得重要:

(1)准备发展密切关系的供应商。当企业需要建立与供应商之间如同企业内部生产车间一样的密切关系,特别是在准时化采购、要求产品准时、免检并直接送上生产线装配时,深入供应商调查变得至关重要。

表 3—2　　　　　　　　　　　　　　　供应商调查表　　　　　　　　　　　　编号:

序号	供应商信息
1	单位名称、地址:
2	联系人、电话:
3	传真、邮编:
4	企业性质、创立时间:
5	工厂面积:_____ 职工总数:____人,(其中管理人员____人,技术人员____人,工人____人)
6	主要设备及生产线:
7	正常生产能力:
8	最大生产潜力:
9	正常交货周期:
10	最短交货期及叙述:
11	设计开发能力:□产品　　　　□自行开发设计　　　　□来料加工
12	技术工程部:有无生产工程师____人　　□生产操作指导书　　　　□靠经验保证生产
13	产品销售区域:□内销　　　　□欧洲市场　　　　□美国市场
14	产品遵守的标准:□国际标准　　□国家标准　　□行业标准　　□企业标准
15	产品简介:
16	品质部门人数____人,管理人员____人,工程技术人员____人,检验员____人
17	进料检验人员____人,主要仪器____,检验标准____,检验记录____
18	制程检验人员____人,主要仪器____,检验标准____,检验记录____
19	出货检验人员____人,主要仪器____,检验标准____,检验记录____
20	检测仪器的校对:□有　　　□无　　　□在有效期内　　　□已过期
21	质量体系情况:□ISO9001　　□QS9000　　□TQM　　□正在认证
22	关键工位人员的培训:□有　　　□无　　　□有资格,根据_____
23	价格与交货、付款方式:
24	其他情况说明:

供应商代表认可:

结论:□合格　　　　□不合格

调查者:	时间:
批准:	时间:

(2)寻找关键零部件供应商。当所采购的产品是关键零部件,尤其是那些具有高精密度、难加工、高质量要求、在产品中起核心功能作用的零部件时,选择供应商变得极为谨慎。深入调查和审核是必要的,只有在多次反复的深入考察中证明供应商确实能够满足要求,才能确定其为企业的供应商。

二、供应商开发

(一)供应商开发概述

供应商开发是指从零开始寻找新的供应商,建立起符合企业需求的供应商队伍。供应商开发是采购体系的核心,对整个采购部门的绩效直接产生影响。一般来说,供应商开发的第一步是确认潜在供应商是否建立了稳定有效的质量保证体系。其次,需验证潜在供应商是否具备生产所需产品的设备和工艺能力。此外,成本与价格也是关键考量因素,通过价值工程的方法对涉及的产品进行成本分析,并通过双赢的价格谈判实现成本节约。这一过程确保了潜在供应商在质量、生产能力和成本效益方面满足采购要求,提高了整体采购绩效。

知识拓展

供应商信息的来源

要开发供应商,必须扩大供应商的信息来源。因为供应商信息来源越广,选择供应商的机会就越多。寻找供应商的信息可以有以下来源:

(1)国内外采购指南。
(2)国内外产品发布会和展销会,如广交会。
(3)国内外行业协会会员名录,产业公报。
(4)国内外企业协会。
(5)国内外各种厂商联谊会或同业工会。
(6)国内外相关统计调查报告或刊物,工厂统计资料、产业或相关研究报告。
(7)其他各类出版物的厂商目录。
(8)用电视、报纸做全国性或区域性的招商广告,在预定期举办说明会,介绍公司状况,先吸引供应商接触,再慢慢选择。
(9)可以查阅电视或报纸杂志的广告,通过媒体上的联络电话、地址来作为信息来源。
(10)采购人员可通过对同行业的供应商调查情况,发现优良商品供应商的信息来源。通过以下方式可以得到商品的供应商:①通过商品包装上的制造商或进口代理公司的电话与其联络;②如果没有电话号码,利用包装上制造商或进口代理公司的名称,拨114查询其电话号码。
(11)通过向同行询问想引进的商品,可得到相关厂商信息。
(12)通过政府组织的各类商品订货会。

通过充分利用这些渠道,企业可以积累更多的潜在供应商信息,为供应链的多样性和灵活性提供支持。

(二)开发供应商的基本流程

新供应商的开发工作应有计划地进行,并应在预定的日期之前开发成功。开发新供应商的程序(如图3-1所示)包括以下环节:

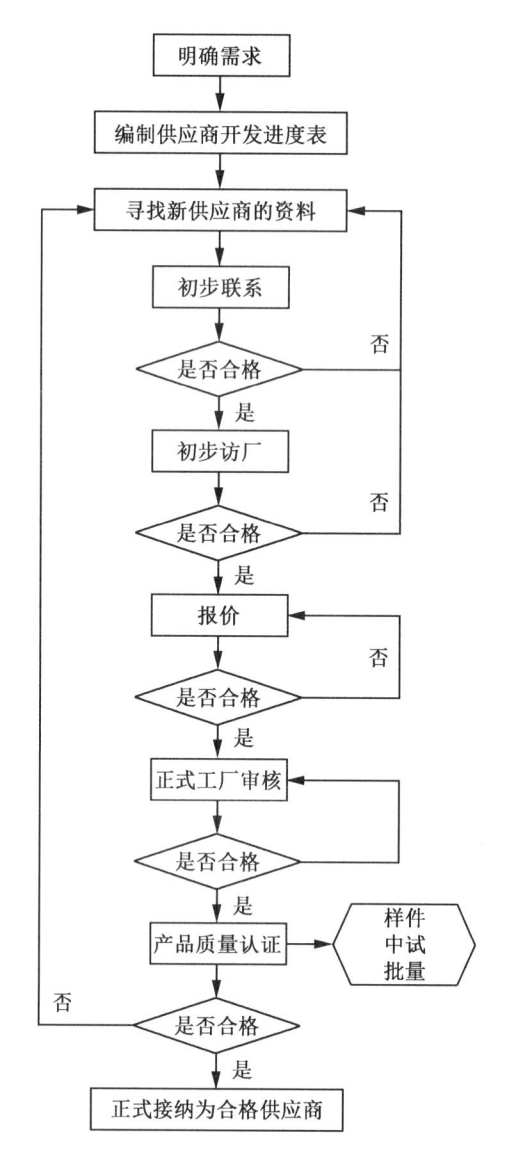

图 3—1 供应商开发流程

1. 明确需求

确定企业对新供应商的需求,明确所需产品或服务的规格、质量标准、交货期等要求。

2. 编制供应商开发进度表

供应商开发进度与生产需求计划、新产品开发与配套要求及供应商开发易难程度直接相关。一般可按开发供应商的步骤编制一份时间进度表,这样不仅可以使开发新供应商的具体工作明确化,而且可以尽量减少计划日期被拖延的可能性(如表 3—3 所示)。

表 3—3　　　　　　　　　　　　　　供应商开发进度表

项目组长：											日期：
序号	内容	进度日期									
		1周	2周	3周	4周	5周	6周	7周	8周	9周	10周	11周
1	寻找新供应商的资料	→										
2	提供资料与面试会谈		→									
3	资质评审			→								
4	报价				→							
5	确定供应商考察对象					→	—→					
6	制作并送交工装样品							→				
7	评估首批产品								→			
8	评估小批量产品									→		
9	评估中批量产品										→	
10	合格供应商评估											→

3. 寻找新供应商的资料

企业可以通过各种途径寻找新供应商的信息，包括行业指南、展会、协会会员名录、广告、网络搜索等。

一般来说，通过不同方式获得的供应商会有好几家，企业可根据对欲开发的新供应商的各方面要求初步筛选，留下 3～5 家进一步接触。

4. 初步联系

与潜在供应商建立初步联系时，采用适当的方法至关重要。通常，首次联系可选择电话沟通，清晰表达企业需求，并初步了解供应商的基本情况、生产能力和产品质量等信息。取得初步信息后，根据供应商所在地的远近采取不同行动。若距离较近，可邀请供应商面谈，要求携带企业简介和样品以增强会谈效果。

在面谈中，明确企业对原材料的要求，并考虑参观生产现场，若涉及技术保密，可避免此环节。对于远距离供应商，可要求快递寄送资料和样品，通过这些了解其实力，并通过访问其网站获取更多信息。

无论供应商距离远近，都应要求其填写一份供应商调查问卷（如表 3—4 所示），以了解其基本情况。

表 3—4　　　　　　　　　　　　　供应商调查问卷

```
日期_____
调查员_____　　编号_____
1.厂商名称_____　电话_____　电邮_____　厂址_____　邮政编码_____
2.法人代表_____　　总经理_____　　副总经理_____
3.联络人_____　　　职称_____
4.厂商规模：
①职员____；②总雇用人数____；③注册资本____；④厂房面积____；⑤总动力____；⑥已设立____年。
5.编制：
①技术部门：□有，□无；其中工程师____人，技术员____人。
②生产部门：直接人员____人，管理人员____人，间接人员____人。
③品质管理部门：□有，□无；技术人员____人，检验员____人。
④主管部门：□有，□无；职员____人，对____负责。
6.财务状况：
①往来银行_____、_____。
②估计营业额，去年____，今年____，明年____。
③主要客户：_____、_____。
7.生产能力与承制本公司产品能力：
①有无生产设备：□有，□无；是否足以生产：□是，□否；
②模具可否自行设计：□可，□否；
③可否自行制作模具：□可，□否；制作能力如何：□足够自用，□尚可代他厂加工，□不足自用；
精确性：□良，□不佳。
8. 主要产品制造及设备：
9. 厂房平面图：
```

5. 初步访厂

对初步筛选出的供应商进行实地访厂，了解其生产设备、生产工艺、质量管理体系等情况。访厂这一步骤并非必需，但如果情况方便且有必要，采购人员可以在正式工厂审核之前先初步"踩点"。在现代企业中，越来越多的供应商开发工作由包括工程和品质管理人员在内的开发团队完成。如果采购人员提前对供应商的工厂有一个初步了解，可以避免在实际审核中发现供应商的生产现场较差从而受到团队内其他部门人员的抱怨甚至责难的情况。初步访厂的目的是获取对供应商的初步整体印象，为采购人员是否有必要采取下一步行动做出决策提供基础。

6. 报价

在审核供应商资质并初步了解其基本情况之后，可以要求供应商提供报价。供应商通常会根据其以往的经验或类似产品的生产成本和市场价格水平报价。在供应商报价之前，应向所有需要提供报价的供应商发出一份询价单。询价单的内容应包括物料名称、币种、价格术语、交货周期、最小交货量、交货地、付款条件等，以便供应商更深入地了解所需物料的一些基本情况，并为他们提供以相同条件报价的机会，从而为采购人员创造有利的比价条件。

7. 正式工厂审核

正式审核符合条件的供应商，包括对质量保证能力、产品开发能力、供货能力、价格水平、服务水平和管理水平等方面的详细审查。供应商审核表如表 3—5 所示。

表 3-5　　　　　　　　　　　　　　　　供应商审核表

厂家资料	公司名称		公司地址		电话	
	工厂地址		负责人		联系电话	
	营业执照号码			经营品种		
	员工人数	管理：_____人，生产：_____人				

调查内容	调查及评分		满分	得分
	质量保证能力(30%)	质量管理体系	10	
		进料质量控制	10	
		生产过程质量控制	5	
		检测标准及检测手段	5	
	产品开发能力(20%)	技术人员素质	5	
		设备技术的先进性	10	
		新产品开发成果	2	
		与其他企业配套创新能力	3	
	供货能力(20%)	设备规模、生产能力	10	
		交货稳定性、应变能力	5	
		设备维护	2	
		运输条件、配套距离	3	
	价格水平(20%)	价格竞争能力	10	
		原材料、制造成本	3	
		降低成本的潜力	2	
		结算期限	5	
	服务水平(5%)	流通加工能力	2	
		信息服务	1	
		售后服务	2	
	管理水平5%	组织制度	2	
		现场管理	2	
		财务状况、经营状况	1	

备注	

评审组长：　　　　　　　　　　　　　　　　　　　　　　　　　日期：　年　月　日

8. 产品质量认证

产品质量认证是供应商评估的关键环节，其中包括样品试制认证、中试认证和批量认证三个阶段。

(1)样品试制认证。样品试制认证阶段，供应商需提供初步样品，经过企业严格的检测和验证，确保产品符合规格和质量标准。这一阶段旨在验证供应商的生产能力和产品质量，步骤如图 3-2 所示。

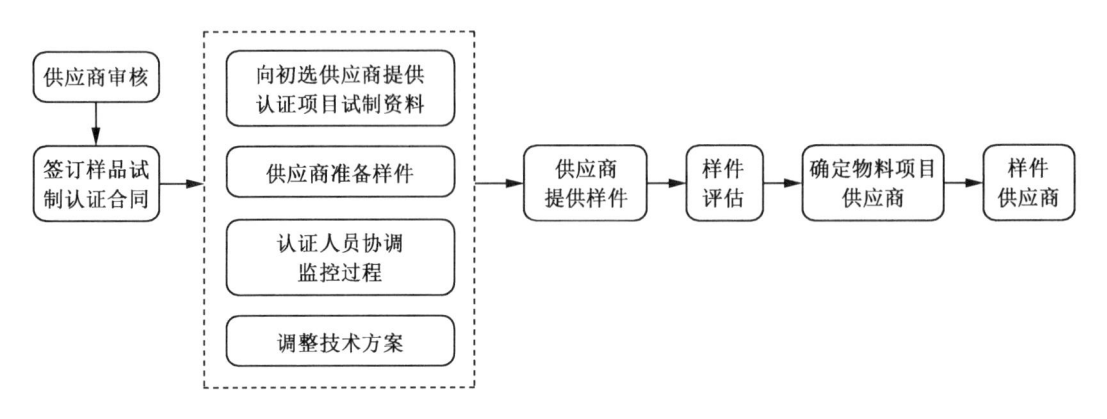

图 3-2 样品试制认证程序

(2)中试认证。中试认证是在初步认证的基础上进行中等规模的生产,以验证供应商是否能够在较大规模生产中保持产品的一致性和稳定性。中试认证可进一步确认供应商的生产流程和质量管控水平。中试认证程序如图 3-3 所示。

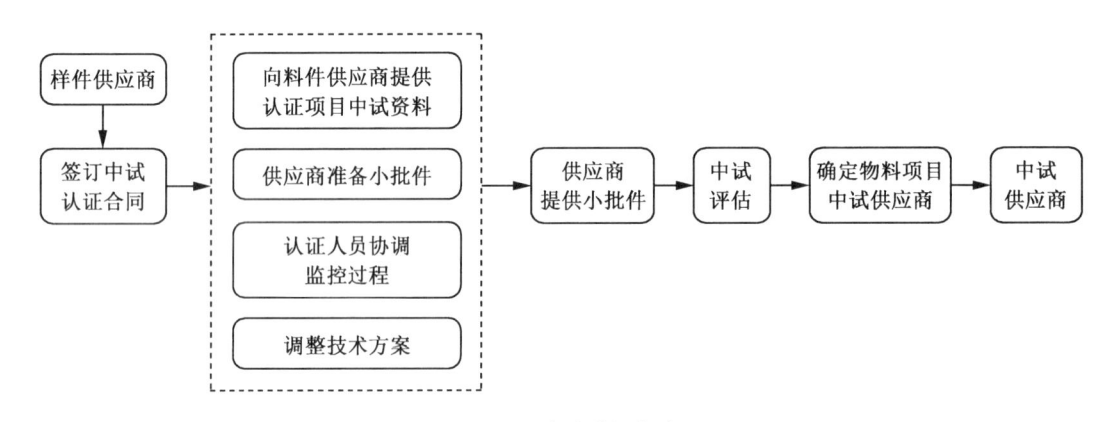

图 3-3 中试认证程序

(3)批量认证

在批量认证阶段,供应商需要完成大规模生产,并全面检测和验证每一批产品。通过批量认证,企业可以确保供应商能够满足大量订单的需求,并且产品质量能够得到可靠保障。批量认证程序如图 3-4 所示。

9.正式接纳为合格供应商

如果新供应商通过工厂审核和样品评估,符合采购方的要求,则可被认定为合格供应商,并将其纳入合格供应商清单。此清单应包含供应商名称、采购类别及项目、产能、采购周期、最小采购批量、最小包装数、联系人、联系电话和备注等详细信息。合格供应商清单(如表 3-6 所示)是采购部门制定订单的依据。

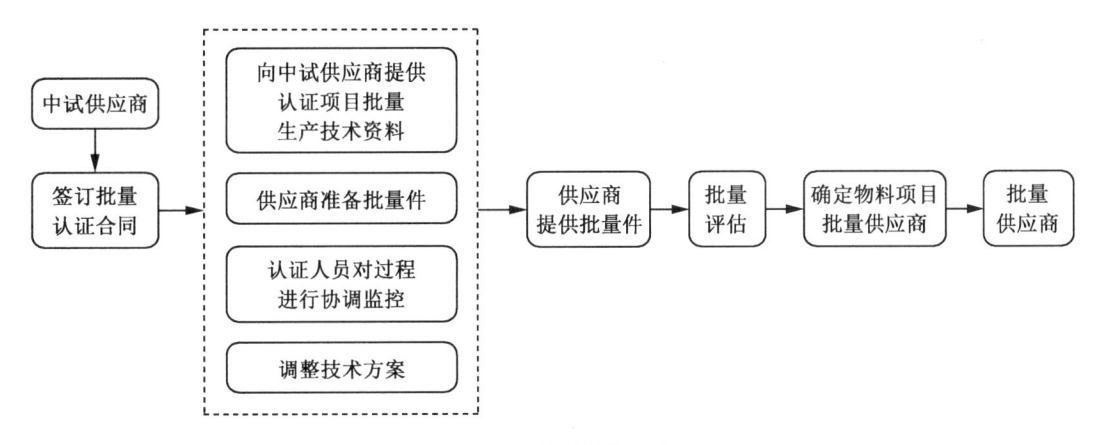

```
┌─────────────────────────────────────────────┐
│  ┌──────────┐     ┌──────────────┐          │
│  │中试供应商│     │向中试供应商提供│         │
│  └────┬─────┘     │认证项目批量  │          │
│       │           │生产技术资料  │          │
│       ▼           └──────────────┘          │
│  ┌──────────┐     ┌──────────────┐          │
│  │签订批量  │────▶│供应商准备批量件│         │
│  │认证合同  │     └──────────────┘          │
│  └──────────┘     ┌──────────────┐          │
│                   │认证人员对过程│          │
│                   │进行协调监控  │          │
│                   └──────────────┘          │
│                   ┌──────────────┐          │
│                   │调整技术方案  │          │
│                   └──────────────┘          │
└─────────────────────────────────────────────┘
```

→ 供应商提供批量件 → 批量评估 → 确定物料项目批量供应商 → 批量供应商

图 3—4 批量认证程序

表 3—6　　　　　　　　　　　合格供应商清单

序号	供应商名称	采购类别及项目	产能	采购周期	最小采购批量	最小包装数	联系人	联系电话	备注

任务三　供应商评价与选择

供应商评价是在经过供应商的调查与开发后，从候选供应商中选择一个合适的供应商的重要步骤。选择供应商的目标可能是价格最低、质量最好、总成本最低等，而不同的目标将影响最终选择的供应商。供应商评价使用指标评价体系，评价供应商的供货质量、服务水平、供货价格、准时性、信用度等，为最终选择提供基础。

一、供应商评价

（一）供应商评价的步骤

1. 分析市场竞争环境

分析市场竞争环境是建立基于信任、合作和开放性交流的供应链长期合作关系之前的关键步骤，其目的是确定在哪些产品市场上开发供应链合作关系才是有效的。企业需了解当前产品需求、类型和特征，确认客户需求，并评估是否有必要建立供应链合作关系。

通过市场竞争环境的分析，企业可以获得以下信息。

(1)产品需求和趋势。了解当前市场对于特定产品的需求以及未来的趋势是至关重要的,这有助于确定在哪些产品领域建立供应链合作关系可以更好地满足市场需求。

(2)竞争对手分析。分析竞争对手的供应链合作模式和策略,了解他们在市场上的表现和成功因素。这有助于制定有针对性的供应链战略。

(3)客户需求分析。确定客户的需求和期望,了解他们对产品质量、交货准时性等方面的要求。这可以指导企业选择适合客户需求的供应链合作伙伴。

(4)产品类型和特征。分析产品的类型和特征,考虑是否需要与多个供应商协作,或者是否可以通过与特定供应商建立战略性合作来优化供应链。

2. 明确评价的目标和标准

在开始供应商评价之前,企业需要明确评价的目标和标准。这可能涉及质量、交货准时性、成本、合规性等方面的指标。供应商评价和选择并非简单过程,它也是企业自身业务流程再造的一部分。企业通过明确的评价指标,能更有效地评估供应商的综合实力,为建立稳固供应链关系奠定基础。

3. 建立供应商评价指标体系

供应商评价指标体系是企业综合评价供应商的依据和标准,制定供应商评价体系是确保评价过程全面、客观、有针对性的关键步骤。通过科学合理地设计评价指标,企业能够更准确地衡量供应商在关键方面的表现,从而提高评价的客观性和可操作性,为建立稳固的供应链关系提供有效支持。供应商的业绩、设备管理、人力资源开发、质量控制、成本控制、技术开发、客户满意度、交货协议等因素都有可能影响供应链合作关系。建立供应商评价的指标体系需确定评价的各个维度和相应的权重。

4. 建立评价小组

企业必须建立一个专门的小组控制和实施供应商评价,这个小组的组员以来自采购、质量、生产、工程等与供应链合作关系密切的部门为主。

5. 选择供应商

选择需要评价的供应商,这通常基于企业的采购计划和需求,以及已有的或潜在的供应商名单。在评价供应商时,企业应与初步选定的供应商取得联系,确认其是否愿意建立供应链合作关系,并了解他们是否有提升业绩水平的意愿。因此,企业应尽早让供应商参与评价设计过程,促使双方在关键事项上达成一致。

6. 评选供应商

调查和收集有关供应商生产运作等全方位信息是评选供应商的主要工作之一。根据收集到的信息,评估供应商的各评价指标。

7. 实施供应合作关系

在实施供应合作关系时,市场需求的不断变化是不可避免的。企业应及时调整供应商评价标准,或重新评价和选择供应商,以适应新的市场情况。在重新选择供应商时,需要给予原有供应商足够的时间来适应这些变化,同时与他们保持充分沟通,共同制定应对策略。这种灵活性和合作性的处理方式有助于建立起供应链中的相互理解和信任,同时也使得供应链体系更具应变能力,更好地适应市场动态变化,提高供应链的整体竞争力。

(二)供应商评价的指标

供应商评价主要通过以下几个指标考核。

1. 产品质量

在初期运作阶段,确保产品质量是至关重要的。质量检查方法有两种:全检和抽检。由于全检工作量较大,通常选择抽检。产品的质量好坏可通过质量合格率来评估。如果在一次交货中一共抽检了 n 件,其中有 m 件是合格的,则质量合格率为 p。其公式为:

$$p = \frac{m}{n} \times 100\%$$

显然,质量合格率越高越好。企业对不合格产品退货时,也可以用退货率来描述。所谓退货率,是指退货量占采购进货量的比率。如果采购进货 n 次(或件、个),其中退货 r 次(或件、个),则退货率可以用以下公式表示,即退货率 $= \frac{r}{n} \times 100\%$

2. 交货量

考察交货量主要是考核按时交货量。按时交货量可以用按时交货率来评价,按时交货率是指给定交货期内的实际交货量与期内应完成交货量的比率。其公式为:

$$按时交货率 = \frac{期内实际完成交货量}{期内应完成交货量} \times 100\%$$

3. 交货期

交货期也是一个很重要的考核指标。考查交货期主要是考查供应商的准时交货率。准时交货率可以用准时交货的次数与总交货次数之比来衡量。其公式为:

$$准时交货率 = \frac{准时交货的次数}{总交货次数} \times 100\%$$

4. 工作质量

考核工作质量,可以用交货差错率和交货破损率来描述,其公式别为:

$$交货差错率 = \frac{期内交货差错量}{期内交货总量} \times 100\%$$

$$交货破损率 = \frac{期内交货破损量}{期内交货总量} \times 100\%$$

5. 价格

价格是指供货的价格水平。考核供应商的价格水平,可以将它与市场同档次产品的平均价和最低价比较。分别用市场平均价格比率和市场最低价格比率来表示。其公式分别为:

$$平均价格比率 = \frac{供应商的供货价格 - 市场平均价}{市场平均价} \times 100\%$$

$$最低价格比率 = \frac{供应商的供货价格 - 市场最低价}{市场最低价} \times 100\%$$

注意:在实际计算价格得分时,价格越低,该供应商在价格上的得分就越高,因此,应该用(1-最低价格比率)乘以价格权重衡量供应商的得分。

6. 进货费用水平

供应商的进货费用水平可以用进货费用节约率来考核。其公式为:

$$进货费用节约率 = \frac{本期进货费用 - 上期进货费用}{上期进货费用} \times 100\%$$

7. 信用度

信用度主要考核供应商履行自己的承诺、以诚待人、不故意拖账、欠账的程度。信用度公式为:

$$信用度 = \frac{期内失信的次数}{期内交往总次数} \times 100\%$$

8. 配合度

在供应链管理中,配合度主要考核供应商的协调精神。在与供应商相处的过程中,由于环境或具体情况的变化,工作任务可能需要调整,这可能导致供应商的工作变更,甚至需要做出一些牺牲。评估供应商在这些方面的配合程度是重要的。另外,当工作遇到困难或问题时,有时需要供应商的支持来解决,这也是评估配合度的重要方面。这一方面的评估主要依赖人们的主观评分。通过与供应商相处的工作人员的经验,他们可以根据这个方面的体验为供应商评分。有时,上报或投诉的情况也可以作为评分的依据之一。

二、供应商选择

(一)选择供应商应考虑的因素

在市场经济条件下,企业采购面临重大变革,表现在进货渠道增多、价格差异悬殊、质量控制难度加大以及采购风险增大等方面,这给企业采购工作带来了新的挑战。为此,企业要转变采购观念,以经济效益为核心,以降低采购成本为基本出发点。在选择供应商时,企业需充分发挥创造性采购的作用,并根据对供应商的具体分析结合本企业实际情况,合理选择有利于企业发展的供应商。在实际选择过程中,需要全面考虑以下几个因素的影响。

1. 质量

质量是供应商选择的首要目标,也是采供双方合作的基本条件。对于企业而言,质量指标的重要性不言而喻,它直接关系到企业的生存和发展。这些指标主要包括原材料、初级产品或消费品的质量。通常情况下,在与供应商合作之前,采购方通常会考察质量,包括样品检验、实际生产和质量监控流程的参观,以及对供应商质量控制体系的考评等。供应商能够持续保持的质量水平比生产工艺能达到的最高质量水平更有意义。当然,如果样品或少量交付的样品质量不合格,这个供应商就可能不被考虑。采购物资质量应满足企业需求,不一定越高越好。高质量可能超出成本,与产品定位及竞争策略冲突。质量选择的关键在于供应商是否有适宜的产品质量检验制度,即控制质量的能力。考察供应商的质量管理要求包括质量方针、政策、制度执行情况、是否有质量管理手册、质量保证作业方案和年度质量检验目标与改善目标,以及是否通过 ISO9000 质量体系认证。

2. 价格

在选择供应商时,尤其在招标采购标准件时,价格是决定选择供应商的关键因素。采购价格主要涉及供应商提供的原材料、初级产品或消费品的成本,采购价格直接影响采购方或下游企业产品的价格,对整个供应链的投入产出比、生产商和销售商的利润率产生影响。在采购谈判中,价格往往是采供双方博弈最激烈的环节。研究表明,在 20 世纪 90 年代,我国企业在选择供应商时,首要考虑的是产品质量,其次是价格。尽管近年来研究人员越来越关注非质量和价格因素,但这两个因素的重要性仍然十分显著。

3. 交货能力

供应链管理要摒弃传统企业狭隘的竞争理念,注重供应链内部的协同与竞争。供应链某一环节上的变化会引发整个供应链波动,市场不稳定性导致库存波动。交货能力包括提前期、准时性及对采购方变更的反应。交货提前期短则企业对市场反应迅速,灵敏度高。交货准时性关乎生产和销售计划执行,例如,沃尔玛为其供应商设定了交货时间窗,要求在规定时间内(通常精确到分钟)准时交付,以测试供应商的交货准时水平。

4. 服务水平

服务水平因素指的是供应商在采购合同执行过程中为采购商提供的帮助,包括物资或设备使用、残次品调换、设备使用方法培训、故障排除等方面的服务。这些服务活动对于保障采购企业的质量和售后至关重要。若销售过程中相关服务未能及时跟进,可能导致采购企业物料和生产成本的增加,甚至影响生产连续性和新设备的投产进度,给企业带来严重经济损失。因此,现代采购企业越来越注重供应商的客户服务水平,服务水平已经成为供应商选择过程中的另一重要因素。

5. 供应商的地理位置

对于不同的物资,供应商的地理位置在采购决策中的重要性各不相同。配送、运输成本占较大比例时,地理位置更重要。当采购的物资或设备需要采供双方频繁密切的协作,特别是在供应商参与新产品开发时,地理位置将直接影响沟通的难易程度和差旅成本。此外,供应商所在地的地理位置常常决定获取原材料的稳定性和价格水平,直接影响进货成本,从而对供应商的选择产生重要影响。最后,不同地理位置的供应商面临各种自然灾害风险(如旱灾、涝灾、地震、台风等),可能对采购物资的供应稳定性造成影响。在选择供货伙伴(尤其是长期合作的供货伙伴)时需综合考虑这些因素。

6. 供应商的信誉

信誉是供应商无形资产的一部分,是供应商在与采购企业或其他买家的合作中积累的声望。优秀供应商为了维护良好的声誉,保质保量地履行合同的愿望要比那些声名狼藉的供应企业高得多。

7. 供应商的财务状况

采购企业的供应部门有时将供应商的财务状况纳入考核指标体系,这主要是出于对财务支付货款的担忧。在选择供应伙伴时,采购企业需考虑供应企业的财务链条管理情况,特别是小型企业可能面临财务风险。若采购企业拖欠货款,对小型供应商可能导致停产和法律纠纷,而对于资金雄厚的大型企业则问题可能不会如此严重。

上述指标是基于传统的采供双方的供需管理模式,供应商评选指标主要关注价格和质量。然而,随着供应链管理、供应商关系管理等理念的深入,评选指标逐渐向有利于长期互利合作的方向演变。新型供应链模式下,评选指标更注重建立信息共享、风险共担的伙伴关系,以应对市场变化。因此,供货柔性、技术创新、合作态度、信息共享和市场响应能力成为采购方评价供应链合作伙伴的关键因素。

(二)选择供应商的步骤

选择供应商是企业战略决策的关键环节,决策者需综合考虑内外环境、长期战略和竞争力,选择适用的理论和方法,并制定实施步骤和规则。尽管步骤可能因企业而异,但通常包括详细分析内外环境,结合长期发展战略,确定实施规则。基本的步骤通常包括以下几个方面(如图3—5所示)。

1. 成立供应商评选小组

为了有效评价供应商,企业应成立专门的评选小组,集结来自采购、质量、生产、工程等与供应链紧密关联的部门的专业成员。这个跨部门的小组的形成确保了评价的全面性和多维度,涵盖了供应链的各个方面。小组成员需要具备团队协作精神和相关专业技能,以确保评价

```
                    ┌─────────────────────┐
                    │  成立供应商评选小组  │
                    └──────────┬──────────┘
                               ↓
                    ┌─────────────────────────────┐
                    │ 分析市场竞争环境(需求、必要性)│←──┐
                    └──────────┬──────────────────┘   │
                               ↓                       │
                    ┌─────────────────────┐   比较新旧 │
           ┌───────→│  确立供应商选择目标  │   供应商  │
           │        └──────────┬──────────┘            │
           │                   ↓                        │
           │        ┌─────────────────────┐            │
           │        │ 建立供应商评价指标体系│←──┐      │
           │        └──────────┬──────────┘    │      │
           │                   ↓            修改评价   │
         反馈       ┌─────────────────────┐  标准    反馈
           │        │     供应商参与       │   │      │
           │        └──────────┬──────────┘   │      │
           │                   ↓               │      │
           │        ┌─────────────────────┐   │      │
           │        │     评选供应商       │   │      │
           │        └──────────┬──────────┘   │      │
           │                   ↓               │      │
           │               ╱ 选择 ╲←────── 工具技术
           │               ╲     ╱
           │                   ↓
           │        ┌─────────────────────┐
           └────────│   实施供应合作关系   │
                    └─────────────────────┘
```

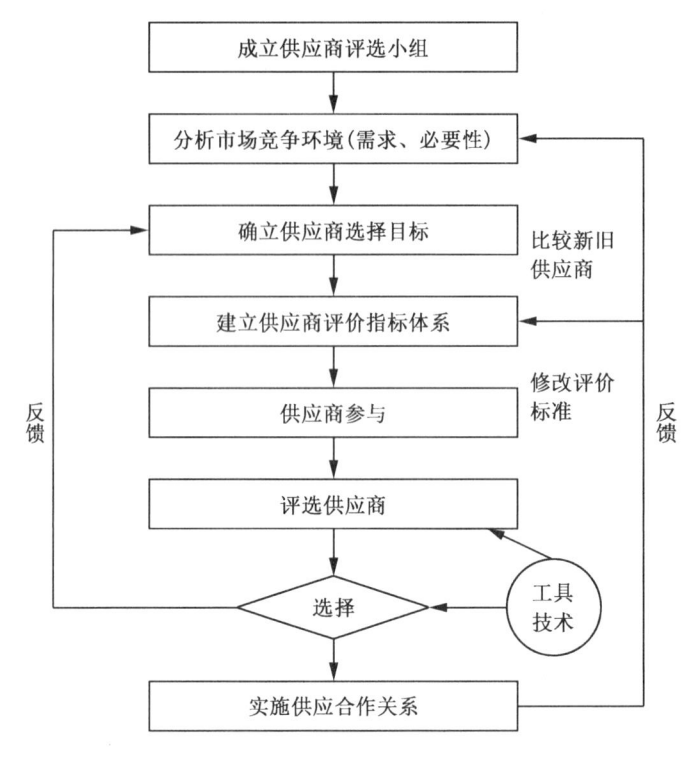

图 3—5 选择供应商的步骤

的科学性和全面性。此外,为了确保评价工作的正常推进,评选小组必须获得采购企业和供应商企业最高领导层的支持。领导层的支持将为评价小组提供必要的资源和权威,从而使评价过程更加顺利和具有影响力。

2. 分析市场竞争环境

为了确保供应链的顺畅运作,企业必须深入了解当前产品需求的类型和特征,以确认客户的实际需求并评估是否需要建立或调整供应关系。对已建立的供应关系,应根据需求的变化定期评估其适应性,同时全面分析现有供应商的状况,以识别和解决潜在问题。这一过程不仅有助于提高供应链的灵活性和适应性,还有助于提升客户满意度,确保企业在市场竞争中的持续优势。

3. 确立供应商选择的目标

企业需明确供应商评价程序的实施方式,并建立实质性目标。评价和选择供应商不是一个简单的过程,而是企业自身的一次业务流程重构。实施得好将带来多方面的利益。通过细致的规划和有针对性的目标设定,企业可确保供应链的高效性和合作伙伴关系的稳固性,从而实现生产效益的最大化。这一过程需要全体团队的密切协作,确保评价体系的准确性和公正性,为企业持续的发展提供坚实基础。

4. 建立供应商评价指标体系

供应商评价指标体系是企业全面评估供应商的标准,按有序组合的层次结构和隶属关系形成对供应商的全面指导。评价标准涵盖供应商业绩、设备管理、人力资源开发、质量控制、成本控制、技术开发、客户满意度、交货协议等多方面。鉴于企业状况和选择时间跨度的差异,有相应的短期和长期标准,具体如表 3—7 所示。

表 3—7　　　　　　　　　　　　　供应商选择标准

供应商选择的短期标准	商品质量合适、成本低、交货及时、整体服务水平好(安装服务、培训服务、维修服务、升级服务、技术支持服务)、履行合同的承诺和能力等
供应商选择的长期标准	供应商质量管理体系是否健全、供应商内部机器设备是否先进以及保养情况如何、供应商的财务状况是否稳定、供应商内部组织与管理是否良好、供应商员工的状况是否稳定等

短期和长期标准各具特点。短期标准可能更加侧重供应商的交货准时性和产品质量,而长期标准则会更注重供应商的可持续发展和合作潜力。通过科学建构和灵活应用供应商评价指标体系,企业能够更精准地选择与之合作的供应商,确保供应链的稳定性和可持续性,从而实现企业整体绩效的提升。

5. 供应商参与

企业在决定评选供应商时,评选小组应积极引入供应商参与设计过程,以确认他们有提升业绩水平的愿望。通过与供应商的密切合作,评选小组能够更好地理解供应商的实际情况和需求,进而更科学地构建评选标准和流程。这样的参与性设计有助于建立开放、透明的沟通机制,为建立互信关系打下基础。同时,供应商的积极参与也能够激发其合作的积极性,提高评选的精准性和有效性。这种共同设计的方式有助于建立双赢的合作格局,推动供应链的优化与协同发展。

6. 评选供应商

在这一关键步骤中,企业需要全面调查和收集信息,以获取有关供应商生产运作等方面的详尽信息。通过充分收集供应商的各项数据,企业可以利用各种工具和技术方法全面评选供应商,也可以运用先进的信息技术和数据分析手段,确保评选过程更加客观和科学。通过有效的评选,企业可以更好地了解供应商的实际能力和综合素质,为建立强有力的供应链合作关系提供有力支持。

7. 实施供应合作关系

在供应合作关系的实施过程中,市场需求是一个不断变化的因素。企业应根据实际需要及时调整供应商评选标准,甚至重新评估和选择供应商。在重新选择供应商时,需要给予新旧供应商足够的时间来适应这些变化。这样的灵活和及时的调整能够确保企业在不断变化的市场环境中保持竞争力,同时也有助于建立稳固且具有适应性的供应链关系。通过这种方式,企业能更好地满足市场需求,实现供应链的高效运作。

(三)选择供应商的方法

供应商选择的方法有多种,具体的选择取决于供应商数量、对供应商的了解程度、采购物品的特点、采购规模以及时间要求等因素。以下是国内外常用的供应商选择方法,适用于不同情况。

1. 经验评价法

经验评价法是一种根据征询和调查资料,结合采购人员经验分析合作伙伴、评价的方法。这种方法通过调查、意见征询、综合分析和评价来选择供应商,具有较强的主观性。该方法主要依赖于有经验的采购人员的意见,或者直接由采购人员根据其经验做出判断。

这种方法可以根据其评价过程和分析工具的结构化程度分为非结构化方法和结构化方法。

(1)非结构化方法。非结构化方法包括头脑风暴法(Brain Storming)和德尔菲法(Delphi

Method)两种。德尔菲法在前文中已进行过介绍,在下面仅详细讲述头脑风暴法。

头脑风暴法是由亚历克斯·F. 奥斯本(Alex F. Osborn,1888—1966年)于1939年首次提出并于1953年正式发表的一种群体决策方法,用于激发参与者创造性思维。这一方法分为直接头脑风暴法(通常简称为头脑风暴法)和质疑头脑风暴法(也称反头脑风暴法)。前者旨在专家群体决策时尽可能激发每位个体的创造性,产生多样性的设想;后者则逐一行质疑前者的设想,分析其现实可行性。

在采用头脑风暴法选择供应商时,一般需要召集专业人员,包括采购专家和内部客户的专家,进行专题会议。主持者需要明确说明供应商选择的原则和会议规则,创造轻松融洽的氛围。主持者通常不发表意见,以保持会议的自由气氛。专家们在会上自由发表意见,推荐优秀供应商并提供评价依据,或充分评价备选供应商。最终,通过多数人的原则确定最优供应商。

头脑风暴法在供应商选择中的应用有助于汇聚多方专业意见,充分发挥团队创造性,促使全面思考。通过这一方法,企业可以更全面、客观地评估潜在供应商,提高选择的准确性。此外,头脑风暴法也能够促进团队协作,增强决策的共识性。因此,在制定供应链战略和选择合作伙伴时,采用头脑风暴法是一种有效的决策工具。

(2)结构化方法。结构化经验评价法是一种基于专家经验的供应商选择评价方法。该方法首先需要明确供应商选择评价的各维度或指标,并为这些指标定义不同的级别。然后,相关专家基于其经验评价这些指标,从而形成对供应商的全面评估。

结构化经验评价法的具体操作方法是:首先,明确评价供应商的各项指标。其次,按照每个指标的不同级别,专家为各供应商分别评分。最后,将各项得分相加,得到每个供应商的总评分,得分高者即为在这一评价体系下的最佳供应商。

结构化经验评价法通过将专家的主观经验纳入评价过程,综合考量多个维度,使得评价更加全面、客观。这种方法为评估供应商在不同方面的表现提供了一种系统化的手段。同时,通过设定级别和总分的方式,使得评价过程更加规范和可操作。

2. 综合评分法

综合评分法是当前广泛应用的一种供应商评价选择方法,相较于直观判断法,它更具科学性、易理解,且操作方便,因此成为企业在选择供应商时的常用方法。特别是在一般物资的采购过程中,综合评分法得到了广泛应用。

该方法的优势在于易于程序化,通过打分的方式量化评估供应商,使得评价过程更加规范,便于统计和比较。然而,需要注意的是,综合评分法在打分过程中难以避免主观因素的介入,评价结果可能带有一定的主观色彩。

该方法的不足之处主要体现在不能充分体现不同评选指标的重要性差异。在实际业务中,不同的评价指标可能有不同的权重,而综合评分法未能考虑这一点,使得评价结果不够准确。为了解决这一问题,现代企业逐渐倾向于采用综合权重评分法或层次分析法等更为细致和全面的评价方法,以更好地反映各项指标的实际影响力。

综合评分法的操作流程如下:(1)针对要采购的资源和内部客户要求列出评价指标和相应的权重;(2)列出所有的备选供应商;(3)由相关人员对各供应商的各项指标打分;(4)对各供应商的所有指标得分加权求和得到综合评分;(5)按综合评分将供应商排序,选择得分最高,也就是综合评价结果最好的供应商。

3. 招标法

招标采购是一种在业界得到广泛关注并越来越广泛应用的采购方法。这种采购方法通过招标的方式来寻找最佳供应商,已成为政府和企业采购的基本手段之一。招标采购的最显著特征是其公开性,所有符合规定的供应商都有权利参与投标。

这一采购方式主要应用于建设工程、生产设备、资本品采购以及政府采购等领域。其公开透明的特性确保了供应商的平等竞争,从而最大限度保证了采购的公正性和效率。通过招标,采购方能够从众多投标商中选择最符合其需求的供应商,实现优质资源的获取。

4. 协商选择法

在众多供应商可选择、企业难以做出决策的情况下,协商选择方法成为一种有效的供应商选择策略。此方法首先由企业挑选出若干供应条件较优的候选供应商,然后分别与这些供应商协商,以确定最为适宜的合作伙伴。相较于招标法,协商选择方法在商品质量、交货日期和售后服务等方面更具保障,因为在协商的过程中,双方能够充分沟通、协商,确保各项条件符合预期。然而,由于选择范围相对有限,协商选择方法可能无法获得最经济、供应条件最有利的供应商。此方法在采购时间紧迫、投标单位有限、供应商竞争不激烈、物资规格和技术条件较为复杂的情况下更胜于招标方法。

5. 采购成本比较法

对于满足商品质量与交付时间要求的供应商,采购成本比较法是一种常见选择方法。该方法核心是全面比较不同供应商的价格、订购费用、运输费用等,以选取整体采购成本最低的供应商。通过全面比较采购成本,企业可以综合考虑各方面支出,做出更经济合理的决策。这种方法优势在于能够确保选择的供应商在成本上更有竞争力,同时提供高质量产品。采购成本比较法可以为企业选择最佳合作伙伴提供有力决策依据。

三、供应商的激励和控制

供应商的激励和控制是指企业采取措施不断地激励和控制供应商为企业服务。企业需要不断采取激励和控制措施,确保供应商在服务企业时表现出稳定、高效的水平。对供应商的激励与控制应当注意以下四个方面的工作。

(一)逐步建立起一种稳定可靠的关系

为确保供应商在业务合作中表现出充分的信心和投入,企业应与供应商签订较长期限的业务合同,通常为1~3年。这种长期合同关系有助于双方建立紧密的伙伴关系,激发供应商的通力合作态度。长时间的合同能让供应商更有信心,并能够全心全意地致力于优质的物资供应工作。在长期业务合作中,供应商将企业视为生存和发展的依托,形成互相依赖的关系。对于企业来说,这种关系不仅有助于保障物资供应的稳定性,还能激发供应商为合作共赢而努力奋斗。

合同期限一般建议为一年,若合作顺利,可在年底续签合同;如不想继续合作,也可在年底终止合同。这种合同签订方式在一定程度上保障了供应商的稳定工作时间,同时为供应商提供了竞争与进取的动力,促使其努力争取续签合同的机会。

总之,通过建立长期业务合同,企业不仅确保了供应链的可靠性,还为双方提供了稳定、可预期的经济回报。这种合同模式有助于建立长远的战略伙伴关系,推动企业与供应商之间的协同发展。

(二)有意识地引入竞争机制

在供应商中引入竞争机制,可以鼓励其在产品质量、服务水平和价格方面不断提升。例如,在几个供应量较大的品种中,可以采用AB角制或ABC角制。AB角制指的是为每个品种设立两个供应商,其中 A 角是主供应商,负责 50%~80% 的供应量,而 B 角是副供应商,承担 20%~50% 的供应量。在运行中,通过对供应商的运作过程进行结构评分,每个季度或半年评比一次。如果主供应商的月平均得分比副供应商低 10% 以上,可以将主供应商降级为副供应商,同时将副供应商晋升为主供应商。ABC 角制原理与 AB 角制相似,同样是一种激励和控制的方式。

(三)与供应商建立相互信任的关系

建立相互信任的关系,展现企业对供应商的高度信任,例如,对信誉高的供应商产品进行有针对性的免检。定期召开领导层碰头会,交换意见、研究问题、协调工作。推行互助合作等措施,特别是涉及企业关系、共同业务和利益的问题,务必开诚布公,深入讨论。在工作中树立双赢的指导思想,兼顾供应商的利益,让其获得可观利润。只有如此,双方才能真正建立起协调、可靠的信任关系。

(四)建立相应的监督控制措施

在建立信任关系的同时,必须采取有效的监督控制措施,尤其是在供应商出现问题或问题迹象时,及时采取行动。根据供应商的重要性和问题的严重程度,可以采取以下四种对策:

其一,对于极为重要的供应商或严重问题,可考虑派遣常驻代表。这位代表的任务是在供应商单位建立有效的沟通渠道,提供技术指导,监督检查等。常驻代表应深入了解供应商的生产线各个工序和管理环节,帮助发现问题并提出改进方案,确保问题得到彻底解决。

其二,对于不那么重要的供应商或问题较轻微的情况,可以根据实际情况定期或不定期监督检查工厂。也可以设立监督点,监督检查关键和特殊工序。此外,要求供应商报告生产情况,提供产品检验记录,由企业相关人员集体分析评议,实施监督控制。

其三,强化进货检验,确保检验记录完备,及时退还不合格品。甚至可以要求供应商支付赔款或罚款,督促其迅速改进。

其四,组织本企业的管理技术人员培训和辅导供应商,明确产品技术规格要求,促使其提高产品质量和服务水平。这种方法旨在通过提升供应商的能力来改善整体供应链的质量和效率。

这些监督控制措施有助于确保供应商的稳定性和可靠性,同时也为供应链的顺畅运作提供了坚实的基础。采取这些策略,企业可以更好地管理与供应商的关系,确保其产品和服务的质量符合期望。

任务四 采购计划执行

在执行采购计划时主要考虑解决三个基本决策问题:一是订多少货,二是什么时候订货,三是如何订货。下面将详细介绍几种模型来解答这三个问题。

一、单周期模型

单周期模型(或称报童模型)通常应用于易腐物品或使用寿命较短的商品的订货决策。这类商品,如新鲜水果、报纸、备件等,不能在周期间保存,因此需要谨慎决策订货量。例如,未售出的烤面包可能会降价销售,未使用的海鲜可能会被丢弃,而过期的杂志则可能以低价销售。未售出商品的处理可能带来额外费用。这一模型可以将库存和损失最小化,在确保及时供货的同时避免过量订货。

单周期模型的关键在于在每个订货周期开始时,需要决定订购的数量,以最大化地满足需求的概率,并将过剩商品的损失最小化。这一决策需要考虑需求的随机性以及过剩商品的处理成本。因此,单周期模型为易腐和寿命短的商品的处理提供了一种有效的订货决策方法,以平衡销售需求和商品损失之间的关系。

单周期模型分析通常关注两种主要成本:缺货成本和过期成本。这两种成本直接与商品的需求满足和商品剩余的管理相关。缺货成本包括两个方面的损失,一是对顾客信誉的影响,二是错过的销售机会成本。一般而言,缺货成本指的是每单位商品未实现的利润,即

$$C_{缺货}=C_s=单位销售价格-单位成本$$

当缺货与用于生产的零部件或机器备件相关时,缺货成本可能包括错过生产所需的实际成本。这意味着顾客可能流失,而未能满足销售需求可能导致利润损失。

过期成本与期末库存中剩余的商品有关。当商品因未售出而过期时,企业可能会面临购买商品的成本与商品在过期后的残值之间的损失。这种情况下,过期成本反映了因商品寿命结束而导致的损失。实际上,过期成本是购买成本与商品残值之间的差值,即

$$C_{过期}=C_e=原始单位成本-单位残值$$

单周期模型的目的是确定订货量或库存水平,使期望的过期成本与缺货成本最小。

这里需要考虑两类常见问题:一是需求可以近似为连续分布,例如理论上的均匀分布或正态分布;二是需求可以近似为离散分布,如经验率或理论上的泊松分布。选择适当的模型取决于所处理商品的性质。例如,石油、液体和气体的需求在连续范围内变化较大,因此采用连续分布描述;而拖拉机、小汽车和计算机的需求通常用单位数表示,因此采用离散型分布来建模。选择合适的分布模型有助于更准确地进行库存管理和订货决策。

延伸阅读3-2
单周期需求的采购量决策模型

二、多周期模型

(一)经济订货批量模型

经济订货批量(Economic Order Quanlity,EOQ)模型最早由F. W. 哈里斯(F. W. Harris)于1913年提出。经济订货批量模型有以下几个基本假设:(1)产品的需求是固定的,且在整个时期内保持一致;(2)一次订货量没有限制;(3)提前期是固定的;(4)单位产品的价格是固定的;(5)库存持有成本是库存量的线性函数;(6)订货费是固定的,与订货批量无关;(7)不允许出现缺货现象;(8)订货一次交付;(9)采用(Q,R)策略订货。

图3-6展示了基于以上假设下库存随时间的变化规律。在这个模型中,当库存量降至再订货点(ROP)时,企业会触发订货流程。订购数量为Q,而订货提前期(LT)表示从订货到实际到货的时间。在订货提前期内,库存消耗为零。一旦订货到达,库存量迅速补充到最高水平Q,然后库存以稳定的速度开始下降,当库存量再次降至ROP时,企业又开始订货。

延伸阅读3-3
经济生产批量模型

在EOQ(经济订货量)模型中,由于最小库存量为0,最大库存量为Q,产品需求是固定的,库存水平呈直线下降趋势,平均库存量为$Q/2$。EOQ模型的核心目标是找到最佳的订货点和最优的订货量,以最小化库存总成本。因此,需要将库存总成本表示为订货量Q的函数,并通过最小化库存总成本来确定最优的订货量。

由于库存总成本=库存持有成本+订货成本+购买成本+缺货损失成本,在EOQ模型中,不考虑购买成本和缺货损失成本,则库存总成本=订货成本+库存持有成本,其基本思想

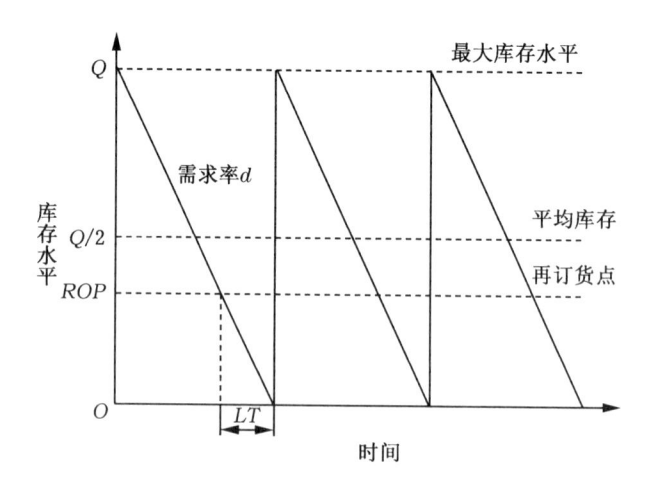

图 3-6　EOQ 模型下的库存水平随时间的变化规律

就是在订货成本和库存持有成本之间寻找平衡。

EOQ 模型的库存总成本为

$$C = \frac{DS}{Q} + \frac{QH}{2}$$

式中，C 为单位时间库存总成本；D 为单位时间的总需求；S 为每次的订货成本；Q 为每次的订货量；H 为单位产品单位时间的库存持有成本，$H = Ip$（I 为库存保管费率，p 为单位产品购买成本）。

库存持有成本是关于订货量 Q 的线性增函数，而订货成本是关于 Q 的减函数。库存总成本曲线是库存持有成本曲线和订货成本曲线的叠加，形成了一个凸函数。在这个凸函数中存在一个点，即库存持有成本曲线和订货成本曲线相交的点，使得库存总成本最小。这个点对应的订货量 Q^* 就是经济订货批量（如图 3-7 所示）。EOQ 模型的实质在于通过数学建模，找到了最优的订货策略，使得企业在库存管理中既不会因为过度订货而增加成本，也不会因为库存不足而产生缺货成本。

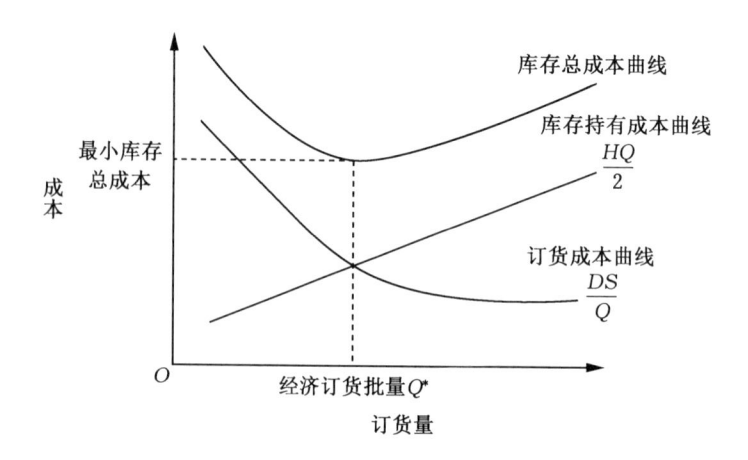

图 3-7　EOQ 模型下成本与订货量的函数

根据凸函数的性质,只需对式中的 Q 进行一阶求导,令求导后的公式等于 0 便可求出经济订货批量 Q^*。或者让订货成本等于库存持有成本,也可求出经济订货批量 Q^*。所以经济订货批量为

$$Q^*=\sqrt{\frac{2DS}{H}}=\sqrt{\frac{2DS}{Ip}}$$

故单位时间的订货次数为

$$N=\frac{D}{Q^*}$$

订货周期为

$$T=\frac{\text{工作时间}}{N}$$

库存总成本为

$$C=\sqrt{2DSH}$$

例 3—1 某超市的牛奶月需求量为 100 000 箱,每次的订货成本为 100 元,每箱采购价格为 50 元,库存保管费率为 10%。请求出每份订单的经济订货批量、订货次数及库存总成本。假设以 (Q,R) 策略订货,每次应当订购多少数量?每月需要订货多少次?

$$Q^*=\sqrt{\frac{2DS}{H}}=\sqrt{\frac{2\times 100\ 000\times 100}{50\times 10\%}}(\text{箱})=2\ 000(\text{箱})$$

订货次数 $N=\dfrac{D}{Q^*}=\dfrac{100\ 000}{2\ 000}(\text{次})=50(\text{次})$

月总库存成本 $C=\sqrt{2DSH}=\sqrt{2\times 100\ 000\times 100\times 5}(\text{元})=10\ 000(\text{元})$

(二)价格折扣模型

在企业的实际运营中,通常会针对大批量采购提供价格折扣。随着单次购买数量的增加,产品单价降低,订货次数减少,但库存水平上升。这导致购买成本和订货成本的降低,同时也带来库存持有成本的增加。购买者在是否接受价格折扣时,需要在减少的产品成本(购买成本和订货成本)和增加的库存持有成本之间权衡。

价格折扣模型的基本假设包括大规模采购存在价格折扣,与 EOQ 模型的第(3)条假设不同,除此之外与 EOQ 模型的假设条件相似。

由于存在价格折扣,因此计算经济订货批量时不能简单地使用 EOQ 公式。假设存在三种价格折扣:当采购批量小于 Q_1 时,产品单位售价为 p_1;当采购批量大于 Q_1 且小于 Q_2 时,产品单位售价为 p_2;当采购批量大于 Q_2 时,产品单位售价为 p_3。价格折扣模型的库存总成本为

$$C=\frac{DS}{Q}+\frac{QH}{2}+PD$$

式中,D 为单位时间的总需求;S 为每次的生产准备成本;H 为单位时间单位库存的库存持有成本;P 为单位产品的价格。

由于存在三种价格折扣,订货成本随着批量的增加而减少,库存持有成本曲线随着批量的增加而增加,产品的购买成本随着批量的增加而减少。因此,价格折扣模型的库存总成本随价格折扣的变化呈现特定规律(如图 3—8 所示)其最低成本点可能是曲线斜率(一阶导数)为零的点,或者是曲线的端点。

求解价格折扣模型的经济订货批量的步骤如下：

(1) 计算每个价格折扣下的经济订货批量 Q^* 为

$$Q^* = \sqrt{\frac{2DS}{IP}}$$

式中，I 为库存保管费率。

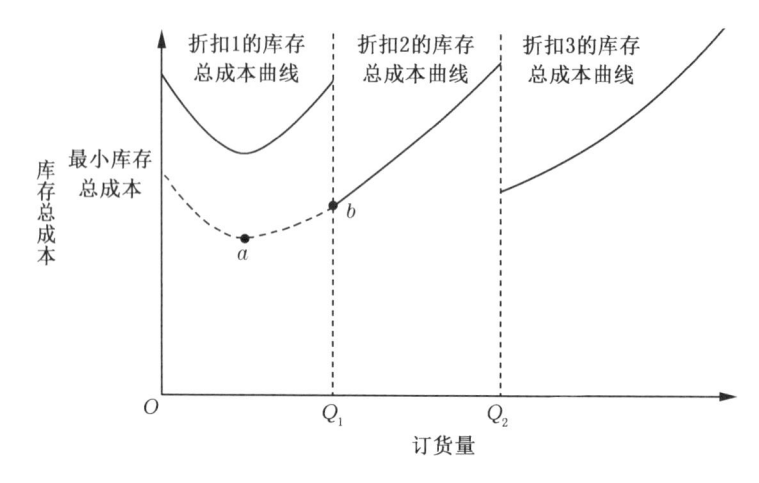

图 3-8　价格折扣模型下库存总成本随价格折扣的变化规律

(2) 如果(1)中计算得出的 Q^* 不符合折扣条件，选择价格折扣下成本最低的订货批量作为 Q^*。

(3) 计算(1)和(2)中确定的每个 Q^* 所对应的库存总成本。

(4) 选择使库存总成本最小的 Q^* 作为经济订货批量。

例 3-2　参照例 3-1 的数据，2023 年 A 公司对超市提出了价格折扣的激励政策（如表 3-8 所示）。那么，超市是否需要增大牛奶的订货批量呢？

表 3-8　价格折扣表

折扣编号	折扣批量（箱）	折扣(%)	折扣价格（元/箱）
1	1～2 999	无	50.0
2	3 000～3 999	4	48.00
3	4 000 及以上	5	47.50

[解]
计算每个价格折扣下的经济订货批量 Q^*：

$$Q_1^* = \sqrt{\frac{2 \times 100\ 000 \times 100}{0.1 \times 50}}\ 箱 = 2\ 000(箱)$$

$$Q_2^* = \sqrt{\frac{2 \times 100\ 000 \times 100}{0.1 \times 48}}\ 箱 = 2\ 041(箱)$$

$$Q_3^* = \sqrt{\frac{2 \times 100\ 000 \times 100}{0.1 \times 47.5}}\ 箱 = 2\ 051(箱)$$

(2) 判断 Q^* 是否符合折扣条件，调整每种折扣条件下最小的可能订货批量 $Q^{*'}$：

$Q_1^{*\prime}=2\,000(箱)$

$Q_2^{*\prime}=3\,000(箱)$

$Q_3^{*\prime}=4\,000(箱)$

(3)计算(1)和(2)中每个 Q^* 的总成本(如表3—9所示)。

表3—9 折扣的总成本计算

折扣编号	折扣价格（元/箱）	订货批量（箱）	月产品成本（元）	月订货成本（元）	月持有成本（元）	总成本（元）
1	50.00	2 000	5 000 000	5 000	5 000	5 010 000
2	48.00	3 000	4 800 000	3 333	7 200	4 810 533
3	47.50	4 000	4 750 000	2 500	9 500	4 762 000

(4)选择库存总成本最小的订货批量。因此,应该以47.50元/箱的价格订货4 000箱牛奶。

任务五 协同采购

一、采购数字化转型的背景

1. 数字经济成为国家战略

随着全球竞争加剧,经济进入新常态,打造数字经济新优势成为新的经济增长点。在国家"十四五"规划中,"加快数字化发展,建设数字中国"和"加快建设数字经济、数字社会、数字政府,以数字化转型整体驱动生产方式、生活方式和治理方式变革"成为重要方向。2020年9月国务院国有资产监督管理委员会(以下简称"国资委")下发《关于加快推进国有企业数字化转型工作的通知》,这标志着我国开始积极推行国有企业数字化转型。数字化在国家层面被视为战略,在企业层面被视为转型,在供应商层面被视为最具增长潜力的生意。在这一形势下,资本纷纷涌入,推动数字经济的产业链加速发展。

案例分析3-3

奇瑞汽车的采购策略

2. 企业转型的需要

随着全球化和信息技术的进步,互联网平台的高效运用不断颠覆着传统行业,外部供需环境变得更加动荡、不确定、复杂、模糊。国际形势、战争、自然灾害,甚至国际会议在某地的召开或者网红的一篇文章都可能影响供需变化。在这样的背景下,企业面临着诸多挑战:外部价格波动大,销售预测越发不准确,计划执行差,交付周期长,生产柔性差,客户满意度低,库存缺货或积压。供应链上下游的协同成为企业最大的问题。

解决这一问题的关键在于打通企业与企业之间的信息流、物流、资金流。企业需要借助数据驱动业务的自动化,以应对复杂系统的不确定性,并满足客户快速变化的需求,实现"客户要就有,同时保持最合理的库存"的理想目标。当前市场竞争已经不再是企业之间的单打独斗,而是供应链之间的竞争。企业内部的供应链与研发、销售同等重要,外部所有供应伙伴地位平等,需要协同作战。

作为供应链上游合作伙伴的管理者,采购对于企业的降本增效、敏捷协同起到了关键作用。构建采购与供应链的数字化系统,打通端到端的供应链体系,实现信息共享和资源共享,成为实现高效敏捷的阳光化管理的必要手段。

3. 技术的推动

数字化技术是数字化的基础,包括5G(第5代通信技术)、人工智能、区块链、云计算、大数据以及物流网络等多种技术。这些技术之间相互促进、耦合创新,软件供应商也在不断采用各种方法来满足不同客户的需求,其中最典型的是SaaS(Software as a Service,软件即服务)。

在SaaS模式下,平台供应商将应用软件部署在自己的服务器上,客户可以根据实际工作需求通过互联网向平台供应商订购所需的应用软件服务。客户根据订购的服务量和时长向供应商支付费用,并通过互联网获得平台供应商提供的服务。对客户而言,使用SaaS不需要购买硬件,也无需配备IT专业人员,只需支付相对低廉的月费或年费,即可及时获得最新的解决方案。对数字化要求不高的中小企业而言,SaaS是一个不错的选择。当然,由于SaaS缺乏定制性,再加上一些大企业对数据安全的顾虑,一些大企业可能会选择本地部署。

4. 疫情等突发事件的催熟

2020年的新冠疫情催生了数字化浪潮,极大地推动了企业数字化的进程。在疫情期间,电话会议系统、远程教学系统、外卖系统等需求迅速升温,数字化场景无处不在。突发事件发生时,企业需要快速了解该事件对供应链的影响,例如某地区的封锁可能影响哪些产品的供应,哪些地区的供应商可作为备用;某大宗原材料价格上涨,这一涨价如何传递到现有系统中,对成本与利润的实时影响如何,商家应如何分析与预测等。解决这些问题都需要数字化系统提供数据。

综上所述,在国家倡导、资本推动、企业需求和技术可行性的大背景下,数字经济已经具备了天时、地利、人和等多方面的优势。在采购与供应链领域,推动数字化革命势在必行。

二、协同采购的概念

协同采购是企业通过数字化系统或平台,实现与供应商的纵向采供协同,与同行业企业的横向集约采购协同,以高效率、低成本地获取所需产品或服务的流程。纵向采供协同使得上下游供应链之间能够实现精准匹配,联合处理库存风险,灵活应对用户需求,从而提升采购效率。横向同行业企业的集约采购协同则实现了规模效应,降低了采购成本。

协同采购的数字化过程中,企业内部各部门需求的集成提升了议价能力,而外部多渠道采购降低了对单一供应商的绑定风险。数字化工具通过高效衔接,使相关参与方能够基于大数据分析和算法驱动形成决策智能化、流程自动化的全新协作方式。这样的数字化协同采购大幅提高了采购效率,降低了采购成本,实现了更加敏捷、透明、可持续的采购流程。

总体而言,协同采购不仅仅是企业内外部协同的一种形式,更是数字化时代采购管理的重要战略。通过数字技术的应用,企业能够更好地响应市场需求、提高供应链的灵活性,并在激烈的市场竞争中取得更大的优势。这一模式为企业构建高效、弹性、创新的采购体系提供了重要路径。

三、协同采购的功能

数字化供应链协同采购在横向和纵向、企业内部和外部这两个维度有着不同的功能。

数字化供应链采购的横向协同为同一行业中有相同采购意向的企业提供了机会,通过集约采购达到规模效应,从而获得更为优惠的采购价格,有效降低了采购成本。这种协同模式通过数字平台的支持,使得企业能够更便捷地比较价格和质量,实现了对多个供应商的充分评估,有助于降低采购时间和成本。同时,数字化供应链采购的纵向协同也为采购商和供应商提供了实时协同的机会,有效避免了原料库存的过度积压和缺货的问题,提升了整个供应链的稳定性。

在企业内部,数字化供应链使得企业能够更加高效地收集信息,减少了冗余,有效避免了库存积压问题。通过集合各部门的需求,企业能够实现统一采购,提升议价能力并降低成本。这种数字化的内部协同为企业提供了更好的内部管理手段,使得企业能够更加精准地满足需求,提高了整体的运营效率。对于企业外部而言,数字化供应链采购的横向协同为企业提供了更为灵活的采购模式。企业可以在同一数字平台上充分比较多个供应商原料价格和质量,极大地节省了采购的时间和成本。这有助于企业实现从单一供应商采购模式向多渠道采购的转变,降低了对单个供应商的绑定风险。这种外部协同的数字化采购模式为企业提供了更大的市场灵活性和选择空间,使得企业能够更好地适应市场变化和降低外部风险。

四、协同采购的优势

(一)降低采购成本

数字化供应链协同是解决供需双方信息不对称问题的有效途径,有助于降低企业的采购成本。在企业供应链中,采购部门扮演着连接外部供应商和内部职能部门的重要角色。然而,信息不对称一直是采购运营中的难题,表现为对外采购部门需要花费大量时间与供应商、渠道商、分销商等主体往来以收集信息;对内采购部门则难以及时获取各部门的需求反馈,大批量采购往往会忽视一部分产品的适用性。

数字化供应链协同通过连接供应商和企业内部,利用数字技术和工具打破了"数据孤岛",降低了信息不对称,实现了高效协同,从而降低了采购成本。运用数字化工具使采购部门能够迅速获取供应商和内部各部门的信息,实现了信息的实时共享和透明化管理。这种数字化协同提高了供应链的灵活性,加速了决策和执行的速度,使整个供应链更具竞争力。

(二)提升协作效率

在数字化供应链协同采购过程中,自动采购系统的运用能够自动执行烦琐的任务,显著提高运作效率。企业通过互联网实现与外部的协同,使得企业间的供应链在买卖交易中更加透明,同时提高了沟通的效率。这一数字化的协同过程使企业能够更迅速、更高效地采购,为提升整体业务效能创造了有利条件。

据思爱普(SAP)公司的调查结果,以前采购部门将 52% 的时间用于对账和合规性审核等事务性活动,这些工作既耗时又耗力,无法为企业采购创造真正的价值。而数字化采购系统则能够基于当前库存商品的消耗速度、供应商补货周期、商品货价历史变化等数据,智能判断最佳补货时机。以丹麦制造公司 VELUX Group 为例,该公司通过对供应链运营进行数字化转型并简化供应商之间的协作,成功实现了每月 20 000 个订单中 64% 的自动化处理。如今,VELUX Group 能够与 200 多家供应商实现无缝交易,优化了运营流程,缩短了交货周期,节省了大量时间。这充分体现了数字化采购系统在提高效率、简化流程、节约资源方面的显著优势。

(三)助力精益生产

数字化协同采购在供应链的上游供应商与下游企业之间实现高效协同,通过双方信息的实时互通,帮助企业减少库存冗余、降低库存成本,并实现对需求市场的迅速响应,从而助力企业实现精益生产。在精益生产的核心理念中,对市场的快速响应和对零库存的追求是至关重要的。

在对市场的快速响应方面,数字化协同采购通过数字平台将供求等信息更为准确、更为迅速、更低成本地在供应链上下游之间传递,从而提升整个供应链的反应速度。数字技术的驱动使得采购端到端协同与优化成为可能,实现以数据支持的柔性供应链,大大提高企业对宏观环境、用户需求及市场变化的快速响应能力。

在对零库存的追求中,数字化协同采购通过实时化和透明化的信息流使得供应链参与者的资源和能力得到了充分整合。这有助于打破各个环节之间的信息鸿沟和数据孤岛,使得上下游之间实现更为有效的协同。企业可以通过即时告知供应商原料需求和生产线闲余情况,同时获取供应商的库存信息,实现供应商对企业生产线所需原料的及时供应,从而全面响应用户需求,降低企业的库存成本和库存水平。

五、协同采购的具体实现

(一)采集分析动态数据

数字化供应链协同采购的核心是数据。供应链运营活动,如预测用户需求、了解产品或服务满足需求的方式、确定供应商和合理价格等,都需要数据的支持。

1. 采集和处理数据

数据采集和处理是数字技术的核心。通过系统日志、设备数据和网络数据的采集,企业利用传感器、探针、API等设备或技术实现业务数字化。采集的数据经过传输满足数据迁移、集中管理的各种需求,结构化或非结构化数据以关系、图、键值对等形式存储在磁盘等介质上,便于大规模批量处理、流式计算、图计算、资源管理和调度。数据可视化、共享、分析、模拟、预测等技术可帮助企业获取有用的价值,实现数字赋能。

2. 可视化展现数据

可视化展现数据是数字技术的关键环节。数字技术实现了硬件、软件、企业价值链和内部各部门的连接,消除了信息不对称。各种来源和历史时期的数据被转化成计算机可读形式并集中储存,企业根据使用者需求整合、调度、模拟,将数据可视化输出成人类可解读的形式,进而实现商业价值。

(二)智能预测客户需求

结合数字技术,通过获取和分析相关订单信息及生产销售数据,数字平台能够智能预测客户的需求。

数字化供应链应用信息技术能够实现业务流程的自动化,记录交易、发票、物品购买和合同签署等实际发生情况。利用大数据技术深入挖掘数据,获取更多用户购买背景信息,为构建预测模型提供基础,帮助企业未来做出更明智的决策。通过智能原材料/零部件需求预测,企业可以动态指导提前储备,减少备货时间。

供应商通过与企业网络的无缝连接,获取需求预测信息和实时库存情况,从而实现自动采购订单发布、仓库订单创建、运输订单生成等流程。这一数字化协同流程提高了供应链的效率。

以杉数科技的"求解器+智能算法"为例,它在小米公司的应用中实现了精准预测和最优补货方案的快速制定。该算法方案的预测引擎基于库存和销量数据,通过需求修正还原真实需求,然后将需求数据通过机器学习模型训练和预测,得到未来一段时间的需求概率预测结果。为了更精细化地预测需求,杉数科技对小米产品分类,并结合差异化的时间序列和机器学习等模型预测门店的需求概率分布。在产品分类后,使用泊松分布构造长尾品的需求概率分布,并结合差异化的预测与分货逻辑,实现对常规品的区分管理。杉数科技通过分析历史补货数据,考虑到历史到货市场的频率分布和门店对各发货大仓的偏好程度,综合总量、预测结果、到货时长规律、分货偏好规律等约束,建立了全局优化的运筹优化模型,从而求解出每天的分货结果。这种智能算法在数字化供应链中发挥了关键作用,提高了预测准确性和补货效率。

(三)精确匹配供需双方

通过智能预测客户需求和物联网等技术的应用,数字化供应链实现了上游供应商数据的透明可视。这样的数字化连接有效匹配下游用户需求与上游供应商供给,实现了产销协同。

数字技术的连接消除了信息不对称的问题,有机衔接硬件、软件、企业价值链各环节以及内部各部门。特别是在数字化采购管理中,采用了基于区块链技术的协同采购云平台,企业的采购过程更加公开和透明。通过该平台,供应商可以向采购人员提供真实的业绩、资信、历史交易情况和信用记录等信息,从而帮助企业客观、准确、公正地筛选出符合条件的优秀供应商。同样,供应商也可以在平台上获取企业的相关需求信息,从而筛选出符合供应条件的企业。在平台上发布的需求数量会引导供应商以自己的原料价格和质量与其他竞争对手公平竞标,实现了更加开放和竞争性的采购流程。这种数字化连接和透明度的提高有助于构建更加高效和公正的供应链体系。

(四)协同商定产品价格

在供需匹配完成后,采购方和供应方商定产品价格。为了支持这一过程,企业可利用协同采购云平台建立多个系统,包括信用查询引擎、区块链协同采购数据的可视化商业智能系统(BI系统)、采购平台决策支撑系统等。

首先,通过信用查询引擎,企业能够在区块链中查询智能合约信息,获取供应商的信用评价和历史履约情况等信息。这种可视化的信用查询系统帮助企业更全面地了解供应商的信用状况,提高商业决策的准确性。这一过程还利用了人工智能技术,通过建立供应商智能寻优算法,自动计算供应商的信用指数,为价格商定提供更科学的依据。

其次,决策支撑系统通过持续分析交易平台上产生的大量交易信息,为供应商和企业的原料定价提供数据支持。这个系统通过对交易数据的深度分析,能帮助企业更好地理解市场行情、产品定价趋势等因素,进而做出更明智的价格决策。这种商业智能系统的运用有效提高了企业在采购过程中的决策水平,使得价格的商定更为科学和合理。

(五)实时调整采购订单

完成产品价格的确定后,企业和供应商需要签订采购订单以推进采购流程。为了更有效地应对市场的突发风险,企业通过实时采集与分析供应商生产能力和过往订单数据,灵活地调整采购订单。在这个过程中,优先考虑将订单分配给生产能力富余、生产质量良好的供应商,以确保采购的顺利进行。

数字平台的运用使得供应链信息更加透明。供应商可以获取企业的原料库存数量、生产线运作情况等信息,从而预测原料后续的需求变化。同时,企业也可以通过数字平台实时获取供应商的供应能力变化信息,双方可以随时沟通,灵活地调整采购订单。这种实时信息的共享与沟通方式使得采购过程更加灵活和高效。

小　结

采购管理是供应链运营过程中的重要环节。本项目详细阐述了供应链环境下的采购需求、供应商的调查与开发以及供应商的评价与选择。同时还详细介绍了采购计划的执行策略,学习者可以掌握如何规划和组织采购活动,确保采购的顺利进行。伴随着采购的数字化转型,本项目也给出了协同采购的实现路径,为企业的数字化采购提供了思路。

实训任务

假设你在当地想要创业开办一家超市,公司其他事项已经基本准备妥当,现公司需要确定超市各类物品的进货渠道,因此决定由采购部派员先期调查和开发供应商。目前,确定要调查的商品是方便面、饮料、洗发水、沐浴露、牙膏、小食品、文具等日用商品。作为公司采购部的一员,请按照以下要求完成某类商品的供应商调查与开发。

任务要求:(1)请设计供应商调查表。(2)采取实地调查、问卷调查、网上调查等方法开展调查工作。(3)根据初步调查结果填写供应商调查表。(4)制定供应商开发进度表,调查结束后对该类商品的供应商市场形成分析报告。(5)每种商品调查的供应商数量不低于5家。

思维导图

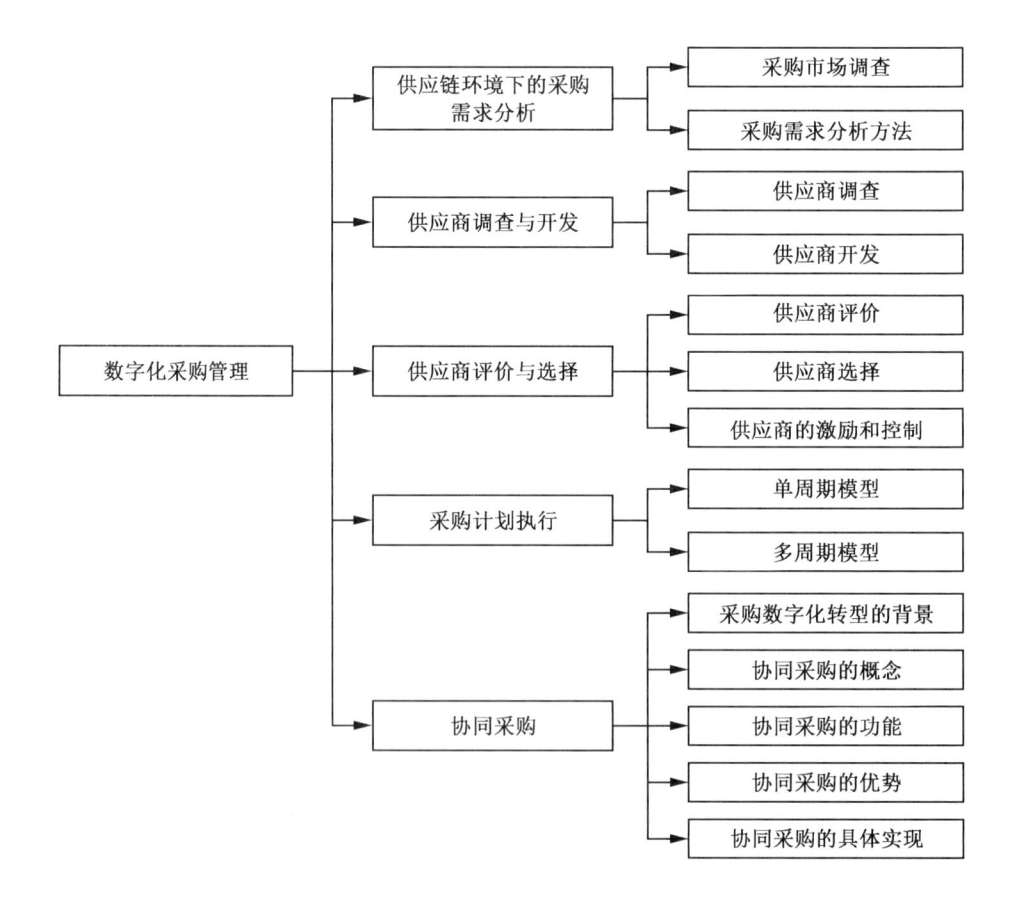

数字化采购管理
- 供应链环境下的采购需求分析
  - 采购市场调查
  - 采购需求分析方法
- 供应商调查与开发
  - 供应商调查
  - 供应商开发
- 供应商评价与选择
  - 供应商评价
  - 供应商选择
  - 供应商的激励和控制
- 采购计划执行
  - 单周期模型
  - 多周期模型
- 协同采购
  - 采购数字化转型的背景
  - 协同采购的概念
  - 协同采购的功能
  - 协同采购的优势
  - 协同采购的具体实现

思考题

1. 供应商选择应考虑的主要因素有哪些?
2. 简述采购数字化转型的背景。
3. 简述供应商开发的基本流程。
4. 采购需求分析的方法有哪些?
5. 协同采购的好处有哪些?

项目四 数字化生产管理

1. 知识目标
(1) 熟悉工厂选址的影响因素、原则及方法；
(2) 掌握产能计算及产能规划的方法；
(3) 掌握主生产计划、物流需求计划的编制方法；
(4) 掌握精益生产的核心思想，理解准时制生产及自动化生产；
(5) 掌握大规模定制的概念、原则及实施方法；
(6) 熟悉生产运营数字化的具体实现过程。

2. 能力目标
(1) 能够调控产能，开展产能平衡分析；
(2) 能够编制综合生产计划、主生产计划、物料需求计划；
(3) 能够正确使用看板管理。

3. 思政目标
(1) 了解我国企业生产运营管理现状，理解企业生产运营数字化转型的意义，培养爱国主义情怀，增强民族自信；
(2) 通过企业案例深入理解精益生产、大规模定制的核心思想，培养降本增效的理念。

导入案例

M公司是一家知名的全球移动设备制造商，业务遍及全球。公司在中国设有两个制造工厂，并在东南亚地区设立了两家OEM制造工厂代工生产。中国工厂主要致力于满足国内和海外市场的需求，而东南亚工厂则专注于满足当地市场的需求。M公司的产品销售网络覆盖全球，然而，中国仍然是其最大的市场。

2020年下半年，手机市场遭遇量价齐跌的挑战，导致市场份额逐渐向少数头部厂商聚集。在这一背景下，M公司成功实现336%的同比增幅，首次跻身中国手机市场前三强。展望2021年，M公司计划持续扩大市场份额，将加大研发投入，缩短预研时间，迅速推出新产品和新技术，以确保行业领先地位。为实现这一目标，公司将全方位拓展思路（涵盖产品立项、物料选型与供应商整合），同时在自动化设备、物流、人员等多个环节寻求创新。在面临产能不足的情况下，M公司还考虑增加生产线或外包等策略来应对市场需求。

目前，M公司自建装生产线的建设成本为150万元/条。与此相比，租赁其他外包公司的生产线每年的成本为50万元/条，但租赁可能会对加工标准和产品质量产生一定影响。鉴于此，公司计划仅在需求高峰期，即6月和11月考虑租赁外部生产线。在国内制造工厂，单条组装生产线的产能为每日 2 000 个/条·班次。而在东南亚工厂，单条组装生产线的产能为每日 1 500 个/条·班次。这些数据将对公司的生产决策和资源规划产生影响。

如果要满足 2021 年的需求，公司如何制定各期的计划生产量？需求高峰期是增加还是租赁生产线？需要增加或者租赁多少条生产线？公司生产计划总监陷入了思考，并决定召集相关部门召开产能协调会议。

生产管理在供应链运营中的重要性体现在它对企业综合运作的影响，它不仅关乎生产效率和成本控制，还直接影响客户满意度和市场竞争力。进入数字化时代，企业生产运营全过程对数据的依赖越来越强。以下将从工厂选址、产能规划与调控、生产计划管理、精益生产、大规模定制、数字化生产几个方面详细阐述生产管理。

任务一 工厂选址

选址是对设施所在位置进行决策的过程，具体包括位置决策以及相应的产能决策。企业需要选址的原因各有不同。企业经营规模扩大时，可能需要建设新设施以满足增长的产品和服务需求。采矿、渔业和伐木等行业可能由于原有区域资源枯竭而需重新选址。银行、快餐连锁店和超市等常通过新店建设来扩大市场份额和争夺区位优势。企业管理者面临的选址决策主要有以下三种。

第一，新建。当需要开展新的业务或满足经营规模扩大的需要时，制造业企业就面临新建设施的选址决策。为了维持市场份额或防止竞争对手进入市场，零售业和服务业也经常需要做出建设新店的选址决策。

第二，迁址。当原有区域的成本过高、资源耗尽或因市场变动而导致别的区域更具吸引力时，企业就面临迁移新地的选址决策。企业管理者在决策时需要在迁址成本，以及由迁址而获得的利润或成本节约之间权衡。

第三，扩建。比较常见的是企业扩建工厂。扩建的费用通常要低于新建设施，如果现有区域有足够的空间可供扩展，企业往往会选择在现有区域扩建。

企业选址是一项具有战略性重要性的决策，直接塑造着企业的竞争力。对制造业企业而言，选址影响原材料和产品运输成本、劳动力成本及其他辅助设施费用。服务业企业的店面布局则影响供需关系，如客流量的变化。选址决策影响长远，一旦建成，改正不合理选址将变得异常困难，且搬迁成本高昂。不合理选址可能导致经济损失，搬迁需要投入庞大资金，不搬迁可能影响经营并导致倒闭。

一、工厂选址决策的影响因素

1. 劳动力条件

劳动力条件是企业选址的重要考虑因素之一。首先，人工成本直接影响企业的生产成本，因此选择位于劳动力成本较低的地区有助于提高竞争力。其次，关注当地劳动力的技能水平，确保有足够的熟练工人满足生产需求。最后，劳动力市场的供需关系也是一个重要指标，因为在一个劳动力充裕的地区，企业更容易招聘到合适的人才。

2. 接近市场程度

企业的地理位置与目标市场的接近程度直接关系产品的销售和物流成本。选择靠近目标市场的地点有助于降低运输成本、缩短交货时间、提高客户服务水平。此外，接近市场也有助于更灵活地适应市场需求的变化,提高企业对市场的敏感度和反应速度。

3. 经济因素

宏观经济因素对企业选址决策产生深远影响。考虑到当地的经济状况、通货膨胀率、利率水平等,以预测未来的市场稳定性。一个经济状况稳健的地区有助于企业更好地规划长期发展,并降低经济波动对业务的影响。

4. 与供应商和资源的接近程度

与供应商和资源的接近程度直接关系原材料的获取和成本。选择位于离关键供应商和资源近的地区,可以降低采购成本、减少库存水平,从而提高生产效率和灵活性。

5. 与其他企业设施的相对位置

了解其他企业设施的相对位置有助于形成产业聚集效应。在同一区域内有类似产业的企业,可以促进资源共享、技术创新和人才流动。这种相对位置的选择需要综合考虑与竞争对手的关系以及可能的协同效应,以推动整个产业的发展。

二、工厂选址的原则

1. 费用原则

在工厂选址的过程中,费用原则是至关重要的。这涵盖了多个方面,包括人工成本、物流成本和土地成本等。选择位于劳动力成本相对较低、运输便利、土地租赁或购买成本适中的地区,有助于降低生产成本,提高企业的竞争力。费用原则的考量也需包括税收政策、能源成本等综合因素,确保在长期运营中获得成本效益。

2. 集聚人才原则

集聚人才原则强调选择位于人才集聚地区的工厂选址。这样的地区通常拥有丰富的教育资源、研发机构和产业生态系统,吸引了大量的高素质人才。通过选择这样的地点,企业可以更容易地招募到熟练的工人和专业人才,促进创新和技术发展,提高企业的竞争力。

3. 接近用户原则

工厂的位置应考虑接近最终用户的原则。这有助于减少产品的运输成本、缩短交货时间,提高客户服务水平。通过选择接近用户的地点,企业可以更好地满足市场需求,提高客户满意度,并具备更强的市场竞争力。这尤其对服务业企业和消费品制造业而言更为重要。

4. 长远发展原则

在工厂选址决策中,长远发展原则是一项关键的指导原则。选择具有潜力和可持续性的地区,考虑未来的经济、社会和政治环境,有助于确保企业长期适应市场变化、实现可持续发展。这需要全面分析区域的发展规划、基础设施建设、法规政策等因素,以确保工厂选址符合企业的长远战略目标。

三、工厂选址的一般步骤

选址问题涉及两个主要层次:选位和定址。选位涵盖了国家、地区和建厂位置的初步选择,需要考虑国家政策、地方性法规、关税、社会环境、自然条件、劳动力条件、基础设施、市场和原材料位置等多方面因素。而定址则更为深入,需要根据企业特点详细分析,确定最终选址位置。在定址阶段,考虑的因素包括企业竞争因素和成本因素,如厂房建设成本、租赁成本和管理成本。此外,还需考虑厂址的自然条件和可扩展性等方面。这一过程旨在综合各种因素,确保最终选址符合企业长远发展的战略需求。

选址的具体流程如图 4-1 所示。

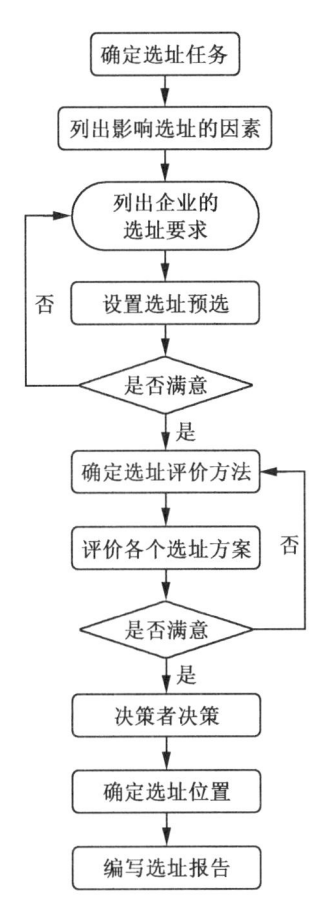

图 4-1 选址的具体流程

四、工厂选址的方法

企业初创期，主要面临单一设施选址问题，只需独立选择一个设施地点，其运营不受其他设施网络的影响。选址的主要方法有：因素分析法、重心法、量-本-利分析法、负荷距离法等。企业进入发展期往往需要扩建，在现有设施网络中布置新点。网络设施中的新址选择比单一设施选择问题更复杂，因为在这种情况下决定新设施的地点位置时还必须同时考虑到新设施与其他现有设施之间的相互影响和作用。如果规划得好，各个设施之间会相互促进，否则就会起到负作用。网络设施选址的方法有简单的中线模式法、模拟方法、德尔菲分析模型、启发式算法等。

（一）因素分析法

因素分析法是一种应用广泛的选址决策方法，它通过将多种因素整合成易于理解的数值形式，为每个备选点设定综合得分，提供了评估和比较备选点的基础。同时，因素分析法也便于考虑大量信息以及融入决策者的个人偏好。以表 4-1 为例，一家精炼厂在选址时需要考虑多种影响因素，如能源可得性与可靠性、劳动力条件、运输条件等，并为各个影响因素赋予分值范围。采用因素评分法，在决策时首先依据每个影响因素评价每个备选点并打分，然后比较每个备选点的总得分,选择总得分最高的地点作为最优选址。

表 4-1　　　　　　　　一家精炼厂在选址时考虑的影响因素和分值范围

影响因素	分值范围
能源可得性与可靠性	0～200
劳动力条件	0～100
运输条件	0～50
资源供应条件	0～10
气候环境	0～50
税收政策	0～20

类似表 4-1 的打分表存在的主要问题,是没有考虑每个因素可能产生的影响差别很大。例如,某一个因素得分最高的备选点和得分最低的备选点对成本的影响可能只相差几万元,而对另一个因素而言可能相差几十万元。为每个影响因素设定权重可以解决这一问题,具体步骤如下。(1)选择选址涉及的影响因素。(2)赋予每个影响因素一个权重。(3)为所有影响因素设定统一的分值范围(例如 0～100)。(4)对每个备选点打分。(5)先将每个影响因素的得分与其权重相乘,再把各因素的乘积值相加得到备选点的总得分。(6)选择总得分最高的备选点。

(二)量本利分析法

量本利分析法有助于在经济层面比较备选地点。这种比较可以通过数字或图表展示,图表方法更能清晰地说明情况,因为它通过可视化增强了对概念的理解。通过利用各项指标的具体数值和可视化工具,决策者可以更直观地了解每个备选地点的经济效益。量本利分析的过程包括以下步骤。(1)确定每一备选地点的固定成本和可变成本。(2)在同一张图表上绘出各地点的总成本线。(3)确定在某一预期的产量水平上,哪一地点的总成本最少或者哪一地点的利润最高。

这种方法需要建立以下几点假设:产出在一定范围时,固定成本不变;可变成本与一定范围内的产出呈线性关系;所需的产出水平能近似估计;只包括一种产品。

在成本分析中,要计算每一地点的总成本
$$总成本 = FC + v \times Q$$
式中,FC 是固定成本;v 是单位可变成本;Q 是产品的数量或体积。

在利润分析中,计算每一地点的总利润
$$总利润 = Q(R-v) - FC$$
式中,R 是每单位收益。

例 4-1　表 4-2 列出了四个可能成为工厂所在地的地点的固定成本和可变成本。

表 4-2　　　　　　　　　四地的固定成本和单位可变成本

地址	每年的固定成本(美元)	每单位的可变成本(美元)
A	250 000	11
B	100 000	30

续表

地址	每年的固定成本(美元)	每单位的可变成本(美元)
C	150 000	20
D	200 000	35

(1)在一张图上绘出各地点的总成本线。

(2)指出使每个备选地点产出最优的区间(即总成本最低)。

(3)如果要选择的地点预期每年产量为8 000个单位,哪一地点的总成本最低?

解:

(1)绘出各地点总成本线,选择最接近预期产量的产出(如每年10 000个单位)。计算在这个水平上每个地点的总成本(见表4-3)。

表4-3　　　　　　　　　　四地的总成本核算

地址	固定成本(美元)	+	可变成本(美元)	=总成本(美元)
A	250 000	+	11(10 000)	=360 000
B	100 000	+	30(10 000)	=400 000
C	150 000	+	20(10 000)	=350 000
D	200 000	+	35(10 000)	=550 000

绘出每一地址的固定成本(在产出为0时)及产出为10 000个单位时的总成本,并用一条直线把两点连起来(如图4-2所示)。

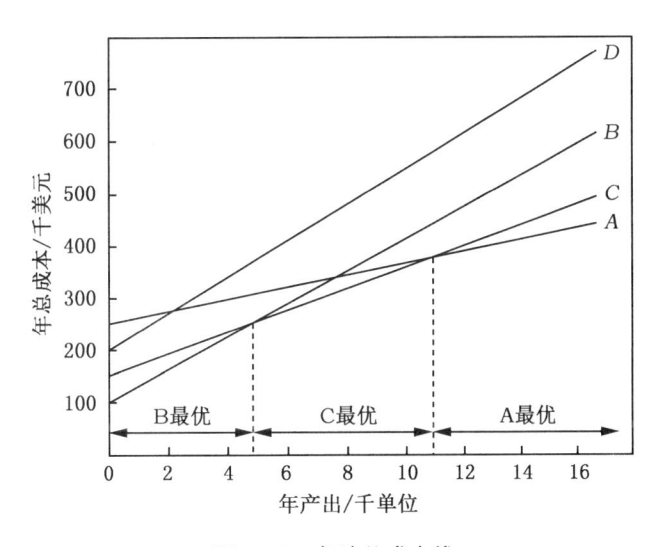

图4-2　各地总成本线

(2)图4-2清晰展示了各个备选地点的总成本最低时的区间。特别需要注意的是,D地在整个比较中从未优于其他任何一个地点。具体而言,通过观察B线和C线的交点以及A线和C线的交点,我们可以得到产出水平的确切区间。为了确定这一点,我们需要使它们的总成本公式相等,通过求解Q值,得到它们最优产出水平的边界。

对于地点 B 和 C 来说

$$\underset{(B)}{100\,000+30Q} = \underset{(C)}{150\,000+20Q}$$

解得 $Q=5\,000$(单位/年)

对于地点 C 和 A 来说

$$\underset{(C)}{150\,000+20Q} = \underset{(A)}{250\,000+11Q}$$

解得 $Q=11\,111$(单位/年)

(3)从这张图中可以看出,每年产出 8 000 单位,地点 C 的总成本最低。

当预期产出水平接近某一备选地的最优产出区间的中间时,选择过程相对简单和明了。然而,当预期产出水平靠近某一区间的边缘时,这意味着两种不同选择的年成本相似。在这种情况下,管理者可能不会仅以总成本作为唯一选择依据,应考虑其他因素。这些因素可能包括潜在的风险、地方政府政策、未来发展机会等,它们对于选择最合适的备选地点同样具有关键影响。综合考虑各方面因素,可以更全面地评估备选地点的优劣,从而更准确地进行选址决策。

(三)重心法

重心法是一种单设施选址评价方法。重心法的目标是确定一个设施的位置,使得该设施到其他设施之间的运输总成本最小。重心法考虑了现有设施之间的运输距离、运量和运输费率。使用重心法需考虑以下几点假设:①需求量集中于某一点;②不同地点物流中心的建设费用、运营费用相同;③运输费用随运输距离成正比增加;④运输线路为空间直线距离。

重心法的步骤如下:

(1)构建一个坐标系,并在坐标系中绘制出现有设施的位置,确定现有设施的位置坐标 P_i $(x_i, y_i)(i=1,2,\ldots,n)$。

(2)计算坐标系平面上现有设施 P_i 与所求设施 $P_0(x,y)$ 两点之间的距离 $d_i = \sqrt{(x-x_i)^2+(y-y_i)^2}$。

(3)根据现有设施的位置坐标值 x_i 和 y_i、现有设施 P_i 与所求设施 P_0 两点之间的距离 d_i、运量 w_i、运输费率 c_i 等参数求出使运输总成本 $TC = \sum_{i=1}^{n} w_i c_i d_i$ 最小的位置坐标,即求出重心点,选择该位置坐标对应的地点作为最佳建厂地点。

精确重心的坐标值为:

$$x = \frac{\sum_{i=1}^{n} \frac{w_i c_i x_i}{d_i}}{\sum_{i=1}^{n} \frac{w_i c_i}{d_i}}$$

$$y = \frac{\sum_{i=1}^{n} \frac{w_i c_i y_i}{d_i}}{\sum_{i=1}^{n} \frac{w_i c_i}{d_i}}$$

任务二 产能规划与调控

一、产能计算与规划

(一)产能计算

1. 生产能力和能力需求的估算

(1)生产能力的概念。生产能力,简称产能,指企业在一定时期内能够实现的最大产出。对制造企业而言,生产能力表示在特定时期通过合理技术组织条件能够生产的最大数量。对服务企业来说,生产能力表示一定时间内为客户提供服务的最大人数。生产能力包括设计、查定和现实能力。设计能力是指在理想条件下,根据技术和资源限制,企业能够实现的最大产出。查定能力则考虑到实际生产中可能存在的各种因素,如设备故障、维护等,是企业在保证生产系统正常运转的情况下的最大产能。现实能力则是企业在考虑市场需求、人力、物料等方面的限制条件下,实际能够达到的产出水平。这三种能力类型共同构成了企业的全面生产能力。

延伸阅读4-1
产品品类规划

企业评估生产能力时,可基于投入、产出或将两者结合考虑。选择使用投入还是产出来度量生产能力通常取决于企业的生产组织方式。对于以产品或服务对象专业化为运营方式的企业,一般会选择根据产出评估生产能力。例如,某纺织工厂以棉花作为原材料生产棉线,其管理者可能会根据单位时间内生产的棉线重量(产出)评估生产能力。相反,在产品或服务品种较多、数量较少、采取工艺专业化的生产组织方式的企业中,用投入评估生产能力更为方便。例如,律师事务所可能更倾向于根据付出的服务时间(投入)测量产能,而不是根据某一段时间内服务的顾客数量评估产能。

(2)能力需求的估算。未来市场需求的预测必须被转化为一种可直接与企业生产能力比较的度量。在制造企业中,生产能力通常以可利用的设备数量来衡量。因此,管理人员需要将市场需求量转化为所需的设备数量,以便更好地评估企业的生产能力是否能够满足预期的市场需求。

①计算每年所需的设备总工时数:$R = \sum_{i=1}^{n} D_i t_i + \sum_{i=1}^{n} \frac{D_i}{B_i} S_i$

②计算每台设备一年可提供的理论工时数:$N = \frac{H_w}{D} \times \frac{D_w}{Y}$

考虑缓冲后每台设备一年可提供的实际工时数:$H = N(1-C)$

③根据用设备工时数来表示的市场需求量和每台设备所能提供的实际工时数,计算所需设备台数:$M = \frac{R}{H}$。

式中,D_i 为每年所需的产品 i 的数量;t_i 为单台产品 i 所需的加工(处理)时间;B_i 为产品 i 每批的加工数量(产品或服务 i 的批量);S_i 为产品 i 的标准的作业转换时间(或在服务中,重换一种业务时所需的准备时间);H_w/D 为每天工作时数;D_w/Y 为每年工作日数;C 为缓冲量(用百分比表示,可根据经验设定)。

2. 产能的计算方法

通常自下而上核算生产能力,从基层开始逐步核定各层级的生产能力。对于制造业而言,需要先后分别核定设备和设备组、生产线和工段、车间以及整个企业的生产能力。

对于流程式生产,生产能力是一个准确而清晰的概念。例如,某化工厂年产48万吨塑料原料的生产能力是由设备的能力和实际运行时间决定的。然而,在加工装配式生产中,生产能力则变得模糊,因为不同产品组合可能表现出不同的生产能力。对于大量生产、品种单一的情况,可以用具体产品数表示生产能力;而对于大批量生产、品种数较少的情况,可以用代表产品数表示生产能力。在多品种、中小批量生产的情况下,则只能通过假定产品的产量表示生产能力。对于服务业而言,由于顾客的参与程度不同,生产能力更加难以确定。因此,生产能力的核算在不同行业和情境下可能涉及不同的指标和方法。

(二)产能规划

1. 产能规划步骤

(1)预估未来的能力需求。在规划产能时,首要任务是估算需求。长期的能力需求计划涉及多个因素,包括未来市场需求、竞争关系以及生产率提升等。因此,必须全面综合考虑,以确保制定的规划与多方面因素保持一致。

(2)计算需求和现有能力之差。在估算需求和现有能力之间存在正差时,就需要考虑扩大产能。在包含多个步骤或工序的生产运营系统中,产能扩大还需要考虑各个工序之间的平衡。整体生产能力通常受瓶颈工序的制约,这是在产能规划过程中需要特别关注的关键问题。

(3)制定候选方案。制定3~5个处理能力和需求之差的候选方案。

(4)评价每个候选方案。评价方法主要包括定量评价和定性评价。在定量评价方面,关键是从财务角度出发,以所需的投资为基准,比较多种候选方案对企业的投资收益和回报情况。常用的评价方法有净现值法、盈亏平衡分析法、投资回收率法等。而在定性评价方面,主要用于那些无法通过财务分析判断的因素,例如产能规划策略是否与企业整体战略相符,是否与企业竞争策略相匹配。

(5)选定最优的产能规划方案。

2. 产能规划方法——决策树法

产能规划决策通常基于对未来需求随机性的估计,决策树是一种有力的辅助决策工具。决策树通过图示表示问题的关键步骤、各步骤的条件以及可能的结果,决策树能够清晰展示决策和可能结果之间的相互关系。决策树是一种可视化工具,供决策者评估不同决策方案的潜在结果。它由决策节点、事件节点以及它们之间的分支连线组成。在使用决策树时,需要遵循以下一些基本规则。

(1)从决策节点开始从左到右绘制决策树。

(2)使用方框表示决策节点,每个决策节点生出的分支代表各种方案。

(3)使用圆圈表示结果节点,结果节点表示不受决策者控制的可能结果。圆圈生出的分支代表的是每一种可能的结果。给每一个分支确定一个概率,表示该结果的发生概率,确保从同一个圆圈生出的所有分支的概率之和等于100%。

(4)计算每一个小分支的财务结果,然后根据各分支的概率,计算各节点所有分支的加权平均值。计算过程从右向左进行。

例4-2 A公司准备在一个选定的新地区开设工厂,产品主要供应该地区的市场。现有两个关于新建工厂规模(能力水平)的方案,即大规模方案和小规模方案。根据市场需求的预测分析,有两种可能的市场需求情景,即大需求和小需求,概率分别为0.6和0.4。因此,可能的结果有以下四种。

(1) 小规模方案,需求很大。在这种情况下,企业还需要进一步选择,是维持规模不变还是进一步扩大规模。预计两种选择的经营结果分别是:维持规模不变,所获利润为 223 000 元;进一步扩大规模,利润为 270 000 元。

(2) 小规模方案,需求也很小。在这种情况下,企业无须进一步选择。因此,预计经营利润为 200 000 元。

(3) 大规模方案,需求很小。在这种情况下,有两种选择:不开展促销,则相应的经营利润为 140 000 元;开展促销,则相应的利润为 160 000 元。

(4) 大规模方案,需求也很大。这是最理想的组合方式,企业此时无须进一步选择,预测的经营利润为 500 000 元。

决策树法是将各种可能的组合,以及各种状态发生的概率、收益等数据用一个树形结构图表示出来。图 4—3 为上述产能规划问题的决策树模型。在决策树模型中,需要选择决策节点,确定其中一个方案。具体运用决策树模型的运算求解过程,应从右向左进行,运算步骤归纳如下。

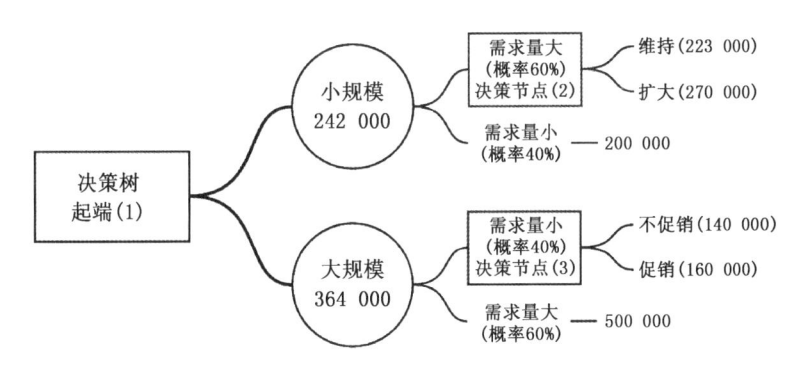

注意:其中圆圈代表事件节点,方框代表决策节点

图 4—3 某企业产能规划的决策树决策模型

(1) 每个事件节点的经营结果期望值,等于每个事件的经营结果乘以其概率再求和。如小规模事件节点的期望值为:270 000×0.6+200 000×0.4=242 000(元);而大规模事件节点的期望值为:500 000×0.6+160 000×0.4=364 000(元)。

(2) 在决策节点,可以在几种可能的方案中选择经营结果最好的。如果一个决策节点向左通向一个事件节点,则将该决策节点可以选择的最好经营结果作为该事件的经营结果。如决策节点 2,我们选择的是扩大规模的方案,这样经营结果就是 270 000 元。

(3) 未被选中的事件应该划掉。决策节点所得到的经营结果最后只与一条分支相连。如选择了决策节点 2 后的扩大规模方案,维持方案就应该被划掉。

(4) 重复上述步骤,直到到达最后的决策节点,最后未被划掉的方案就是最佳决策方案。在例 4—2 中,采用大规模方案比小规模方案经营结果好,因此划掉小规模方案,大规模方案中的大需求比小需求预期经营结果好。因此,产能决策的最后结果是,选择大规模方案中的大需求,即扩大规模策略;当市场需求较小时,则选择促销策略。

(三) 产能平衡

产能平衡分析主要涵盖两个方面,一是生产能力与生产任务(需求)的平衡分析,二是企业内部各工作中心(或各工序、各车间)之间的产能平衡分析。

生产能力与生产任务(需求)的平衡分析包括以下三方面的内容:将生产任务与生产能力进行比较;按比较的结果采取措施;计算生产能力利用指标。

比较生产任务与生产能力,可以采用产品数或台时数两种方法。对于单一品种生产,可以直接比较具体产品数;而对于多品种生产,通常采用代表产品数或假定产品数比较,其中台时数更为常见。

根据比较的结果采取相应的措施,如果发现生产任务超过了生产能力,可能需要调整生产计划,增加产能或者推迟部分生产任务。反之,如果生产任务较低,可以考虑优化生产计划、提高生产效率或者寻找新的市场机会。

计算生产能力利用指标,常用的是生产能力综合利用系数,它是生产任务(需求)与生产能力之比。这个指标对于产能规划和提升计划具有指导性作用,是一个灵活的指标,可以反映企业中长期和短期需求计划与净产能的比值,同时作为产能预警的基础数据。

知识拓展

产能预警

当企业的产能与预测需求存在较大差异时,产能预警就成为一项重要的管理工具。如图4-4所示,其中纵轴表示产能,横轴表示时间。在图中,两条虚线分别代表短期扩能预警线和长期扩能预警线,而实线则表示需求计划,可通过历史数据预测。

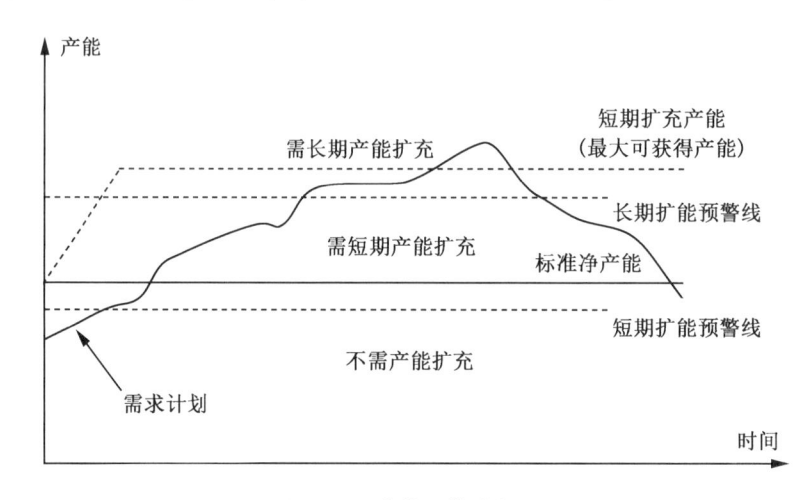

图4-4 产能预警分析图

具体的预警分级如下:

1. 当需求计划位于短期扩能预警线以下时,显示为绿色,表示无需预警,不需要产能扩充。
2. 当需求计划位于短期扩能预警线和长期扩能预警线之间时,显示为黄色预警,提示需要采取短期产能提升计划,以适应可能的需求增长。
3. 当需求计划超过长期扩能预警线,并在短期内持续超过短期最大可获得产能时,显示为红色预警。这时需要制定中长期扩能计划,以确保企业能够满足潜在的长期需求。

这种预警系统帮助企业及时识别潜在风险并采取相应措施,以确保产能与市场需求保持平衡。

二、产能调控

在编制生产运作计划时，必须关注资源的可用性，即企业的供给能力。如果发现产能不足，就需要协调产能。依据需求预测数据和销售计划，结合供应能力评估结果，来判断是否需要调整现有的生产运作计划。通过综合考虑市场需求和企业内部供给情况，企业可以及时采取必要的措施，确保产能与需求的平衡。

常用的企业内部产能调控策略如下。

1. 追赶策略——将产能作为杠杆

追赶策略是将生产量设定为订单量，以保持生产率与需求率同步。当市场需求发生变化时，通常通过调整生产设备、招募或解雇员工等方式来应对。然而，在实际应用中，由于在短时间内改变设备产能和劳动力数量的成本较高，追赶策略的实施可能面临一些困难。

成功实施追赶策略要求企业拥有大量具备就业需求且易于培训的应聘人员。此外，该策略的实施可能导致劳资关系紧张、生产率下降以及产品质量降低等问题。在需求减少的情况下，员工可能会因为失业的威胁而减缓工作进度。因此，追赶策略更适用于库存持有成本较高，而改变设备产能和劳动力数量成本相对较低的情形。

2. 时间柔性策略——将利用率作为杠杆

这种策略通常应用于存在过剩设备产能、并具有灵活性的劳动力安排的情况。在这种策略下，劳动力的数量保持不变，但工作小时数可以随时间的调整而调整，例如通过加班加点来满足需求波动，以维持生产和需求的一致性。这种灵活性可以降低招聘和解聘的成本，为员工提供相对稳定的工作机会。时间柔性策略的缺点在于需要在每个计划周期内调整员工的工作时间，而且加班加点也会增加成本。

3. 均衡策略——将库存作为杠杆

库存平衡策略，即维持员工人数、生产设备和产量固定，在总生产计划期内通过调整库存来适应需求波动的策略。在这种情况下，生产率不再与需求率保持一致，而是根据需求预测来建立库存，或者将旺季需求延迟至淡季交货。这一策略有助于减少招聘和解聘的费用，员工能够在相对稳定的工作环境中工作。其缺点在于：可能积累大量库存，增加库存持有成本；由于每个月产量固定，缺乏灵活性，可能导致一些顾客在缺货时转向竞争对手，损失订单；淡季存货过多可能导致高库存持有成本，并且由于存货时间过长，可能导致产品无法销售。

4. 外包策略——满足最小的需求预测量

外包平衡策略，即维持固定的员工数量和设备数量，以满足最小需求预测量，将超出产能部分的需求外包的策略。这一策略在需求波动较大的情况下能够保持企业自身的稳定生产力，但是外包可能会带来交货期和产品质量难以控制的问题。

5. 混合策略

对于一个企业来说，最佳的策略往往是采取多种方式的混合策略，包括变动员工数量、加班、调节库存、外包等多种手段的综合运用。

无论采用何种策略，关键在于生产运作计划必须能够反映企业的长期目标和经营方向，成为有效的管理工具，以应对未来一段时间内的需求波动。

任务三 排产管理

一、生产计划

(一)生产计划的分类

生产计划根据不同的切入点,可以分成不同的种类(如表4-4所示)。

表4-4 生产计划的分类

分类标准	类别与相关定义	
按时间节点来分	长期计划	是指完成企业在较长的时间段的目标,是对企业资源的合理使用的规划,可以是五年、三年或一年
	短期计划	是指生产周期在一年以内(几个月或者几周)的生产周期计划。短期计划同样也是为了更好地、合理地利用企业资源
	应急计划	是指一周或者几天、几个小时的生产计划
按重要性、关键性分	主生产计划	是生产企业针对某一种或几种产品在某一时间段的生产产品的数量及质量的规划。生产主计划的制订依据来源于企业的战略规划与市场对产品的需求,来源于用户的订单数量
	辅助计划	是针对主生产计划之外的工作进行的规划,可以帮助企业完成主生产计划。辅助计划可以是主生产计划的补充,也可以是主生产计划的调整计划或预备方案

不同层次计划的特点如表4-5所示。战略层计划即企业经营计划,战术层计划包括综合计划(生产计划大纲)、主生产计划、粗能力需求计划等,作业层计划包括物料需求计划、车间作业计划、最终装配计划、细能力需求计划等。这些计划层次分明,从宏观到微观,有序而系统地指导企业生产经营,生产计划系统结构如图4-5所示。

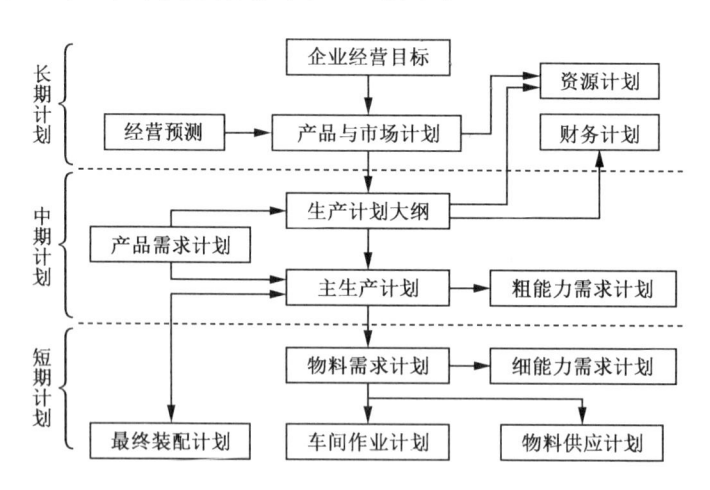

图4-5 生产计划系统结构示意图

综合计划(Aggregate Plan),又称中期生产计划、生产计划大纲。一般按年份编制(1年或生产周期长的产品2~3年)。解决问题总体安排计划期内产出内容、产出量、人力规模、库存水平、外包量等。

表 4-5　　　　　　　　　　　　　　　不同层次计划的特点

比较指标 \ 类别	长期计划(战略层)	中期计划(战术层)	短期计划(作业层)
计划总任务	制定总目标 获取所需的资源	有效利用现有资源 满足市场需求	适当配置生产能力 执行厂级计划
管理层次	高层	中层	低层
计划时间	3~5 年或更长	1~1.5 年	小于 6 个月
详细程度	非常概略	概略	具体,详细
决策变量	产品线 工厂规模 设备选择 供应渠道 劳工培训 生产、库存管理系统 类型选择	工厂作业时间 劳动力数量 库存水平 外包量 生产速度	生产品种 生产数量 生产顺序 生产地点 生产时间 物料库存 控制系统

主生产计划(Master Production Schedule,MPS)是综合考虑生产计划和实际订单,规定每一特定最终产品在每一具体时间段内产量的关键生产计划。MPS 是生产计划系统的核心,通常以季度或月度为期限,有时也称为季、月度投入产出计划。通过 MPS,企业能够合理安排生产活动,确保生产满足市场需求,并有效地利用资源。综合计划与主生产计划如表 4-6 和表 4-7 所示。

表 4-6　　　　　　　　　　　　　　　某公司综合计划

产量(台)	1 月	2 月	……	12 月
产品 A	2 000	3 000	……	4 000
产品 B	6 000	6 000	……	6 000

表 4-7　　　　　　　　　　　　　　　某公司主生产计划

月 周次产品	1 月				2 月				…	12 月			
	1	2	3	4	1	2	3	4	…	1	2	3	4
A1 型产量		320		320		480		480	…		640		640
A2 型产量	300	300	300	300	450	450	450	450	…	600	600	600	600
A3 型产量	80		80		120		120		…	160		160	
合计	2 000				3 000				…	4 000			

这里需要注意,综合计划体现的是产品总量,而不是每种具体产品的数量。如表 4-6 所示,在某公司的综合生产计划中,反映的是生产 A 产品的总量,而不是详细规划 A1、A2 或 A3 型产品的生产数量。主生产计划则着重于具体产品的产量规划,表 4-7 中详细列示了 A1、A2 或 A3 三种型号产品的生产数量。

物料需求计划(Material Requirements Planning,MRP)是一种用于确定生产计划、采购计划和库存控制的生产管理工具。确保 MPS 所规定最终产品所需全部物料(原材料、零件、部件等)及其他资源能在需要的时候供应给生产车间。

能力需求计划分为粗能力需求计划(Rough Cut Capacity Planning)和细能力需求计划(Capacity Requirements Planning)。粗能力计划又称产能负荷分析,细能力计划又称能力计划。粗能力计划是在确定主生产计划后,通过对比关键工序中的生产能力和计划生产量,以判断主生产计划的可行性。这一阶段主要考虑整体的生产能力和产能分配情况,以确保生产计划在整体上不超出工作中心的最大承载能力。细能力计划则是在闭环 MRP 运算中,通过计算各种物料的需求量,进一步分配给各工作中心相应的工作量。这一阶段更为详细和具体,关注各时段内各个工作中心的具体工作负荷情况。细能力计划的主要目标是避免某个工作中心在某个时段内的工作量超过其最大工作能力,从而确保整个生产过程的平稳。

车间作业计划(PAP)通过将零件的加工按工序详细分解,将各零件在不同工序上的加工任务以任务调度单和工票的形式下达给车间。这个阶段的任务是确保车间在具体的工艺流程中按计划有序完成零件的加工。最终装配计划(FAS)则是总装加工完毕的零件、部件和组件的详细计划。在这一阶段,各部分将根据之前的车间作业计划,按照总装流程组装,确保最终产品的质量和功能符合设计和客户要求。

案例分析4-1

泳装生产计划

(二)生产计划的内容

生产计划编制旨在引导企业的生产活动,为生产管理提供服务。生产管理人员需充分了解和分析每个时间段的生产计划,熟知计划内容,并按计划有序执行。一旦制订生产计划,它就成为企业生产运营的规则,各部门将有序组织生产。

企业生产计划编制时,需要包含"5W1H"内容。

What——做什么,制造产品的名称、类型、型号等;

Why——为什么做,制造产品的名称、类型、型号等;

Who——谁来做,哪些部门参与生产或支持生产,哪些员工参加生产;

Where——在哪里做,制造的产品、半成品、零部件等物料在生产线的哪些工序生产或组装;

When——时间,生产的起始时间和结束验收时间;

How many——做多少,标明生产产品的数量。

(三)编制生产计划的流程

生产计划编制流程如图 4-6 所示。

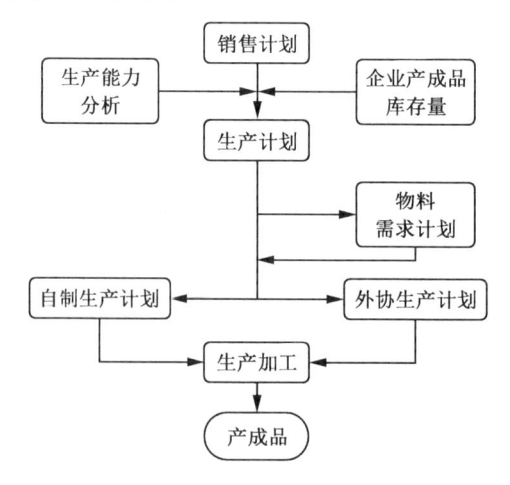

图 4-6 生产计划编制流程

二、综合计划

(一)综合计划的目标

综合计划在企业的整体计划中扮演着关键的角色,它通过将短期计划和长期计划相互联系,有效协调企业内部各个要素的运作,形成一个有机的整体。综合计划的目标主要是设定总体产出水平,以适应市场的需求波动。通过对商品、零件、材料等资源的最佳分配和调度,综合计划力求在满足预测需求的同时,最大限度地降低企业的总运营成本。

综合计划不仅关注当前的生产需求,还考虑了未来的市场趋势和企业的战略目标。因此,它是企业制定长远规划和短期执行的桥梁,有助于实现企业的可持续发展和竞争优势。在当今不断变化的商业环境中,有效的综合计划成为企业成功的关键之一。

(二)综合计划的编制步骤

1. 明确计划期内市场需求

市场需求信息的主要来源包括直接用户订单、市场需求预测以及未来库存计划。

2. 统筹安排,制定初步计划方案

根据需求预测、资源限制等信息,制定各种备选计划方案,并计算各方案的效用,最终选择最优方案。

3. 整体平衡分析,明确综合计划指标

整体平衡分析的内容主要包括年度生产任务与生产能力的平衡、年度生产任务与物资的平衡、年度生产任务与劳动力的平衡,以及年度生产任务与成本财务的平衡。

4. 讨论和修正,最终批准实施

在确定最优方案的基础上讨论和修正,确保计划的合理性和可行性,最终获得批准并实施。

(三)滚动式计划的编制方法

生产任务中不确定部分的比重逐渐增大,导致只能依赖预测来安排计划。而一旦接到订单,交货期就变得十分紧迫。近年来,企业面对市场需求和订单变化的挑战,广泛采用滚动式计划法(如图4-7所示)。这种方法也称"滑动式计划"或"连续计划",通过不断滚动更新计划,以及时应对变化,确保生产计划具有灵活性和时效性。滚动式计划允许企业根据市场动态灵活调整生产计划,提高对需求变化的应对能力。

4-7 滚动式计划方法示意图

滚动式计划的编制方法是:在已经制定的计划基础上,经过一定的滚动期(通常是一年或一个季度),根据环境变化和实际执行情况调整原计划。每次调整都保持计划期限不变,将计划期顺延一个滚动期,实现连续不断的计划更新。例如,若在2018年编制了2019年至2023年的五年期计划,2019年会根据新情况修订补充,形成2020年至2024年的新五年计划,如此循环滚动。

通过采用滚动计划法,组织能够定期根据环境条件变化和实际完成情况修订计划。这使得组织能够始终拥有一个较为切合实际的长期计划,为组织的运营提供指导。同时,滚动计划法确保了长期计划与短期计划之间的密切衔接。

(四)综合计划的编制

1. 图表法

这种方法的基本原理是一次考虑多个因素,使计划人员能够直观地比较需求预测和现有能力。这是一种反复试验的方法,但不能保证得到最优的生产计划。

在综合计划中,成本是一个关键考量因素,主要包括员工雇佣和解雇成本、加班工资、兼职员工的工资、库存费用、设备引进和技术改造的成本、外包成本、缺货损失以及质量损失。其评价标准通常是成本最低。

基本编制步骤为:(1)确定每个时期的需求量;(2)确定正常工作时、超时工作时以及实行转包时各自的产量;(3)确定用工成本,包括聘用和暂时解聘成本,以及考虑库存持有成本,考虑公司对职员和库存水平的政策和社会因素;(4)比较各计划方案,选择成本最低的方案。

2. 线性规划法

线性规划法是制订综合计划的常用方法。线性规划模型假设数据都是给定且可用的。模型由决策变量、目标函数以及约束条件三部分组成。在制订综合计划时,决策变量包括每个计划期内企业工人数、库存量、招聘人数、解聘人数、外包数量等;目标函数一般为最小化成本;约束条件包括生产能力约束、人工能力约束、库存能力约束、非负条件约束以及整数约束等。

例 4—3 A 公司是某品牌冰箱的制造商,公司对该品牌冰箱进行了月度销售预测,1—6月的冰箱预测数据如表 4—8 所示。请为该公司编制综合计划。

表 4—8　　　　　　　　　　　A 公司的预测数据

月份	预测需求量(台)	生产天数(天)
1 月	1 240	21
2 月	1 290	19
3 月	1 320	22
4 月	1 650	22
5 月	1 660	21
6 月	1 660	21

请运用线性规划法为该公司编制综合计划。假设初始工人数为满足最低日需求的员工数量,初始库存为 0。

[解]

设 Q_i 为 i 月的产品产量,D_i 为 i 月的预测需求量,W_i 为 i 月的工人数,H_i 为 i 月的招聘人数,L_i 为 i 月的解聘人数,I_i 为 i 月的库存量,O_i 为 i 月的外包量,α_i 为 i 月的生产天数,其中 $i=1,2,3,4,5,6$。

目标函数为:

$$\text{MinC} = \sum_{(i=1)}^{6} 160 \times \alpha_i \times Q_i + 1\,500 \times H_i \times \alpha_i \times \frac{8}{2.4} + 2\,000 \times L_i \times \alpha_i \times \frac{8}{2.4} + 30 \times I_i + 70 \times Q_i$$

约束条件为：
(1)生产能力的约束。

$$Q_i \leqslant \frac{8}{2.4} \times \alpha_i \times W_i$$

(2)人工能力的约束。

$W = W_{t-1} + H_i - L_i$，其中 W_0 为初始工人数，$W_0 = \frac{1\,240 \times 2.4}{8 \times 21}$（人）

(3)库存平衡约束。

$I_i = I_{i-1} + Q_i + O_i - D_i$，其中 I_0 为初始库存量，$I_0 = 0$

(4)非负条件约束。

$Q \geqslant 0, W_1 \geqslant 0, L_1 \geqslant 0, l \geqslant 0, O \geqslant 0 (i=1,2,3,4,5,6)$

(5)整数约束条件。

Q_i、I_i、O_i 为整数。

利用 Excel 软件规划求解得出：

$W_1 = W_2 = W_3 = W_4 = W_5 = W_6 = 17.71$ 人

$H_1 = H_2 = H_3 = H_4 = H_5 = H_6 = 0$

$L_1 = L_2 = L_3 = L_4 = L_5 = L_6 = 0$

$I_1 = I_2 = I_3 = I_4 = I_5 = I_6 = 0$

$Q_1 = 1\,240$（台），$Q_2 = 1\,121$（台），$Q_3 = 1\,299$（台），$Q_4 = 1\,299$（台），$Q_5 = 1\,240$（台），$Q_6 = 1\,240$（台）

$O_1 = 0, O_2 = 169$（台），$O_3 = 21$（台），$O_4 = 351$（台），$O_5 = 420$（台），$O_6 = 420$（台）

故企业采用策略 2 编制自行车生产计划，即 1 月企自行生产 1 240 台；2 月份自行生产 1 121 台，外包 169 台；3 月自行生产 1 299 台，外包 21 台；4 月自行生产 1 299 台，外包 351 台；5 月自行生产 1 240 台，外包 420 台；6 月份自行生产 1 240 台，外包 420 台。最小成本为 453 790 元。

三、主生产计划

(一)主生产计划的概念

主生产计划(Master Production Schedule,MPS)是中短期计划的一部分,它将综合计划进一步细化,使其成为可操作的实施计划。MPS 是协调企业日常生产的核心环节,其主要目标是确定企业最终产品的产量和产出时间。最终产品指的是企业完成的、可直接用于消费的产成品,也可以作为其他企业的部件或配件。MPS 是物料需求计划(MRP)的输入之一,与传统的产品生产进度计划有所不同,主生产计划通常以周为单位计划,而产品生产进度计划一般以月为计划时间单位。

主生产计划的任务是根据年度综合计划的要求,详细安排企业内部每个生产单位在较短时间内的生产任务。主生产计划要明确实现任务的方法,以确保企业按照品种、数量、质量和期限全面完成生产任务。

MPS的制定有助于将宏观的年度计划具体化，使之可操作，同时也为各个生产单位提供了明确的指导，确保生产过程的有序进行。通过主生产计划，企业能够更好地协调内部资源，优化生产过程，提高生产效率，最终实现经济效益的最大化。

制订主生产计划的内容包括：首先，分解和细化综合计划。其次，制定初步计划方案。考虑与企业拥有的各项资源（设备能力、人员、加班能力、外协能力等）的平衡，如果方案超出了资源限度，需要调整，直至得到符合资源约束条件的方案或得出不能满足资源条件的结论。在后面这种情况下，可能需要调整或增加资源，相应调整综合计划。整个制订主生产计划的过程是一个反复试行的过程，最终的主生产计划需要获得决策机构的批准，并作为物料需求计划的输入条件。

(二) 主生产计划的编制

主生产计划编制的步骤包括计算现有库存量、确定主生产计划产品的生产量与时间、计算待分配库存等。为简便起见，暂不考虑最终产品的安全库存。

1. 计算现有库存量（POH）

现有库存量是每期的需求被满足后手头仍有的、可利用的库存量，计算公式为：

$$I_t = I_{t-1} + P_t - \max(F_t, CO_t)$$

式中，I_t——期末现有库存量；P_t——期生产量；F_t——期预计需求量；CO_t——期顾客订货量。

上式中之所以减去预计需求量和顾客订货量之中的大数，是为了最大限度地满足需求。

2. 决定MPS的生产量和生产时间

主生产计划的生产量和生产时间的确定原则之一是要确保现有库存量是非负值。当某一周现有库存可能为负值时，需立即通过当前主生产计划量补充，以确保库存正常运作。具体确定方法如下：若期初库存与订货量之差大于0，则本期主生产计划量设为0；反之，主生产计划量为生产批量的整数倍，具体批次数由二者差额决定。

3. 计算待分配库存（ATP）

待分配库存是指销售部门在确切时间内可供货的产品数量。计算待分配库存的方法有两种情况：第一种情况，第一期的待分配库存量等于期初的现有库存量加上本期的主生产计划量，然后减去直至主生产计划量到达前（不包括该期）各期的全部订货量；第二种情况，以后各期只有主生产计划量时才存在待分配库存量，计算方法是该期的主生产计划量减去从该期至下一主生产计划量到达期以前（不包括该期）各期的全部订货量。

例4-4 某电器制造厂要为其生产的A型号产品制订MPS年度生产计划。根据市场营销部门的预测，该产品在4月和5月的需求及顾客订货情况如表4-9所示。已知3月底的库存为45个，每次的生产批量为80个。要求尽量使用现有库存编制MPS。

表4-9　　　　　　　　　　需求预测、顾客订货量

期初库存：45 生产批量：80 安全库存：0	4月				5月			
	周次				周次			
	1	2	3	4	5	6	7	8
需求预测	20	20	20	20	40	40	40	40
顾客订货	23	15	8	4	0	0	0	0

根据前述步骤计算,其 MPS 如表 4-10 所示。

表 4-10　　　　　　　　　　　　　主生产计划

期初库存:45 生产批量:80 安全库存:0	4月				5月			
	周次				周次			
	1	2	3	4	5	6	7	8
需求预测	20	20	20	20	40	40	40	40
顾客订货	23	15	8	4	0	0	0	0
现有库存量	22	2	62	42	2	42	2	42
MPS 量	0	0	80	0	0	80	0	80
ATP 量	7		68			80		80

在前例中,假设该企业接收到该产品的 4 个订单(如表 4-11 所示)。根据前面计算的主生产计划量和各期的待分配库存量,按照订货的先后顺序来安排,企业可满足前 3 个订单的要求,第 4 个订单可以与客户协商在第 6 周交货,否则只好放弃。当接受了新订单 1、2、3 后,MPS 变为表 4-12 所示的情形。

表 4-11　　　　　　　　　　　　　　新订单

订单序号	订货量(个)	交货时间(周序号)
1	5	2
2	38	5
3	24	3
4	15	4

表 4-12　　　　　　　　　　接受前 3 个订单后的主生产计划

期初库存:45 生产批量:80 安全库存:0	4月				5月			
	周次				周次			
	1	2	3	4	5	6	7	8
需求预测	20	20	20	20	40	40	40	40
顾客订货	23	20	32	4	38	0	0	0
现有库存量	22	2	50	30	-10	30	-10	30
MPS 量	0	0	80	0	0	80	0	80
ATP 量	2		6			80		80

四、物料需求计划

(一)物料需求计划的内涵

物料需求计划(MRP)是一种全面的管理理念与生产方式,同时也是一种集方法技术和信息系统于一体的系统。其核心理念是围绕物料的转化,有序地组织和调配相应的资源,以在正确的时间、正确的地点获取正确的物料,实现按需准时地生产。这一方法的目标是提高客户服务水平,同时最大限度地降低库存成本、提高生产运作效率。

物料需求计划的特点如下:

1. 需求的相关性

在流通企业中,各种需求通常是独立的。但在生产系统中,需求之间存在相关性。例如,根据订单确定产品数量后,可以通过产品结构文件推算出零部件和原材料的需求量,这种逻辑关系推算出的物料需求被称为相关需求。不仅产品品种数量之间有相关性,需求时间与生产工艺过程的决定也存在相关性。

2. 需求的确定性

MRP 中的需求是根据主产品进度计划、产品结构文件和库存文件精确计算的,包括品种、数量和需求时间,这些都是确定的,不可随意改变。

3. 计划的复杂性

MRP 计划的复杂性主要体现在计算上。MRP 需要根据主产品的生产计划、产品结构文件、库存文件、生产时间和采购时间等信息,精确计算出主产品所需的所有零部件的数量、时间和先后关系。当产品结构复杂、零部件众多时,计算的工作量巨大,无法仅依靠人力完成,必须依赖计算机实施这项工程。

(二)MRP 的产生与发展

随着计算机技术的进步和传统订货点方法的问题暴露,20 世纪 60 年代美国 IBM 公司的 J. 瑞奇(J. Ricky)博士设计并实施了第一个 MRP 系统。其核心思想是打破产品品种之间的界限,将企业生产过程中涉及的所有产品、零部件、原材料、中间件等视为相同的物料,再将所有物料划分为独立需求和相关需求两类,并根据产品的需求时间和需求数量展开,从而在不同时间段确定各种物料的需求。

MRP 自 20 世纪 60 年代以来经历了多个阶段的发展。从最初的基本 MRP(也称为开环 MRP),发展为闭环 MRP,再到 MRPII,最终演变成为 ERP(企业资源规划)系统,将更多的企业功能整合到一个综合性的平台。这一系列的发展过程使 MRP 从最初的物料需求计划发展成为更为综合、全面的企业管理工具。

1. 开环 MRP 阶段

20 世纪 60 年代初期发展起来的 MRP 最初只是一种物料需求计算器。该系统根据对产品的需求、产品结构和物料库存数据进行计算,将产品的生产计划转化为对投入产出、外购件和原材料的需求计划,从而解决了生产过程中关于"需要什么、何时需要、需要多少"的问题。然而,由于该系统是开环的,缺乏信息反馈,因此无法真正实现控制功能。

2. 闭环 MRP 阶段

20 世纪 70 年代初期推出的闭环 MRP 在原 MRP 的基础上进行了修改和完善,引入了信息反馈机制和计划调整等功能。闭环 MRP 的出现使得 MRP 系统具备了更强的计划与控制能力,有效地解决了原 MRP 系统中缺乏控制和监测机制的问题,能够及时纠正计划中的偏差,实现计划的动态调整,提高计划的准确性和实用性,使得 MRP 系统不仅仅是一个计划工具,更成为一种计划与控制的综合管理系统。

3. MRPII 阶段

MRPII 是在 20 世纪 80 年代初开始发展的一种资源协调系统,代表了一种新的生产管理思想。MRPⅡ通过整合企业的销售、生产、计划与控制、库存、采购与供应、财务会计、工程管理等多个方面,实现了财务信息与物流信息的集成。MRPⅡ不仅关注物料需求计划,还扩展到更广泛的企业资源管理领域,强调全面协调企业各项资源以优化生产和运营活动。

4. ERP 阶段

MRPⅡ在 20 世纪 90 年代得到了蓬勃发展。先进的 MRPⅡ系统在整个企业范围内运行,旨在实现企业资源的最佳配置和运营。这种新型的 MRPⅡ系统被称为企业资源计划(ERP)。ERP 系统不仅延续了 MRPⅡ的功能,还更具综合和全面性,涵盖了企业的各个方面。许多世界著名的软件供应商提供 ERP 系统及其实施服务,使企业能够更全面、更协调地进行资源管理和运营活动,提高整体效率和管理水平。

(三)物料需求计划推算原理

物料需求计划(MRP)是一种以顾客为中心的新型生产方式。与传统的生产方式不同,物料需求计划的基本原理是根据企业的主生产计划、主产品结构文件和库存文件,分别计算出主产品的所有零部件的需求时间和需求数量,即物料需求计划(MRP)(如图 4-8 所示)。推导分析过程不能凭空想象,也不能依赖估计,必须严格推算。

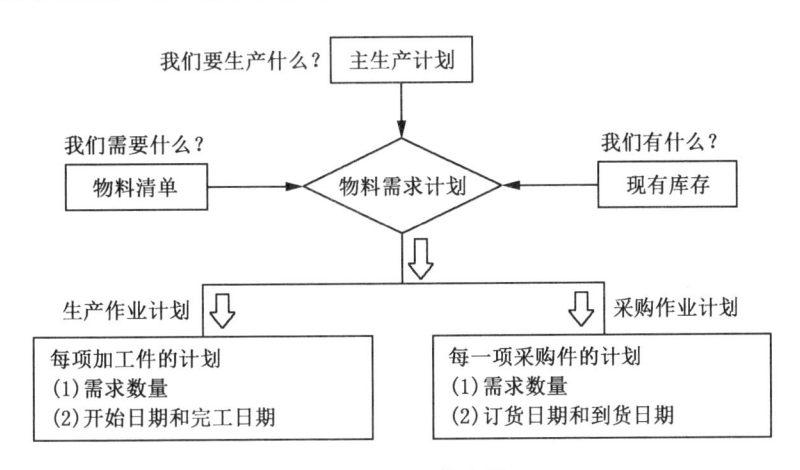

图 4-8 MRP 基本原理

对于相关需求性质的物料的订购与补充,MRP 通常应用下列逻辑分析处理:
(1)生产什么产品(时间、品种、数量、质量)?
(2)产品需要哪些物料(组件)?
(3)这些物料目前的库存有多少?
(4)这些物料已经订货的有多少? 它们将何时入库?
(5)这些物料何时需要? 需要多少?
(6)这些物料何时发出订货?

MRP 的基本原理有时被称为"制造业的方程式",适用于包含多种物料(组件)的产品生产过程,旨在通过计算和协调各种物料的需求,实现生产计划的准确性和高效性。

(四)物料需求计划的基本构成

MRP 系统的基本组成包括输入、计算处理和输出三个部分。输入部分包括主生产计划、物料清单和库存状态文件。计算处理部分主要通过计算机程序处理输入数据。输出结果包括主要报告(如订单等)和次要报告(如计划报告、意外情况等)(如图 4-9 所示)。

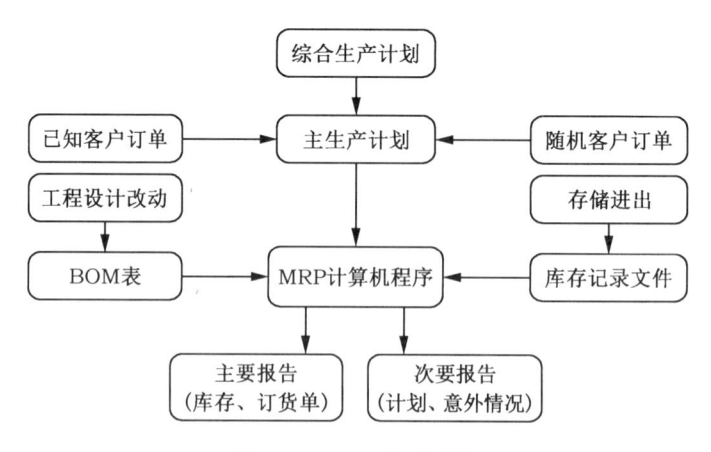

```
              综合生产计划
                   │
                   ▼
已知客户订单 ──→ 主生产计划 ←── 随机客户订单
工程设计改动                      存储进出
      │            │                │
      ▼            ▼                ▼
    BOM表 ──→ MRP计算机程序 ←── 库存记录文件
                 │     │
                 ▼     ▼
           主要报告   次要报告
          (库存、订货单) (计划、意外情况)
```

图4—9　MRP组成结构

1. MRP输入的信息

MRP系统中主要输入的信息有主生产计划、物料清单和库存状态文件。

(1)主生产计划(MPS)。MPS来自企业的年度生产计划，是MRP的主要输入信息，是MRP运行的驱动源。主产品是指企业主要提供给社会的产成品，通常是最终的出厂产品，如汽车制造厂的汽车、电视机厂的电视机等。主产品的生产计划涵盖了企业接受社会订货或计划提供给社会的主产品的数量和进度，包括生产数量和时间。此外，企业还需考虑维修保养社会上正在使用的主产品所需零部件的生产计划，以满足维修的需求。表4—13是某座椅系列产品的综合计划与各种型号座椅的MPS。

表4—13　　　　　　　　座椅系列的综合计划与各种型号座椅的MPS　　　　　　　　单位：把

产品 库存记录信息 时间	4月				5月			
	1	2	3	4	5	6	7	8
梯式靠背椅	150					150		
厨房用椅				120			120	
办公椅		200	200		200			200
座椅系列综合生产计划	670				670			

(2)物料清单(Bill of Materials,BOM)。物料清单不仅为产品的生产过程提供了详细的构成信息，还反映了制成最终产品所需的各个组成部分和它们之间的关系，其通常以树型图来表示(如图4—10所示)。通过访问物料清单文档，MRP计算机系统能够准确地确定完成某一产品订单所需的物料和相应的数量，实现了生产计划的精细化和准确性。

(3)库存记录文件。库存记录文件是统计和记录每项物料实际存储状况的文档，包括与存储相关的信息，如计划到货量、需求计划、订货计划和存储控制等。其基本组成部分包括新订单发出、接收预定到货、调整到货期限、提取库存、取消订单、修正库存数据、拒绝发货、核定报废损失和审核库存退货等。库存记录反映了产品的批量策略、提前期和各时间段的数据。以图4—10中相关需求物品C为例，该部件用于两种产品(梯式靠背椅和厨房用椅)的组装，库存记录展示了总需要量、预计到货量、预计库存量、计划到货量和计划发出订单等信息，确保实

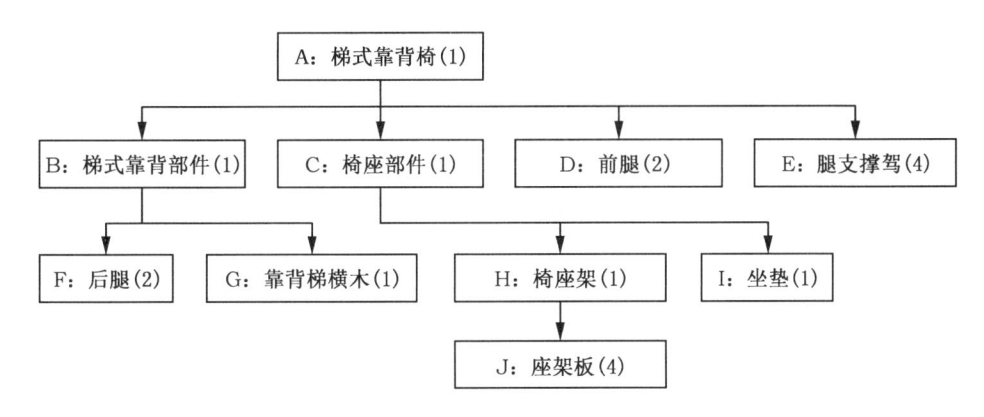

图4-10 产品结构树

时掌握库存状况。

①总需要量。总需要量是指从全部父项产品的生产计划中获得的特定零部件的总需求量,包括维修用零部件的需求。以表4—14中部件C的库存记录为例,假设部件C按照230件的批量生产,提前期为2周。该库存记录展示了部件C在未来8周的总需求量,这些数据来源于表4—13中的梯式靠背椅和厨房用椅的主生产计划。将每个父项的主生产计划(MPS)的起始产量相加,企业得到了椅座部件每周的总需要量。值得注意的是,椅座部件的总需要量呈现整批集中的特点,即在整个8周时间内,装配车间分别在1、4、6、7周形成对该部件的需求。

表4—14 座椅部件的MRP记录数据

产品C		说明:椅座部件		批量:230		提前期2周		
库存记录信息 库存记录信息 时间	周							
	1	2	3	4	5	6	7	8
总需求量	150	0	0	120	0	150	120	0
预计到货量	230	0	0	0	0	0	0	0
预计库存量(37)	117	117	117	-3	-3	-153	-273	-273
净需求								
计划到货量								
计划发出订单								
说明: 总需求量指对两种座椅的总需求量。 第1周的预计库存量为:117(件)(37+230-150)								

②预计到货量。预计到货量(未结订单)指的是已下了订单但尚未了结的订货。对采购品来说,预计到货量可能经历不同的阶段,包括供应商正在加工、货物正在运送途中或者采购方的收货部门正在验收。如果企业内部生产,那么这批订货可能正在车间加工、等待某种材料或配件的到来,或者等待某台设备提供生产性资源等。以表4—14为例,在第1周,有一份预计到货量为230个产品C的订单应该交付。由于提前期是2周,因此这份订货应该往前推2周发出订单。

③预计库存量。预计库存量是指在满足每一周的总需要量之后,对剩余可用库存量的估计值。表4-14中的第1列(37)表示的起始库存量,是在计算库存记录时当前可用的现有库存量。与预计到货量一样,需要记录每次实际的出库和入库数据,以便更新MRP数据库。该行的其他列数据展示了未来几周的预计库存量。预计库存量的计算公式:

第 t 周末的预计库存结存量＝第$(t-1)$周末的库存量＋第 t 周预计或计划到货量－第 t 周总需要量

④计划到货量。计划到货量指的是在每个期间初始显示的期望接收量。在按需定量(配套批量订货)条件下,它等于净需求。在固定批量订货条件下,它大于净需求。计划到货量的安排(计算)遵循以下思路:首先,在缺货现象发生之前,要预估未来每周的库存量。第一批计划到货量应该在预计发生缺货(产生净需求)的那一周到达,以确保库存量增加,使其等于或大于零。当计划到货量大于计划到达的那一周的净需求量时,结存量就会大于零。其次,对未来库存量的预估工作要持续进行,直到下一次缺货现象出现为止。再次发生缺货现象说明需要安排第二次计划到货。

这个过程要反复进行,直到计划期末为止,通过MRP记录一列一列地向前推进,根据需要填入的计划到货量完成对相应的预计库存量一行的计算。表4-14显示了椅座部件的计划到货情况。在第4周,预计库存量将下降到零以下(总需求量大于预计库存量,产生净需求量),因此为第4周安排了230件的计划到货量。更新后的库存结存量为:117(第3周末的库存量)+230(计划到货量)−120(总需要量)=227(件)。由于没有针对总需要量的预计到货量,因此预计库存量在第5周仍然保持在227件的水平。在第6周,预计库存量为:227(第5周末的库存量)−150(总需要量)=77(件)。该数值大于零,所以不需要新的计划到货量。然而,在第7周,如果没有更多的椅座部件到货,就会发生缺货。利用第7周的一份计划到货量,更新后的库存结存量为187件[77件(第6周末的库存量)+230(计划到货量)−120(总需要量)]。

⑤计划发出订单。计划发出订单指的是在何时发出一种产品特定数量的订单。必须在合适的时间段发出适量的计划订单。为此,必须假定所有的库存变动——预计到货量、计划到货量和总需要量等,都在一个时间区间的同一个时间点上发生(如周末或周初)。无论如何假定,计划发出订单都等于减去(或抵消了)提前期后的计划到货量(如表4-15所示)。

表4-15　　　　　　　　　　　座椅部件的完整库存记录　　　　　　　　　　　单位:件

库存记录信息 库存记录信息 时间	产品C 周	说明:椅座部件		批量:230		提前期2周		
	1	2	3	4	5	6	7	8
总需求量	150	0	0	120	0	150	120	0
预计到货量	230	0	0	0	0	0	0	0
预计库存量(37)	117	117	117	227	227	77	187	187
净需求				3			43	
计划到货量				230			230	
计划发出订单		230			230			

> 说明：
> 如果第4周没有计划到货，缺货量为3(件)(117+0+0-120)，形成了第4周的净需求量。
> 如果增加了计划到货量，就会使库存结存量为227(件)(117+0+230-120)。
> 考虑到需要抵消2周的提前期，所以，相应的计划发出订单日期应该往回折算到第2周。第7周的情形与第4周相似

2. MRP 的处理过程

MRP 的处理过程可以用图 4-11 表示，这个过程可以分为以下两步：

(1)准备。在运行 MRP 之前，要做好以下几个方面的准备工作：

①确定时间单位和计划期长度：定义计划期为一年，以周为时间单位，即 52 周。

②确定物料编码：确立主产品和零部件的编码体系。

③确认主产品出产进度计划 MPS：确定主产品各周的出产量计划。

④确认主产品结构文件 BOM：建立层级结构的树形图，从主产品到零部件逐层分解，包括零部件名称、数量和生产提前期。

⑤准备库存文件：包括主产品及零部件的期初库存量和计划到货量，特别是长距离、难订货的物资，同时还需要考虑安全库存、订货批量和订货点等因素。

(2)首先从层级码等于 0 的主产品开始，依次取各级层级码的各个零部件，进行如下处理：

①计算从最上层(第 0 层)开始逐层展开，每层需要计算毛需求量、预计到货量、库存量、净需求量、计划下达量等数据。

②根据主生产计划确定第 0 层各周的毛需求量。

③从第 1 周开始，计算净需求和库存剩余量。若可用物料数量大于毛需求量，则无净需求；否则计算本周产生的净需求。

④逐周计算库存量和净需求，直至计算完所有周数。通常选择 10 周作为计划期限，因为随着周数增加，计划准确性逐渐减弱。

⑤每层计算完后，将各周计划下达的物料数量乘以相应倍数汇总，得出下一层物料需求量，一直计算到最底层，生成订货下达通知单等报告。

a. 可用物料数量的计算

$$可用物料数量=上周库存量+本周预计入库量-安全库存$$

b. 库存量的计算

当可用物料数量大于毛需求量时：

$$库存量=上周库存量+本周预计入库量-毛需求量$$

当可用物料数量小于毛需求量时：

$$最低库存量=安全库存$$

c. 毛需求量的计算

$$独立需求物料(最终产品)的毛需求量=主生产计划的规定数量相关需求物料的毛需求量$$
$$=上层关联物料的净需求×倍数$$

d. 净需求量的计算

当可用物料数量小于毛需求量时

$$净需求量=毛需求量-可用物料数量$$

e. 订货计划的确定

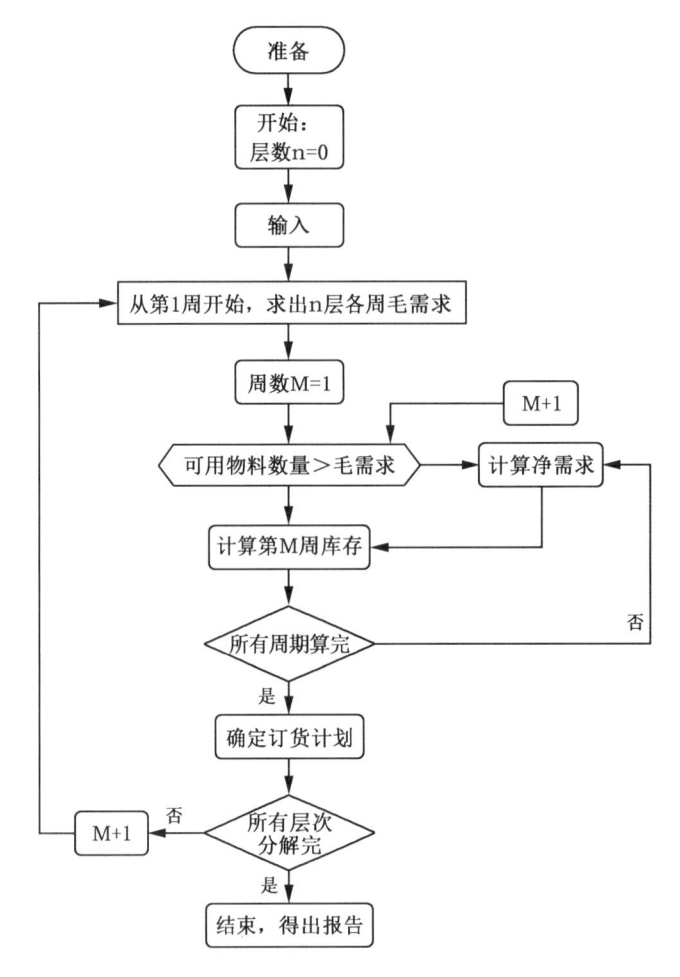

```
                    准备
                     ↓
                   开始：
                   层数n=0
                     ↓
                    输入
                     ↓
      ┌──→ 从第1周开始，求出n层各周毛需求
      │              ↓
      │           周数M=1 ←──────── M+1
      │              ↓                 ↑
      │      ┌─ 可用物料数量>毛需求 ─→ 计算净需求
      │      是                        ↑
      │      ↓                         │
      │   计算第M周库存 ────────────────┘
      │      ↓
      │   所有周期算完 ─否─┐
      │      是            │
      │      ↓             │（返回）
      │   确定订货计划
      │      ↓
      └─M+1← 所有层次分解完 ─否
                  是
                  ↓
              结束，得出报告
```

图 4—11　MRP 处理过程

第 M 周的订货量＝第 M 周的净需求量＋T 的净需求量（T 为提前期）

输出计划发出订货量，是每一个零部件发出的订货单，包括订货数量、订货时间。这涵盖了向各车间下达加工任务的生产任务单，同时包括向采购部门下达采购任务的采购订货单。将它们按时间整理形成订货计划，即物料需求计划。

3. MRP 的输出

MRP 系统能够处理输入的数据，并生成主产品及其零部件在各周的净需求量、计划接受订货量和计划发出订货量三类文件。

例题4-4

MRP应用实例

(1) 净需求量。净需求量是系统在给定时间需要外部提供的特定物料数量，它解决了物资资源配置的核心问题，即确定生产系统需要什么物料、需要多少、何时需要。并非所有零部件每周都有净需求，只有在发生缺货的一周才会产生净需求量，即某个品种某时间的净需求量就是该品种在此时间的缺货量。缺货就是上周期末库存量加上本期计划到货量小于本期总需求量。净需求量的计算方法如下：

$$净需求量＝总需求量－计划到货量－现有库存量$$

在实际运行中，不是所有的负库存量都对应有净需求量。净需求量的确定方法较为简单：在现有库存量中，第一次出现负值的周的净需求量即为该周的负库存量的绝对值。在随后连续出现负库存的周中,各周的净需求量等于本周的负库存量减去前一周的负库存量的差的绝对值。

(2)计划接受订货量。计划接受订货量是指为满足净需求量的需求,计划从外界接受的订货数量和时间。这个参数不仅记录净需求量的满足情况,还可作为"计划发出订货"的参考,二者在数量上完全相同,只在时间上相差一个提前期。

$$计划接受订货量＝计划发出订货量$$

(3)计划发出订货量。计划发出订货量是指发出采购订货单进行采购或发出生产任务单进行生产的数量和时间。其数量等于"计划接受订货"的数量,同时也等于同周的"净需求量"的数量。计划发出订货的时间考虑了生产或订货提前期,为了确保"计划接受订货"或者"净需求量"在需要的时刻得到及时供应。

$$计划发出订货时间＝计划接受订货时间－生产(或采购)提前期$$
$$＝净需求量时间－生产(或采购)提前期$$

因为 MRP 输出的参数是直接由 MRP 输入的库存文件参数计算得出的,所以通常将 MRP 输出与 MRP 库存文件相连,边计算边输出结果,以保持直观性。

任务四 精益生产

一、精益生产概述

(一)精益生产的提出

随着全球经济的发展,市场环境在 20 世纪 80 年代发生了显著变化,比如资源价格上涨、消费者行为更具选择性、市场需求呈多样化和个性化趋势等。在石油危机的背景下,日本企业,尤其是丰田,不仅未受到负面影响,而且在汽车等多个领域的竞争中超过了美国,引起了全球关注。麻省理工学院教授领导的国际汽车项目(International Motor Vehicle Program,IMVP)组建了包含日美欧等国家 50 多位专家的团队,历时 5 年,投入 500 万美元,深入调查了全球 90 家汽车制造厂。这项研究深入研究和总结了丰田生产方式(Toyota Production System,TPS),同时对美国汽车行业进行了反思,并提出了"精益生产"的理论。

精益生产(Lean Production,LP)倡导运用精益思想优化提升生产制造企业,以消除浪费,最大限度地节约成本,准确地满足用户的需求。精益生产的核心思想是简化和提高效益,通过消除一切浪费(包括库存浪费),最大限度地节约成本,实现对用户需求的精确满足。

(二)精益生产的产生和发展

精益生产起源于日本丰田公司的丰田生产方式。工业制造生产方式的演进经历了三个主要阶段,即单件生产方式、大批量生产方式和精益生产方式。这三个阶段在不同的时期由于生产主导力量的变化而呈现不同的特征。从单件生产方式向大批量生产方式的过渡被认为是工业界的第一次革命,而从大批量生产方式再到精益生产方式的过渡则被称为工业界的第二次革命。表 4-16 比较了这三种生产方式。

表 4—16　　　　　　　　　　单件、大批量、精益生产方式的比较

项目	生产方式		
	单件生产方式	大批量生产方式	精益生产方式
产品特点	完全按照顾客要求	标准化、品种单一	品种规格多样化、系列化
加工设备和工艺装备	通用、灵活、便宜	专业、高效、昂贵	柔性高、效率高
分工与工作内容	粗略、丰富、多样	细致、简单、重复	较粗、多技能、丰富
操作工人	懂设计制造，具有较高的操作技艺	不需要专门技能	多技能
库存水平	高	高	低
制造成本	高	低	更低
产品质量	低	高	更高
权力与职责分配	分散	集中	分散

二、精益生产的核心思想

精益生产旨在最大限度减少企业资源占用和降低管理运营成本。丰田公司通过不断地识别浪费、消灭浪费，形成了以下四个方面的核心管理思想。

（一）营利方式

技术变革、环境变化和顾客偏好的改变推动了企业运营管理思想的演变。在供不应求时，企业以"成本中心"管理。但随着市场向供过于求转变，企业失去了定价权，进入了由市场决定价格的买方市场，企业利润受成本和市场价格制约，因此"售价中心"思想得以形成。随着市场变革，一些企业转向"利润中心"模式，通过管理创新、降低成本来主动提升利润。丰田便是在此背景下通过降低成本、杜绝无效劳动和浪费，实现利润空间的保证。

精益管理思想认为，成本在不同的制造方法下会有所不同。在供大于求的情况下，市场决定企业生产所需的材料、能源、零部件、劳务等费用。尽管相似产品的要素单价和构成比相近，但由于生产方法、物流等因素，相同产品的成本可出现较大差异。精益生产强调从顾客角度审视制造流程，区分创造价值和未创造价值的活动，并将未创造价值的作业时间和成本最小化，以提高生产效率和降低成本。

（二）消除浪费

为了降低运营成本并获取更大利润，企业在生产制造过程中首先需要识别浪费现象。丰田生产方式将浪费定义为两个方面：一是不为顾客创造附加价值的活动都是浪费；二是即使是创造附加价值的活动，如果消耗的资源超过了"绝对最少"的界限也算浪费。浪费现象在操作者活动总时间中占据约 80%，这说明在企业的生产经营过程中，降低成本有着巨大的潜力。

（三）提高效率

生产效率是评价生产系统效果的指标，它通过比较产出与投入的关系来衡量。提高效率的目标是在更低的成本下生产更高质量的产品。然而，在实际工作中，并非所有的高效率都能带来高效益，提高效率与降低成本相结合才有意义。在努力提高效率的同时，必须着力消除浪费，以真正实现高效率。精益生产特别注重真实效率和整体效率。

1. 假效率和真效率

假效率指企业投入更多资源,在同样时间内产出更多产品,但忽略了市场需求。真效率则建立在客户需求基础上,生产满足市场需求的产品,以在实现最低成本的同时获得最大效率。

例如,在一条生产线上,原本有10人每天生产1 000个零件。通过改善,这10人每天的产量提高到1 200个零件,生产效率增加了20%。如果制定的生产计划是每天1 200个零件,那么不需要增加人力,就能实现20%的效率提升。然而,如果生产计划仍然是每天生产1 000个零件,而实际产量达到了每天平均1 200个,就会导致每天多生产200个零件,形成生产过量的浪费。这样的效率提高不仅未增加利润,反而导致成本上升,这就是假效率。如果在产量需求不变的情况下,将人员减少到8人,同样实现20%的效率提升,并能够降低成本,这才是真效率。

2. 个体效率和整体效率

当某个工序或设备的效率提高时,整体生产线、车间或工厂的效率没有提高,这种效率被称为个体效率。相反,当个体效率提高时,整体效率也随之提高,这被称为整体效率。例如,一个由四个工序组成的生产线,表4-17列示了各个工序的指标。其中,工序1的效率最高,而工序3的效率最低。如果整条生产线的能力需求为100件/小时,即使工序1的个体效率很高,整体产量也不会因此变成125件/小时。相反,应该以瓶颈工序3的产量为准。

表4-17　　　　　　　　　　　　　生产线各项指标

项目	工序1	工序2	工序3	工序4
能力	125件/小时	100件/小时	80件/小时	100件/小时
达成率	125%	100%	80%	80%
奖金	125%奖金	标准产量奖金	0	0
效率	个体效率高	个体效率合格	个体效率低	个体效率低

个体效率的提高并不总是代表整体效率的提高。专业化的作业通常有助于提高个体效率,因此一些企业采用计件工资制度。然而,追求效率的关键应该放在整体效率上,因为这对于企业创造利润才有实际意义。企业应该通过指导生产步调、改善生产线布局,促进个体之间或工序之间的协调和互补,以提高整体效率。企业有必要从工序个体效率的绩效管理模式转变为业务单元整体效率的绩效管理模式,从奖励个体效率转向奖励整体效率,例如计件工资以完成品(而非半成品)为标准,实行团队计件制。

(四)问题解决

丰田公司将问题定义为现状(实际情况)与理想状态之间存在的差距,只要有差距,就有问题。问题主要分为发生型问题和设定型问题两种类型。

发生型问题指的是现实情况与已设定的理想状态(基准值、目标)之间的差距。这类问题是在已有标准的情况下,由于各种原因导致的偏差或不足。通过解决这类问题,企业可以逐步从现状达到目前设定的理想状态。

设定型问题是企业在设定更高的理想状态时,有意识地创造出一种差距。这个差距是根据新的目标和期望定义的,企业通过不断改进设定型问题,达到更新、更高的理想状态。这类问题是在不断提高标准的情况下,为追求卓越而设定的。

在精益生产中,解决问题是至关重要的,而解决问题的前提则是建立标准。标准作业是改善的基础,没有标准的地方就不存在异常,而没有异常的地方就无法改善。发生型问题和设定型问题处于系统的不同阶段,因此,丰田公司通常以问题导向来解决发生型问题,以使命导向来解决设定型问题。

对于发生型问题,需要找出问题与当前标准作业不同的根本原因。为了实现这一目标,丰田通常使用5Why分析法,通过连续追问"为什么"揭示问题的本质原因。尽管称之为5个"为什么",但使用时并不受限于固定的次数,而是要一直探讨,直至找到问题的根本原因。找到根本原因后,企业制定并执行解决问题的对策,评估对策的执行结果,有效的对策最终会成为新的标准化方法的一部分。

设定型问题体现了丰田公司以长期理念为导向的强烈使命感。在解决设定型问题时,丰田公司注重追求卓越的现实表现。公司致力于为企业界提供一个将精益理念做到卓越的典范。丰田不仅关注已设定的发生型问题,还有意识地寻找与更高"理想状态"的差距,通过不断改善标准作业,设定更高的"理想状态"的标准作业,逐步缩小与"理想状态"的差距,实现更高水平的目标。

三、精益生产的内容体系

精益生产旨在通过建立简单顺畅、无浪费的生产流程和持续改进机制,实现向顾客提供及时、高品质、低成本的产品和服务的目标。丰田公司的经营理念主要依靠"准时化"和"自动化"两大支柱。

(一)准时化生产

准时化生产推广开来前,发达国家汽车生产组装流行的是福特"总动员"模式,这种模式下,每一道工序一次生产一大批部件,并需将加工好的半成品在中间仓库或半成品库中存放一段时间,等本批全部加工好以后再出库送到下一道工序。这导致一半的工作时间里,人员和设备、流水线在等待零件,另一半时间里等零件一运到,全体人员总动员,紧急生产产品。这种方式造成了生产过程中的物流不合理现象,尤以库存积压和短缺为特征。例如当前市场订单可能只需要3 000辆汽车,但福特生产出7 000辆,多生产的车就先放进仓库。生产线要么不开机,要么开机后就大量生产,这种模式导致库存大量增加和人力闲置。

准时化生产主要围绕库存展开,以福特模式为代表的传统大批量生产方式把库存管理看成"虽不太好但却是必要的事物",精益生产方式的库存管理则强调"库存是万恶之源",它将生产中的一切库存视为"浪费",同时认为库存掩盖了生产系统中的缺陷与问题。精益生产一方面强调供应对生产的保证,另一方面强调对零库存的要求,从而不断暴露生产中基本环节的矛盾并加以改进,不断降低库存以消灭库存产生的"浪费"。

准时化生产和传统模式的对比如表4—18所示。

表4—18　　　　　　　　准时化生产和传统生产模式的对比

	生产特征	工位相对空闲(人等料)时	工位相对繁忙(料等人)时
传统大批量生产模式	员工只对自己所在的工序负责,工位是固定的	某工序工作量减少时员工无事可做	某工序工作量增加时员工忙不过来
准时化生产模式	一个团队负责一个单元(多道工序)	人等料时,该员工参与其他工序	料等人时,团队内其他员工帮助

准时化生产(Just In Time,JIT)的核心理念是在需要的时候、按需要的数量生产所需产

品，以避免库存浪费。JIT采用拉动生产模式，通过看板管理实现按市场需求生产，避免过量生产。平准化是拉动生产的条件，要求工件在进入生产系统前按照加工时间、数量和品种合理搭配排序，实现加工工时上的平稳性，确保均衡生产。均衡生产是拉动生产的前提，包括数量、品种、工时和设备负荷的均衡。为实现均衡生产，需确保设备、工装良好、材料准时供应，工人技术水平高、出勤率稳定。表4-19是准时化生产的技术体系。

表4-19　　　　　　　　　　　　　　准时化生产的技术体系

	实施前提	基本原则	实施的工具/方针	目的
JIT准时化	平准化（均衡化）	工序的流畅化	物："一个流"、同期化	缩短生产周期 减少停滞 在全生产过程中确保生产的同期化 备注：根据不同的工序来确定，有的工序不得不批量生产、小批量生产、快速换型
			人：多工序作业、多能工化	
			设备：按工序顺序配置、整流化	
		以需要数量决定节拍时间	标准化作业	
		后工序领取	看板方式	控制生产过剩 正确、迅速传递生产信息

1. 工序的流畅化

平准化生产是一个接一个地生产不同种类的产品，要求人员、设备能够迅速地行动，采用"一个流"的生产方法，将不同种类的零部件一个一个地或以一箱为单位传送下去，以实现工序的流畅化。实现工序流畅化的根本在于整理和整顿。整理指区分需要和不需要的物品，并将不需要的物品废弃。整顿是指将需要的物品按照规定的位置、方法摆放整齐，明确数量和标识，消除无谓的寻找，缩短准备时间，随时保持立即可取的状态。为了实现工序的流畅化，企业需要从物的方面、人的方面和设备的方面入手，确保整体生产过程的顺畅。平准化生产和不均衡生产的比较如表4-20所示。

表4-20　　　　　　　　　　　　平准化生产与不均衡生产的比较

区分	平准化生产的好处	不均衡生产的问题
前工序	可以按照后工序的领取时间生产，以合理的库存、人员、设备生产	因为不清楚什么时候，需要什么，需要多少，所以会拥有过剩的库存、人员、设备
后工序	可以进行标准作业（可以根据所需的节拍时间安排人员）	由于以消耗最多工时的产品为基准批量生产，因而导致保持过剩的库存、人员、设备
总体	可以实施各工序的同期化，暴露出待改善的问题	被生产过剩的浪费掩盖，待改善的问题暴露不出来

第一，在物的层面，生产零部件不再整批传送，而是采用一个流生产的方式，一个一个地传送，并推行各工序的同期化，以消除在制品的停滞，缩短生产周期。在一个流生产中，各工序只有一个工件在流动，确保工序从毛坯到成品的加工过程一直处于不停滞、不堆积、不超越的流动状态。这种方式是一种改善型的工序间在制品零挑战的生产管理思想。

第二，在人的层面，实现一个流生产要求作业者承担多工序的工作，因此作业者应该具备多能工的能力。此外，手工作业应采用站立操作，以使工人承担多功能工序的作业成为可能，同时促使相邻的作业者能够相互协助。在一个流生产中，如果作业人员沿着加工顺序一次次地将原材料加工成成品,需要在设备之间走动。如果设备排布成直线型,那么作业人员可能会空手回到原点,导致动作和时间的浪费。因此,要求生产线布置符合"IO 一致"原则,即使生产的投入点(Input)和完成品的取出点(Output)的位置尽可能靠近。为了满足这一原则,生产线应该被合理地布置成 U 字形生产线,排成像英文字母 U 的形状。这种布局有助于减少动作和时间浪费,使生产过程更加流畅。

第三,在设备的层面,按照精益生产的理念,设备布局需要遵循逆时针排布和"IO 一致"两个基本原则,避免采用孤岛式和鸟笼式布局。精益生产的布局追求最小化物料搬运成本,提高空间利用率,有效利用劳动力。U 字形布局有利于流水线生产,增加整体效率,减少浪费,并便于员工和管理者之间、员工与用户之间的信息沟通。

工厂通常会存在多条生产线,并且在前后流程上有关联。传统的生产方式常按功能区分加工单元,导致产品滞留、物料交接混乱、交货时间无法把握以及容易出现质量问题。在企业转为流生产方式时,必须相应调整生产布局。设备应按照产品原则布置,实现流程化生产。为了提高整体效率,工厂的布置需要考虑整体流程化,将前后关联的生产线集中布置,并采用 U 字形布局,整体实现一笔画布局,以最经济的方式进行场内物流。

延伸阅读4-3

一笔画的整体工厂布置步骤

设备配置的三个基本类型如图 4-12 所示。

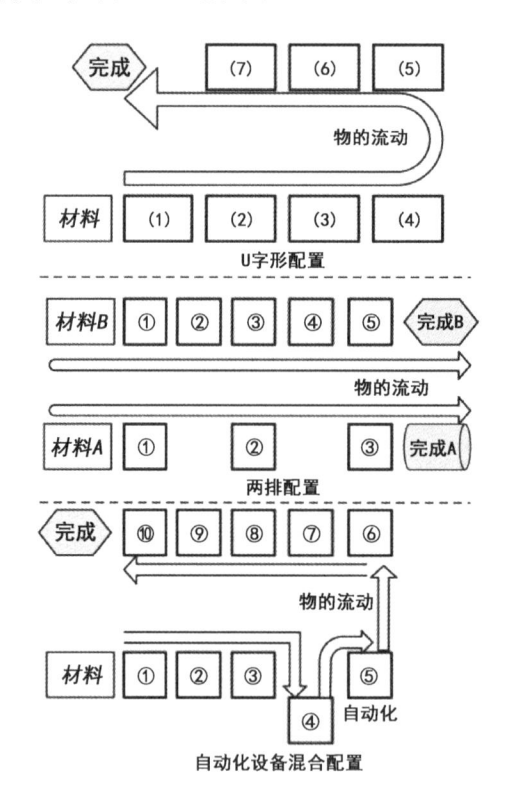

图 4-12 设备配置的三个基本类型

设备配置的三个基本类型的优点如表 4-21 所示。

表 4—21　　　　　　　　　　　设备配置三个基本类型的优点

基本型	特点	设备配置类型的优点
U 字形配置	材料、成品横向排列,物的流动和设备配置呈 U 字形	①供给材料和领取成品可在一处进行; ②作业者的动作可没有空步返回第一工序
两排配置	这种类型是两种零部件向同一方向流动,由两条生产线组成	当后工序是组装生产线时,将设备配置成两排的话,加工的完成品向同一方向流动,因此可以直接连接组装生产线。但是,这时应注意下述事项: ①两条生产线的节拍时间应该一致; ②对于工序流动和作业者的作业顺序相反的设备,应该将加工后的零部件自动排出,向下一个工序传送(若不实施零部件的排出,则传送时会导致作业者处理加工零部件的次数增加)
自动化设备混合配置	这是自动化(无人化)设备与手动设备相分离的类型	将作业者的作业区域与自动化区域分开,可以缩短作业者的步行距离,也可以按照工序顺序配置设备整流化

需要说明的是,为实现工序的流畅化,生产线需要具备快速切换的能力,即在同一条生产线或同一台设备上迅速完成前一种产品的生产并切换到下一种产品的生产。快速切换的目的是减少工作操作时间浪费和在制品数量,通过增加切换次数实现小批量生产,提高流速和缩短生产周期。同时,有助于降低库存水平,提高生产效益,同时更灵活地满足客户需求,避免不必要的额外库存。

2. 以需要数量决定节拍时间

节拍时间(Takt Time,T.T)是在一定时间长度内总有效生产时间与客户需求数量的比值,它代表了客户需求一个产品的市场必要时间,是生产的指挥棒。在准时化生产中,避免过量生产和建立库存是基本目标。生产节拍是根据市场需求量确定的,各生产线应按照生产节拍有序组织生产,以防止过量生产及由此引起的各种浪费,更好地满足客户需求,提高生产效益。

$$节拍时间(T.T) = \frac{1 日可工作时数(不加班,可动率100\%)}{市场 1 日需求数量}$$

第一,节拍时间可用于计算最佳人员配置,以实现生产线的少人化目标。由于必需生产量每月会发生变化,应将节拍时间也视为每月变动。因此,需要建立这样一条生产线,即使节拍时间变动,也能够保持效率,几个人就能完成生产,实现生产线的少人化配置。生产线的作业人员数量的最佳安排可通过以下公式表示:

$$配员 = \sum \frac{CT}{T.T}$$

式中,CT 表示周期时间(循环时间、标准工时),指作业者进行标准作业时,毫不困难的、最快的、一个循环的实际作业时间(包括步行时间),但不包括空手等待时间。$\sum CT$ 表示所有周期时间的总和。

第二,节拍时间是标准作业的组成要素之一,同时也是推动精益系统改善的工具之一。节拍时间与标准作业顺序和标准手持一同构成了标准作业的三要素。标准作业以人的动作为核心,通过规范的程序有效生产。标准作业的制定有两个主要目的:(1)明确产品制造的方法,在综合考虑品质、数量、成本和安全等因素的基础上,规定作业方法的规则;(2)作为改善的工具,因为没有标准就无法改善。通过按照标准作业规定的程序进行现场标准化,可以发现并消除浪费。在标准作业中,节拍时间被视为整个价值流中所有作业的共同生产节奏。通过比较生产作业时间和节拍时间的差距,企业可以识别并改善瓶颈工序,提高整体生产效率。

3.后工序领取

按照准时化生产要求,后工序在需要时按需到前工序领取所需物品。前工序维持最少数量的完成品库存,根据后工序领取的零部件数量和种类生产,以补充完成品库存。看板是一种生产运作和物流控制系统,通过看板系统的精准运作,可以确保物料的即时供应,避免过多库存和生产浪费。

(1)看板管理的概念。看板一词源于日语,是一种用于传递生产和运送指令的工具。看板管理是实现准时化生产的重要工具,也是精益生产中的关键子系统。看板管理的工作原理(如图4—13所示)是采用拉式生产系统,以逆向思维方式观察生产流程。根据市场订货信息和订单需求,制定生产计划,并将计划下达到最终装配线。最终装配线上的作业人员按需领取零部件,领取的凭证即为看板。通过这种方式,前工序只需生产被领走的零部件,实现了按需生产和准时化生产的目标。看板作为信息的载体,扮演着传递、领取和生产信息的关键角色。这种可视化管理工具有助于提高生产灵活性,减少库存浪费。

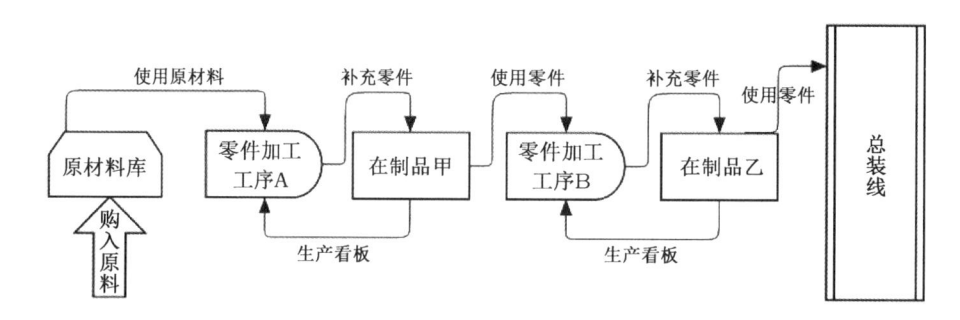

图4—13 看板管理的工作原理

表4—22介绍了看板的作用。表4—23列举了看板的使用规则,企业应该通过贯彻看板的使用规则,建立自律、通畅的生产现场。

表4—22　　　　　　　　　　　　看板管理的作用

序号	作用	内容
1	指示搬运、生产的信息	根据现场的实际进度,指示"何时"生产、搬运,生产、搬运"什么",生产、搬运"多少"的信息
		可以明确生产的优先顺序(按照看板被摘下的顺序着手安排生产)
2	看得见的管理工具	控制生产、搬运过剩(看板的张数如果能得到合理的控制,生产量、搬运量自然会控制在适当的范围内)
		检验工序进展的快慢(掌握本工序的能力和在库情况,掌握本工序人员配置是否合适,掌握后工序的作业进展情况,掌握后工序的紧急程度,即生产的优先顺序)
3	改善生产线、作业的工具	暴露问题的工具(工序中的标准手持越少,问题越容易暴露出来)
		这种措施会使出现残次品的工序暴露出来

表 4-23　　　　　　　　　　　　　　　　看板的使用规则

序号	规则	解读
1	后工序只有在必要的时候,才向前工序领取必要的零部件和必要的数量	看板只能来自后工序。后工序如果无视这个规则,随便去领取,会导致前工序生产的不稳定
2	前工序按照被领取的顺序,只生产被领取的零部件和被领取的数量	前工序只生产后工序所需的零部件,包括型号、质量和数量。前工序如果无视这个规则,随便生产,会导致大量库存
3	没有看板,不生产、不搬运	看板是防止生产过剩和搬运过剩的工具。生产和搬运必须按照看板的流动顺序进行,作业者不能随意判断行动
4	看板一定要附在零部件或空箱上	看板一定要和零部件一起流动。看板的流动是指示生产、搬运的信息流动
5	看板上填写的数量应和实物数量一致	如果出现"零头"(不足一箱的完成品),应标明零头
6	不良品不送往后工序	后工序用看板去前工序领取的零部件应是 100% 合格的。后工序没有库存。后工序一旦发现次品必须立即停止生产,找到此产品并送回前工序
7	看板的使用数量应该尽量减少	看板的数量代表零部件的最大库存量
8	通过使用看板,适应小幅度需求的变动	计划的变更依据看板取下的数目自然产生,可有效地应对市场需求和生产的紧急状况

(2)看板的种类。看板的本质是在需要的时间,按需要的量对所需零部件发出生产指令的一种信息媒介物,而实现这一功能的形式可以是多种多样的。从用途上看,看板的种类如图 4-14 所示。

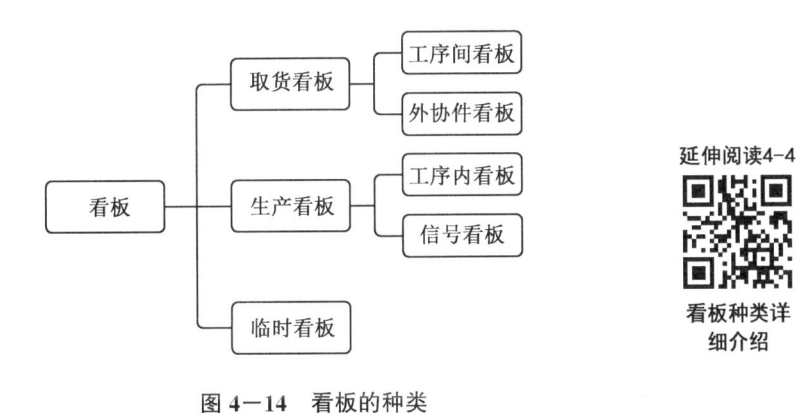

图 4-14　看板的种类

延伸阅读4-4

看板种类详细介绍

(3)看板的使用方法。看板的种类和使用方法因其多样性而各异。不同类型的看板需要精心设计使用方法,否则就难以正常生产。在运用看板时,每个传送看板通常仅与一种零部件相对应,而每一种零部件则按照规定存放在相应的容器内。这种明确的搭配有助于确保生产正常有序。

①工序间看板的使用方法。工序间的看板通常挂在从前工序领取的零部件箱上。零部件使用后,操作者取下看板放入看板回收箱,传达"零件已使用,需补充"的信息。现场管理人员定期回收这些看板,并分送到对应前工序,确保及时补充零部件[如图 4-15(a)所示]。

②工序内看板的使用方法。工序内看板在使用中最关键的一点是看板必须与实物同步移动,即与产品一起流转。当后工序前来领取中间品时,他们会取下产品上挂着的工序内看板,然后使用工序间的取货看板挂在产品上,生产会根据被取下的看板的顺序和数量进行。如果取下的看板数量降至零,生产就会停止,这样既不会延误生产也不会导致过量的库存积累[如图 4—15(b)所示]。

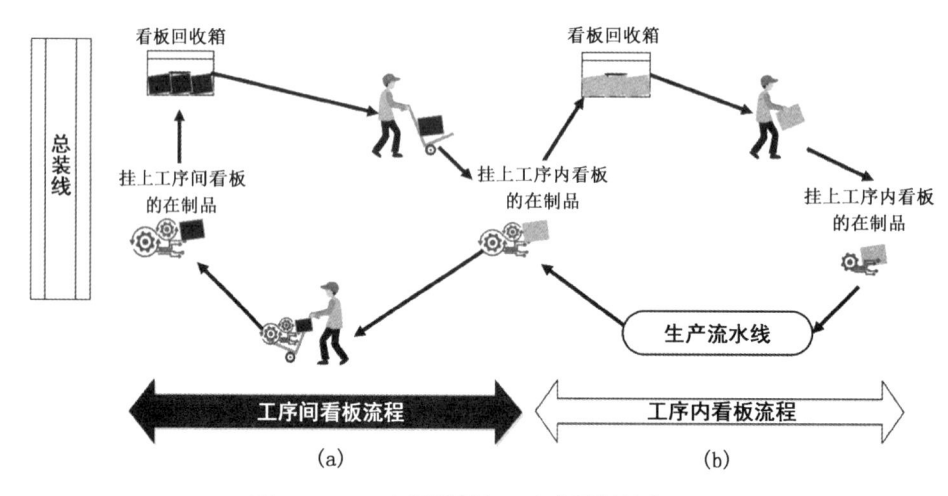

图 4—15 工序间看板和工序内看板的使用

③外协件看板的使用方法。外协件看板的摘下和回收流程与工序间看板基本相同。回收后根据各协作厂家的不同,将其分开存放。当各协作厂家来送货时将看板带回,作为他们下次生产的指示。在这种情况下,该批产品的进货至少会延迟一次。因此,需要根据延迟的回数发行相应数量的看板,以确保能够按照 JIT 原则循环生产。

④信号看板的使用方法。信号看板通常悬挂在批量生产的产品上。一旦批次产品数量减少到基准数,就会摘下看板并送回到生产工序。随后,生产工序将按照该看板的指示启动相应的生产。如果未摘下看板,表示产品数量足够,无需继续生产。这一过程实现了在需要时及时触发生产,避免了不必要的生产浪费。

(4)用看板组织生产的过程。JIT 是一种拉动式的制造方式,通过看板传递信息,逐步从最后一道工序往前拉动生产。这包括使用取货看板进行工序间的拉动生产以及使用生产看板进行工序内的生产。取货看板随着产品在前后两道工序间的移动而移动,实现了拉动式生产的流程。具体的看板使用流程可参考图 4—16。

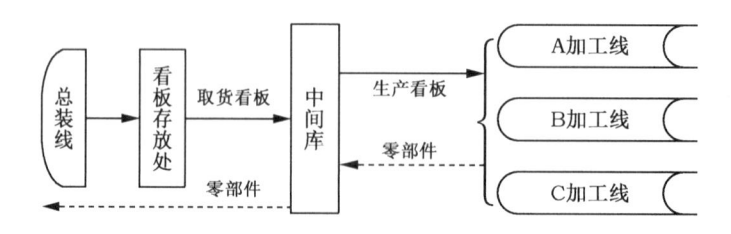

图 4—16 看板使用流程

用看板组织生产的过程如表 4—24 所示。

表 4-24　　　　　　　　　　　生产过程中看板的使用

序列	总装线	后工序		前工序		结果
	装配	收集箱	搬运活动	收集箱	生产线是否开动	
1	无	无	无	无	无	全体休息
2	有	有	有	无	无	装配线开动
3	无	无	搬运人员从看板收集箱内取出取货看板,并拿着空零件箱到零件生产线领取零件	无	无	搬运人员开始搬运
4	无	无	无	有	搬运人员将生产看板放入收集箱内,将空零件箱放下,将装有零件的箱子取走	
5	无	无	有	有		
6	无	无	无	无	生产作业人员从看板收集箱中取出生产看板,按规定数量生产零件	零件生产线开动

①当生产看板专用箱内的看板数量为"0"时,生产停止。

②后工序生产员工开始使用零件箱的第一个零件时,取货看板被取下,并放入专用取货看板收集箱。

③当看板收集箱中的看板数量达到一定量时,搬运人员拿着取货看板,前往前工序(中间库)的出口存放处领取所需的零部件。

④搬运人员在前工序(中间库)的出口存放处,取下取货看板,并放入前工序(中间库)的专用取货看板回收箱,然后取走所需的零部件,送到后工序的入口存放处。

⑤前工序作业人员从工序入口存放处看到取货看板后,将其取下,转化为生产指示看板,并将取下的取货看板放入专用取货看板收集箱内。

⑥前工序作业人员按照生产指示看板的内容组织生产。

⑦前工序作业人员完成所需数量的加工后,将生产看板附在盛有零部件的容器上,并放置于作业的出口存放处。

（二）自动化生产

丰田公司一直强调的"自动化"实际上是"带人字旁的自动化"。该理念的根源可以追溯到丰田公司的创始人丰田佐吉发明的自动织机。在丰田工厂几乎每套机器设备都配备了自动停止设置,即具有自动停止装置的机器。这种自动停止装置的实现改变了管理的意义,使得在正常运转时几乎不需要人介入,只有在发生异常情况时才需要人员进行处理。"自动化"在丰田生产方式中具有两重含义。首先,是机器本身的自动化作业,使得生产过程更为高效。其次,是作业者负责监督机器,以防止问题的发生。一旦出现异常情况,作业者必须立即介入并解决,原则上不允许产生劣质产品。这种"自衡化"机制旨在保障生产质量和效率,充分体现了丰田公司对自动化和人工监督的巧妙结合。

延伸阅读4-5
自动化的基本原则及其具体实施方法

表 4—25　　　　　　　　　　自动化与丰田自动化的区别

自动化	丰田自动化
用机器来代替人工，人们按动开关，机器就会自动转动起来，完成预定的工作，但没有对质量缺陷的识别能力	具有人类判断力的自动化，是一种发现异常或质量缺陷的技术手段
异常发生时，如果没人按动停止开关，机器会不停地运转	异常发生时，机械设备本身能检测出异常并自动停止
出现大量的残次品，发现迟缓（有损坏机械、磨具、夹具的危险）	不会出现残次品（机械、磨具、夹具的故障可防患于未然）
早期不能发现异常产生的原因，防止再发生很困难	容易掌握发生异常的原因，可防止异常再发生
省力化	省人化

四、精益生产方式的实施

（一）精益生产的实施条件

1. 合理设计产品

精益生产倡导通过合理设计产品达到简化生产和装配的目的。当扩大产品范围时，力求不增加工艺过程，而是采取措施提高产品系列化、标准化和通用化水平，充分利用现有工艺过程和工序。强化产品模块化设计，降低产品结构复杂性，通过将产品拆分为独立的模块，降低设计和制造难度，提高生产灵活性。利用经验设计具有优异定型特性的产品，促使高效加工、装配和生产。

2. 生产同步化

生产同步化是指在工序间不设仓库，产品在前一工序结束后立即转入下一工序，实现装配与机械加工的平行进行，实现产品的连续生产。常采用U字形设计来支持这种同步化生产布局。这种方式有助于减少库存和等待时间，提高生产效率，实现流水化生产。

3. 生产均衡化

生产均衡化指企业的采购、制造和送货过程都与市场需求相适应，不再采用大批量制造单一种类产品，而是通过每天同时生产多种类型产品，以更好地满足市场需求。这种方法有助于提高生产的灵活性，减少库存积压，缩短交货周期，适应市场动态变化。

4. 缩短作业转换时间

缩短作业转换时间的方法包括：(1)在机器运行时准备调整；(2)消除停机的调整时间；(3)进行人员培训；(4)改造设备和工艺装备。

5. 弹性配备人员

精益生产方式引入了一种新型的"少人化"技术，作业人数可以随着生产量的变化而调整。这里的"少人化"具有两层含义：(1)生产工人数量根据工作量的变化而灵活调整；(2)通过不断改进作业，实现作业人数的减少，以提高效率、降低成本。

6. 质量保证

在精益生产方式中，将质量管理贯穿于每一工序中，以提高质量并降低成本。具体方法包括：(1)使设备或生产线具备自动检测不良产品的能力，建立一旦发现异常或不良产品即可自动停止设备运行的机制；(2)建立生产第一线的设备操作工人在发现产品或设备问题时有权自主停止生产的管理机制。

(二)精益生产的管理工具

精益生产是实操性很强的生产管理技术,形成了从思想到原则与方法的运营管理模式,图4-17对精益生产进行了总结。在其实施的过程中主要运用以下管理工具。

1. 价值流分析

精益生产围绕价值展开,对于价值的理解包含两个层面:一是客户需支付的价值,二是客户愿意额外支付的附加价值。精益生产更注重第二个层面的价值。通过价值流分析,企业界定产品生产流程中的要素,从而消除浪费,缩减客户不愿意多付的要素,实现设备和员工有效时间的最大化以及价值的最大化。

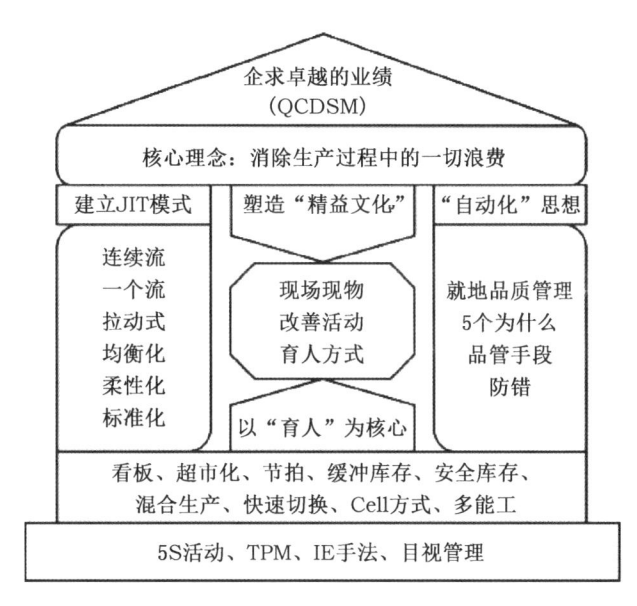

图 4-17 精益生产屋

2. 标准化作业

标准化是实现高效率和高质量生产的最有效管理工具。通过对生产流程进行价值流分析,可以根据科学的工艺流程和操作程序制定文本化标准。这些标准不仅可以用于判定产品质量,还可以用于规范员工的操作。标准包括现场目视化标准、设备管理标准、产品生产标准和产品质量标准等。在精益生产中,强调"一切都要标准化"。

3. 5S与目视化管理

5S是现场目视化管理的有效工具,也是企业管理的基础。5S的成功关键在于标准化,即通过制定详细的现场标准和清晰的责任分工,员工首先要确保现场整洁,并发现问题,进而解决现场和设备的问题。通过逐步培养规范的职业习惯和良好的职业素养,5S能够有效提升企业管理水平。

4. 全员设备维护(Total Productive Maintenance,TPM)

全员设备维护是实现准时化生产的一个必要条件。其目标是通过全员参与,实现设备相关过程的控制和问题的预防。TPM的推行需要首先建立设备的相关标准,如日常维护标准和部件更换标准,接着便是员工对这些标准的理解和执行。TPM的目的在于预防和发现问题,通过全面细致的维护确保设备零故障,为均衡化生产和准时化生产提供可靠支持。

5. 精益质量管理

精益质量管理更加关注产品的过程质量控制,特别是对于流程型产品,在制品质量不合格和返工可能会直接导致价值流停滞和过程积压。因此,制定严格的产品过程质量控制标准变得尤为重要,其目的是确保每个工序产出的产品都是合格的,坚决消除前工序的质量问题。

6. 瓶颈管理技术与均衡化生产

均衡化生产是准时化生产的前提,也是消除过程积压和价值流停滞的有效工具。瓶颈管理的核心是识别生产流程中的瓶颈并解决,确保工序与产能相匹配,提升整个流程的产能。对于离散型产品,瓶颈管理技术是实现均衡化生产的最有效手段。瓶颈工序决定了整个流程的产能,由于系统中的要素不断变化,流程中的瓶颈也会随之改变,因此需要持续改善。

7. 拉动式计划

拉动是精益生产的核心理念,拉动式计划是指将生产计划仅下达到最终(成品)工序。后续工序通过展示板等方式向前工序发出指令,实现拉动前工序。这种方法避免了由于统一指挥可能引起的混乱,同时促使各工序实现自我管理。

8. 快速切换

快速切换理论基于运筹技术和并行工程,旨在通过团队协作最大程度减少设备停机时间。快速切换的目标是最大限度地压缩前置时间,使生产系统能够迅速、高效地从一种产品切换到另一种产品,减少产品换线和设备调整中的空档时间。

9. 准时化生产

JIT 是精益生产的终极目标,其实现需要借助一系列必要条件,包括标准化作业、全员设备维护、精益质量管理、拉动式计划和快速切换等。这些条件共同构成了实现 JIT 的关键要素。JIT 的核心理念是根据实际需求在所需时间内生产所需数量的产品,以适应多品种小批量、订单频繁变化的市场需求,同时降低库存水平。

(三)精益组织

精益组织在实施精益生产方式时,需要注意以下三点。

1. 解决与供应商的关系问题

在精益生产方式下,企业将供应商视为价值流的起点和利益相关者,并将其发展成为企业的外延。尽管丰田在全球汽车行业占据着重要地位,但它仍然秉持早期的伙伴关系原则。对于新供应商,丰田采取慎重的观察和评估态度,一开始只下达极少量的订单,新供应商必须证明其值得信任。若新供应商在初期订单中表现出色,就有机会获得更多订单,并接受丰田的指导,被纳入丰田公司的大家族,建立起长期的合作关系。丰田对供应商的要求严格,将持续改善作为对其员工和供应商的挑战,设立高标准的目标,并协助供应商实现这些目标。供应商也愿意与丰田合作,因为他们知道这样的合作可以改善自身水平,赢得同业和其他客户的尊重。这种相互合作的伙伴关系是精益生产方式成功的重要组成部分。

2. 解决成本增加问题

精益生产的基本思想是通过降低成本、保持利润水平来提高企业竞争力。企业通过价值流分析,区分价值流中的增值和非增值部分,是降低成本的关键。从产品级到作业级,必须持续强化对关键增值部分的管理,同时降低甚至消除非增值部分。通过这种方式,企业可以实现资源的有效配置,改进生产流程,达到精益制造成本管理的目标。

3. 企业领导的重视

实施精益生产首先需要公司高层领导层的指导和承诺。领导层的了解和致力于应用丰田模式是精益变革的先决条件,这将推动公司成为一个"精益的学习型组织"。高层领导的理解与承诺必须延伸到建立精益制度与文化,并持续改进。他们的指导作用涵盖了校准核心竞争力、确定实施重点、催化改善成果的重要职责,并定期评审。其次,精益生产的成功还需要公司各层级的全面支持。高层领导的承诺和投入是基础,中基层管理者则需要积极学习、坚决执行、快速行动,并传达精益思想至下属员工,使之深入人心,不断追求改善。此外,外部供应商的参与也至关重要,需要他们全面贯彻和落实企业对标准的要求。整个组织要形成一体,协同合作,方能有效推动精益生产的实施。

任务五 大规模定制

一、大规模定制的发展历程

阿尔文·托夫勒在 1970 年提出了一种新型的生产方式的设想,即通过类似于标准化和大规模生产的成本和时间,提供满足客户特定需求的产品和服务。1987 年,斯坦·戴维斯首次将这一生产方式命名为"大规模定制"(Mass Customization,MC)。随后,B. 约瑟夫·派恩于 1993 年指出大规模定制的核心特征是产品品种的多样化和定制化急剧增加,而不伴随着成本的相应增加。大规模定制是对个性化定制产品的大规模生产,其最大优点在于提供战略优势和经济价值。

大规模定制是从 20 世纪盛行的两种生产模式——单件定制和大规模生产中演化而来的。大规模生产是指对少量产品进行有效的大批量生产,具有严密的控制和可预测性,致力于高效率运作,生产成本相对较低。而单件生产则涉及高技术性和柔性的工匠,通常是制造领域的手艺人,对创造独一无二和有趣的产品或服务有极高的欲望。其管理方式为有机组织,工人通过学徒制的方式进行培训,组织灵活且可以不断改进。尽管这种形式的组织能够生产差异化和特殊的产品,但难以规范和控制,通常生产成本更高。

大规模定制采用推-拉混合式供应链,通过整合供应链上下游各行为主体的业务活动来实现。在某些层次(例如产品研发、中性中间产品与零部件的生产),以推动的方式运营,基于长期预测生产、采购决策和库存管理。而在其余层次,采用拉动战略,例如组装环节在接到顾客订单后才开始生产。对于消费者的共性需求(即中间件及零部件),采用大规模生产和面向库存的推式生产。而对于消费者的个性需求(即不同偏好的最终产品),采用单件生产和面向顾客订单的拉式生产。这种混合式供应链策略充分发挥了大规模定制的优势,实现了对不同层次需求的灵活处理。大规模生产和大规模定制的比较如表 4-26 所示。

表 4-26　　　　　　　　　　　大规模生产和大规模定制

项目	大规模生产	大规模定制
管理导向	以产品生产为中心	以顾客需求为中心
生产驱动模式	根据市场预测安排生产推动式的生产方式	根据客户订单安排生产拉动式的生产方式
战略	成本领先战略 通过降低成本、提高生产效率获取竞争优势	差异化战略 通过快速反应、提供个性化的产品获取竞争优势
主要特征	产品单一 产品开发周期长 产品生命周期长 机器设备专用、设备调整时间长、调整费用高	产品随客户需求而变化 产品开发周期短 产品生命周期短 柔性的机器设备、设备调整时间短、调整费用低

续表

项目	大规模生产	大规模定制
适用范围	需求稳定 统一市场	需求动态变化 离散市场

模块化设计和延迟策略是实现大规模定制的关键途径。在延迟策略中,企业将产品设计与制造作业的程序尽可能延迟,以便在需要时才制造特定产品。这体现了大规模定制充分利用规模经济效应的思想,即通过灵活的制造流程实现对顾客需求的迅速响应。而模块化设计则为延迟策略提供了基础,通过标准化的模块和零部件,企业能够更容易地将顾客的定制要求延迟到供应链下游。大规模定制还要求企业进行相应的改造,转向"模块化企业",确保各个模块之间的兼容性,以便灵活地组合和生产。

二、大规模定制的原则:构建模块化

模块(Module)是系统中的独立结构,其间存在定义好的标准接口,具备一些功能的零件、组件或部件。根据功能划分,模块可分为基本模块(实现必不可少功能)、辅助模块(连接各基本模块,使系统正常工作)和可选模块(根据客户需求特别增加的模块)。

模块化系列产品是由一组特定模块组成的多种不同功能或性能的产品。模块化设计在产品架构允许的情况下,通过共享基本模块,生产标准化产品,将可选模块快速应用于其他产品结构,实现产品的个性化定制。模块化制造系统或生产线有效降低了产品的装配和管理成本,使产品在全生命周期内更易于维护和更新。当产品类型变化时,通过更换适当的工艺模块,可以改善系统的适应能力,提升可重组性和可扩展性。

乌尔里希(Ulrich)在1995年的研究中关注了模块化产品的拓扑形式,以区别不同模块化产品的组成结构。对不同结构的划分,有助于识别最终组合成的具体定制产品的结构形式。图4-18列出了6种主要的模块化结构类型。

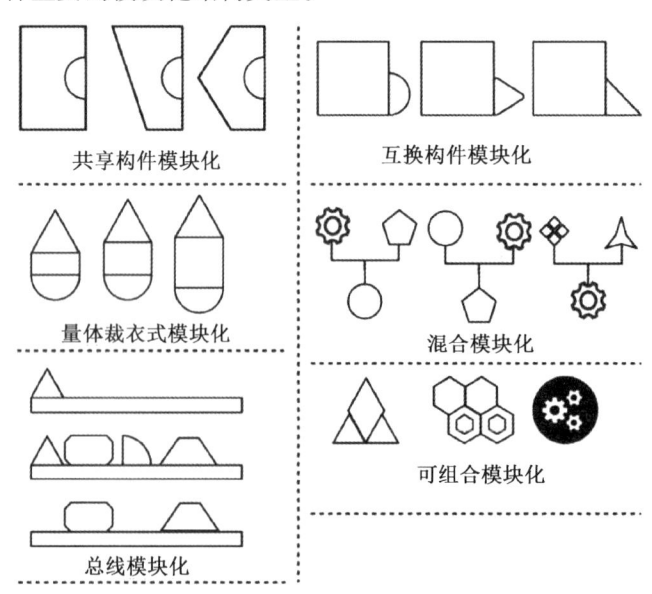

图4-18 面向产品和服务的大规模定制的六种模块化结构类型

(一)共享构件模块化

共享构件模块化通过在多个产品中使用相同的部件，实现了产品范围的经济性，同时增强了多样性和个性化。这种模块化策略显著降低了产品成本，提高了产品开发速度，更迅速地满足用户的个性化的需求。共享构件的模块化方法有助于减少零部件的数量，有效降低整个产品系列的成本。

(二)互换构件模块化

互换构件模块化是共享构件模块化的补充，通过用不同部件与基本部件组合，形成与互换部件相同数量的最终产品。互换构件模块化的关键在于发现最易定制的部分，并将其分解为可方便重新整合的部件。为了最大化发挥其效能，被分离的部件应该具备提供高价值、方便整合、具备多样性以适应个性化需求的特点。只有在部件品种较多的情况下，这种模块化才能实现真正的个性化定制。

(三)量体裁衣式模块化

可变构件模块化与前两种模块化类似，但在这种技术中可以通过更改模块的尺寸满足客户的多元化需求。大多数客户对产品性能的要求是连续的，因此客户的估价很大程度上依赖于为适应个性化需求而可以连续变化的构件。例如，裤子的长度可以在购物时根据顾客的身高定制。这种模块化类型特别适用于服装业的大规模定制。

(四)混合模块化

此模块化类型可以采用前述的任何一种形式，其主要区别在于部件混合后形成了完全不同的产品。这种灵活的组合允许企业以更加多样的方式满足客户需求，实现产品线的灵活性和多样性。

(五)总线模块化

这种模块化类型采用可附加多种不同部件的标准结构，并依赖总线的存在。首先，确定每个客户真正需要的产品体系结构或服务基础设施。然后，将其余的部分模块化成可插入标准结构的构件。总线模块化与其他模块化的主要区别在于，标准结构允许在插入的模块数量、类型和位置等方面有所变化，提供更大的定制灵活性。

(六)可组合模块化

这种模块化类型提供了最大限度的多样性和定制化，允许按需配置任意数量的不同部件，只要每个部件都与另一个部件通过标准接口连接。其关键在于开发能够让不同类型部件相互连接的接口，从而实现高度灵活性和个性化。

三、大规模定制的载体：模块化企业、动态网络

模块化企业是一种高度专业化分工的企业。各个企业或部门生产自己具有核心优势的功能模块，然后将这些模块组合成市场需求的产品。这种灵活的生产模式使企业能够迅速适应多变的市场需求，具有高度的生产柔性和制造敏捷性。这不仅有利于满足消费者多样化、个性化的需求，还有助于降低产品生产成本和库存成本。模块化企业以插头兼容的方式运作，可灵活外包模块或购买其他企业的模块，实现即插即用的生产特性。

大规模定制的成功实现关键在于高度技术性和自治的员工、流程与模块化单元。这需要管理者协调和重设模块，以满足特定消费者的需求。为此，企业需要具备以下4个关键特性：首先是即时性，确保模块和流程能快速联结，以快速响应不同消费者的需求。其次是低成本，

要求联结的成本极小化,以确保大规模定制的低成本化。再次是无缝集成,确保联结点和模块对顾客不可见,保证服务水平不受影响。最后是无摩擦,要求网络或模块集合的创建具有极低的间接费用,且沟通迅速,不花费过多时间在团队建设上。

在供应链管理中,实现大规模定制需要注意以下几点。首先,提高供应链管理的信息化水平,增强在供应链动态网络下协调不同模块的能力,确保有效满足顾客需求。其次,在动态网络中的模块可能需要跨越不同企业,因此要注重战略伙伴关系和供应商的集成。最后,实施地区差异化的延迟策略,以实现特定顾客的定制化需求。

四、大规模定制的支柱

(一)延迟策略

大规模定制生产方式所面临的最大挑战之一是在成本和个性化服务之间寻找平衡。延迟策略正是为了解决这一矛盾而采取的一种策略。该策略应用延迟理论,通过识别产品差异点,将制造、组装、配送等过程尽可能延迟,最大限度地共享相同的制造过程。这样,企业可以在控制总成本的同时,迅速满足客户的个性化需求。有关延迟理论在项目一已做过详细介绍,在此不再赘述。

(二)客户订单分离点

供应链运作的业务流程可分为推式流程和拉式流程。推式流程基于对客户订单的预测生产,并将产品推向市场,存在信息沟通不足、库存高、响应能力差等问题。拉式流程则从客户需求出发,根据客户订单设计、生产、装配产品,从而降低库存、提高灵活性,但难以发挥规模效益。延迟策略采用推-拉混合式供应运作模式,将产品的生产运作过程分为推动阶段和拉动阶段,这两个阶段的转换点称为客户订单分离点(Customer Order Discoupling Point, CODP)。

客户订单分离点是企业生产运作活动从基于预测的计划生产运作向响应客户需求的定制生产运作转变的关键转折点(如图4-19所示)。在CODP之前,企业依据预测大规模生产,而在CODP之后,转为按客户订单定制生产。通过延迟CODP,企业能够降低制造过程复杂性、减少不确定性,降低成品库存,缩短定制时间。海尔沈阳冰箱工厂的供应链网络即采用了延迟策略,通过在CODP后进行定制化步骤,实现了快速响应市场需求和降低企业成本的双重优势。

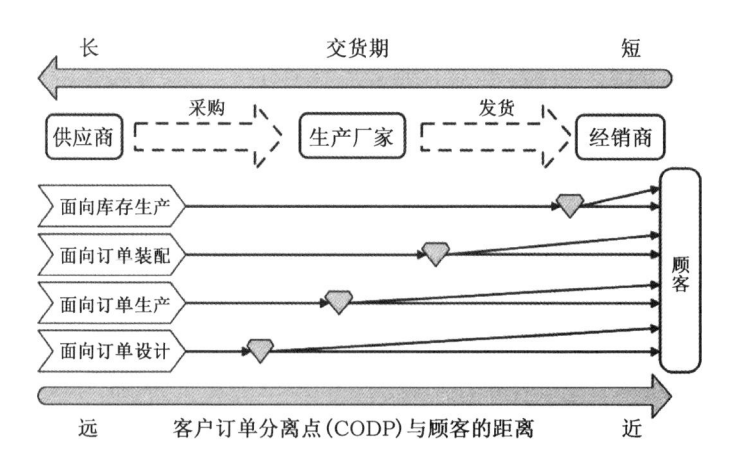

图4-19 客户订单分离点

五、大规模定制的实施

(一)大规模定制的类型

企业的生产过程一般可分为设计、制造、装配和销售,根据定制活动开始的不同阶段,大规模定制可分为四种类型:设计定制化、制造定制化、装配定制化以及自定制化。

1. 设计定制化

设计定制化是一种以满足客户独特需求为导向的大规模定制方式。在这种模式下,企业将产品设计过程置于客户订单的驱动下,确保产品能够精准地满足特定客户的要求。这种定制方式通常在大型机电设备、船舶等产品的制造中应用广泛。

2. 制造定制化

制造阶段的定制是在接收客户订单后,利用已有的零部件和模块进行变型设计、制造和装配,最终提供定制产品的生产方式。在制造定制方式下产品的基本结构固定,企业通过变型设计来满足客户个性化需求。机械产品的生产常采用这种方式,通过使用标准化零部件和模块的组合来实现定制。一些软件系统(如 MRP Ⅱ 和 ERP)也采用这种方式,通过在标准化模块上二次开发来满足客户的具体需求。

3. 装配定制化

装配阶段的定制是在接收客户订单后,企业通过组合装配现有的标准化零部件和模块,提供定制产品的生产方式。产品的设计和制造在此定制方式下是固定的,而装配活动及其下游活动由客户订单所驱动。典型的例子是个人计算机的装配定制化,通过选择不同的组件和配置,客户可以获得符合其特定需求的个性化计算机系统。

4. 自定制化

自定制化是在销售阶段前,根据客户的个性化需求定制化生产的方式。在自定制化中,产品虽然是标准化的,但是具有"可客户化"的特性,客户可以从产品提供的多个选项中选择最符合其需求的选项。因此,在自定制化方式中,产品的设计、制造和装配都是固定的,不受客户订单的影响。一个常见的例子是计算机应用程序,客户可以通过工具条、优选菜单和功能模块对软件进行自定制,以满足自己的个性化需求。

(二)大规模定制实施的方法

实施大规模定制的关键因素包括产品可定制化、市场需求、供应链准备、先进技术和信息技术。大规模定制的实施方法如下:

第一,面向产品簇的设计。不再仅仅考虑单一产品的设计,而是基于产品簇的需求设计。通过预测的需求分析,提取变型参数,形成可变型的产品模型,并在快速变型设计阶段配置。

第二,模块化设计。在功能分析的基础上,将产品划分为一系列可以根据需求选择和组合功能模块,以满足不同客户的需求。模块化设计提高了产品的灵活性和可组合性。

第三,零部件的标准化与通用化。通过零部件的标准化,企业可以提高零部件的通用性,使其能够在不同产品中使用,从而降低生产成本并提高组合灵活性。

第四,延迟设计。尽可能推迟产品的差异化过程,从而减少生产过程的复杂性、降低成品库存,并缩短定制时间。

第五,产品开发与快速设计。引入快速变型设计阶段,通过先进的设计工具和技术,迅速响应市场需求,提高产品开发的速度。

任务六　数字化生产

随着物联网、大数据、云计算和人工智能等技术的迅速发展，生产数字化转型已成为必然趋势。通过生产过程全面数字化转型，企业不仅可以提高生产效率，降低生产成本，还可以实现对生产过程的智能化监控和优化。有关数字化生产的概念及优势之前已做过介绍，本任务主要阐述数字化生产的具体实现。

一、采集多维数据信息

智能工厂以构建智能化生产系统和网络化分布式生产设施为基础，实现了全方位的生产过程智能化。智能制造通过连接人、机、法、料、环等要素，实现了多维度的融合，使生产更加高效、灵活和可持续。

实现数字化生产的第一步是采集多维数据，以推动生产过程的数字化和管理流程的智能化。多维数据涵盖了工厂内外各个维度的信息。内部数据包括原材料、设备、生产线和制造环境等方面，而外部数据包括订单、用户和供应商等信息。例如，在现场作业层面，仓库可以通过采集货物条码防止进出存管理中的实物漏错混问题。在生产线上，则通过数据采集进行质量检测、控制生产进度，并实施质量追溯。在生产设备层面，采集设备运行参数以进行维护保养。在运营管理层面，通过采集订单流转过程的状态，详细记录备料、生产、检验、发运等各个阶段的状态。这些数据采集和整合将为企业提供全面的生产管理和决策支持，推动智能制造的实现。

借助自动化设备和信息系统，通过工业互联网云平台，企业可以自动采集和整合大量数据，连接用户、产品、设备、产线等供应链节点，形成数字化供应链网络。全面的数字化和互联使企业能够高效管理生产流程、优化资源配置，提高生产效率，实现与供应链各环节的协作，更好地满足客户需求。

在数据采集的基础上，通过工业互联网的云平台和各种应用，企业可以深度分析与挖掘连接后的数据。数据分析主要包括描述性分析、诊断性分析和预测性分析等多种类型。其中，描述性分析以可视化为主，诊断性分析以规则判断为主，预测性分析以机理建模为主。通过对高性能数据的深入分析，供应链各主体能够及时发现问题、迅速解决问题。这种数据分析的方法使企业能够更全面地了解生产过程中的各种情况，从而更灵活地调整生产计划、优化资源配置，并提前预测潜在问题，提高供应链的整体效率和韧性。

二、制订生产计划与排程

延伸阅读4-6

约束理论

实现数字化生产的第二步是制订生产计划与排程。生产计划需要考虑产能、工装、设备、人力、班次、工作日历、模具、委外资源、加工批次等约束，以解决有限产能条件下的交期精确预测、工序生产与物料供应最优、详细计划制订的问题。同时，排程要实时考虑负荷、能力、材料供应等因素，合理安排车间订单生产工序，以确保生产过程高效运转。这一步骤的目标是通过全面综合考虑各种制约因素，提高生产计划的准确性和实时性，使企业能够更好地应对市场变化和客户需求，确保生产过程的顺畅进行，从而提高整体生产效率。

APS是一种在生产中广泛应用的系统，具备多约束和多目标优化的特性。APS基于运筹学和约束理论构建模型与算法，解决多工序、多资源的生产调度问题。APS系统综合考虑企业内外的资源限制,旨在输出一份"以最短时间实现最有效的目标"的具体生产计划。APS 致力于优化整个生产过程,提高生产效率,并确保在复杂的生产环境中实现最佳的生产计划。APS 的主要功能如图 4—20 所示。

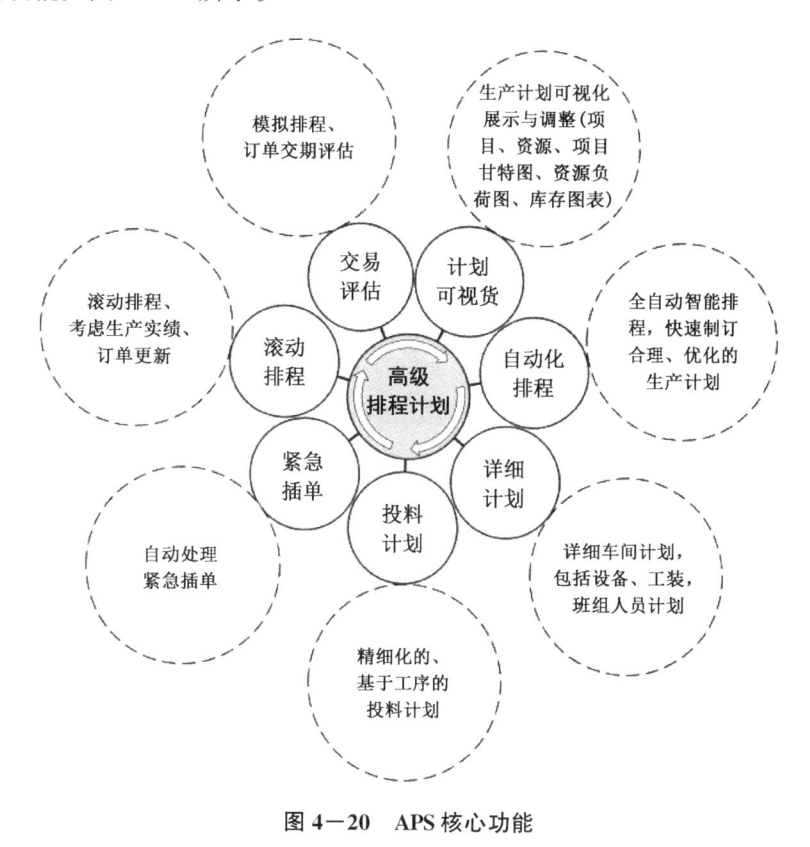

图 4—20 APS 核心功能

自动化排程。APS 可根据系统设定,利用先进的排程算法(如遗传算法、模拟退火算法等)自动排程。APS 不仅能够实现毛坯车间、零件车间、半成品车间和成品车间的同步计算,还能够实现供应商、客户需求的端到端全流程同步计算,并能够在供应商、工厂和客户之间实现全流程的集中协同。

制订详细计划。APS 可制订全面的车间计划,包括设备、工装和班组人员计划。其算法综合考虑多因素,确保生产过程中资源最优利用,提升车间效益。

制订投料计划。APS 通过统计工序的物料需求,实施精细化和基于工序的投料计划,确保物料供应与生产工序同步,提高生产效率。

满足紧急插单。APS 实时监控计划排产进度,能够迅速处理紧急插单。在遇到紧急插单的情况下,APS 可以迅速调整计划以满足订单准时交货,有效降低订单延迟率。

实现滚动排程。APS 对全工厂进行实时软件建模,能够在滚动计划中综合考虑生产实际情况,及时更新计划。

评估交期。APS 根据订单优先级和规则,考虑多种约束瓶颈倒排和正排,模拟计算出合理的订单承诺,实现快速准确的交期答复。

计划可视化。APS 提供资源、负载、订单、库存以及项目甘特图等的可视化展示,支持多维度自定义报表,全方位展示计划结果。

三、智能生产执行与控制

实现数字化生产的第三步是智能生产执行与控制。

传统的生产车间主要依赖车间作业管理（Shop Floor Control，SFC）系统，由管理工作中心手工汇报进度、工时、损耗等。而随着制造业的精益化和数字化转型，MES（制造执行系统）逐渐成为智能制造时代工厂广泛使用的关键系统。MES 专注于车间生产过程的管理和实时信息的监控，旨在提高工厂的制造能力和生产管理水平。MES 包含多个模块：工序详细调度、作业人员管理、生产单元分配、资源状态管理、产品跟踪管理、质量管理、文档图样管理、设备维护管理、设备性能分析、车间数据采集以及制造过程管理。这些模块共同构建了一个综合性的系统，使工厂能够更高效、精准地执行生产任务，提高生产流程的可视性和透明度。

MES 在生产过程中通过实时监控各生产线的产量数据，使班组成员能够随时获得当前生产任务的进度。通过电子看板、邮件等手段及时通报异常状况，管理人员能够实时了解产线情况并迅速做出应对。在过程控制上，制程防错可确保产品按设计过程流转，减少跳站、漏测等行为，确保产品生产过程的完整性。验证每个工序的操作步骤，防止操作员遗漏步骤。实时记录和控制质量检查点，提升产品质量水平。MES 的应用有助于生产过程的高效管理和质量控制。

随着 MES 的进一步发展，制造运营管理（Manufacturing Operations Management，MOM）系统应运而生。它不仅包括 MES 的功能，还将运营管理、质量运营管理和库存运营管理与生产运营紧密联系起来。MOM 系统详细定义了各类运营管理的功能及各功能模块之间的关系，通过整体解决方案的方式应用于制造过程。MOM 系统的出现拓展了制造业管理的范围，使得运营管理更加全面、协调，为企业提供了更为综合的制造运营解决方案。MOM 系统边界如图 4-21 所示。

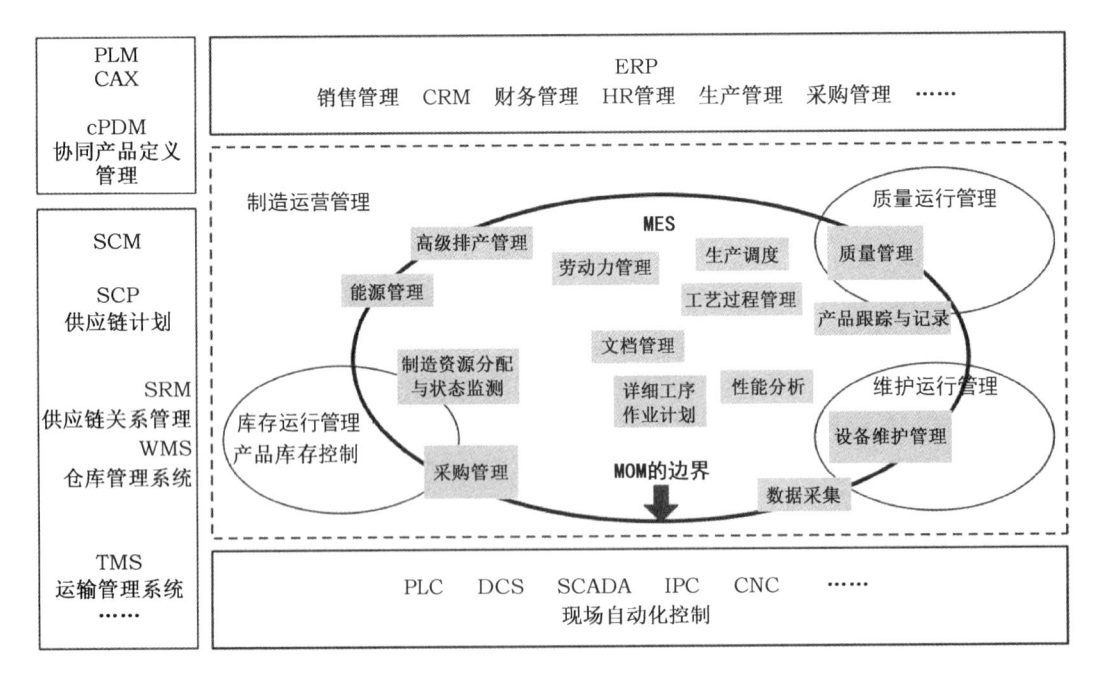

图 4-21 MOM 系统边界

在智能生产执行与控制过程中，除了智能制造生产系统的作用之外，机器人、3D 打印、沉浸技术也越来越普遍地应用于制造过程中。工业机器人具有高自由度和大容纳性,可适配各种机械装置展开生产活动,构建智能机械加工辅助后端的智能制造生产线。3D打印在产品制造中提高了材料利用率,对于结构复杂、精确度高的产品,3D打印实现了更好的效果,满足客户个性化、定制化、高精度的需求。沉浸技术在制造场景中得到广泛应用,例如在航空发动机装配中,通过虚拟装配模拟,降低了装配失误率,减轻了工人的责任与压力,提高了效率。这些先进技术共同推动了制造业的数字化和智能化转型。

四、全局动态优化决策

实现数字化生产的最后一步是全局动态优化决策,通过前期工作,大量传感器完成了状态感知,智能工厂将工业大数据传递到云平台实时分析。实时分析结果通过人工智能做出决策,反馈给执行层实现精准执行。数字孪生技术在这一过程中发挥关键作用,通过数字模型模拟实际生产环境,帮助预测、分析和优化生产过程,为决策提供可靠支持。

数字孪生是对实体资产、产品、过程或系统的动态数字表示,通过对其特征、条件和属性建模,实现多方面的数据分析,为设计、仿真和生产提供深入洞察。智能工厂利用数字孪生技术,实现实时感知、动态交互和全局优化决策。在柔性生产中,根据用户需求变化调整产线,动态调度整个生产过程以实现快速响应;在预测性维护中,通过监测设备状态、运用工业机理模型和AI算法预测可能故障并维护,降低停机概率和损失;在低碳优化中,通过实时碳排放监测动态管理能源。例如,西门子的SiGreen解决方案全面追溯产品碳足迹,实现了生产全生命周期碳足迹的可信精算和追溯,通过了ISO质量体系认证。这些应用使数字孪生成为智能工厂中不可或缺的关键技术。

小 结

生产管理在供应链管理中扮演着至关重要的角色,它直接影响企业的效率、成本和客户满意度。本项目首先介绍了产能规划与调控、生产计划管理的基本理论,并详细阐述了综合计划、主生产计划、物料需求计划的编制方法。其次详细介绍了精益生产的核心思想及实施要点。然后详细讲解了大规模定制的概念、原则及实施。最后简要介绍了数字化生产的具体实现路径。

案例讨论

联想数字化与智能化生产[①]

智能制造是一种由智能机器和人类专家共同组成的人机一体化智能系统,旨在通过先进的技术和创新的方法,提升制造业的数字化水平、实现网络化协同、推动智能化变革。在2021年12月,中国工业和信息化部等八部门联合印发了《"十四五"智能制造发展规划》,明确提出了加快构建智能制造发展生态的目标。智能制造日益成为未来制造业发展的重大趋势和核心内容,也是新常态下打造新的国际竞争优势的必然选择。联想集团是智能制造的标杆企业之一。

1. 联想智能计划及排程解决方案

联想凭借大规模且集成的数据优势,结合机器学习算法,推出了智能计划及排程解决方

---

① 王能民,史玮璇,何正文.运营管理:新思维,新模式,新方法[M].北京:机械工业出版社,2023:283-284.

案。该方案通过高度集成和自动化的需求和供应计划,将所有计划内容转化为一个灵活且连续的过程如图4—22所示。这不仅提高了组织内部运营效率,还加强了企业与上下游合作伙伴之间的数据互联互通,实现了更加智能、协同的供应链管理。

2. 生产线自动化

联想惠阳工厂自动化线体根据订单类型分为三种模式(如图4—23所示),即小批量、高自动化、高柔性、高效率的闪电线模式;中批量、高自动化、高效率的雷霆线模式;大批量、高自动化的火星线模式。这三种模式具备高度自动化、高柔性和高效率的特点,能够针对订单体量进行有针对性地匹配,实现订单的高效生产,同时充分利用生产线,实现整体效益的优化。

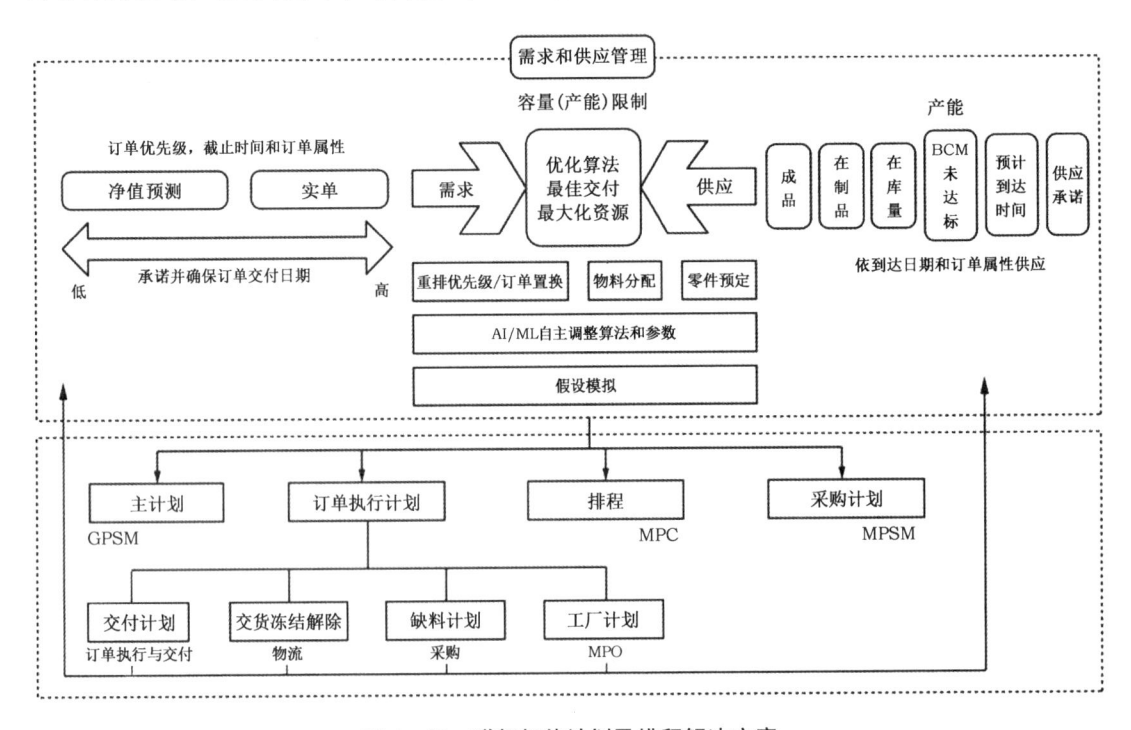

图4—22 联想智能计划及排程解决方案

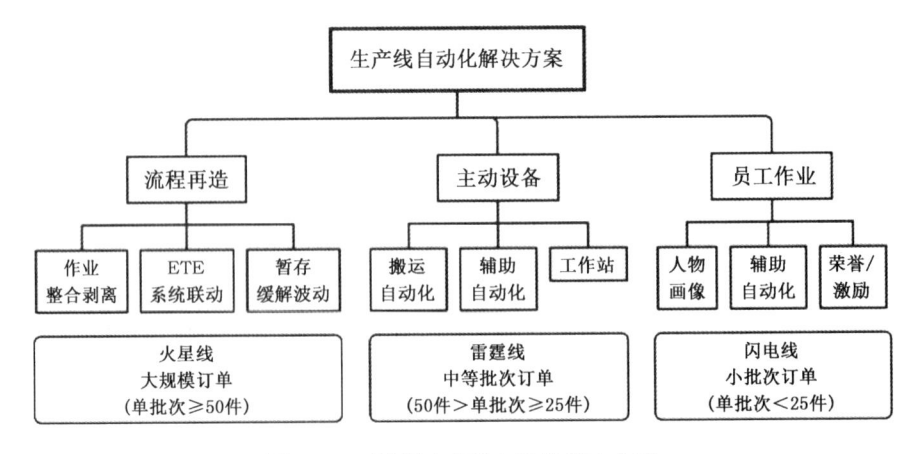

图4—23 联想生产线自动化解决方案

讨论：

1. 联想如何通过智能计划及排程解决方案实现供需匹配？
2. 联想生产线自动化是如何实现的？

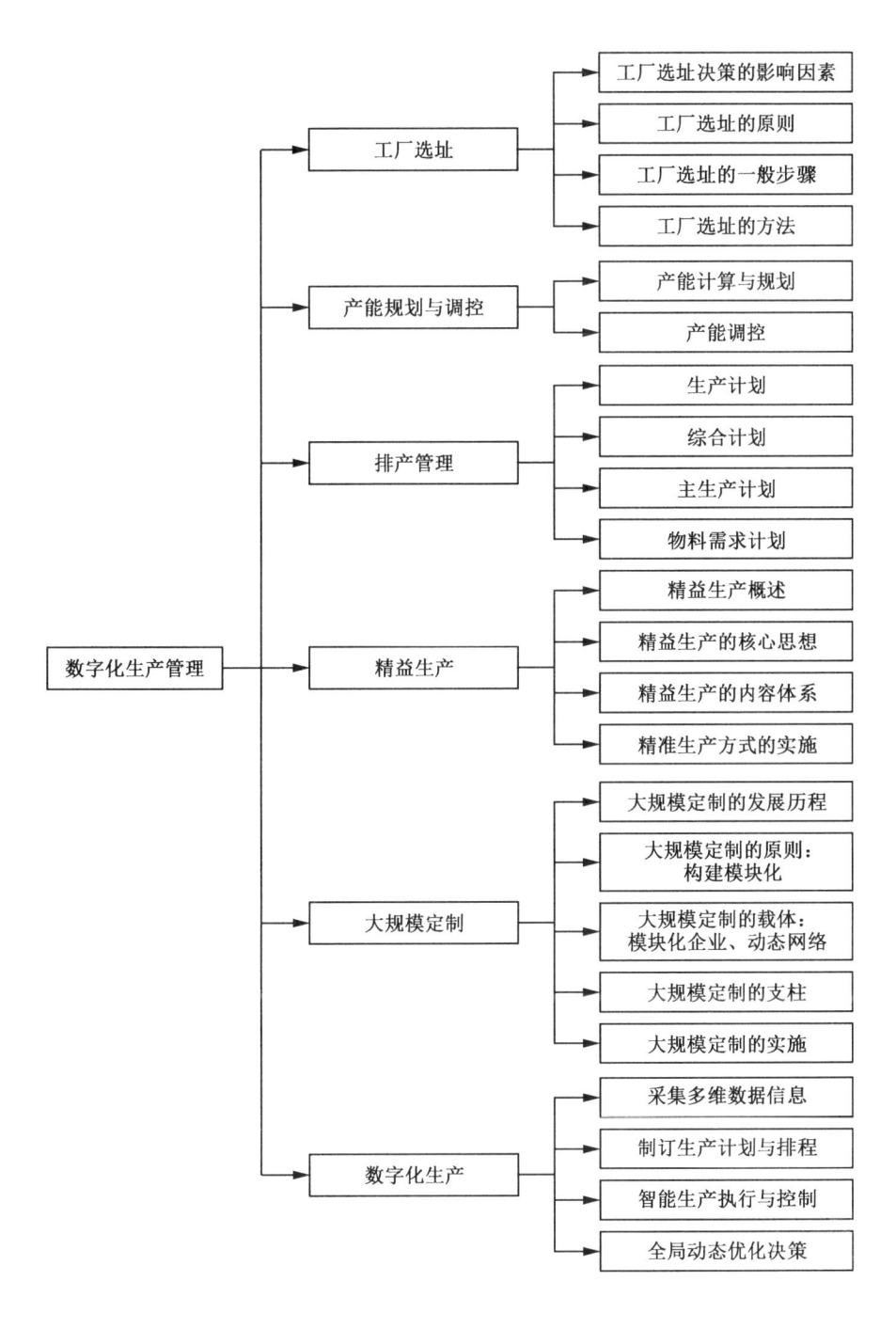

思维导图

- 数字化生产管理
  - 工厂选址
    - 工厂选址决策的影响因素
    - 工厂选址的原则
    - 工厂选址的一般步骤
    - 工厂选址的方法
  - 产能规划与调控
    - 产能计算与规划
    - 产能调控
  - 排产管理
    - 生产计划
    - 综合计划
    - 主生产计划
    - 物料需求计划
  - 精益生产
    - 精益生产概述
    - 精益生产的核心思想
    - 精益生产的内容体系
    - 精准生产方式的实施
  - 大规模定制
    - 大规模定制的发展历程
    - 大规模定制的原则：构建模块化
    - 大规模定制的载体：模块化企业、动态网络
    - 大规模定制的支柱
    - 大规模定制的实施
  - 数字化生产
    - 采集多维数据信息
    - 制订生产计划与排程
    - 智能生产执行与控制
    - 全局动态优化决策

思考题

1. 简要说明企业常用的产能规划策略。
2. 什么是物料需求计划?
3. 简述精益生产的核心思想。
4. 谈谈你对延迟策略的理解。
5. 谈谈你对数字孪生技术的理解。

项目五　数字化物流管理

1. 知识目标
(1) 理解供应物流、生产物流和销售物流的相关概念；
(2) 熟悉物流管理的水平对于供应链运转的影响机制；
(3) 掌握精益物流的概念及实施框架；
(4) 了解逆向物流的概念和范畴；
(5) 掌握物流业务外包的概念及如何选择物流服务供应商。

2. 能力目标
(1) 能够利用知识和工具减少供应链物流供需波动给企业带来的影响；
(2) 能够合理选择货物运输方式，达到成本控制目标并保证物流的合理效率；
(3) 能够优化设计配送路线。

3. 思政目标
(1) 通过学习，学生了解新中国成立初期"大三线建设"的历史并理解其中交通先行举措的高瞻远瞩。
(2) 数字化物流管理需要学生在实际问题中分析和决策，通过学习，学生能够具备面对复杂情境时主动创新解决问题的意识和勇气。

导入案例

供应链需求波动预测

在主营方向和产品范围大致确定下来后，能做到较准确预测供应链需求的波动时间和物流量的大致变化数量，就成了企业家的一项基本功。供应链需求预测是指根据历史销售数据、市场趋势、消费者行为等因素，预估未来需求量的过程。正确的需求预测可以帮助企业科学地安排生产计划、减少库存积压、提高客户满意度。

譬如国内多数超市都会在每年的农历十二月末前备好大批食品以应对一波食品销售高峰（群众备年货），然后有些超市会在大年初一到初五放假歇业。又如黄山风景区山脚下的饭店，在每年的四月和九月中下旬都会提前多采购和储备大米、面粉和食用油等。工业产品有些也存在有规律的季节性销量波动，例如根据历史经验，防晒霜的销量在夏季明显比冬季高很多，而且也高于春秋季。

我们学习供应链的时候，不能简单地想象供应链的一个环节产生了需求波动，而是要通过系统性的思考认识到供应链的整个上游都受到了波动影响，上游企业的原材料、零部件采购等也都会产生一定的波动。

低水平的物流管理对供应链库存的影响,最为典型的就是订货量在供应链上被逐级放大,也被称为"长鞭(或牛鞭)效应",这种效应的结果是供应链上各级库存量越来越大,从而增加了库存成本,使供应链的总体竞争力下降。以前面案例为例,假设五一节的时候景区游客摩肩接踵,饭店后来发现大米和油还是储备少了,马上就找大米的批发商要求补货,但是大米的批发商的库存也已经见底,无法及时给饭店补货。秋天到了,国庆节前,饭店吸取教训,多准备了300多千米大米囤积在店里,批发商也想起了五一节的缺货往事,于是在仓库多预备了20多吨大米,但是国庆黄金周过去后,饭店后厨仍然有19袋大米没有用完,批发商仓库里也有11吨的库存冗余,而这些大米的采购价(由于当地人的"扎堆"购买)比平时其实还贵了不少。

提高物流管理水平,预测供应链需求波动有助于减少这种"长鞭效应"的负面影响。供应链需求波动预测的方法主要有以下这些办法:

(1)基于历史数据的预测法。基于历史数据的预测法是一种比较简单的需求预测方法,该方法通过汇总分析过去一段时间内的销售数据,预测未来的需求量。这种方法最大的优点是易于实施,但需要注意的是,该方法只适用于市场需求基本稳定的产品,对于新产品或者市场供求波动较大的产品,其预测效果可能不太理想。例如某硬盘生产厂家基于对过去的160G硬盘从刚推出到逐渐退市停产的每月售价、销量变化过程,来大致预测即将推出的500G硬盘的销量变化曲线。

(2)基于机器学习的预测法。近年来,随着人工智能技术的发展,基于机器学习的预测法成为一种新兴的需求预测方法。该方法利用机器学习算法分析历史销售数据,通过学习数据中的规律,预测未来的需求量。相比于传统的预测方法,机器学习方法具有更高的准确性和预测精度。不过该方法需要长期形成的大量数据的支持,并且需要专业的人员分析数据和设计算法模型。

除了这些方法外,还包括基于市场调研的预测法等用于预测供应链需求波动的方法。供应链需求预测是供应链管理中不可或缺的一环。企业可以根据自身的需求和条件选择合适的预测方法,通过不断优化预测模型,提高预测精度,从而更好地满足客户需求,提高企业竞争力。

古代农业社会的(尤其是自给自足的小农经济体)供应链一般都较短,而且供应链的网状特征并不突出。我们可以设想彼时种梨的、养猪的、种粮食等的诸多农户,基本上属于将产品以原状形式推向市场的简单经营模式,即使有所加工,也仅仅只是如清洗、晒干、分级分类等简单的初级加工。然而到了现代社会,以上这些行业的供应链就变得复杂多了,在时间和空间上也有了较明显的扩展。比如梨除了销往水果店和超市外,还可以做成罐头,这样玻璃容器生产厂家就参与到供应链里了;也可以工业化榨汁包装出售,这样类似于利乐无菌砖这样的专业包装生产厂家,以及食用香精、防腐剂等添加剂的生产厂家都加入了这个供应链;甚至水果还可以变成一些中成药的制药原料,这样供应链就更为复杂了,所以物流的形式也变得更多样化。以下将从供应物流、生产物流、销售物流、精益物流、物流业务外包几方面详细介绍。

任务一 供应物流

供应物流是指企业提供原材料、零部件或其他物品时,物品在提供者与需求者之间的实体流动。它是生产物流系统中相对独立性较强的子系统,和生产系统、财务系统等生产企业各部门以及企业外部的资源市场、运输部门有密切的联系,并对企业生产的正常、高效率进行发挥着保障作用。

一、供应物流的构成

供应物流整体上可以分为采购和运输、仓储、装卸搬运等几大环节。

(一)采购和运输

采购工作是供应物流与社会物流的衔接点,负责市场资源、供货厂家、市场变化等信息的采集和反馈。实体制造类企业的采购部门职责通常包括负责原材料(零配件)供应商的评审及沟通管理,负责生产所需的原材料的准时到货,并保证原材料的质量符合企业的质量标准要求,以及配合公司进行原材料的采购成本控制等。实际工作中,企业的流动资金很大一部分是被购入的原材料及半成品等所占用的,因此供应物流的科学化管理对于企业的资金顺利周转有着重要影响。

供应物流的运输工作具体可以由上游供应企业负责,也可以交给第三方物流企业完成。本部分后续内容将重点讲述运输方式的合理选择。

(二)仓储、库存管理

由于供应和需求客观上存在的时间差和不均衡性,仓储在其中扮演着调节的重要角色,仓储管理工作是供应物流的转换点,负责生产资料的接货和发货,以及物料保管工作,保证了生产的连续性;库存管理工作是供应物流的重要部分,它依据企业生产计划制定供应和采购计划,并负责制定库存控制策略及计划的执行与反馈修改。

(三)装卸、搬运

装卸、搬运工作是原材料接货、发货、堆码时的操作,虽然装卸、搬运属于企业内部的短距离的物资移动,但却是衔接供应物流中其他活动的重要组成部分。

二、供应物流的两大流程

按时间序列考察,制造业企业的供应物流可分为到厂物流和厂内物流两大部分。

上游企业供应的原材料必须经过物流才能达到企业,这个物流过程是企业外部的物流过程(到厂物流),在物流过程中,可能需要反复经过装卸、搬运、储存、运输等物流活动才能使所需物资到达企业的门口。

物流的研究中,可以以"门"作为企业内外的划分界限,即企业外物流到达企业的"门"为止;也可以以抵达企业的仓库为企业外物流的终点,此时便以仓库作为划分企业内、外物流的界限。这种从"门"或仓库开始然后到达车间或生产线的物流过程,称作供应物流的厂内物流。企业物流的表现和所处流程见图5—1。

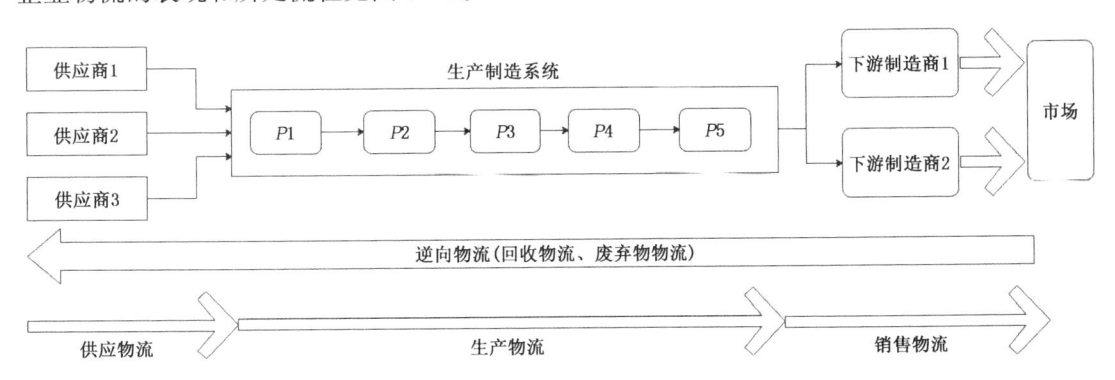

图5—1 企业物流的表现和所处流程

传统的企业供应物流,多将企业仓库作为调节企业内外物流的一个节点。因此企业的供应仓库在工业化时代是一个非常重要的设施。

三、阻碍供应物流正常运转的因素

人们都期望各行各业在公序良俗和法制道德的框架下,供应链能够顺畅运转。实证观察研究发现,要做到整个供应链在长期内完全顺畅运转,或许只是一种理想化的设想。除去天灾、战争等因素,现实生活中我们经常能够观察到的导致外部供应物流受影响的主要因素包括:

(1)关税壁垒和非关税贸易壁垒,包括他国政府的一些临时性的贸易管制措施。

(2)价格波动导致的市场供应波动,在农产品方面体现尤为明显。

(3)有些具备技术垄断地位的关键原材料(零件)生产厂家因故断供,下游厂家短期难以找到替代的供应商,导致下游供应链中断。

(4)交通运输以及配送的延迟,对于下游实施零库存管理的制造业厂家会造成明显冲击。

(5)其他的一些因素,如由于别的产品销量忽然"火爆",导致社会上很多运输资源、仓库资源甚至劳动力资源被这种产品挤占,本产品物流成本则将大大提高。

> **知识拓展**
>
> **订单农业**
>
> 在前几年的媒体报道中,我们不时可以看到如"蒜你狠""姜你军"等新词语,具体指的是有些保质期较长的农产品价格短期内暴涨的社会现象。譬如大蒜属于一年生农作物,采收后的鲜大蒜可以放在冷库长期储藏,因此有奸商把大蒜当成投资品来炒作,把自己类比于股市的"操盘手",通过合伙集巨资收购市场上约三成以上比例的大蒜来达到哄抬价格和囤积居奇的目的。这种行为不仅损害了广大消费者利益,也损害了蒜农的利益,其影响过程如图5—2所示。

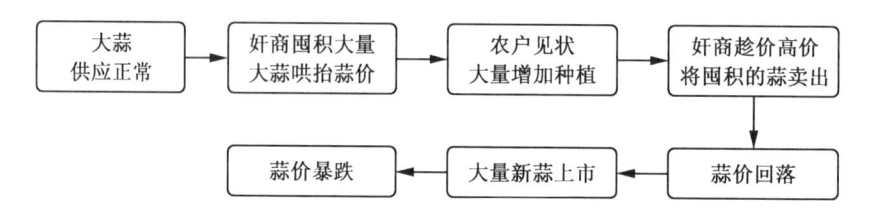

大蒜供应正常 → 奸商囤积大量大蒜哄抬蒜价 → 农户见状大量增加种植 → 奸商趁价高将囤积的蒜卖出 → 蒜价回落 → 大量新蒜上市 → 蒜价暴跌

图5—2 蒜农利益受损的流程

> 农牧业的动植物产品难以在短期内追加增产,反之,由于盲目种植会造成的农产品供过于求,加上农产品也不容易妥善储存,为了较好地提前获知需求数量,减少农民由于盲目种植造成的损失,20世纪末以来在有些省份出现了"订单农业"(又名合同农业)。订单农业是农户根据其本身或其所在的乡村组织同农产品的购买者之间签订的订单组织安排农产品生产的一种农业产销模式。和农户签订合同协议的贸易公司等企业面对供应链的下游时,可以通过预先出售提货券等方式"锁定"消费者的需求。
>
> 订单农业作为以销定产的重要手段,对稳定农产品价格、确保农民合理收益、抵御市场价格风险具有一定的作用。

四、供应物流与运输管理

如何选择合适的运输方式是供应物流合理化的重要问题。一般来讲,考虑的因素应主要包含物流系统要求的服务水平和允许的物流成本。运输全过程可以使用一种运输方式,也可以使用联运方式。

(一)铁路运输

在货物启运地或者目的地为非港口时,基于运输成本的考虑,企业一般都会优先采用国内铁路运输或者国内公路运输与海洋运输相结合的方式。

从历史上看,最早的蒸汽机车并不是像今天的火车一样在铁轨上运行的,其运行状态更接近于今天的汽车。直到1840年,真正在轨道上行驶的蒸汽火车才面世。

铁路运输之所以长期以来普遍采取两根钢轨承载列车转向架的形式,主要原因包括两方面:一是铁路的轮轨接触摩擦能耗比公路的汽车轮胎要小很多,所以运送每吨货物的平均能源消耗和所分摊的其他边际物流成本明显小于公路运输;二是钢轨精确限定了机车后的若干节车厢的行进路线,因此列车转弯也就不会产生类似公路拖挂车那样的"甩尾"现象,这样一来,铁路运输一正一副两名司机外加两名乘务员(跟车押运)可以每次负责至少1 200吨货物的运输。这两方面因素都促进了运输成本的降低。

1.适合铁路运输的货物

在集装箱列车大量涌现之前,我国的铁路货运对象主要是木材、煤炭、粮食、钢材等大宗货物,价值较高的工业制成品有时装在棚车内托运(但总体比例并不大)。2010年之后,以X70型平车等为主要代表的专用于集装箱铁路运输的平车数量在我国增长很快,由此带动了我国铁路运送工业制成品数量的显著增加。除此以外,在我国也常用敞车来装运普通集装箱。

此外,列车运行通常比汽车、飞机、轮船来得平稳,尤其适合不耐剧烈震动或摇晃的商品(如有些危险品、精密仪器、水果等)的运输。但是200千米内的短途货运如果使用铁路运输,多数情况下并不经济。

2.铁路运输的特性

(1)安全性

据有关部门统计,2016—2020年的五年里,我国铁路交通较大事故分别发生3起、1起、1起、4起和13起(数据援引自交通运输部网站),事故率远低于国内每年同期的公路客货运输。有些特种货物的长途陆路运输只适合由铁路来完成,代表性的货物有钢卷、大型变压器等,如果使用卡车运输这些货物,发生重大事故的概率相当高。从另一个角度思考,运输中途不出事故才能保证用货单位的供应链稳定运行。

铁路的另一大优势是受自然气候因素影响较小,通常对于货运列车而言,只有地震、山体滑坡、泥石流、山洪暴发、积雪厚度严重、特殊地区10级以上大风等较极端的自然灾害会影响列车运行,所以铁路运输总体风险是比较小的。

(2)时效性

不少企业反馈货物铁路运输的速度实际上并没有常人想象的那样快,尤其是现在我国的高速公路网几乎覆盖了中西部地区的很多中小城市,所以卡车走高速公路三天就能到的城市,货运列车抵达却往往要耗时4~6天,这似乎与常识当中的"火车比汽车跑得快"相悖。究其原因是铁路货运中途往往要在编组站等候其他货列,并重新解挂和编组,所以不少时间其实耗费在了铁路编组站里。

(二)公路运输

我国的公路运输市场经营以民营为主,为了尽量避免返程空驶带来的收益损耗,并使物流成本在自己熟悉的城市之间处于可控范围,很多物流园里的特定货运经营人日常只运营本地至外省某个城市之间的货运,并且形成了定期化的货运班车。

近年来出现了一些货运的电子商务平台,方便卡车司机在去程路上就可以联系到返程的货源信息,使得以前被浪费掉的物流资源得以充分利用。

公路运输相比其他运输方式一个最明显的优势就是运输工具(卡车)运营自主性强,发车快,机动灵活,速度尚可,中小批量货物中短程运输的时候优势较明显。尤其是在实现"门到门"的运输中,更离不开公路运输。

此外,在包括我国在内的许多国家,长途的公路运输毕竟有一定的事故发生概率,若遇恶劣天气(包括冻雨、雪、大雾等)、交通事故等情形,高速公路还会发生拥堵,所以长途公路运输往往在交货时间方面难以有效保障,对此用货单位(尤其是"零库存"类管理企业)应当有相应的应对措施。

(三)水路运输

水路运输在跨境贸易中扮演着不可或缺的角色。跨境贸易的水路运输主要是近洋和远洋运输,很多人都知道由于水路运输的平均吨千米成本大大低于陆路运输,故海运贸易量约占全球贸易总量的85%(2022年数据),可以说是全球贸易的主要运输方式。

水路运输安全事故发生概率相对较低,虽运送速度不快,但运量大,且非常适合一些超长超宽超大物件的运输。不过对于一些衔接要求比较紧的供应链来说,因为轮船的远洋运输常常会出现"脱班"(船期延误)的现象,且脱班时间常常以若干天来计数,所以计划预估到货期客观上需要有提前量,企业要想实现"零库存"也有一定难度。

我国的长江航运可将内地沿江省份的货物(含集装箱货物)利用中等吨位船舶沿江运至上海等地的基本港,这样比用卡车运输的成本低很多。有些非沿江县市则开辟公铁水联运等物流渠道,利用长江完成大部分路段的货运。

长江是我国通航能力最大的河流,即便是苏伊士运河的年货运量也只有长江的三分之一。作为独属于中国的世界级大河,长江航运价值巨大,是我国名副其实的黄金水道。

(四)航空运输

在航空货运市场里,遇到的往往是需要长途运输而且时效要求很高,或者是高附加值的鲜活易腐货物。目前,我国空运发展态势良好,进出口商品采用空运的主要有电脑配件、电子产品(不含电池的)、成套设备中的精密部件、海产品、果蔬鲜花、新颖产品、部分药品等。此外,由于航空货运速度快,货损货差少,如发生货损货差能较快发现并及时追溯原因,如果某些贵重货物货主的运费承受能力较强,可优先考虑航空运输。

但航空运输的运费比较昂贵,且飞机舱门和集装器尺寸对于货物的体积和单件重量有比海运更严格的要求,所以大件类的货物很少委托空运。

(五)管道运输

管道运输是一种特殊的货运方式,其设施主要包括管道线路和管道两端的泵站。管道运输是气体或液态的货物直接利用压力差在管道内输送的运输方式,其没有汽车、火车一类的常规运输工具。可以说,管道是一种集运输工具和运输线路于一身的运输方式。采用管道运输,货物可凭借高压泵的压力在管道内移动,到达目的地。

管道运输的初期建设投入很高,且运输路径难以变换,但建成以后理论上可以实现风雨无阻、昼夜不停的运输,运量惊人,运输的边际成本也很低,所以现实中的管道运输(民用的自来水、天然气等除外)一般起始点是油气田或港口,终端多设置在用货的大型企业,如石化工厂等。

当然管道运输也有其弱点。首先,抛开其运输的单向性不谈,其运输的物质难以根据需要灵活切换品种种类(须考虑混杂污染问题);其次,如遇到战争,明管往往是敌方空袭破坏的首要目标之一,即便在和平年代,管道的破损也会给沿线附近的环境带来一定负面影响。

案例分析5-2
国际运输方式的选择

五、供应物流的发展趋势

自从人类社会进入封建社会中期开始,对一些批量化生产制造活动的组织管理中就有供应物流的影子。在长期的生产实践中,人们逐渐积累了一些不成体系的朴素的生产物流管理经验。进入资本主义社会以后,随着生产配料表和产品种类的日益复杂化,工厂里依赖人手工记录操作与计算的生产管理工作难度大大提高。而当代的生产制造领域有大量信息需要高效处理,数据信息已无法单纯依赖过去的传统方式来管理,由此基于计算机、物联网等硬软件设施的供应物流信息化便登上了历史舞台。

物流信息化是现代物流的灵魂,是现代物流发展的必然要求和基石。供应物流强调对采购、仓储、供应等各环节中的物料信息及流通中产生的信息进行收集、整理,将信息数据库化、代码化、电子化、标准化、实时化,同时通过供应物流与生产、销售等其他物流系统中各点和线的信息化、网络化,使整个系统整合为企业物流信息系统。在该系统当中,采购物料的信息是由生产计划和调度信息来指导,库存管理是按生产信息和采购信息来实时监控和调整的。物流信息系统可以使企业实现自动化、无纸化办公,其建立已成为信息时代企业提高运营效率、获取最大利益、实现组织目标的战略。基于计算机硬软件基础之上的供应物流管理自动化,并与其他系统整合为企业物流信息系统,已成为企业物流发展的必然趋势。

任务二 生产物流

生产企业的内部物流是一个精密而协调的系统,可以实现从原材料到半成品再到成品的高效流转。这一流程涵盖了原材料的采购、仓储、生产以及最终产品的分发,需要经过多个环节的有序执行才能确保生产过程的顺畅和成品的及时交付。

一、物料流转程序

延伸阅读5-1

(一)采购原材料到货进场

在原材料仓库,物料通常会经过验收和质检,以确保其符合质量标准和生产要求。同时,这些原材料会被合理地储存和分类,以方便后续的取料和使用。

货物入库验收

(二)原材料进入线边仓

线边仓即靠近生产线的仓储区域。在这里,企业通常会预置一定量的原材料,以确保生产线不会因为原材料不足而停滞。线边仓的设计旨在最大限度地减少等待时间,使生产线能够实现连续流动。此处还可以存储一些辅助物料和零部件,以满足生产过程中的特定需求。

(三)原材料进入生产车间

这是生产过程的核心环节,各种生产设备和工艺将原材料转化为中间产品,经过一系列制造步骤,逐渐形成最终产品的雏形。在生产车间,物料的流转必须严格有序,以确保每个制造步骤都能够按计划进行。在这一过程中,工人、机器和自动化系统密切合作,共同完成产品的生产。

(四)成品进入成品库

成品经过质检和包装后进入成品库。成品库是生产企业最终存储产品的地方,同时也是产品最后的检查点。在这里,产品将进行最终的质量评估,确保其符合标准并可以安全地交付给客户。成品库的设计要能够方便快捷地取货和发货,以适应市场需求的变化。

整个流程的协调和优化对生产企业至关重要。数字化技术的引入,如物联网、大数据分析和智能制造系统,使得企业能够更好地监控和管理物料流转的各个环节。通过实时数据的收集和分析,企业可以及时调整生产计划、优化库存水平,提高生产效率和响应速度,以适应市场的不断变化。优化的内部物料流程不仅提升了企业的竞争力,也为客户提供了更可靠、高效的产品供应。图5-3是智慧工厂内部物流流程。

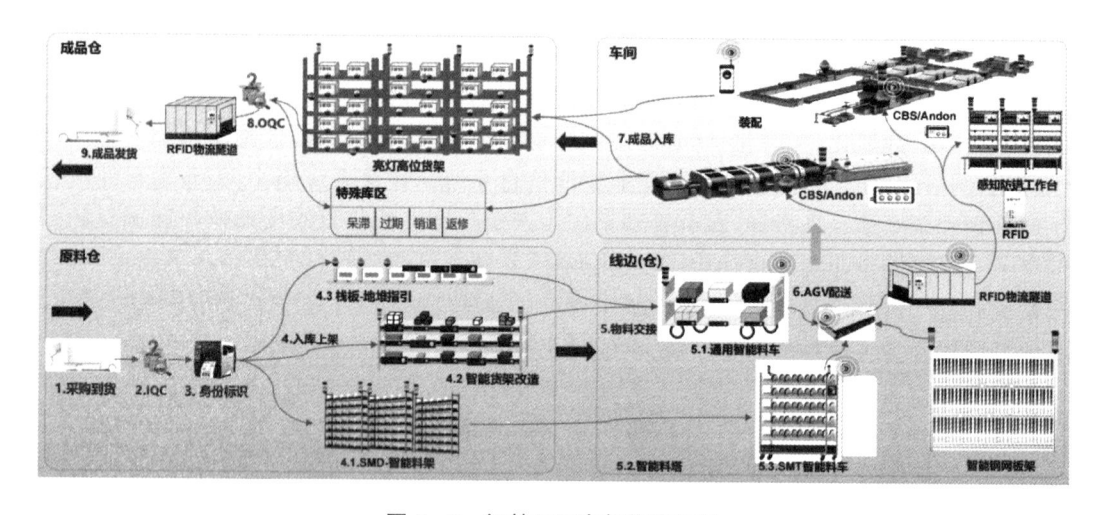

案例分析5-3
生产料件配送

图5-3 智慧工厂内部物流流程

二、仓储管理

(一)仓储及仓储管理

根据《物流术语》(GB/T18354-2021),仓储是指利用仓库及相关设施设备进行物品的入库、储存、出库的活动。"仓"即仓库,为存放、保管、存储物品的建筑物和场地的总称,可以是房屋建筑、洞穴、大型容器或特定的场地等,具有存放和保护物品的功能。"储"即存储、储备,表示收存以备使用,具有收存、保管、交付使用的意思。"仓储"是利用特定场所对物资进行存储、保管以及相关活动的总称。

在现代物流体系中,"仓储"已经不再是传统意义上的"仓库管理",而是适应经济全球化与供应链一体化的现代仓储。现代仓储管理是以满足供应链上下游的需求为目的,在特定的有形或无形的场所,运用现代技术对物品的进出库、库存、分拣、包装、配送及其信息进行有效的计划、执行和控制的物流活动。作为现代物流体系中不可或缺的一部分,现代仓储可以通过信息化手段实现对整个供应链的高效管理。

(二)有效仓储管理

有效的仓储管理,能充分发挥仓储管理在供应链中的作用,为此要做好以下八方面的工作。

1. 追

仓储管理的高效性在于其信息追溯能力,该能力不仅需要延伸至物流运输与供应商生产出货状况,还要与供应商的生产排配与实际出货状况相衔接。仓储管理必须与物流商建立紧密的联系,实现 ETD(预计离开时间)和 ETA(预计到达时间)的连线追溯。ETD 即离开供应商工厂出货码头的时间、离开供应商外包仓库码头的时间以及第三方物流与第四方物流载具离开出发地的时间;ETA 即第三方物流与第四方物流载具抵达目的地的时间,抵达公司工厂码头的时间以及抵达公司生产线边仓的时间。这一连线追溯的过程能够准确掌握物料抵达目的地的时间点,实现对整个供应链的可视化管理。

2. 收

当代企业的仓库收发货操作往往比较频繁,依靠仓管人员在电脑里手工逐条录入进出库数据是很难跟得上工作节奏的,因此制造业企业仓库在收货时,采用条码或更先进的 RFID 标签扫描技术来确认进料状况是一项关键的操作。在实际工作中,以下几点需要特别关注:当给供应商送货时,若送货资料中缺少采购 VPO 号,仓库应立即与相关部门联系以查明原因,确认此货物是否应该在当前时间收进。在清点物料时,如果发现有物料没有达到最小包装量的散装箱,仓库应当开箱仔细清点,确认无误后方可收进。在收货扫描确认时,如果系统不接收扫描信息,仓库应当与及时相关部门联系,查明原因,并确认此货物是否已经成功收货。

通过采用条码或 RFID 扫描技术,仓库管理可以更加高效和准确地追踪物料流动,提高物料管理的精确性和效率。

3. 查

仓库应具备货物的查验能力,对于甲级物料(即在市场上只有几家供应商可供选择的有限竞争市场和垄断货源的独家供应市场的 A 类物料)实施严格管制。要严控数量,确保每批物料数量准确,并设立独立仓库,24 小时保安监控,以保障甲级物料的独立性和安全性。针对包材和耗材实行免检制度,要求供应商对线边的不良包材和耗材实行无条件的及时补货和退换政策,以确保生产线上所需的关键物料始终保持高质量。针对诸如食品加工等行业的企业,应当分析物料储存时限并设定不良物料处理时限,以便及时淘汰过期或失效的物料,确保生产使用的物料一直保持新鲜有效。

4. 储

为确保物料进仓不落地,必须实施有效的储存措施。每一种物料采用栈板储存,可以随时移动,确保仓储空间的合理利用。在储存时,严格执行每一种物料只能有一个散数箱或散数箱集中在一个栈板上的原则,以避免混淆和提高检索效率。为了规范暂存时间,可设置自动警示系统,要提醒及时处理储存物料,确保及时使用或退库。在储位(Bin-Location)管理方面,采取措施以实现有效的储位管制,确保每一种物料都能够被准确存放和检索,降低操作错误的概率。最后,引入 No Pick List(工令备捡单)机制,以防止物料随意移动。

5. 拣

在拣料过程中,要根据工令消耗顺序拣选,可以采用灯号指示拣料(Pick to Light)的高效方式。灯光指示系统能够直观地引导拣货员按照工令的顺序拣选,提高了拣货的准确性和效率。同时可引入自动扫描和扣账动作,以实现拣料过程的自动化,减少人工操作的时间和错误率。要及时将拣选信息反馈到中央调度系统,使库存信息能够实时更新,中央调度可以随时获取最新的库存状态,从而更加精准地执行补货计划。这一整合的拣料流程,不仅能提高拣选效率,也能增强库存管理的实时性和准确性。

6. 发

在仓库的发料过程中,可采用工令备拣单发料的方式,将工令、备料单和拣料单三者合一,以提高工作效率。通过整合这三种单据,现场工作人员能够一目了然地了解工令的耗用情况,提高操作的直观性和清晰度。此外,使用自动扫描系统来协助信息传递和运作,可以进一步简化发料流程。通过扫描系统,企业可以迅速而准确地获取工令信息,确保发料的及时性和准确性。

7. 盘

在整理和盘点物料时,遵循散板、散箱、散数的原则是十分重要的。以一种物料总数为例,如果有 103 个,可以通过分箱的方式统计,如 10 箱每箱 10 个,再加上 3 个零散的物料,这样在盘点单上的记录方式应写成"10 箱×10 个+3 个=103 个"。这种详细的记录方法有助于准确了解物料的数量和分布情况,提高盘点的准确性和效率。

为了更有效地组织盘点工作,还需对物料分级分类。分类可以确定不同类别物料的盘点时间,将盘点工作划分为日盘、周盘和月盘等不同周期,以确保每类物料都能及时盘点和管理。在日常盘点工作中,可以搭配使用 Move List(库存移动单)盘点,这有助于记录物料的实际移动情况,确保库存信息的准确性。为了规范财务结算流程,可设定每月 1 日中午 12:00 为结账完成的目标时间,这样有助于确保每月结账的及时性和准确性,为企业的物料管理提供有力支持。

8. 退

在处理退换物料时,采用整包装退换的原则有助于简化操作流程和提高效率。按照这一原则,处理时限和处理数量应当做到整包装即退或每周五下午 3:00 整批退光。这样的规定有助于减少零散物料的处理和管理工作,提高物料处理的效率。

为了更好地实现物料的退换,可考虑引入 Force Parts(线边仓自动补换货)制度,以取代传统的 RMA(Return Material Authorization,即退料确认)做法。这一制度的实施可以通过自动化的方式补换物料,提高处理速度和准确性。同时,与 VMI Hub 退货暂存区共享的原则也能够实现更加灵活和高效的物料退换管理。为了降低企业的成本,可与供应商共同合作,要求其提供免费的包装箱供应。这样的合作方式既有利于减少物料包装的成本,又能够降低环境负担,实现可持续的物料管理。

三、智能物流设备

(一)AGV

AGV(Automated Guided Vehicle),全称为自动引导车,是一种能够自主移动、执行任务的自动化物流设备。AGV 通常用于工业和物流领域,以替代或辅助人工搬运、运输、分拣等工作。AGV 通常配备了导航系统,包括激光、磁导航、视觉导航等,以帮助其感知和理解周围环境。同时,AGV 还配备了多种传感器,如激光雷达、摄像头等,用于感知障碍物、环境变化等信息。通过在预定路径上移动来执行任务,AGV 能够根据感知到的信息做出自主决策,例如避开障碍物、选择最短路径等。

(二)货架

货架是一种用于存储、陈列商品或物品的结构性设备,广泛用于仓储、零售、制造等行业。货架的设计和类型多种多样,以满足不同行业和存储需求的要求。在智能仓储系统中,货架系统特别设计用于与 AGV 协作,通常具有一定的结构,以适应 AGV 的搬运和存储需求。例如,将货架设计成可以容纳 AGV 平台的尺寸,并配备传感器,以便与 AGV 有效通信(如图 5—4 所示)。

图 5—4　AGV 货架系统

(三)智能工作站

智能工作站是一种结合了自动化、物联网和信息技术的设备,可以提高仓库操作的效率和准确性。这类工作站通常利用先进的技术和设备,使入库、拣选等过程更加智能化、自动化,并提供更高的准确性。

智能入库工作站主要用于处理和管理进入仓库的物料和商品。验收和检查进入仓库的货物,确保其与订单相符,质量良好,没有损坏或短缺。记录入库的物料信息,包括数量、批次、生产日期等,以便库存管理和追溯。将验收通过的货物放置到适当的存储位置,通常需要与仓库管理系统(WMS)信息同步。处理任何出现的异常情况,如货物破损、标签错误等情况,并通知相关部门解决。

智能拣选工作站主要在仓库中执行拣选任务。拣选工作站接收到订单信息后,系统会分配相应的拣选任务给工作站。工作站根据订单中的要求,前往仓库中的储存位置,提取所需的物料。确认提取的物料是否准确,并验证,然后将物料按照订单要求打包和标记。记录拣选的物料信息,包括数量、批次等,以便库存管理和订单跟踪。处理拣选过程中可能出现的异常(如库存不足、错误物料等)情况。

延伸阅读5-2

设施设备配备计算

这两种工作站在仓储系统中紧密协作,确保物料从入库到拣选再到出库的流程能够高效而准确地完成。通过使用自动导引车(AGV)和仓库管理系统(WMS),企业可以进一步提高工作站的效率。

(四)自动化立体仓库

自动化立体仓库是指用高层立体货架储存货物,以巷道式堆垛起重机存取货物,并通过入出库输送机系统、自动控制系统、计算机仓库管理系统及其周边设备,自动进行出入库存取作业的仓库。

自动化立体仓库主要由以下软硬件组成。

①货架:用于存储货物的钢结构。目前主要有焊接式货架和组合式货架两种基本形式。

②托盘(货箱):用于承载货物的器具,亦称工位器具。

③巷道堆垛机:用于自动存取货物的设备。巷道堆垛机按结构形式可分为单立柱和双立柱两种基本形式;按服务方式可分为直道、弯道和转移车三种基本形式。

④输送机系统:立体仓库的主要外围设备,负责将货物运送到堆垛机或从堆垛机将货物移走。输送机种类非常多,常见的有辊道输送机、链条输送机、升降台、分配车、提升机、皮带机等。

⑤AGV 系统:即自动导向小车。

⑥自动控制系统:驱动自动化立体仓库系统各设备的自动控制系统。目前以采用现场总线方式控制模式为主。

⑦储存信息管理系统:亦称中央计算机管理系统,是全自动化立体仓库系统的核心。目前典型的自动化立体仓库系统均采用大型的数据库系统(如 ORACLE、SYBASE 等)构筑典型的客户机/服务器体系,可以与其他系统(如 ERP 系统等)联网或集成(如图 5—5 所示)。

(a)货物储存系统　　(b)货物存取与传输系统

(c)控制与管理系统　　(d)周边配套搬运系统

图 5—5　自动化立体仓库

任务三 销售物流

销售物流是将制造商的产品从生产地点迅速、高效地传递到零售商或终端用户手中的复杂过程。其核心环节包括产成品包装、产成品储存、订单处理、销售渠道的选择、货物运输、装卸搬运等(如图5—6所示)。

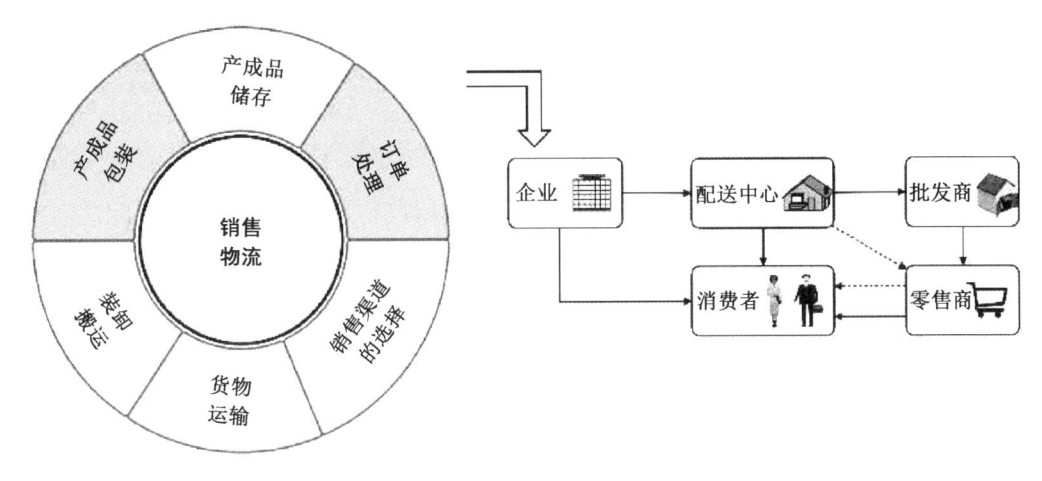

图5—6 销售物流的主要环节

作为企业重要的经营业务之一和盈利的关键环节,销售在企业价值链上扮演着至关重要的角色。销售活动直接关系到产品或服务的市场占有率、盈利能力以及企业的长期发展。要实现顺畅的销售过程,销售物流作为其必要的辅助活动显得尤为重要,它不仅是销售工作效率的关键保证,也对客户满意度和企业竞争力具有直接影响。

在现代供应链中,销售物流不仅要关注传统的物流环节,更需要注重采用先进的技术和智能系统(如自动化仓库、智能运输系统、物流管理软件等),以提高效率、可见性和协调性。销售物流的成功实施对于降低库存成本、提高交货速度、满足个性化需求、优化供应链效能至关重要。通过不断创新和整合先进技术,销售物流正在朝着更智能、灵活和可持续的方向发展,以适应不断变化的商业环境。本节主要介绍配送和逆向物流。

一、配送及配送管理

(一)配送及配送管理的概念

配送是按用户订货的要求,在配送中心或其他物流据点配备货物,再以合理的方式送交用户,从而实现物品最终配置的经济活动。配送是物流系统的末端环节,提高配送效率和缩短配送时间对企业的意义重大。作为一种现代流通组织形式,配送集商流、物流、信息流于一身,是具有独特的运作模式的物流活动。

配送管理是指为了以最低的配送成本达到客户所满意的服务水平而对配送活动进行计划、组织、协调与控制的管理活动。具体来说,配送管理是按照客户的要求,运用合理的拣货策略,编制最佳的作业计划,选择最优的配送路线,以合理的方式送交客户,实现商品最终配置的经济活动。配送管理旨在提高配送效率、降低成本、提升客户服务水平,并通过优化资源利用,提升整体供应链的运作效能。

(二)配送的流程

不同产品的配送可能有独特之处,但配送的一般流程基本包含进货、储存、分拣、配货、分放、配装、送货、送达几个环节(如图5-7所示)。

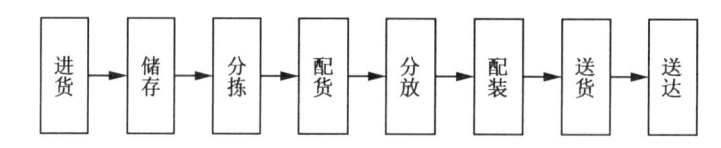

图5-7 配送的一般流程

(三)配送合理化

配送合理化致力于优化和提升整个配送流程,通过科学、高效地组织和执行配送活动,企业可以实现成本降低、服务水平提高以及资源利用的最优化。在当今竞争激烈的商业环境中,配送合理化已成为企业提升竞争力和客户满意度的关键因素之一。

为了实现配送的合理化,可以采取以下几种配送策略:

1. 专业性独立配送或综合配送

专业性独立配送是指根据产品性质分类,由专业经销组织独立配送。该策略适用于小杂货、生产资料、食品、服装等。专业综合配送是指将相关产品汇集在一起,由某一专业组织配送,这种方式能提供全面服务,减轻用户进货负担。

2. 加工配送

通过加工和配送相结合,充分利用中转,实现配送合理化。加工与配送相结合可以使加工目的更明确,联系更紧密,避免盲目性。

3. 共同配送

多个配送企业联合共同完成某一地区用户的配送。共同配送可以以最短的路程、最低的成本完成配送,实现合理化效果。

4. 送取结合

配送企业与用户建立稳定协作关系,不仅是用户的供应代理人,还是用户的储存据点,甚至可以成为用户产品的代销人。企业通过将用户所需物资送到,再将用户生产的产品用同一车辆运回,实现运力充分利用。

5. 准时配送

将配送做到准时,使用户能够实施低库存或零库存,有效安排接货人力和物力,追求最高效率的工作。准时供应也是保证供应能力的重要手段。

配送合理化还倡导可持续发展理念,通过优化运输方式、选择环保型车辆,降低碳排放,实现绿色配送。这不仅有助于企业履行社会责任,还符合消费者对可持续性的日益增长的关注。配送合理化是一个多维度的管理策略,综合考虑了成本、效率、服务质量和环保等多个因素。通过不断优化配送流程,企业可以在激烈的市场竞争中占据优势地位,实现可持续、高效、高质量的配送服务。

(四)配送路线优化

1. 配送路线设计的原则

配送路线的设计所指的线程是整体配送主干线的集合,通常把路线设计纳入物流规划。

在配送路线设计中,我们必须遵循以下原则:(1)满足客户需求、准时配送。(2)提高配送效率、降低配送成本。

2. 配送路线设计时应考虑的因素

(1)满足所有收货人对货物品种、规格、数量的要求;

(2)满足收货人对货物发到时间范围的要求;

(3)在允许通行的时间(如某些城区白天限制货车通行)内配送;

(4)各配送路线的货物量不得超过车辆容积及载重量的限制;

(5)在配送中心现有运力允许的范围之内。

3. 节约里程法

节约里程法的基本原理是几何学中三角形一边之长必定小于另外两边之和。

节约里程法的核心思想是依次将运输问题中的两个回路合并为一个回路,使每次合并后的总运输距离减小的幅度最大,直到达到一辆车的装载限制时,再优化下一辆车。优化过程分为并行方式和串行方式两种。

假如一家配送中心(DC)向两个用户 A、B 运货,配送中心到两用户的最短距离分别是 L_a 和 L_b,A 和 B 间的最短距离为 L_{ab},A、B 的货物需求量分别是 Q_a 和 Q_b,且 (Q_a+Q_b) 小于运输装载量 Q,如图 5-8 所示,如果配送中心分别送货,那么需要两个车次,总路程为:$L_1=2(L_a+L_b)$。

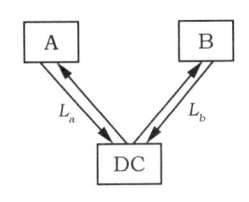

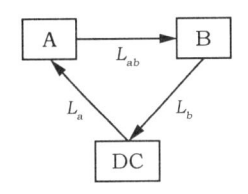

图 5-8 两种不同的配送方式

如果改用一辆车对两客户进行巡回送货,则只需一个车次,行走的总路程为:

$$L_2=L_a+L_b+L_{ab}$$

由三角形的性质我们知道:

$$L_{ab}<(L_a+L_b)$$

所以第二次的配送方案明显优于第一种,且行走总里程节约:

$$\Delta L=(L_a+L_b)-L_{ab}$$

如果配送中心的供货范围内还存在着:3,4,5,…,n 个用户,在运载车辆载重和体积都允许的情况下,可将它们按着节约路程的大小依次连入巡回线路,直至满载为止,余下的用户可用同样方法确定巡回路线,另外派车。

二、逆向物流

逆向物流是不合格物品的返修、退货以及周转使用的包装容器从需方返回到供方所形成的物品实体流动。逆向物流可分为回收物流和废弃物物流两种形式。

回收物流包括消费者由于个人因素而产生的退货,或者因质量问题产生的召回以及退换货等,少数情形下租赁物件的归还等也属于回收物流范畴。废弃物物流主要是由于部分产品的原材料具备可重复使用价值而发生循环利用行为,如废纸再生、泡沫塑料包装物的回收等。本节重点讨论的是回收物流。

逆向物流是建立在正向物流基础上的物流系统,其本身依赖于正向物流系统,同时也向正向物流系统提供产品及原材料,因此逆向物流系统与正向物流系统是相互依存的关系。

(一)逆向物流的特点

逆向物流相比较常规的物流,具有分散性、缓慢性、混杂性和多变性等鲜明的特殊性。

1.回收物流的分散性

逆向物流中的回收物流发生的原因通常与产品的质量或数量的异常有关,涉及生产、流通、消费等多个供应链环节,因此逆向物流产生的地点、时间、质量和数量往往是难以预见的,正是这种物流的多元化使得逆向物流具有分散性。

2.废弃物物流的缓慢性

产品的回收再利用通常不能立即满足市场需求,需要经过加工、改制等一系列环节,甚至只能作为原料回收。此外,废旧产品的收集和整理也是一个较为复杂的过程,因此废弃物物流的运转速度往往明显低于常规产品的物流。

3.废弃物物流的混杂性

在回收物进入逆向物流系统的初期,不同种类、不同状况的废旧物资常常混杂在一起,因此逆向物流呈现出显著的混杂性。但经过检查、分类后,废旧物资的产品类别会逐渐清晰,其混杂性特征也逐渐消退。

4.逆向物流的多变性

由于逆向物流的分散性及消费者对退货、产品召回等回收政策的滥用,企业很难控制产品的回收时间与空间,这就导致了逆向物流的多变性,主要表现在逆向物流处理方式和逆向物流技术的多变性上。

(二)回收物流管理

回收物流按其成因具体可分为以下几种情况:

1.产品召回

产品召回是企业主动实施产品逆向物流的方式,主要是由于发现产品存在设计缺陷或质量问题,企业决定主动召回已销售产品并向社会发布公告,以减少消费者出现使用事故的可能。

2.品质退回

由于销售的产品自身存在问题(例如消费者发现产品存在质量不合格)造成的产品退回。有些时候,零售点负责为消费者在保修期内退换同等型号的产品,退货退款和退换货物都属于品质退回的形式。

品质退回的物流有三种主要的处理方式。其一是退货退款,有时是经销商垫支了应当支付给消费者的款项,制造商应当及时回收商品并及时补偿经销商损失;其二是经销商对消费者进行换货处理,制造商也应当及时回收;其三是经销商暂收故障品然后交由厂家尽快返修,修理完毕后经销商通知消费者来取货,这种物流在操作上相对复杂,处理时间跨度也较长,尤其是经销商需要对每个故障品进行准确标识,标识号可包括经销商代码+顾客代码,以免厂家集中修理完若干个产品后,将原先 A 消费者送修的商品误交给了 B 消费者。

3.商业渠道退回

有些产品离保质期到期不远,或者由于在库数量太多等因素,经销商或代理商会将产品的一部分甚至全部退还给厂家做妥善处理,这一般是会在经销代理协议上写明的条款。

4.其他回收物流

例如鲜奶配送到户,需要居民用户将空瓶放回箱内厂家回收清洗。以前的啤酒瓶也有类似的回收渠道,但如今酒瓶大多已转换到了废弃物物流范畴。

回收物流的实际操作难点如下:一是营销网点的货款及时结算补偿问题,以及保修期内指定维修点的修理成本支出、零配件供应等,这一系列问题如果处理不当,会损害经销商的积极性,进而使经销商和维修点面对消费者推卸责任,严重影响消费者对本品牌的口碑;二是收集了品质退回的产品后,统计分析品质故障产生的主要集中点,然后由技术部门来确定是原材料供应商的问题,还是由于本企业加工装配不当或是设计缺陷等造成的问题。现实中不少中小企业由于忽视了逆向物流的故障品分析工作,导致产品的市场占有率连年下降。

(三)废弃物物流管理

从实际供应链运行的角度来看,供应商对于废弃物的回收工作如果采取置之不理的态度,一方面会影响客户企业的满意度,甚至会导致政府相关环保部门的介入监管,另一方面会加大自身的制造成本。

废弃物物流的实施主体,一部分是同类新产品的制造企业,另一部分是相关其他产业的企业。

从物流的具体时间来看,废弃物物流的综合成本受供应链的长短影响很大,越是靠近供应链末端(如消费者家庭)的逆向物流,实施起来就越是零散,物资分离提取的成本也越高。如果很多废弃物的回收工作能控制在中游企业环节,就能够发挥一定的规模经济优势,显著降低物流成本。

案例分析5-4
轮胎的逆向物流

任务四 精益物流

一、精益物流概述

(一)精益物流的定义

精益物流源于精益生产和精益思想,是一种有效的物流管理模式。该模式融合了精益生产和物流管理的理念,致力于通过物流流程的优化和改进,实现生产效率的提升、物流成本的降低以及资源利用的最大化。精益物流的核心思想是通过消除物流流程中的浪费和减少不必要的库存提高物流效率、降低物流成本,使整体物流体系更加灵活高效。这种管理模式注重对每个步骤的精益化改进,以创造更具价值的物流流程,为企业提供更具竞争力的物流解决方案。

延伸阅读5-3
精益物流的发展

(二)精益物流的特点

1. 由顾客需求拉动

在精益物流系统中,顾客需求被视为企业价值流的源头,也是企业生产的动力来源。海尔公司采用以客户需求驱动的精益物流模式,通过实时捕捉客户需求,灵活调整生产和供应链流程,实现高效运作。海尔通过其先进的U+智慧生活平台和大数据分析,精准预测市场需求,直接从客户手中接收订单,减少库存积压和资金占用。这一模式使得海尔在激烈的市场竞争中保持了领先地位,同时显著提高了现金流周转速度和运营效率,巩固了其在全球家电市场的领导地位。

2. 准时且准确

物流系统的准时和准确是实现精益化的关键因素。准时要求各个物流环节按照计划完成,确保内部运作的顺畅和适度的节奏。准确则涉及库存、客户需求预测、送货数量和信息传递等方面的精细管理。这对供应商的合理布局提出了较高的要求。日本丰田汽车公司的供应商通常位于公司所在的爱知县内,距离较近,这有利于实现精益化物流。而在我国,由于制造企业和供应商之间通常相距较远,可能需要设置中间库以满足及时供货的需求。神龙汽车公司通过实施国产件200千米布点原则和对4家供应商的27个供货品种进行精益物流管理,取得了积极效果:平均库存水平同比下降85%,仓储面积减少60%,容器占用减少70%。

3. 高质量与低成本兼备

在精益物流系统中,企业通过合理配置基本资源,实现了快速反应和准时化生产,显著降低了采购费用,并消除了设备空耗、人员冗余、操作延迟等资源浪费现象,使企业能够将精力更好地集中在质量控制上,从而保证了物流服务的高质量。对于制造业而言,采购成本通常占据生产成本的相当大的比例。例如,家用电器的采购成本占48.5%,服装为59%,电子仪器为55%,机械制造为65%。因此,通过降低采购成本,企业能够显著降低总体的生产成本,从而提高竞争力和盈利能力。

4. 强调协调

物流系统是一个由各种职能或各个生产流程组成的有机整体,协调是其顺畅运行的关键。在精益物流体系中,协调具有生产流程内部协调和外部协调两层含义。通过内外部的协调,精益物流体系能够更好地响应市场需求,提高生产效率,降低生产成本。内部协调保障了生产流程的顺畅,减少了内部阻碍,使得工作流程更加流畅高效。外部协调则能促使企业与供应链伙伴建立更为紧密的合作关系,形成更有利于共同发展的合作共赢格局。

5. 信息联网

精益物流的实现很大程度上依赖于信息的联网共享,通过电子化和网络化的手段,企业能够实现信息的即时传递、准确获取,从而提高物流过程的透明度、响应速度和准确性。

6. 系统集成

精益物流系统由提供物流服务的基本资源、电子化信息和使物流系统实现"精益"效益的决策组成。通过合理运用资源,企业能够快速提供满足客户要求的高效服务,实现物流过程的优化和精益化管理,从而提高整体效益。

7. 持续改善

精益物流是一种动态管理理论,通过不断循环的过程,即"改进—消除浪费—形成新的价值流—持续改进—消除新的浪费",实现物流活动的不断完善。这种良性循环使物流总成本降低、提前期缩短、浪费减少,从而确保整个系统持续改进。因此,改善是精益物流的基础和关键条件,实施精益物流需要从改善入手。

(三)精益物流的优势

精益物流的优势主要包括提高生产效率、降低物流成本、提高服务质量和加强竞争力。对于生产制造型企业而言,精益物流可以有效提高机械制造效率、降低物流成本,从而提升整体竞争力。此外,精益物流还有以下优势:

提高客户满意度。增加通过优化物流流程,实现更快速、更准确、更高效的物流服务,提高客户满意度和忠诚度以及企业收益和市场份额。

优化库存管理。精益物流通过精细化的物流管理和信息化系统支持,实现更精准的库存管理,降低库存量和库存成本,提高资金利用效率。

增强协同合作能力。加强供应链管理和物流配送的协调与合作,与供应商和客户建立更紧密的合作关系,提高整个供应链的效率和效益。

提高创新能力。企业通过不断优化和改进物流流程,增强创新和应变能力,从而更具市场竞争力。

这些优势使得精益物流被企业广泛应用,获取这些优势也是企业在实施精益物流时所期望实现的目标。

(四)精益物流管理模式的构建原则

根据当前物流行业的服务标准,构建最优的精益物流管理模式需要遵循以下原则:

服务至上,需求主导。精益物流应以客户需求为主导,把量化需求作为行为基础,制定符合客户需求的服务机制,确保服务标准紧密贴合市场和客户的实际需求。

流程细化,效率至上。对细化和梳理内部流程的,提高物流服务的效率。优化流程,确保每个环节都能高效运作,减少浪费,从而实现整体效率的提升。

兼顾全局,齐头并进。精益物流要求企业各部门通力合作,确保所有员工对各自工作范围内的任务有清晰理解,齐心协力实现精益化管理。同时,全面监督生产器械,确保设备的稳定运行。

员工归属,齐聚力量。正视员工的主导作用,提高员工福利待遇,激发员工凝聚力。开展企业文化活动,强化员工参与感,实现员工在企业发展中的更有效参与。

精益优化,匠人态度。企业要与时俱进,不断优化管理流程和服务目标。采取精益求精的态度,根据企业的发展目标不断精进,具备匠人态度,追求卓越。

(五)精益物流的现状

与生产环节相比,物流环节的精益实施通常较为薄弱。生产环节主要体现在精益生产线的设计和改善,TPM(全面生产维护)的快速换型,工序间FIFO通道的建立等方面。这些工具在许多工厂早已得到实施,包括操作工之间工作量的平衡、一人多岗位操作;根据需求灵活安排不同人数的操作工,以保持生产率不变;将换型时间从几十分钟降低为几分钟;通过建立FIFO通道,有效控制工序间库存,使其保持在较低水平。

名词解释

精益生产线:采用从生产操作中分离物流操作、强调多工位操作和人员的利用率、根据需求调整操作工数量的方法来设计和改善生产线的设备、操作工操作、物料供应的方法,以获得高的生产率和灵活性,以及低的投资和占用面积。

TPM:通过消除主要问题、对设备进行自主的预防性的维护以及相应的设备设计来提高可用率的方法。

快速换型:通过对换型操作进行改善以降低换型损失。

FIFO通道:控制前后工序间库存的方法,当通道中的库存达到定义的上限,前道工序停止生产。通常通道一端补充,另一端提取时遵守先进先出的原则。

安灯:可视化的管理工具,显示生产状态(如正常或异常),在有异常状况(如停机、质量问题)时可发出信号(声音、灯光等),以通知现场负责人迅速作出反应。

在物流方面,很多工厂已经采用循环供料方式,该方式通过定时的牵引车供料、回收空的周转箱以及物料员的高频补料等方式来实现。然而该方式仍然存在一些潜在问题,主要体现在生产计划的不稳定性、库存控制的困难、操作标准化和可视化不足以及供应商和客户协调不足等方面。

其一，生产计划的不稳定性。生产计划频繁调整，受客户波动直接影响，这可能导致工序间库存的控制困难，库存时高时低，影响按计划生产和交付。

其二，库存控制难题。复杂情况下，工序间的库存难以管理和控制，工艺路线不同和生产量波动可能导致库存在瓶颈工序间累积，引起生产前置期的波动，可能导致客户交付问题和紧急运输。

其三，操作标准化和可视化不足。缺乏对各个区域操作的标准化和可视化，可能导致执行中的问题无法清晰显示。

其四，供应商和客户协调不足。除了价格谈判外，缺乏对供应商改善流程、提高质量的支持，物流规划方面成熟度较低。

其五，缺乏整体考虑。缺乏对产品规划、生产送料车站点、包装和操作设计的整体考虑，缺乏规划可能导致一些问题的发生。

国内外许多制造企业都在学习精益生产方式、改进自己的生产系统，然而在精益生产方式的实施中，许多制造企业往往把精力集中在即时生产方面，但忽略了制造企业的供应物流环节。各产业内许多工厂仍处于精益生产方式的追随状态，一些工厂正在尝试引入精益生产，而另一些可能还没有对精益概念有清晰的认识。大量工厂面临一系列挑战，表现为在日常工作中忙碌于处理各类紧急问题，涉及质量、缺料、设备等方面，导致生产环境的不稳定。

延伸阅读5-4
精益物流与传统物流的区别

二、精益物流实施

(一)实施框架

精益物流实施框架包括价值流映射、流程改善、拉动生产和持续改进。价值流映射可以帮助企业了解整个价值链，消除浪费。流程改善通过消除浪费提高效率，拉动生产强调按需生产，持续改进是不断优化的核心。

1. 精益物流的前提：正确认识价值流

价值流是指产生价值的所有活动过程，包括产品流、信息流和物流。在精益物流中，通过价值流映射这一关键工具，企业可以超越企业界限，绘制和分析整个价值链，识别非价值添加活动，并有针对性地优化。价值流映射的核心目的是消除生产过程中的浪费，提高效率和质量，降低成本和库存。在价值流映射过程中，需要关注以下几个方面。

(1)价值流分析：对整个生产过程进行细致的价值流分析，了解各个环节的增值和非增值活动，以及它们之间的关系和相互影响。

(2)价值流优化：针对非增值环节，制定优化方案，例如改进工艺流程、引入新设备和技术、减少库存等，以消除浪费，提高效率，并使整个价值流程更加流畅。

(3)价值流管理：建立价值流管理系统，将价值流作为核心，整合生产计划、物料管理、生产进度、质量控制等各个方面的信息和管理流程，实现生产过程的可视化、可控化和持续改进。

(4)价值流团队：建立跨职能的价值流团队，由来自生产、采购、物流、销售等部门的人员组成，共同参与价值流分析和优化，促进不同部门之间的沟通和协作。

2. 精益物流的保证：价值流顺畅流动

消除浪费的关键在于优化工作步骤，确保它们以最优的方式相互连接，形成无中断、无绕流和无等候的连续流动,使得价值能够顺畅无阻流动。实施时,首先需要明确流动过程的目标,确保价值流的方向清晰。其次,要将沿着价值流的所有参与企业集成起来,摒弃传统的追求各自最大利润而相互对立的观点,以最终客户的需求为共同目标,协同探讨最优策略,共同努力消除一切不产生价值的行为。这种协同的方式有助于建立协同作业的环境,促使各方为实现最终客户价值而共同努力,从而实现整个价值流的顺畅流动。

3. 精益物流的关键:以顾客需求作为价值流动力

精益物流模式中的拉动生产是一种按需生产的方式,依赖于下游顾客的需求拉动。与传统的推动式生产不同,拉动生产强调只有在顾客发出需求指令时才生产或提供服务,避免了过度生产和库存积压。这种模式能够更灵活地应对市场变化,降低库存成本,提高生产计划的灵活性。然而,在实际操作中需要根据产品类型区分。对于需求相对稳定、可预测性较强的大众型产品,可以根据预测生产。而对于需求波动较大、可预测性较低的创新型产品,则需要采用快速响应、延迟制造等技术,以缩短反应时间,提高服务水平。

4. 精益物流的生命:持续改善

精益物流强调持续改进的理念,它是一种动态的管理模式,通过对物流活动的不断改进和完善,实现持续优化。每一次改进都意味着消除一批浪费,形成新的价值流程,同时也揭示出新的浪费,因此需要不断地改进。企业在实施精益物流时,应该寻找优化的机会,建立持续改进的团队,鼓励员工提出改进建议。持续改进是精益物流成功的关键因素之一,帮助企业在竞争激烈的市场中保持领先地位。这种改进使物流活动实现准时化,同时总成本不断降低。这种改进需要全体人员齐心协力,各司其职,共同努力实现精益物流的目标。

(二)实施原则

1. 组织结构的精益化

减少中间组织结构,实施扁平化管理,提高决策效率,加速信息流通。这有助于迅速应对市场变化和客户需求。

2. 系统资源的精益化

整合和重组系统资源,充分利用传统企业遗留的资源,确保资源的高效利用,避免资源浪费,提高竞争力。

3. 信息网络的精益化

建立精益化的信息网络系统是实现精益物流的先决条件。利用信息技术的支持,实现物流信息的实时共享和高效管理。

4. 业务系统的精益化

重组和改造企业的业务流程,删除不合理的因素,使业务系统更加适应精益物流的要求,提高整体业务效率。

5. 服务内容及对象的精益化

在选择物流服务对象和商品时,根据企业体系及设施的特点,精准匹配适合的服务对象,以提高企业的核心竞争力。

6. 不断完善与鼓励创新

持续完善工作流程,发现问题并提出改进方案。同时,建立鼓励创新的机制和氛围,推动员工提出新思路,促进工作方法的创新,实现跨越式提高。在物流的实现过程中,人的作用至关重要。无论设施或系统有多先进,都需要人来运营和管理。随着物流形式的多样化和客户个性化需求的增加,物流从业人员需要具备不断创新的精神。

（三）精益物流管理实施环节

在构建精益物流的实践中，对行业领先物流企业的调查显示，入库、在库、出库、分拣和配送是实现精益物流时需要特别关注的环节。入库环节要求准确记录商品数据；在库环节追求有效保存商品；出库环节需要合理验收商品；分拣环节则强调准确和快速；而配送环节要实现安全和高效。这些关键环节的精益化可以提高效率，降低成本，并确保顺畅高效的物流运作。

案例分析5-5

美的精益物流

1. 入库环节的精益化

物流管理中，入库是一个关键步骤。在该环节，最需要注意的事项是对商品的记录，这涉及商品名称、种类、日期等基本信息，并需要仔细核对商品数量，以防错记或漏记。此外，还需要将商品按照品类、项目、时间等因素分类，确保入库环节对商品记录的准确性。

2. 在库环节的精益化

在物流管理中，很多部门可能会忽视在库管理环节的精益化。在处理在库环节时，关键是注意仓库内的各项指标，如温度和湿度。在取出商品时，要确保非出库产品挪动的最小化，以减少对商品的潜在破坏，最大限度地保持商品在库的品质，降低不必要的损耗。

3. 出库环节的精益化

在出库管理环节的精益化管理中，关键是确保接收的准确性、配货的快速性、扫码的精确性、搬运的安全性和验收的合格性。只有在满足这些标准的前提下，才能进入分拣区。通过精益化的出库管理，企业可以有效避免货物配送错误，降低物流企业和消费者的损失，同时减少退货和退款问题。在出库环节，物流员工需要不断提高工作素养，更新物流技术，以确保出库环节的高效和高质量。

4. 分拣环节的精益化

提高物流管理的精益化要求全力保证分拣环节的效率。目前，物流分拣通常采用复合分拣线，有效压缩了分拣时间。在分拣过程中，需要根据实际工作中的困难集中讨论，进一步优化工业商品的分拣工作，以达到高效、高水平的分拣效果。

5. 配送环节的精益化

配送环节是整个物流管理中最重要的一个环节，也是提高客户满意度的关键，这个环节负责将工业商品配送到客户与合作企业手里，要不留余力地保证整个过程的安全性与高速性。同时，对工业商品的配送也是物流中投入最大的一个环节，为了减少不必要的经济损失，企业需要在配送过程中采用弹性配送的方式，提高配送速度。

（四）精益物流下的现场管理

在精益物流的实施中，现场管理是至关重要的，它确保标准得以执行，同时能够快速响应和处理异常情况。现场管理包括标准化、可视化和5S等方面的内容。

1. 标准化

在物流操作中，建立明确的标准是确保有效执行和提高操作效率的关键。与生产线的操作相比，物流操作的标准化具有更高的挑战性，特别是在涉及不同包装的操作时，需要考虑不同步骤和时间的差异。相对于收发货、包装等操作，循环供料的标准化更容易确定，因为它具有高度的重复性，操作内容差异较小，周期时间相对稳定。

标准化不仅包括实物操作，还包括看板的操作和生产计划的编制等，这些都需要定义清晰的标准。如果某些区域缺乏明确的标准，作业员可能自行建立标准，虽然可能没有书面文件支持，但正常运行背后是标准和流程在发挥作用。

作业指导书是确保按照标准操作的重要文档。其内容应简单易懂，简洁明了，使用必要的图片辅助理解和准确表达。避免使用模糊不清的词语，而应采用明确的语句，确保操作员能够正确理解和执行。作业指导书包含移动路线、物料排放的位置和数量的布局图等方面。重要的是前两项内容，其设计合理性直接影响通过培训和提高熟练程度来达到标准周期时间的可能性。在异常事件频发、人员流动大、熟练程度不高的情况下，强调周期时间不能帮助改变现状和改善。相反，应将精力花在消除各类阻碍作业员操作的问题上，以提高效率和作业员的积极性。

在现场观察操作时，可能发现混乱不清、缺乏组织的情况。例如，在换型的物料准备中，如果存在物料员和操作工之间的频繁询问，这可能表明操作步骤不够清晰和有效。这种情况下，可以通过建立更明确的标准和流程来消除混乱，确保操作的一致性和高效性。通过定期的现场观察和反馈，企业可以不断改进标准，以适应变化的需求和提高整体物流管理水平。这种持续的改进和优化是精益物流管理的核心理念之一。

2. 可视化

标准的可视化是精益物流中的关键支持手段。标准是什么？现在正常还是异常？这需要在现场非常容易地识别出来。在不能可视化的情况下，标准化难以持续，也就无法实现持续地改善。

通过可视化，员工能够清楚知道物料存放的位置，可以存储多少，能够看到存储的最大量、最小量的限制，确保操作人员能够轻松了解物料存储的状况。员工了解产线的小时产量和主要的损失情况有助于提高员工对生产状况的敏感性，让他们在产线运作中更好地应对问题，并及时采取改进措施。生产计划的可视化包括展示当天生产的型号以及与计划数量和顺序的差异，这使得员工能够在现场快速了解生产计划的执行情况，有助于及时调整和协调。

3. 5S

5S 是精益管理中的重要工具，5S 的实施程度可以反映出企业的精益水平。5S 的实施可以从以下几个方面反映出企业的情况。

纪律和操作规范。5S 状况的好坏直接反映了企业的纪律性。如果 5S 实施得好，说明企业具有较高的纪律性、操作规范；而如果 5S 实施状况不佳，则表明可能存在缺乏纪律性、操作随意、缺乏标准和培训的问题。这会直接影响工作效率、安全性以及员工的士气。

员工实施能力。5S 的实施结果体现了员工的实施能力。实施是否只是形式化，还是能够灵活运用、切实有效，从实施的细节中都可以看出来。除此以外，通过实施细节还可以看出员工对整理、整顿、清洁、标准化、素养等方面的理解和运用程度。精益管理强调不仅要注重理论的应用，更要注重实际的效果。有些企业花费数月时间来逐步实施各个 5S，这样的深度实施能够使现场变得整洁有序，提高员工的自豪感，增加客户的信任度。

物料和工具管理。5S 不仅涉及工作场所的整理、整顿和清洁，还包括物料和工具的合理管理。在实施 5S 时，企业需要明确物料和工具的出现位置、数量、放置方式等，以便于员工的工作。物品的清洁程度也是考量的重要因素。这些问题的解决有助于提高工作效率、减少错误发生。

持续改善。5S 不仅是一次性的整理和清理，更是一个持续改善的过程。企业需要思考如何保持和持续改善 5S。这需要制定相关的规范和制度，进行培训，激发员工的参与积极性，确保 5S 的效果能够持续提升。

（四）精益物流下的仓储管理

仓储管理在仓储物流企业中扮演着关键的角色，通过引入先进的仓储管理

延伸阅读5-5
精益物流工具

系统,企业能够实现对仓储环节的精益化管理,从而控制仓储成本。在精益物流的观点下,优化仓储管理可从以下几个方面入手。

精益仓库布局。企业通过精益原则,优化仓库布局,最大限度利用空间,减少浪费,提高存储能力和物流效率。采用流程连通方式,优化货物流动路径,降低运输距离和时间,提高工作效率,减少仓储成本。

精益库存管理。企业通过物料拉动式库存管理,根据需求采购物料和制定生产计划,减少库存积压,提高周转率,降低库存成本。

精益运营管理。最大限度利用仓库资源,提高生产效率和生产力。企业通过技术和信息系统的优化,实现自动化操作和数字化管理,减少人力成本,提高效率,降低仓储成本。

精益供应链管理。优化供应链效率和成本,通过协同和协作实现物料快速交付和库存共享,减少积压和浪费,提高供应链效率,降低仓储成本。

精益质量管理。注重质量管理,最大限度减少货物损失和损坏。企业通过优化包装和装卸,提高货物安全性和质量,降低仓储成本。

企业应根据实际情况采取适当措施,实现精益化管理,降低仓储成本,最大化提升生产效率和经济效益。

任务五 物流业务外包

一、物流业务外包概述

物流业务外包是第三方物流的典型运用,即制造企业或销售企业为集中资源、节省管理费用,增强核心竞争能力,将其物流业务以合同的方式委托给专业的物流公司(第三方物流企业)运作。这种外包可以是长期的,也可以是临时性的。

根据委托企业的实际需要,物流业务外包的范围可大可小,其业务范围涉及运输、储存、装卸搬运、包装、流通加工、配送、信息处理以及为以上各个环节提供装备和配套服务的诸多领域。有关制造业利用物流外包企业的调查显示,物流外包企业向世界 500 强制造业企业提供的服务中,约 65% 的制造业企业外包了基本的运输服务,约 50% 的企业外包的内容包括仓储服务,另有约 20% 的外包服务包括了供应链的一些深层次活动(如分拨配送、流通加工等)。

通过物流外包,企业可以获得自己组织物流活动所不能提供的服务或物流服务所需要的生产要素,这就是外包物流服务产生并获得发展的重要原因。另外通过物流外包,企业的有关成本可以得到明显降低,物流运作效率得以提升,譬如我们在物流基础的教材中可能曾学到,运输领域的第三方物流至少可以明显降低运输工具返程(或去程)空驶问题。

二、选择物流服务供应商

如何选择合适的物流服务供应商,对中小型企业和大型企业可能会有不同的答案。本节我们将重点阐述一般的中小企业如何选择物流服务供应商。

(一)确定物流供应商的评价指标体系

供应商选择评价指标是选择供应商的准则与依据,包括设定指标和评价指标。每个企业的规模不同、产品特性不同、所处地域环境不同,所以建立的指标体系也不尽相同。企业决策者可以先罗列出一些与物流服务供应商评价相关的便于观察度量的指标和案例,然后结合本企业当前的具体实际,选取确定一些候选评价指标,再结合本企业内部的问卷调查访问,对候选指标的权重排序,最后确定关键评价指标,在这个过程中需要重点寻求企业的采购部门、仓储部门、销售部门的意见和建议。

(二)中小企业考察选择物流供应商的简易办法

中小企业的业务量有限,所需的物流服务多集中在运输、仓储以及报关货代物流等领域,主要看重货损货差指标和物流成本等指标,在此简单介绍考察候选对象的简易方法(如表5-1所示)。

表5-1 考察选择物流供应商的常规可行办法

	考察项目与指标	原因
书面资料 查询项目	1.(如需跨境物流服务)该物流企业是否已取得我国海关的"认证企业"(含高级认证和一般认证,对应以前的AA类和A类管理企业)资格	这类经认证的物流企业往往内部管理比较规范,且海关受理其申报时,往往优先安排查验和放行,查验率并不会很高。
	2.在天眼查等类似网站查询其注册资金、经营历史、以往的诉讼纠纷等信息。该物流企业以前服务过哪些客户企业,现在的客户企业有哪些。该物流公司的优势重点项目(譬如有的企业擅长冷链管理等)主要是什么	经营历史较短的企业存在可能是原公司注销后以新名字成立的企业,卷入诉讼纠纷多的物流企业的服务质量和诚信度通常不会理想
现场考察 重点观察项目	1.物流公司内部资产规模,譬如属于公司资产的车辆(看卡车车门上的喷涂标志)比例高不高等	轻资产类的物流公司如果不属于从事物流网数据库等涉IT服务的行业,就要警惕其有可能是没有自己车队和仓库的空壳公司
	2.物流公司内部的管理规范程度,譬如仓库内是否用黄线标出叉车的专用行车道,员工的操作是否常有危险违规动作(例如人站在叉车的叉位上,让叉车司机把人抬高实施相关作业)出现,或是否有野蛮装卸的行为,员工是否都穿工作服上岗,是否有仓库员工边抽烟边工作的现象	管理相当松懈的物流企业不可能真的为客户货物负责,出了重大事故也不可能经营长久
	3.物流公司内部的员工流动性是否很强,一线职工彼此之间在岗位上的相互配合默契程度和熟练程度如何,基层管理人员是否会对少数职工恶语相向,"日结工"比例是否较高	企业的员工流动性很强,原因多是待遇和环境差,内心缺乏归属感。导致的结果是周周都有新手参与工作,这会明显影响效率和操作安全。不和睦的员工关系甚至可能会导致极少职工"拆台搞破坏"嫁祸于人的事情发生
	4.物流公司仓库的整体信息化自动化程度怎样	仓库是个窗口,仓管如果信息化程度低,整个公司的管理势必处于比较低层次的水平,物流效率难以提高

(三)大型企业考察选择物流供应商的办法

大型企业由于物流对口部门人手较多,往往会首先设立物流供应商准入标准,重点关注物流公司的规模和相应资质,然后对物流供应商实施分级管理,对不同类别的供应商采取差异化合作方式。

企业对于正处在服务期的物流供应商需要进行必要的监督和绩效考核。监督物流供应商的目的。是约束物流供应商遵守承诺,不违规操作,保证外包活动顺利进行。对物流供应商实施监督,应明确物流业务外包的性质,明确合同对于外包商违规的确定条件和惩罚措施。在保证监督效果的情况下,尽量减少监督成本,对外包物流供应商违规给企业造成的风险和损失,要进行充分预测,做好补救准备。

具备一定规模的企业可以根据自身业务运作特点和物流供应商业务情况,确定适当的绩效考核频率和考核时间,常见的考核方式有日常考核、月度考核、季度考核、半年度考核和年度考核等,各类型考核也会形成相应的考核标准以及对应的供应商类型。

物流业务的外包,可以很好地启用社会资源,共享业务,改善成本和效率,同时对扩张和收缩都有较好的弹性,比较适合业务起伏较大的中小型企业。当然,在实际业务中,并不提倡国内企业将所有或大部分物流相关的业务都外包给一家企业,以免这一家企业在遭遇突发性变故时导致客户企业的物流瘫痪。

案例分析5-6
物流业务外包

小　结

物流管理在供应链运营中扮演着至关重要的角色,它涵盖了产品从生产地点到最终用户手中的整个过程。有效的物流管理有助于提高运营效率、降低成本、提高客户满意度,从而增强企业在市场上的竞争力。本项目从供应物流、生产物流、销售物流、精益物流、物流业务外包等几个方面对物流管理进行了全方位的介绍,使学习者通过了解最佳实践、使用先进技术和工具,能够提出并实施改进物流流程的建议,提高企业的竞争力。

案例讨论

非洲好几个国家铜矿丰富,按理来说,发达国家应该在非洲当地建有色金属铜的冶炼企业,然后把铜锭海运到主要工业国(这样海运成本就很低了)投入生产使用。但现实是发达国家直接把又多又重的铜矿石海运到一些工业国进厂冶炼,海运费多支出不少不说,还在工业国当地形成了大量矿渣。其中的原因主要非洲当地运矿石的道路破烂不堪,也供应不了炼铜需要的巨大电力。如果把道路和电力问题都解决好,其成本可能与上万次的海运运费相当……这导致不少非洲国家只有初级农业、渔业和采矿业,却几乎没有本国的销售系统与配套工业。

讨论:

结合上述案例谈谈新中国在20世纪的基础建设。在缺乏资金、材料、技术,百废待兴的现实情况下,为什么党中央国务院当时要克服各种不利因素,坚持修建成昆、贵昆、湘黔等中西部地区的铁路(或结合我国当前的"一带一路"倡议进行分析)?

思维导图

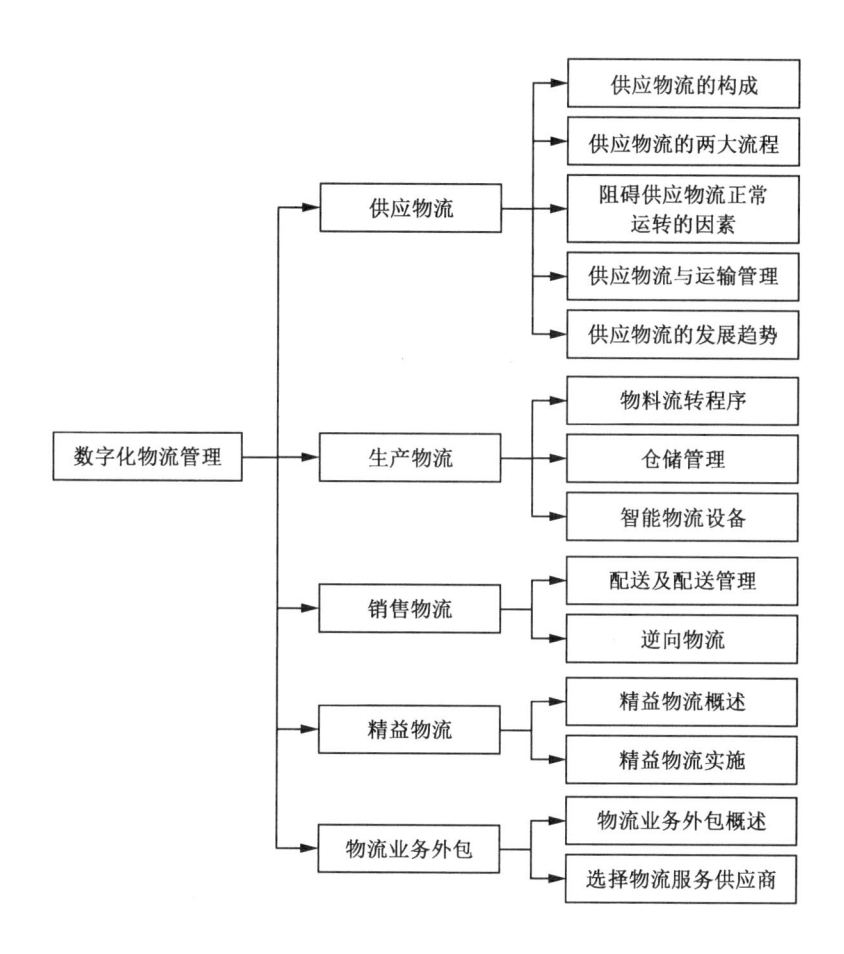

```
                    ┌─ 供应物流 ─┬─ 供应物流的构成
                    │            ├─ 供应物流的两大流程
                    │            ├─ 阻碍供应物流正常运转的因素
                    │            ├─ 供应物流与运输管理
                    │            └─ 供应物流的发展趋势
                    │
                    ├─ 生产物流 ─┬─ 物料流转程序
                    │            ├─ 仓储管理
                    │            └─ 智能物流设备
数字化物流管理 ─────┤
                    ├─ 销售物流 ─┬─ 配送及配送管理
                    │            └─ 逆向物流
                    │
                    ├─ 精益物流 ─┬─ 精益物流概述
                    │            └─ 精益物流实施
                    │
                    └─ 物流业务外包 ─┬─ 物流业务外包概述
                                     └─ 选择物流服务供应商
```

思考题

1. 为什么现实中不少计算机装配厂家对于内存、显卡、硬盘的库存量都有严格限制，甚至是力求"零库存"？

2. 大型的连锁超市在一个大中城市往往会有多家门店，这些门店的补货往往离不开超市的物流配送中心，如下图：

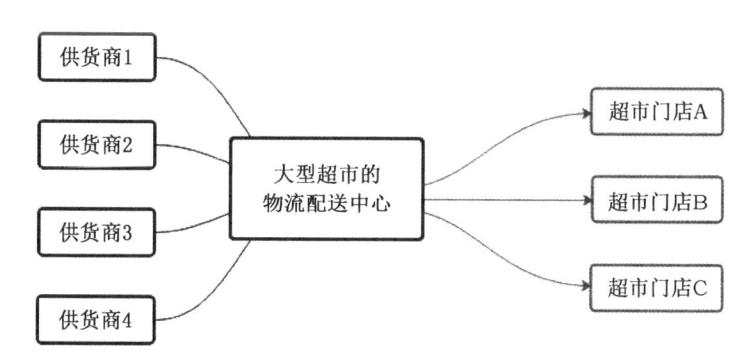

```
供货商1 ┐                    ┌─→ 超市门店A
供货商2 ├─→ 大型超市的   ├─→ 超市门店B
供货商3 ┤    物流配送中心   └─→ 超市门店C
供货商4 ┘
```

(1)物流配送中心在配货和补货物流当中的实际作用是什么(可以用自己的话来回答,也可以绘制没有配送中心的情况下的物流路线图来比较)?

(2)为什么小超市的补货多是让各个品牌的食品供应商发快递包裹来本超市店址?

项目五

课后习题

项目六　数字化库存管理

1. 知识目标

(1)掌握库存及库存管理的基本概念；

(2)掌握有效库存管理的必要性；

(3)掌握供应商管理库存、联合库存管理、供应链协同库存管理等库存管理策略。

2. 能力目标

(1)能够进行库存 ABC 分类；

(2)能够结合实际情况进行库存决策分析。

3. 思政目标

(1)了解我国企业库存管理现状，明确存在的问题，培养学生有效进行库存管理、降本增效的理念；

(2)掌握库存控制的策略模型，能够帮助企业优化库存，培养社会责任，增强民族自信。

导入案例

未来需要仓库吗[1]

多年来，物流管理界的富有远见卓识者一直在讨论消除或至少大幅降低库存在现代供应链中的作用。毕竟，最有效、紧凑的供应链不需要任何库存缓冲，因为供需将完全同步。这一愿景当然有其吸引力：库存的消失意味着物流成本的大幅降低和服务流程的简化。

当然现在还没有必要唱衰库存，因为大多数公司还没有充分完善它们的供应网络和技术以消除对最低库存的需要。物流经理必须每天对以下几个问题进行微妙的平衡：运输成本与服务速度、库存成本与缺货成本、顾客满意度与服务成本、拥有创新能力与保持盈利能力。

此外，两个加速的业务趋势使同步供应链变得更加困难。

首先，全球采购正迫使供应链进一步跨越国界。人们在世界其他地方消费的商品正在不断增加，特别是在亚洲。全球采购的加速改变了物流平衡。当货物跨越国界时，服务速度(这些是收到订单后执行的活动)和库存成本等考虑因素会变得更加复杂。其次，有影响力的零售商和其他终端客户开始将增值供应链的责任进一步推向供应链的前端。更多的客户要求制造商或第三方分流供应商对单个商品进行标注和准备，这样产品就可以直接进入货架了。当然，随着责任的增加，成本也会增加。上游的供应商总是想方设法从供应链的其他领域(如运输和分销)来减少更多的成本。

---

[1] F. 罗伯特．雅各布斯，理查德 · B. 蔡斯. 运营管理[M]. 苏强，霍佳震，等译. 北京：机械工业出版社，2019：402.

越来越多的企业正通过一种更为直接的全球运营方式来跨越这种障碍。这种直接面向商店的方法又被称作配送中心短路,或者直接配送。它将库存从制造商送给终端客户,而无须经过仓库。这种方式使得企业可以缩短服务周期并降低库存成本,因此直接面向商店的方法能够在提升服务速度与减少物流成本间提供良好的平衡。

供应链各参与者之间基于互联网的电子连接使供应链各个方面有了更好的协作。同时,在供应链前端,越来越高端的销售点管理系统能更好地挖掘产品的需求形式。这种需求形式可以反馈给制造商和各个供应商。更为准确的销售预测工具减小了对销售情况的猜测并降低了对大量安全库存的依赖。各种追踪工具的运用也使得对跨国订单、流通于供应链各环节的订单跟踪变得简单。

简而言之,企业已不再需要那么多带来浪费的库存堆在仓库,因为它们可以将需求和生产、配送更好地进行同步化。直接面向商店的模式使得它们可以在全世界范围内动态持有库存。

库存管理是供应链运营管理活动的核心之一,直接关系到企业采购、生产、销售和物流的顺畅进行。有效的库存管理是绝大多数企业和其供应链成功运营的关键。库存管理会影响运营、营销和财务职能。低水平的库存管理会阻碍运营,影响顾客满意度,还会增加运作成本。传统库存管理主要依赖手工操作和基于经验的方法,容易出现信息不准确、滞后以及人为误差等问题。数字化库存管理通过引入先进的技术和系统,强调数据的精确性、及时性,从而提高库存管理的效率和准确性。有关库存的基本概念已在前述内容详细讲解,以下将从如何进行有效库存管理、供应商管理库存、联合库存管理以及供应商协同库存管理几个方面介绍。

任务一　进行有效库存管理

库存管理的基本职能有两项,一是建立系统来跟踪库存项目,二是对订货数量与时间进行决策。为了库存管理的有效性,必须具备下列条件:一个用于跟踪现有库存和在途的订货的系统;可靠的需求预测,包括对可能预测失误的说明;对提前期与提前期变异性的了解;对库存持有成本、订货成本与缺货成本的合理估计;库存细项的分类系统。

一、库存盘点系统

库存盘点系统分为定期和永续两种。在定期盘点系统中,管理者以固定的周期(如每周或每月)对库存进行实际盘点,以确定各个项目的实际数量,并据此确定订货数量。这种方法通常在小型零售店等场景中得到应用。管理者定期检查货架和储藏室,了解库存持有情况,并据此估计下一个交付周期的需求,使得订货过程更加高效。定期盘点的优点是能够同时处理多个项目的订货,从而降低订货处理成本和运送成本,提高经济效益。然而,定期盘点系统也存在一些缺点。首先,由于盘点是按照预定的时间间隔进行的,各次检查之间缺乏实时性,难以应对突发情况。其次,为了防止在盘点期间出现缺货情况,企业通常需要持有额外的库存,这会增加库存成本和风险。

永续盘点系统又称为连续盘点系统,是一种持续追踪库存变化的系统,可以实时提供各个项目的当前库存水平信息。当库存持有量达到预先确定的最低水平时,按照固定数量订货。与定期盘点系统不同,永续盘点系统能够在持续监控库存的过程中灵活地进行订货决策,提高了库存的管理效率。另外,永续盘点采用固定订货量,同时管理部门可以根据实际情况调整经济订货批量,灵活应对市场变化。永续盘点系统的缺点是为了保持库存记录的准确性,需要不断投入资源和成本。另外,虽然系统能够提供实时库存信息,但仍需要定期检查实际库存数量的,以确保系统记录与实际情况一致,避免因失误、偷窃、损坏等因素导致库存的有效数量减少。

超市、折扣商店和百货商店通常采用定期盘存系统,现在大多数已经转向计算机盘存系统的应用。这些系统利用激光扫描设备读取印刷在物品标签或包装上的通用产品代码(UPC),也被称为条形码(如图6-1所示)。

图6-1 产品条码

条形码左侧的零可以识别该标识为杂货物品,前五位数(14800)表示制造商(Mott's),后五位(23208)则代表具体项目(如自然型苹果酱)。小包装项目(如口香糖等)使用六位数。

销售点系统(POS)是一种电子化实时记录销售货物信息的系统。通过实时记录销售数据,POS系统可以提供准确的销售信息,包括商品的销售数量、销售额、销售时间等。这些实时销售数据对于改进预测和库存管理至关重要。了解实时销售情况可以帮助企业更好地理解市场需求的变化,及时调整库存策略。POS系统所提供的实时信息也成为供应链管理中的重要输入,供应商可以根据这些数据调整生产计划、优化供货策略,提高供应链的效率。

UPC扫描仪的引入为超市带来了显著的收益。首先,UPC扫描仪在提高结账速度和准确度方面发挥了重要作用,使得顾客能够更快速、方便地完成购物结算。其次,该系统为管理者提供了即时的库存信息,消除了定期盘点和确定订货量的烦琐需求。通过实时掌握库存情况,管理层能够更灵活地管理供应链,避免库存过多或缺货的问题,提高库存的周转率。

射频识别技术(RFID)在一些特定环境中也被广泛应用于库存跟踪。相比传统的条形码,RFID标签具有无需直接接触扫描、可同时识别多个标签等优势,提高了库存管理的效率和准确性。这些技术的引入使得零售行业能够更好地适应市场需求,提升运营效率。

二、需求预测

库存是用于满足需求的,可靠地预测需求数量与时机非常关键。预测是库存管理工具箱中一个关键的工具。预测工具和方法可归纳为以下四大类:判断法、市场研究法、时间序列法和因果关系法。

(一)判断法

判断法是一种系统性的方法,主要是通过综合不同专家的意见来预测。其中,德尔菲法是一种典型的判断法,由美国兰德公司在1948年提出,是在专家会议基础上发展而来的一种预测方法。该方法的独特之处在于可以在不聚集专家到同一个地方的情况下获取专家的一致意见。

(二)市场研究法

市场研究法涉及定性研究顾客行为,主要包括市场测试和市场调查。这种方法可以有效建立预测,尤其是对新产品而言。在市场测试法中,潜在顾客的焦点群体被集合起来试用新产品,通过观察和记录他们的反应情况,可以推断整个市场对产品的需求。市场测试为企业提供了有关新产品可能受欢迎程度的重要信息,有助于调整和改善产品特性,提前了解市场接受程度。市场调查法强调从不同潜在顾客中收集数据,主要包括当面访谈、电话抽访、问卷调查等方式。通过分析这些收集到的数据,企业可以深入了解潜在市场的需求、趋势和特征,为进行更准确的预测和决策提供支持。

(三)时间序列法

时间序列法是一种以时间为独立变量,利用过去需求随时间变化的关系来估计未来需求的方法。以下是几种常用的时间序列法。

1. 移动平均法(Moving Average)

每个预测值是在此之前一定数量实际需求的平均值,运用该方法的关键是选择多少个需求点处理,从而最小化不规则效应。

2. 指数平滑法(Exponential Smoothing)

每个预测值是前一个预测值和前一个实际需求的加权平均,近期的数据权重较大。通过对多期观测数据取平均值,企业可以有效地减少随机成分的影响,更好地反映平均需求水平。

3. 趋势性数据的预测法(Methods for Data with Trends)

如果数据具有趋势性,通常采用回归分析方法或霍氏方法。回归分析方法将数据点拟合成一条直线,而霍氏方法结合了指数平滑与跟踪线性趋势的能力。

4. 季节性数据的预测法(Methods for Data with Seasonality)

季节性数据的典型方法包括季节分解方法和温特方法。季节分解方法是从数据中除去季节性模式的部分,然后对处理过的数据应用上述列出的其他预测方法。温特方法则在指数平滑中考虑趋势和季节性因素。

(四)因果关系法

因果关系法利用变量之间的相关关系,通过一个变量的变化预测另一个变量的未来变化。与时间序列法不同,因果关系法不依赖于历史数据,而是基于不同变量之间的关联关系预测。具体来说,因果关系法通过分析其他非预测数据的影响,产生对未来变量变化的预测值。例如,在预测下一季度销售情况时,可以考虑通货膨胀率、国民生产总值、失业率、气候等销售情况以外的信息。通过了解这些因素如何影响销售,企业可以建立一个因果关系模型,从而预测未来销售的趋势。

在选择适当的预测技术时,需要从多个方面考虑。首先,要明确预测的具体目标,根据目标的复杂性选择合适的技术。如果是预测销售总额,简单的技术可能足够,但对于更详细的销售情况可能需要更复杂的方法。其次,考虑系统的动态性,如果对某类经济数据非常敏感,可以选择因果关系法。同时,需考虑需求是否受季节性因素等影响。另外,分析过去数据对未来的影响程度,如果过去数据对未来有较大影响,可以考虑采用时间序列法。对于系统存在突变的情况,判断法或市场研究法可能更为合适。最后,要考虑产品所处的生命周期阶段,选择适合该阶段的预测方法。在产品生命周期的测试与导入阶段,判断法和市场研究法较为适用;在成长阶段,可以选择时间序列法;而在成熟阶段,时间序列法和因果关系法都具有适用性。此外,采用复合预测的方法,结合不同技术,通常能够提升预测结果的质量,超过单一估计、预测技术和专家分析的效果。

三、库存成本

与库存相关的四种基本成本是采购费用、库存持有成本、订货成本与缺货成本。

（一）采购费用

采购费用是企业为购买库存品支付给供应商的费用，它包括多个方面的支出，通常占据库存成本的主要比例。这些费用包括但不限于采购员工的薪资与福利、采购流程中的文件和记录费用、供应商评估与审核成本、运输与物流费用以及与供应商间的谈判成本等。有效的采购费用管理对企业的盈利能力和竞争力至关重要。

（二）库存持有成本

库存持有成本是与实际拥有库存品相关的费用，包括多个方面的开支。其中，主要成本包括利息、保险、税（在某些国家）、折旧、退化、变质、损耗、损坏、偷窃、仓库成本（如供热、供电、租金、保安等），以及库存占用资金可能导致的机会损失。这些成本是库存成本中的可变部分，其重要程度取决于具体库存项目的特性。易于携带的物品（如袖珍照相机、晶体管收音机、计算器）或相当贵重的物品（如小汽车、电视机）容易遭受偷窃。而新鲜食品、农产品、电池等具有保质期的商品易于变质腐烂。

持有成本可以以单位价格的百分比或每单位货币数的方式表达。通常，典型的年持有成本占物品价值的 20%～40%，换言之，100 元的物品持有 1 年，会发生 20～40 元的持有成本。降低和控制这些成本有助于提高企业的盈利能力和效率。

（三）订货成本

订货成本涵盖了发出订单和接收订货的相关费用，具体金额因订货情况而异。除了发运成本外，订货成本还包括确定所需订货量、准备发货单、商品抵达时的数量与质量检查，以及将商品转移到临时存储地点等费用。无论订货批量的大小，通常以单位订单的固定金额来表示订货成本。通过有效管理这些成本，企业能够更精细地控制采购过程，提高效率，降低不必要的支出，从而增强竞争力。

当企业选择自主生产库存而非从外部供应商订货时，机器设备的调整准备成本（例如，通过调整机器为特定的工作准备设备、改变切割工具等）类似于订货成本。不论生产批量的大小，这些成本都以每次运转的固定金额来计算。通过有效管理这些调整准备成本，企业可以更灵活地应对生产需求的变化，提高生产效率。

（四）缺货成本

当需求大于现有的库存供应量时，就会发生缺货成本。缺货成本包括未实现销售的机会成本、顾客信誉的丧失、延迟装料等相关成本。此外，若缺货涉及内部使用的物品（如装配流水线上的供应品），那么错过的生产和停工成本也会被纳入短缺成本考量。这类成本可能在短时间内迅速攀升。有时候，缺货成本难以准确度量，只能主观估算，但对于企业来说，及时处理并将这些成本最小化是至关重要的，这样可以确保业务的稳健运行。

四、分类系统

库存管理的一个关键方面是根据不同库存项目在价值、潜在利润、销售或使用量、缺货损失等方面的重要程度进行差异化管理。以电气设备生产者为例，其库存可能包括发电机、金属线圈、各种螺钉螺母等。将每个项目都视为同等重要可能不切实际，更现实的方法是根据各库存项目的相对重要性进行差异化的控制。通过这种方式,企业可以更有效地分配资源,集中精力管理对整体业务更为关键的库存项目,实现更有效的库存管理。

ABC 分类法最初由意大利经济学家维尔弗雷多·帕累托创立。1879 年,帕累托在研究个人收入分布时观察到少数人的收入占据了整体的大部分,而多数人的收入只占很小比例。他通过图表呈现了这一关系,形成了著名的帕累托图。这一分析方法的核心思想是,在众多因素中区分主次,找出对事物产生决定性影响的少数关键因素和对事物影响较小的多数次要因素。后来,帕累托法被广泛应用于管理领域的各个方面。1951 年,管理学家戴克将其引入库存管理领域,形成了 ABC 分类法。

延伸阅读6-2
二八原则

在企业的生产过程中,库存资源种类繁多,数量庞大,但它们的价值和重要性并不相等。如果对所有物资采用同等程度的管理,企业将需要投入大量人力、物力和财力。因此,有必要对物资进行不同程度的区分管理。ABC 分类法根据库存物品的种类和资金占用情况将其分为特别重要的库存(A 类)、一般重要的库存(B 类)和不重要的库存(C 类)三个等级,然后采取不同的管理和控制策略。这种分类管理法有助于减少库存总量,释放占压资金,实现库存的合理化,降低管理成本等。

一般来说,A、B、C 三类的数量占比和销售金额占比大致为:A 类物资占物资种类的 10% 左右,销售金额占总金额的 70%~75%;B 类物资占物资种类的 15%~25%,销售金额占总金额的 20%~25%;C 类物资占物资种类的 65%~75%,销售金额占总金额的 5%~10%。这种划分标准是基于统计数字的,其中的 20% 或 70% 等并非绝对值,而是一个相对的比例。在实施 ABC 分类法时,企业应根据自身情况,结合适当的原则来选择标准,确定合理的划分界线。

ABC 分类法的具体步骤如下。

(1) 确定统计期。对库存情况的统计调查,应该有一个时间区间,即统计期。统计期应能充分反映当前和未来一段时间的供应、销售和储存状况。对于生产、经营较为稳定的企业企业,可以选择较长的统计期,如一个季度或一年;而对于波动较大、变化频繁的企业,特别是零售业企业,可以考虑采用较短的统计期,如 10 天或一个月。此外,针对销售较为稳定的商品,也可以进行独立的统计分析。

(2) 对每种存货的供应、销售、库存数量、单价、金额、出入库频度和平均库存时间等详细统计。在条件允许的情况下,可以结合原有的库存卡片,制作一张 ABC 分析卡(如表 6-1 所示)。填写卡片时,暂时不需要填写存货的顺序号。

表 6-1　　　　　　　　　　　　　　　ABC 分析卡

(编号)		(名称)		(规格)		(顺序号)
单价	数量	单位	金额	在库天数	周转次数	估计货损率

(3) 将每种存货的 ABC 分析卡按金额大小排列,并将顺序号作为物料编号填在分析卡上。

(4) 制作包括各种存货的库存物品 ABC 分析表(如表 6-2 所示)。

表 6—2　　　　　　　　　　　库存物品 ABC 分析表

编号	品种(%)	品种数累计(%)	单价(元/件)	库存量(件)	使用资金累计(元)	资金占用额累计(%)	分类结果
001	1	1	40	1	40	20.0	A
002	2	3	38	2	78	39.0	A
003	1	4	16	1	94	47.0	A
004	2	6	15	2	109	54.5	A
005	2	8	14	2	123	61.5	A
006	3	11	12	3	135	67.5	A
007	2	13	9	2	144	72.0	B
008	4	17	8	4	152	76.0	B
009	4	21	8	4	160	80.0	B
010	2	23	7	2	167	83.5	B
011	1	24	6	1	173	86.5	B
012	4	28	4	4	177	88.5	B
013	3	31	3	3	180	90.0	C
…	…	…	…	…	…	…	C
041	1	98	1	1	199	99.5	C
042	2	100	1	2	200	100.0	C

(5)绘制 ABC 分析图。首先根据库存物品 ABC 分析表中的数据,以品种数累计为横坐标,以资金占用额累计为纵坐标,在坐标图上取点并连接成曲线,形成 ABC 分析图(如图 6—2 所示)。然后,按照企业自身规定的 ABC 分类比例将曲线分为三段,并确定各种存货的分类归属。

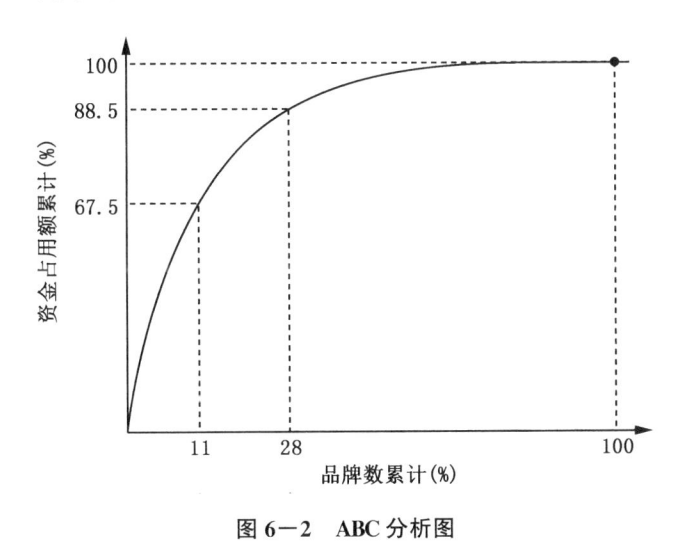

图 6—2　ABC 分析图

尽管年价值额是 ABC 分类的主要因素,但管理者还应考虑一些例外情况,例如将 B 类中的某个项目改变为 A 类项目。这些因素可能包括退化风险、脱销风险、供应商距离等,需要在具体情况中综合考虑。

ABC 分类法的另一个关键应用是指导周期盘点。周期盘点的主要目标是降低库存记录与实际持有量之间的差异,确保盘点的准确性。不准确的库存记录可能导致生产中断、糟糕的顾客服务体验以及不必要的高昂库存持有成本。为提高准确性,周期盘点的频率通常要高于每年一次。通过更频繁的盘点,管理者能够及时发现并纠正库存记录的偏差,降低由于每年一次盘点而可能产生的误差成本。

任务二　供应商管理库存

零售商、批发商和供应商各自拥有独立的库存管理策略,这导致供应链中存在需求扭曲的问题。由于各环节采取封闭的管理方式,需求信息在传递过程中可能失真,从而放大了需求变异,使供应商难以准确把握下游客户的实际需求。为解决这一问题,供应商管理库存(Vendor Managed Inventory,VMI)采用了集成化的库存管理思想,打破了传统的各自为政的管理模式。这种集成化的库存管理策略能更好地适应市场的变化,实现了供应链的协同管理,提高了信息的透明度和准确性,从而提升了整个供应链的运作效率。

VMI 策略的关键措施主要体现在以下几个原则中:

(1)合作精神。实施 VMI 策略要建立在相互信任和信息透明的基础上。供应商和客户(零售商)需要保持良好的合作关系,共同分享信息,以确保供应链的协同运作。

(2)双方成本最小。VMI 通过减少整个供应链上的库存成本,实现双方的成本最小化。该策略旨在使供应商和客户都能够从中获益,实现共赢。

(3)目标一致性原则。双方需要明确各自的责任,达成共识的目标。如库存放置、支付时机、管理费用等问题都需要协调统整,确保双方在合作中保持一致性。

(4)连续改进原则。双方需要共同努力,不断减少浪费,提高效率,实现 VMI 策略的优化,确保供应链的持续协同,提高整体运营效果。

一、VMI 的基本思想

供应商管理库存是在快速响应(Quick Response,QR)和有效客户响应(Efficient Customer Response,ECR)的基础上发展而来的,其核心思想是,在用户允许的条件下,供应商负责库存的设立、库存水平的确定以及补给策略的制定,供应商拥有库存控制权。通过精心设计和开发的 VMI 系统,交易双方都改变了传统的独立预测模式,这样不仅可以降低整个供应链的库存水平,降低成本,而且使用户能够享受高水平的服务,改善资金流,共享需求变化的透明性,提高用户信任度。

二、VMI 的优势

通过实施 VMI,一方面零售商和供应商能够实现信息的共享,零售商通过提供销售点数据协助供应商更有效地制定计划,供应商则能够根据零售商的实际销售活动来协调生产和库存。另一方面,供应商拥有并完全管理库存,直至零售商售出商品为止,这减轻了零售商的库存负担,使得供应链更为灵活和高效。但是零售商对库存有看管义务,并对库存物品的损伤或损坏负责。实施 VMI 有以下优势：

（一）供应商受益

供应商受益表现在以下几点：(1)通过销售终端(POS)数据透明化,供应商能够更清晰地了解市场需求,简化了配送预测工作,提高了预测准确性。(2)结合当前存货情况,使促销工作更容易实施,能够根据库存状况灵活调整促销策略,提高促销效果。(3)减少分销商的订货偏差,降低退货率,提高整体供应链的效益。(4)通过需求拉动的透明化和提高配送效率,VMI 能够有效避免缺货,提高产品的可及性,满足市场需求。(5)VMI 的有效预测使生产商能更好地安排生产计划,减少了生产成本和废品率,提高了生产效率。

（二）分销商和消费者受益

分销商和消费者受益表现在以下几点：(1)VMI 提高了供货速度,使得产品更快速地从供应商到达分销商和最终消费者手中,提升了整体供应链的响应速度。(2)VMI 能够减少缺货,通过及时而准确的库存管理,确保产品始终可供应,提高了产品的可及性。(3)VMI 模式降低了分销商的库存水平,减少了库存持有成本,提高了库存周转效率。(4)将计划和订货工作转移给供应商,降低了分销商的运营费用,使其能够更专注于销售和市场推广。(5)VMI 确保在恰当的时间适量补货,提升了总体物流绩效。

（三）共同的利益

共同的利益表现在以下几点：(1)通过计算机互联通信,降低了数据差错,提高了整体供应链的处理速度。(2)从各自角度出发,各方在 VMI 中更专注于提供更优质的用户服务。(3)通过避免缺货,实现了所有供应链成员的共同受益。(4)VMI 建立了真正意义上的供应链合作伙伴关系,促成了长期利益,包括更有效的促销运作、更有效的新品导入以及增加终端销售量等。

三、VMI 的运作方式

作为供应链管理理念的产物,VMI 要求供应商对下游企业的库存、订货和配送策略进行计划和管理。在不同环境下,选择适宜的 VMI 运作模式成为当前需要解决的问题。

（一）推动 VMI 运行的先决条件

企业在实施 VMI 前,应该对自己所处的环境和自身的条件加以分析与比较。主要考虑的因素有以下几个方面：

1. 企业在供应链中的地位

企业在供应链中的地位是 VMI 成功实施的关键因素,即企业是否为核心企业或供应链中至关重要的一环。VMI 的成功实施需要企业拥有高水平的管理人才和专门的用户管理职能部门,负责处理供应商与用户之间的订货业务和供应商对用户的库存控制等事务。此外,企业必须具备强大的实力,能够推动 VMI 在整个供应链中得到有效执行,确保各企业都按照 VMI 的要求实施补货、配送、共享信息等目标框架协议。

VMI 通常适用于零售业和制造业,如沃尔玛的 VMI 系统,在和宝洁公司的合作中,宝洁公司拥有在沃尔玛销售货品的所有权,但补货和库存管理由宝洁公司负责。这种模式目前已扩展到生产制造业。美的空调在 2002 年导入 VMI 模式,追求 JIT 供货。通过 VMI,美的空调能够更好地管理库存甚至实现零库存,并在供应链中更高效地运作。这些企业有一个共同的特点,就是在供应链中的位置都接近最终消费者(即处在供应链的末端),这有助于消除牛鞭效应的影响。这种基于信息的库存管理模式使得供应链各环节更为协同,降低了库存水平,提高了整体效率。

2. 信誉良好的合作伙伴

VMI 的实施要求零售商(在制造业中则为生产商)主动提供销售数据,同时供应商需按时准确地将货物送到客户指定的地点,在生产制造业中,生产商对此要求尤为严格。这种信息共享和及时交付的双向要求是 VMI 成功运作的基础,它能确保库存得到及时调整以满足实际需求。

3. VMI 系统的供应链结构

由于核心企业在供应链中所处的位置不同,其形态也有所不同。按核心企业的位置不同,一般可将其分为供应链下游核心企业和供应链上游核心企业两类。核心企业如果在 VMI 系统的上游,一般更倾向于选择自营物流;核心企业如果在 VMI 系统下游,则可以选择自营物流,也可以选择外包物流。这会导致 VMI 运行结构的不同,下面将分别针对以上两种情况提出相应的运行模式。

(二)VMI 的运行模式

VMI 由供应商代替需求方履行库存管理的职责。传统的生产实施方式是基于计划的,而在 VMI 中,企业转变为基于订单实施生产。在 VMI 中,需求方根据实际需求向供应商发出订单,但供应商不再仅仅根据订单交货,而是通过销售分析和监控需求方库存情况,主动组织发货。这一变化使得供应商能更加灵活地适应市场需求,实现更高效的库存管理。两者的区别如图 6-3 所示。

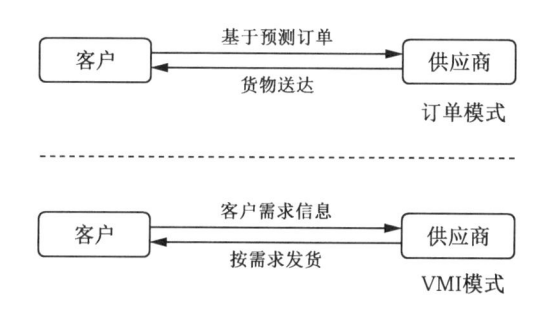

图 6-3 订单模式和 VMI 模式的区别

VMI 模式不仅节约了需求方的库存管理成本,还使供应商能够更灵活地应对市场需求。通过实时共享销售数据,供应商能更好地掌握市场动向,及时调整生产和补货计划,提高库存周转率。在 VMI 系统中,核心企业既可以在供应链上游,也可以在供应链下游。当核心企业在供应链下游时既可以在供应链的中间环节,也可以在供应链的末端。不同情况下 VMI 的运作模式是不同的,主要有三种情况:供应商—制造商(核心企业)、供应商—零售商(核心企业)、核心企业(一般为制造商)—分销商(或零售商)。

1. 供应商—制造商 VMI 运作模式

在这种运作模式中,制造商作为核心企业,一般具有如下特点:(1)生产规模较大。制造商的生产规模相对较大,生产活动相对稳定,对零配件或原材料的需求变化不会很大,保持较为稳定的生产水平。(2)小批次高频率供货。制造商通常要求供应商每次供货数量较小,以满足短时间内的零配件需求,有时甚至要求一天内多次供货,确保生产连续性。(3)高服务水平要求。为了保持连续的生产,制造商对服务水平有较高要求,通常要求供货的服务水平达到 99% 以上,防止发生缺货现象。

由于制造商需要从几十家甚至上百家的供应商那里获取零配件或原材料,让每个供应商都在制造商附近建立仓库显然是不经济的。因此,可以在 VMI 模式中引入 VMI-HUB(如图 6-4 所示)。VMI-HUB 是一个集中管理零配件或原材料的中心,供应商将产品集中送至 VMI-HUB,由 VMI-HUB 进行库存管理和供应商之间的协调。

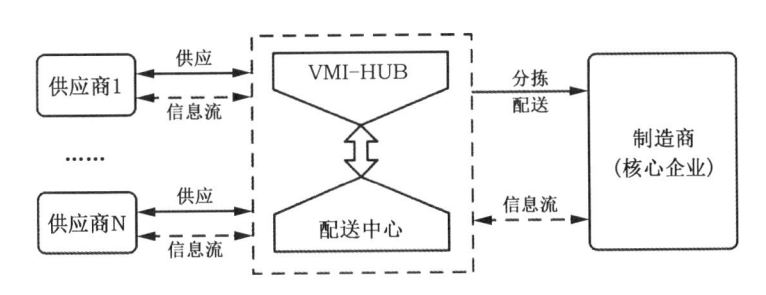

图 6-4 供应商-制造商 VMI 运作模式

加入 VMI-HUB 具有以下几方面的效果:

(1)缓冲作用。由于一个客户要对应多家供应商,当对供货时间要求较高时,如果没有 VMI-HUB,可能出现多家供应商同时将货物送达的情况,导致出现混乱的卸货场面,对生产秩序带来严重影响。VMI-HUB 的出现通过事先的合理安排和专业的配送方式,可以避免混乱场面的发生,有力地缓解卸货过程的不便,确保正常生产。这种专业的配送方式不仅提高了供货效率,降低了货物运输中的混乱风险,还有助于确保货物准时送达客户,从而保障了生产线的正常运转。

(2)增加了深层次的服务。在没有 VMI-HUB 时,供应商之间是彼此独立的,货物分开送达。有了 VMI-HUB 后,VMI-HUB 会在发货之前提供拣货服务,按照制造商的要求将零配件按成品比例配置好,然后发送给制造商,这样提高了生产效率,使供应链更加协同,为制造商提供了更高效的物流支持。

在 VMI 正常实施时,供应商与 VMI-HUB 之间不仅可以交换库存信息,还可以交换生产计划、需求计划、采购计划、历史消耗、补货计划以及运输计划等信息。当需求突然发生变化,VMI 的实施结构会做出调整(如图 6-5 所示)。如果 VMI-HUB 的库存无法满足制造商的需求,VMI-HUB 可以直接将补货计划发送给供应商的信息系统,供应商直接向制造商补货,实现了越库直拨(Cross-Docking),节约了时间与成本。这种灵活性使 VMI 系统更能适应市场的变化,确保了供应链的高效运作。

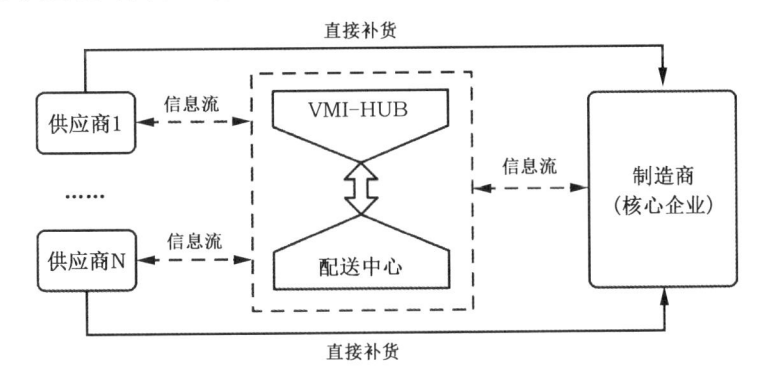

图 6-5 供应商-制造商 VMI 运作模式:越库直拨

2. 供应商－零售商 VMI 运作模式

在零售商－供应商的 VMI 运作模式中,零售商通过 EDI 将销售等相关信息传输给供应商(通常是一个补货周期的数据,如 3 天,甚至 1 天)。供应商收到信息后,预测需求,并将预测的信息输入物料需求计划系统。供应商根据企业内部的库存状况和零售商仓库的库存情况,生成补货订单,安排生产计划并生产进行。生产完成后,成品经过仓储、分拣、包装等环节,最终被运送给零售商。供应商－零售商 VMI 运行模式与供应商－制造商 VMI 运作模式有以下两个区别:

(1)面对较大的零售商,不一定需要第三方物流企业的参与。一旦零售商接收货物,就会产生应付账款。大型零售商(如沃尔玛)通常要求供应商的货物真正被销售后再向供应商支付款项,否则不会产生应付账款。这种支付方式使零售商能够更灵活地管理资金流,并在确保销售发生后再付款。

(2)在这种模式下,通常不需要建立 VMI－HUB 这个中枢环节。对零售商来说,两个供应商提供的产品是相互独立的,它们在同一时间段内不需要同时供应。这与制造商需要同时获取零部件或原材料来生产产品的情况不同。因此,不需要一个集中的中枢环节来管理库存和配送,零售商可以直接与各个供应商进行信息交流和订单管理。

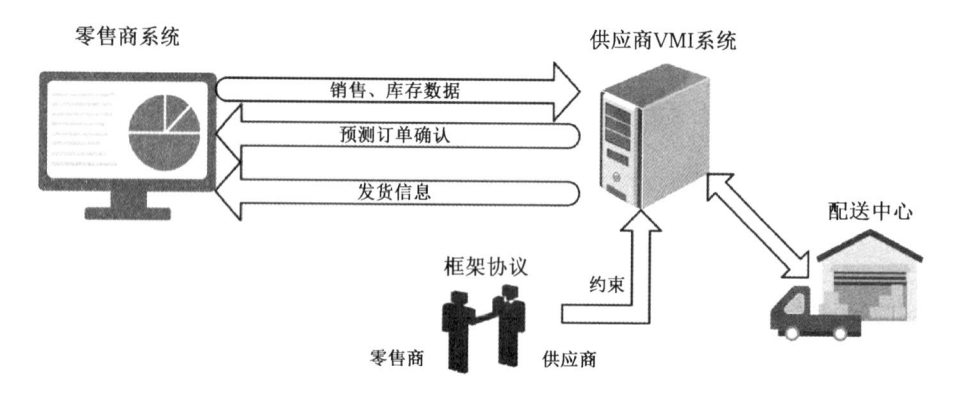

3. 第三方物流企业的参与模式

在 VMI 实施过程中,有时需要第三方物流企业的参与,有以下几个方面的原因:

(1)在供应商－制造商 VMI 运作模式下,不论是制造商还是供应商,核心竞争力主要体现在生产制造上,而不是物流配送,让供应商或制造商去管理 VMI-HUB 显然是不经济的。因此,通过建立 VMI-HUB,将物流配送等环节集中管理,可以提高效率,降低成本,使供应商和制造商能更专注于生产制造过程。

(2)在供应商－零售商 VMI 运作模式下,由于零售商的零售品范围广泛,且地理位置与供应商相距较远,直接从供应商向零售商补货的提前期较长,不利于准确地预测需求和应对突发状况。解决这一问题的妥协方案是在零售商附近租用或建造仓库,由供应商的这个仓库直接向零售商供货。为了更有效地管理这些仓库,提高运作效率,降低成本,引入一家专业的第三方物流企业是一种理想的选择(如图 6－6 所示)。这样的合作方式有助于充分发挥供应链上各企业的核心竞争力,同时利用第三方物流企业的专业特长。

图 6－6 第三方物流企业的参与模式

4. 核心企业－分销商模式。

在这种模式下,核心企业充当 VMI 中的供应商角色,其运作模式与前两种模式相似。核心企业负责收集各个分销商的销售信息并进行预测,然后根据预测结果对分销商的库存统一管理和配送。由于这种模式只有一个供应商,因此无需在分销商附近建立多个仓库。核心企业可以根据与各分销商的实际情况,统一安排对各分销商的配送,并保证每批次都以经济批量的方式发货,调整每次配送的路线以实现最佳配送效果。

四、VMI 的实施步骤

实施 VMI 策略首先要改变订单的处理方式,建立基于标准的托付订单处理模式。供应商和批发商需共同确定供应商订单业务处理所需的信息和库存控制参数,建立起标准的订单处理模式,如 EDI 标准报文。订货、交货和票据处理等业务功能需整合在供应商端。库存状态对供应商透明是 VMI 的核心,确保供应商能够实时跟踪销售商的库存状态,迅速应对市场需求变化,调整生产和供应状态。为实现透明连接,需要建立一种使供应商和用户(分销商、批发商)库存信息系统无缝衔接的方法。

VMI 策略可以分以下几个步骤实施:

首先,建立顾客情报信息系统。为了有效管理销售库存,供应商必须获取顾客相关信息。通过建立顾客信息库,供应商能够掌握需求变化情况,将批发商(分销商)的需求预测与分析功能整合到供应商系统。这种信息整合能促进供应商更准确地预测需求,更灵活地管理库存,从而更好地满足市场需求。

其次,建立销售网络管理系统。供应商要有效管理库存,必须建立起一套完善的销售网络管理系统,确保产品需求信息和物流畅通。为实现这一目标,必须做到:(1)保证产品条码的可读性和唯一性;(2)解决产品分类、编码的标准化问题;(3)解决商品存储运输过程中的识别问题。目前,许多企业已采用 MRPⅡ或 ERP 系统,这些软件系统集成了销售管理功能。通过对这些系统的功能的扩展,企业可以建立起完善的销售网络管理系统,提高库存管理的效率和准确性。

再次,建立供应商与分销商(批发商)的合作框架协议。供应商和销售商(批发商)通过协商确定订单处理业务流程、库存控制参数(如再订货点、最低库存水平等)以及库存信息传递方式(如 EDI 或互联网)等。这一合作框架协议由双方共同制定,为供应商和分销商创造了更强大的业务基础,使双方能够更好地适应市场需求的变化。

最后,实施组织机构的变革。VMI 策略的引入带来了供应商组织模式的重大变革。过去,企业由财务经理负责处理与用户相关的事务,而引入 VMI 策略后,订货部门涌现出一个新的职能,专门负责用户库存的控制、库存补给和服务水平。这一变革意味着在供应链中建立了更为专业化和高效的团队,以更好地适应 VMI 模式下的库存管理和服务需求。通过这种组织结构的调整,供应商能够更加灵活地响应市场变化,提高库存效率,进一步优化与用户的合作关系。

一般来说,VMI 策略更适合制造商,因为零售商或批发商可能缺乏有效管理库存所需的信息技术系统或基础设施。相比之下,制造商通常拥有雄厚的实力和更大的市场信息量,在直接存储和交货水平上通常更具优势,因此能够更有效地规划运输。

常见的 VMI 方式包括以下几种:

(1)用户独立管理:供应商提供存货决策软件,用户使用该软件决策和管理。用户拥有存货所有权,独立管理存货。

(2)供应商代表用户执行管理(用户拥有所有权):供应商在用户所在地代表用户执行存货

决策和管理。存货所有权归用户,但由供应商代表具体操作。

（3）供应商代表用户执行管理（供应商拥有所有权）：供应商在用户所在地代表用户执行存货决策和管理,存货所有权仍归供应商。

（4）供应商代表用户定期派人执行管理：供应商不在用户所在地,但定期派人代表用户执行存货决策和管理,存货所有权仍归供应商。

知识拓展

VMI 实施的价值

1. 要货有货

制造商通过 EDI 向 VMI 系统发送物料需求预测（13 周或 1 个季度）,系统自动计算并提供建议的库存水平。供应商通过网站报告或电子邮件等方式获取这些信息,以便及时了解补货时间和数量,维持安全库存水平,实现"要货有货",并增强制造商的生产弹性。

2. 不要货零库存

制造商可以将传统的交货条件,如 EX Works（工厂交货）、FOB（船边交货）、CIF（到岸价格）、DDU（未完税交货）等,进一步转化为适用于 VMI 的交货条件,即 Ex Hub（线边仓交货）。在这种情况下,制造商没有需求时,物料存放在 VMI 内,但其所有权仍属于供应商。对于制造商而言,这意味着实现了"零库存",极大地降低了采购物料所需的周转资金。这种转变有助于提高供应链的灵活性和资金利用效率。

3. 送料到线边仓

当制造商通过 EDI 或电子邮件向 VMI 仓发出物料需求时,VMI 仓在规定的时间内完成做账、备料、发料、派车配送到线边仓交接点。交接完成后,信息流迅速反馈给 VMI 仓,大大减少了制造商面对众多供应商、供应商面对制造商内部各个业务单位的多次物流活动。这种集中的物料来源整合,使得 VMI 仓能够实现统一安排运输和储存,从而节省了大量的人力资源和物流成本。

4. 使用后付款

VMI 仓的账务人员在收到制造商的收货确认后,及时更新 VMI 仓系统,并以日报告的形式发送给供应商。同时,VMI 仓还负责开具发票,并进行与制造商的收款相关的工作。VMI 仓的实施为制造商带来了诸多附加价值,方便了内部各个事业单位对相同物料的调拨,提升了弹性应变能力。所有进入 VMI 仓的物料都经过检验后才能入库,以确保制造商购买的物料具备良好的品质,减少了残次物料处理的工作流程,实现了"买前先验"的管理理念。

5. VMI 仓电子化系统作业

VMI 仓通过扫描入库出库标准条码的方式确保库存进出信息的准确性。系统设置的防呆措施能保证物料出仓始终遵守先进先出的原则。在物流与运输方面,供应商的出货通知上传至 VMI 仓的电子化系统和即时网站,VMI 仓的物流人员能够实时监控物料在途情况,便于集中物料统一运输,使得报关作业可以在货到之前进行,降低了运输物流作业成本,加速了货物通关入仓的过程。

6. 附加价值

例如新产品导入、产品终结物料的管控、制造商成品管理与配送功能以及采购结束后的应付账款功能等。这使得整个供应链的管理更为综合和高效,有助于提高运营的灵活性和适应性。

五、VMI实施的注意事项

1. 信任问题

这种供应链合作需要双方建立起相互的信任,零售商应信任供应商在发货方面的监控,并避免过度干预。供应商则需要通过积极的努力,向零售商展示他们不仅有能力管理好自己的库存,也能有效地协助零售商管理库存。只有建立起这种相互信任,通过持续的交流和合作,双方才能更好地解决潜在的问题,实现共赢。

2. 技术问题

为保证供应链中数据传递的及时性和准确性,采用先进的信息技术是必要的,尽管这可能伴随着较高的成本。通过使用条码技术和扫描技术,销售点信息和配送信息能够分别传输给供应商和零售商,从而确保数据的准确性。此外,库存与产品的控制和计划系统必须在线且准确,以支持供应链的高效运作。

3. 存货所有权问题

零售商在收到货物时,与供应商形成了寄售关系,直到货物售出供应商仍保有货物的所有权。由于供应商管理责任的增加导致成本上升,双方需要深入磋商合同条款。为实现系统整体库存的降低,零售商和供应商应协商决策库存补充的责任和方式。

4. 资金支付问题

过去,零售商通常在货物收到后的1~3个月才支付货款,但如今他们可能不得不在货物售出后立即支付货款,这导致了付款期限的缩短。这一变化要求零售商更加灵活和及时地处理资金,以维持与供应商的合作关系。

任务三 联合库存管理

联合库存管理(Jointly Managed Inventory,JMI)的思想最早可以从分销中心的联合库存功能谈起。地区分销中心体现了一种简单的JMI思想。在采用分销中心的销售方式后,各个销售商只需维持少量的库存,而大量库存则由地区分销中心储备。换句话说,各个销售商将其库存的一部分委托给地区分销中心管理,从而有效减轻了各销售商的库存压力。这种分销中心的角色就类似于JMI,分销中心的管理工作实现了共同管理库存的功能,提高了整个供应链的效率(如图6-7所示)。

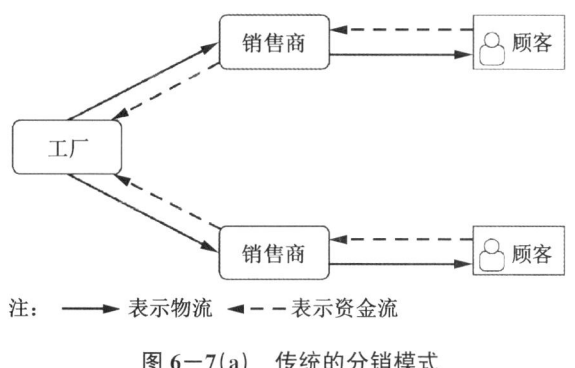

注: ⟶ 表示物流   ⇠⇠ 表示资金流

图6-7(a) 传统的分销模式

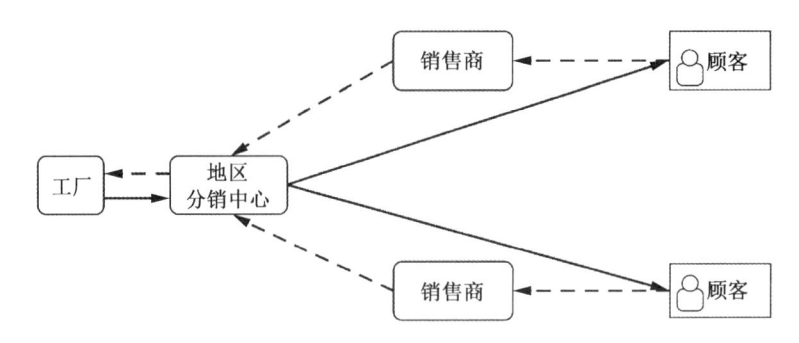

图 6—7(b)　有分销中心的销售模式

联合库存管理受到了分销中心的启发,拓展和重构了传统的供应链库存管理模式,形成了基于协调中心的 JMI 系统。JMI 代表着战略供应商联盟的新型企业合作关系,旨在解决供应链系统中因各节点企业相互独立的库存运作模式而导致的需求放大问题,以提高供应链的同步程度。与 VMI 不同,JMI 强调双方共同参与,共同制订库存计划。每个供应链节点的库存管理者(供应商、制造商、分销商)在整个过程中相互协调,确保相邻节点之间的库存管理者对需求的预期保持一致,消除需求变异放大现象。

JMI 采用风险分担的管理模式,意味着通过集中处理各地需求可以降低需求的变动性。将不同地点的需求集合处理时,一个顾客的高需求可能会被另一个顾客的低需求抵消,从而降低了需求的波动性,有助于减少安全库存。JMI 通过在供需之间建立协调中心,使库存管理成为供需连接的纽带,实现了供应链中各节点的协同作业。

一、JMI 的基本思想

传统的库存管理通常采用两种不同的模式,即独立需求和相关需求。对于独立需求库存问题,通常采用订货点法处理,而相关需求库存问题则采用物料需求计划的方式管理。图 6—8 所示为传统的供应链活动过程模型,在整个供应链活动过程中,涉及供应商、制造商和分销商等多个节点,它们都面临着不同类型的库存管理需求。例如,供应商作为一个独立的企业,主要处理产品库存,这属于独立需求库存。制造商的材料、半成品库存为相关需求库存,而产品库存为独立需求库存。分销商为了满足不确定的顾客需求也需要库存,同样属于独立需求库存。

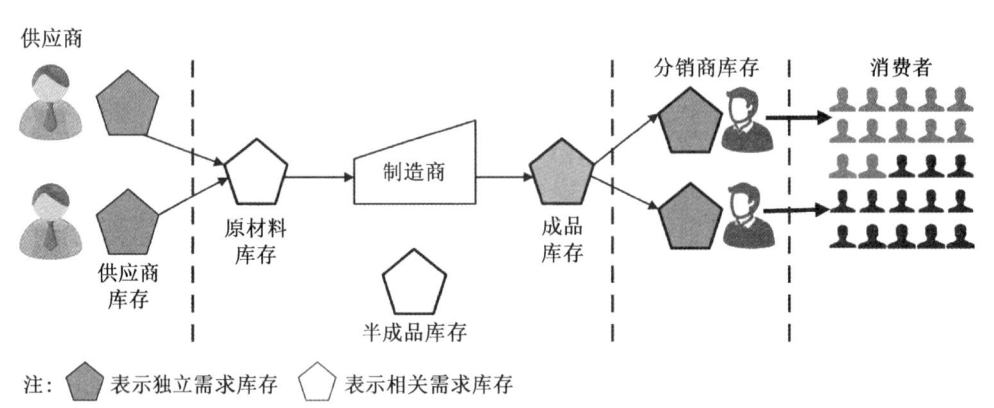

图 6—8　传统的供应链活动过程模型

图 6—9 为基于协调中心 JMI 的供应链系统模型。基于协调中心的库存管理和传统的库存管理模式相比,有以下几个方面的优点:

(1)为实现供应链的同步化运作提供了条件和保障。

(2)降低了供应链中的需求扭曲现象,减少了库存的不确定性,提高了供应链的稳定性。

(3)库存作为供需双方信息交流和协调的纽带,可以揭示供应链管理中的缺陷,为改进供应链管理水平提供依据。

(4)为实现零库存管理、JIT 采购以及精细供应链管理创造了条件。

(5)进一步体现了供应链管理的资源共享和风险分担的原则。

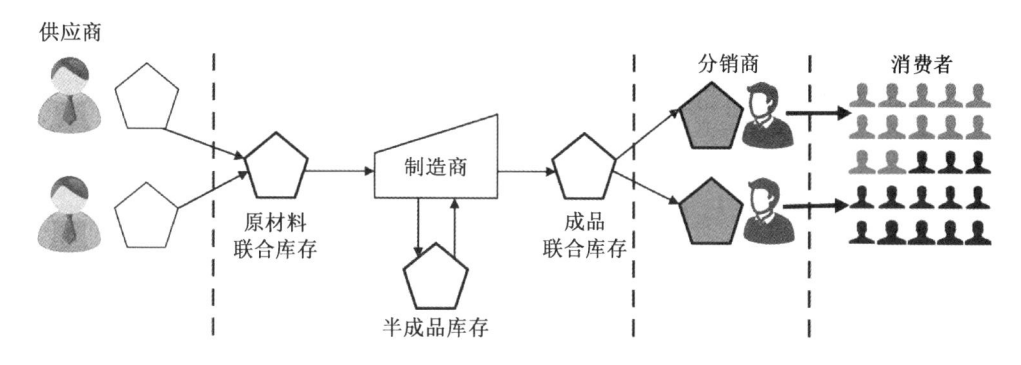

图 6—9 基于协调中心 JMI 的供应链系统模型

二、JMI 的优点与缺点

(一)JMI 的优点

JMI 将传统的多级别、多库存点的库存管理模式转化成对核心企业的库存管理。通过对各种原材料和产成品的有效控制,核心企业能够实现对整个供应链库存的优化管理。这种转变简化了供应链库存管理的运作程序,使核心企业能够更有效地协调和掌控整个供应链上的库存。

JMI 在减少物流环节和降低物流成本的同时,提高了供应链整体的工作效率。通过将库存管理集中在核心企业,JMI 简化了供应链上的库存层次,优化了运输路线。在传统的库存管理模式中,每个企业都维护自己的库存,随着核心企业的分厂数量增加,库存物资的运输路线呈几何级数增加,并且重复交叉。这导致物资的运输距离增加,在途车辆数量也增多,从而使得运输成本大幅上升。

JMI 系统将供应链系统管理进一步集成为上游和下游两个协调管理中心,部分消除了由于供应链环节之间不确定性和需求信息扭曲所导致的库存波动。通过协调管理中心,供应链的上下游可以共享需求信息,提高供应的稳定性。

从供应链整体来看,JMI 减少了库存点和相应的库存设立费及仓储作业费,从而降低了供应链系统总的库存费用。供应商的库存直接存放在核心企业的仓库中,这不仅保障了核心企业原材料和零部件的供应,方便取用,而且使得核心企业能够统一调度、管理和控制库存。这为核心企业实现快速高效的生产运作提供了强有力的保障,同时减少了整个供应链中的冗余库存,优化了库存运作流程,降低了库存管理成本。

这种库存控制模式为其他先进的供应链物流管理方法,如连续补充货物、快速响应和 JIT

供货等创造了条件。通过 JMI 系统的协调管理中心,供需双方共享需求信息,使得供应链更加敏捷、高效,能够更灵活地满足市场需求,实现更为精准的库存管理。

(二)JMI 的缺点

JMI 的缺点主要体现在以下几个方面。首先,建立和协调成本相对较高,需要各方投入大量资源和精力。其次,企业合作联盟的建立较为困难,需要建立高度信任和紧密合作的关系。协调中心的运作也可能面临一系列困难,包括信息共享、决策协调等方面的挑战。此外,联合库存的管理需要高度的监督和管理,以确保各方的利益得到平衡。

三、JMI 的实施策略

(一)建立供需协调管理机制

为了发挥 JMI 的作用,供需双方应本着合作的精神,建立供需协调管理机制,明确各自的目标和责任,建立合作沟通的渠道,为供应链的 JMI 提供有效的机制。图 5—16 为供应商与分销商的协调管理机制模型。没有一个协调的管理机制,就不可能进行有效的 JMI。

为了充分发挥 JMI 的作用,供需双方需本着合作的精神,建立起供需协调的管理机制,明确双方的目标和责任,建立畅通的合作沟通渠道。图 6—10 展示了供应商与分销商之间的协调管理机制模型,这一机制对于实现供应链中的 JMI 至关重要。通过建立这种机制,双方能够更好地共享信息、协同决策,并提高供应链的整体效率。这种协调机制的建立有助于确保各个环节的顺畅合作,使 JMI 发挥出最大的效益。

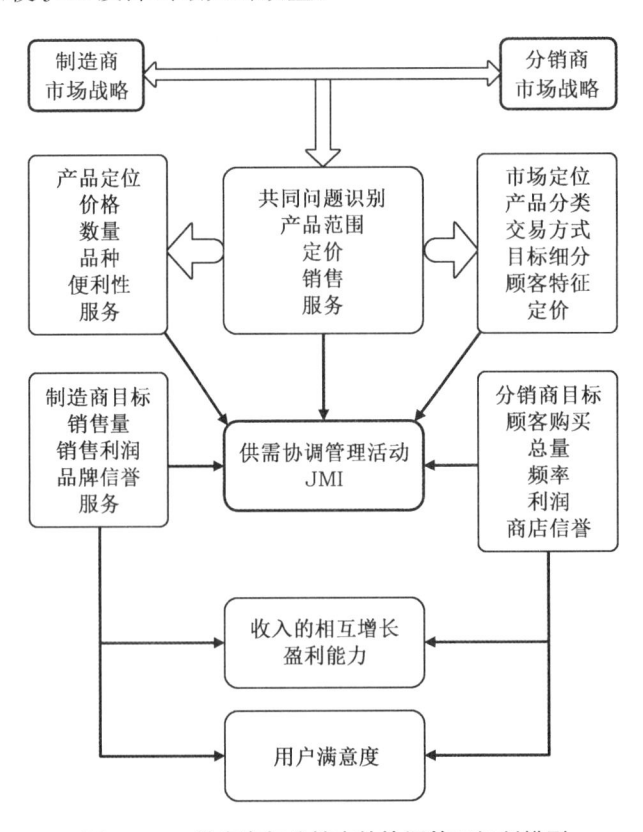

图 6—10 供应商与分销商的协调管理机制模型

建立供需协调管理机制,要从以下几个方面着手:

1. 建立共同合作目标

要建立 JMI 模式,供需双方需要本着互惠互利的原则,共同确立合作目标。为达成这一目标,双方必须深入了解彼此在市场目标中的共同点和可能存在的冲突。通过积极协商,双方能够形成共同的目标,如提升用户满意度、实现共同利润增长以及减少风险等。

2. 建立 JMI 的协调控制方法

协调中心在 JMI 模式中充当协调供需双方利益的关键角色,扮演着协调控制器的重要职责。为了有效发挥这一作用,协调中心需要明确规定库存优化的方法。包括库存在多个需求方之间如何调节和分配,库存的最大量和最低库存水平的设定,安全库存的确定以及需求的预测等方面。

3. 建立一种信息沟通的渠道或系统

供应链管理的特色之一是信息共享。为了提高整个供应链需求信息的一致性和稳定性,减少由多重预测导致的需求信息扭曲,应该增加供应链各方对需求信息及时性和透明性的认识。建立一种信息沟通的渠道或系统,整合条码技术、扫描技术、POS 系统和 EDI,并充分利用互联网的优势,可以在供需双方之间建立一个畅通的信息沟通桥梁和联系纽带,从而确保需求信息在供应链中的畅通和准确性。

4. 建立利益的分配、激励机制

为了有效运行基于协调中心的库存管理,必须建立公平的利益分配制度,有效激励并协调中心的各个企业(供应商、制造商、分销商或批发商)。这有助于防止机会主义行为,增加协作性和协调性,使各方都能够在合作中获得实质性的利益。

(二)发挥两种资源计划系统的作用

为了发挥 JMI 的作用,在供应链库存管理中应充分利用目前比较成熟的两套资源管理系统:MRP Ⅱ 和 DRP(物资资源配给计划)。原材料协调中心可以采用 MRP Ⅱ,而产成品联合库存协调中心则应采用 DRP。有效整合这两种资源计划系统,可以更好地实现供应链中原材料和产成品的协同管理。

(三)建立快速响应系统

快速响应系统是 20 世纪 80 年代末在美国服装行业兴起的一种供应链管理策略,该系统能缩短从原材料到用户的供应链周期,降低库存水平,最大程度地提高供应链的运作效率。

在美国等西方国家,快速响应系统被认为是供应链管理中的一种有效的管理策略,它经历了三个发展阶段。第一阶段,通过商品条码化实现了订单传输速度的提升。第二阶段,在内部业务处理方面采用了自动补库与 EDI 系统,提高了业务自动化水平。第三阶段强调更有效的企业间合作,通过消除供应链组织之间的障碍,共同确定库存水平和销售策略,从而提高整体供应链的效率。

在欧美等西方国家,快速响应系统的应用已发展到第二阶段,即通过联合计划、预测与补货等策略来有效地响应用户需求。美国 Kurt Salmon 协会的调查分析显示,实施快速响应系统后,供应链效率显著提高:(1)缺货大幅减少,通过供应商与零售商的协作,实现 24 小时供货;(2)库存周转速度提高 1~2 倍;(3)借助敏捷制造技术,有 20%~30% 的产品是根据用户需求定制的。快速响应系统要求供需双方密切合作,因此协调中心的建立为其更大发挥作用创造了有利条件。

(四)发挥第三方物流系统的作用

第三方物流(Third-Party Logistics,3PL 或 TPL)系统是供应链集成的一项技术手段,也被称为物流服务提供者(Logistics Service Provider,LSP)。第三方物流能为用户提供广泛的服务,包括产品运输、订单选择、库存管理等。第三方物流系统由一些大型公共仓储公司通过提供更多附加服务演变而来,或者是由一些制造企业的运输和分销部门逐渐发展而来。这些服务提供商通过整合供应链的各个环节,帮助企业降低成本、提高效率,实现更灵活的物流运作。第三方物流系统的兴起使得企业能够专注于核心业务,将物流环节交由专业的服务提供商管理,从而更好地适应市场变化、降低运营风险。

任务四 供应链协同式库存管理

对 VMI 和 JMI 两种库存管理模式的分析表明,它们都以系统集成的管理思想为基础,实现了供应链系统的同步化优化运作。VMI 和 JMI 虽然被证明是比较先进的库存管理方法,然而,它们也存在一些缺点。(1)VMI 是单向的过程,决策时缺乏协商,容易导致失误。(2)决策所依赖的数据可能不准确,增加了决策的风险。(3)财务计划在销售和生产预测之前完成,存在较大的风险。(4)供应链未真正实现全面集成,导致库存水平较高、订单落实速度较慢。(5)促销和库存补给项目之间缺乏协调,使得管理复杂度增加。(6)当供应问题发生时(如产品短缺),供应商解决的时间非常有限。(7)VMI 过度以客户为中心,导致供应链的建立和维护费用较高。

随着现代科学技术和管理技术的不断提升,VMI 和 JMI 中存在的弊端不断得到改进,同时,新的供应链库存管理技术——供应链协同式库存管理(Collaborative Planning,Forecasting,and Replenishment,CPFR)应运而生。CPFR 通过有效的协同规划、预测和补货,成功解决了 VMI 和 JMI 的一系列问题,成为现代库存管理的新兴技术。

CPFR 是一种协同式的供应链库存管理技术,它通过有效的合作机制,同时实现了降低销售商的存货量和增加供应商的销售量。CPFR 最大的优势在于能够及时准确地预测由各项促销措施或异常变化带来的销售高峰和波动,使销售商和供应商都能做好充分的准备,赢得市场主动权。CPFR 采用双赢原则,从全局出发,制定统一的管理目标和实施方案,以库存管理为核心,兼顾供应链其他方面的管理。因此,CPFR 能够实现更广泛深入的合作,促使伙伴间建立更紧密的关系,共同应对市场变化,提高整体运营效率。

一、CPFR 的产生

CPFR 的起源可以追溯到沃尔玛推动的协同预测和补货(Collaborative Forecast And Replenishment,CFAR)系统。CFAR 利用互联网促使零售企业与生产企业合作,共同进行商品预测并在此基础上实施连续补货。在沃尔玛的推动下,基于信息共享的 CFAR 系统逐渐演变为 CPFR。CPFR 在 CFAR 的基础上进一步推动合作伙伴共同参与计划制定,不仅包括共同预测和补货,还涵盖了原本属于各企业内部的计划工作(如生产计划、库存计划、配送计划和销售计划等)。1995 年,由沃尔玛及其供应商华纳兰伯特(Warner-Lambert)、SAP、Manugistics 以及 Benchmarking Partners 五家公司成立了研究小组,研究和探索 CPFR。1998 年,CPFR 在美国的零售系统大会上得到了推广,吸引了更多零售商和供应商的参与。企业逐渐认识到,通过 CPFR 可以更好地应对市场变化、提高服务水平,并最大限度地降低库存和成本。

在 CPFR 初步取得成功后,一个由零售商、制造商、方案提供商等 30 多个实体组成的 CPFR 委员会成立,与美国 VICS(Voluntary Interindustry Commerce Standards Association,产业共同商务标准协会)合作,致力于 CPFR 的研究、标准制定、软件开发和推广应用工作。

二、CPFR 的特点

(一)协同

从 CPFR 的基本思想来看,供应链上下游企业只有确立共同的目标,才能使双方的绩效都得到提升,取得综合性的效益。CPFR 这种新型的合作关系要求双方长期承诺公开沟通和信息共享,从而确定协调性的经营战略。尽管这种战略的实施必须建立在信任和承诺的基础上,但这是买卖双方取得长远发展和良好绩效的唯一途径。通过共同制定战略、分享信息、解决问题,合作伙伴能够更好地适应市场变化,提高响应速度,进而在竞争中取得优势。

协同的第一步是签署保密协议、建立纠纷处理机制、确立供应链积分卡以及形成共同的激励目标(不仅包括销量,也同时确立双方的盈利率)。在确立这种协同性目标时,不仅要建立起双方的效益目标,更要确立协同的盈利驱动性目标。这意味着合作伙伴应共同努力,以实现更高水平的盈利,而不仅仅是局限于销量的提升。只有这样,才能使协同性充分体现在流程控制和价值创造的基础之上。

(二)规划

1995 年,沃尔玛与华纳兰伯特的 CPFR 为消费品行业推动双赢的供应链管理奠定了基础。随后 VICS 协会在定义项目公共标准时,认为需要在已有的结构上增加"P",即合作规划(品类、品牌、分类、关键品等)以及合作财务(销量、订单满足率、定价、库存、安全库存、毛利等)。通过共同规划商品的分类、品牌和关键品等方面的工作,合作双方可以更好地适应市场需求,提高整体供应链的灵活性和效率。通过共同关注销量、订单满足率、定价、库存、安全库存和毛利等财务指标,双方可以更全面地了解合作绩效,推动供应链的优化和协同。

此外,为了实现共同目标,双方还需要协同制订促销计划,以更好地满足市场需求;共同规划库存政策的变化,以适应市场波动;共同制订产品导入和中止计划,以优化产品组合;共同规划仓储分类计划,以提高物流效率。这些共同计划的制定使得合作双方能够更紧密地协同工作,共同应对市场的挑战,实现供应链的协同发展。

(三)预测

任何一个企业都能进行独立的市场预测,但 CPFR 要求最终形成协同预测,像季节因素和趋势管理等因素对于服装或相关品类的供应方和销售方都至关重要。这种共同预测不仅能大幅减少整个价值链体系的低效率和死库存,促进更好的产品销售,还有助于节约整个供应链的资源。协同预测的最终目标是提高预测精度,减少废弃和滞销,使整个供应链更加敏捷高效。CPFR 推动的协同预测不仅要求供应链双方共同参与,做出最终预测,还要求预测双方共同参与预测反馈信息的处理和预测模型的制定与修正。特别是在处理预测数据的波动等问题上,供应链合作双方必须通力合作,确保数据的一致性和准确性。只有全面考虑数据集成、预测模型的共同制定和修正等环节,协同预测才能真正实现共同的目标,为供应链管理提供更为可靠的基础。

(四)补货

销售预测在 CPFR 中需要借助时间序列预测和需求规划系统,最终转化为订单预测。为确保供应链顺畅地运作,供应链双方需协商供应方约束条件,包括订单处理周期、前置时间、订单最小量、商品单元以及零售方长期形成的购买习惯等方面的因素。根据 VICS 的 CPFR 指导原则,协同运输计划被视为补货的主要因素。同时,各种例外状况的出现,如存货的百分比、预测精度、安全库存水平、订单实现的比例、前置时间以及订单批准的比例等,都需要在双方共同认可的积分卡基础上定期协同审核。通过定期的协同审核,双方可以及时发现并解决存在的问题,从而保持供应链的协同性和高效性。在 CPFR 中,潜在的分歧问题,如基本供应量、过度承诺等,需要双方在事前及时解决,以确保协同预测和补货计划的有效实施。这种协商和解决问题的机制有助于建立供应链上下游之间的合作信任,推动整个供应链的共同发展。

三、CPFR 的实施

(一)CPFR 的实施架构

CPFR 整体上分为策略、流程和技术三个层面(如图 6-11 所示)。在策略层面,企业通过制定指导原则,描绘与合作伙伴的流程,考虑企业间的情境关系,选择关键指标评估绩效,激活修正规划或预测的例外事件,并确定需要共享的信息。在流程层面,将 CPFR 的核心业务流程划分为计划、预测和补货三个阶段,包含九个运行步骤。技术层面则相对比较灵活,但需确保信息标准的稳定。信息系统具备可缩放性、安全性、开放性、易管理和维护、兼容性等特征。

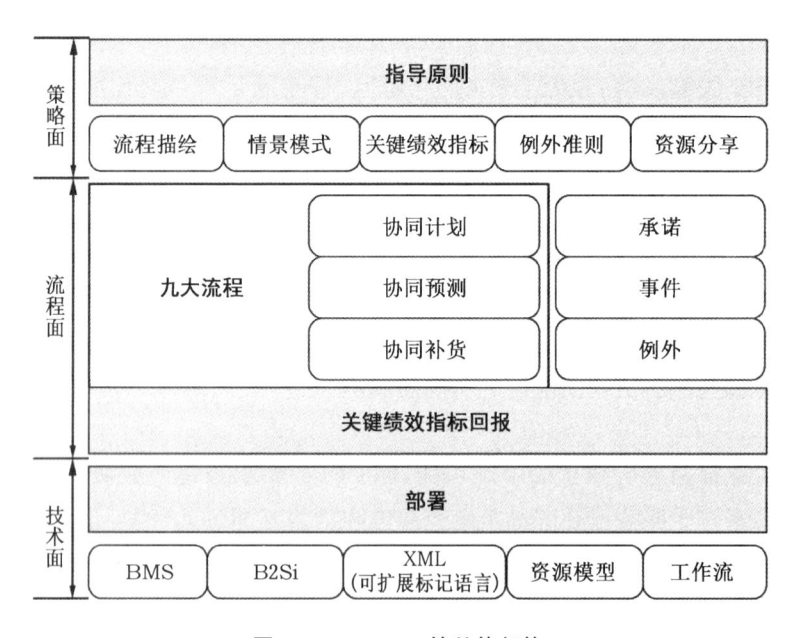

图 6-11 CPFR 的总体架构

CPFR 的业务流程实施包括以下九个步骤,计划阶段包括第(1)~(2)步,预测阶段包括第(3)~(8)步,补货阶段是第(9)步(如图 6-12 所示)。

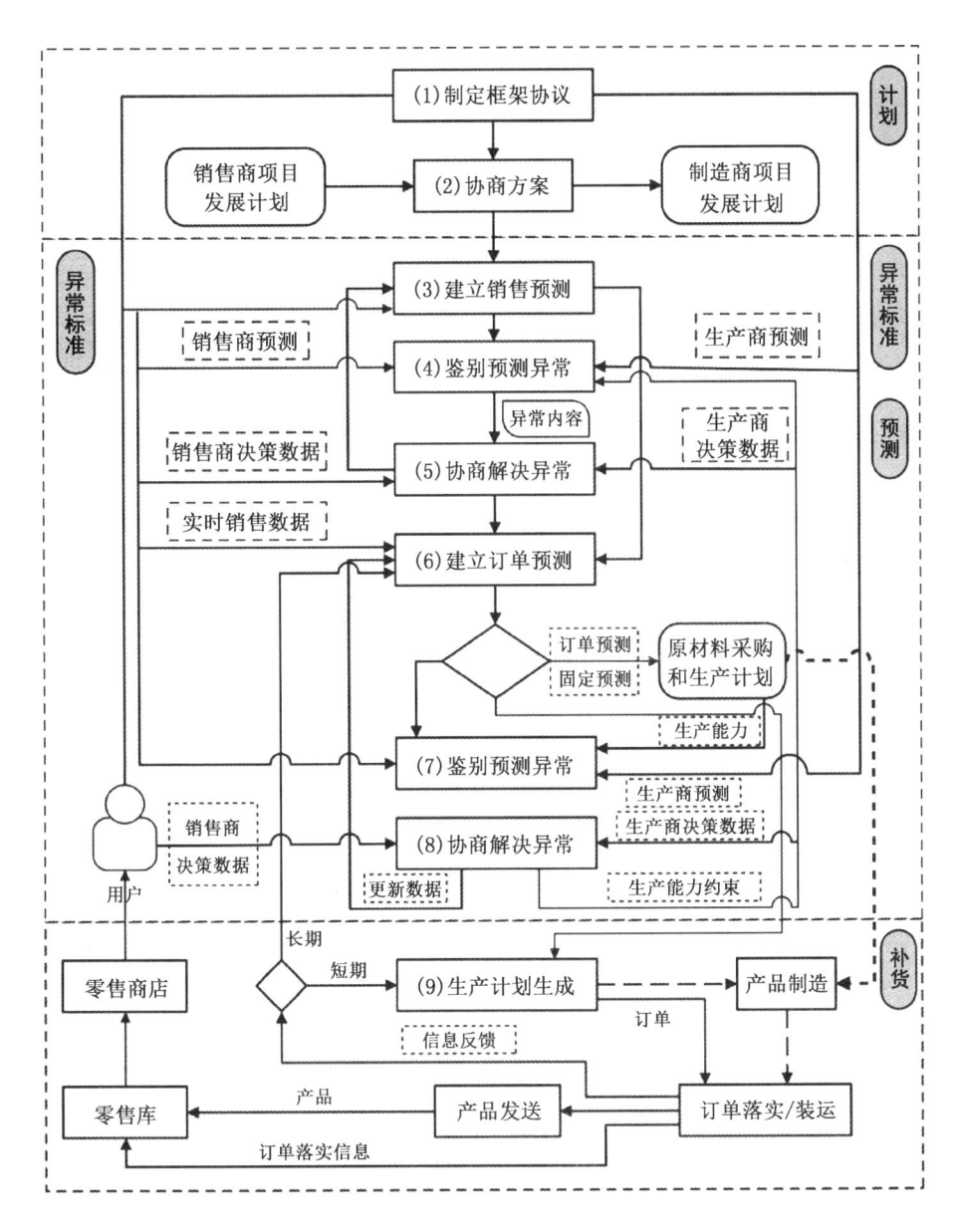

图 6—12　基于 CPFR 的供应链运营模型

1. 制定框架协议

框架协议是为建立合作关系而制定的总体纲领，包括各方期望值、为成功合作所需的行动和资源、合作目的、保密协议、资源使用授权等内容。该协议旨在确立清晰的合作框架，明确各方的责任和权利，以促进协同工作，它是所有业务的总纲领。

2. 协商方案

基于共同的发展战略，合作方应在充分共享业务信息的基础上制定共同的商务发展计划，在建立战略合作关系的基础上，明确部门责任、共同目标和实施策略。商务发展计划涵盖了营运计划、共同定义的品项角色、品项销售目标以及实现目标的战术等。项目管理方面需要考虑品项订单的最小值（最少出货订单量）、交货提前时间、安全存量等关键要素，以确保顺利合作。

3. 建立销售预测

销售商或制造商基于实时销售数据、预期事务等信息制定销售预测报告，与另一方协商。双方也可各提出一份报告协商。

4. 鉴别预测异常

识别可能存在问题的销售预测异常。按照框架协议中规定的异常标准，审核预测报告中的每个项目，形成异常项目表。

5. 协商解决异常

双方通过查询共享信息、电子邮件、电话记录、会议记录等方式解决异常项目，并相应变更预测报告。这种解决办法不仅提高了预测准确性，降低了风险，还增进了合作伙伴间的交流。

6. 建立订单预测

利用实时和历史销售数据、库存信息等生成具体的订单预测报告，订单数量随时间变化，反映库存状况。短期部分用于生成生产指令，长期部分用于规划。

7. 鉴别预测异常

列出订单预测可能存在问题的例外项目，确定哪些项目的预测超出了框架协议规定的极限。

8. 协商解决异常

协商解决订单预测异常项目，解决办法和第(5)步类似。

9. 生产计划生成

将预测的订单转化为具体的生产指令，补给库存。指令生成由制造商还是分销商完成，取决于他们的能力和资源等情况。

（二）实施 CPFR 的关键因素

在 CPFR 的实施过程中，获得成功的关键因素有以下几个方面：

1. 以"盈利/盈利"的态度看待合作伙伴和供应链的相互作用

"盈利/盈利"态度指企业应以相互合作的角度看待合作伙伴和整个供应链的互动，为此企业需要深入了解整个供应链过程，明确自身的信息和能力在供应链中的价值点，并将其有机地整合到合作伙伴和最终消费者的利益中。基于 CPFR 供应链成功的关键在于实现传统的"盈利/损失"企业关系向更为积极的"盈利/盈利"合作关系的转变。这种变革要求企业从独立运作转向共同协作，使得每个环节都能为整个供应链创造附加值，最终实现全方位的共同成长。

2. 为供应链成功运作提供持续保证并共同承担责任

这是基于 CPFR 的供应链成功运作所必需的企业价值观。这意味着合作伙伴需要在供应链中的各个层面提供持久的保障，同时共同分担责任。不同的合作伙伴在供应链中拥有不同的承诺、权限和能力，他们必须根据这些差异调整和优化业务活动。在这种价值观的指导下，企业可以建立起强大的协作机制，确保各方充分发挥自身优势，推动整个供应链朝着共同的目标迈进，最终实现长期稳健的运作和共同的成功。

3. 抵御转向机会

产品转向可能极大地阻碍合作伙伴协调需求和供应计划的能力，因此它与 CPFR 不能共存。企业必须认识到转向短期收益可能会带来的问题，与建立在长期合作和卓越供应链管理上的 CPFR 所能实现的长远效益比较，转向带来的短期收益不值一提。通过理性的规划和维护低库存的供应链，企业能够更好地理解和应对转向带来的挑战，巩固实施 CPFR 的信心，并确保供应链的长期稳健运作。

4. 实现跨企业、面向团队的供应链

建立跨企业、面向团队的供应链是一个具有挑战性的任务,因为这涉及不同企业和团队的协同合作。在这个过程中,团队成员可能同时参与其他团队,并与他们合作伙伴的竞争对手合作。这样的合作关系涉及竞争对手之间的"盈利/损失"关系,可能引发 CPFR 团队内的人员冲突。为了有效应对这种情况,企业必须构建一个支持整体团队和个体关系的公司价值系统。这需要建立明确的沟通渠道,确保信息的透明度,以及建立共同的目标和愿景,以促使不同团队和企业之间更紧密地协同工作,最终实现供应链的协调和成功运作。

5. 制定和维护行业标准

公司价值系统的重要组成部分之一是对行业标准的支持。在供应链合作中,每个公司都有其独立的开发过程,这可能影响公司与合作伙伴之间的协同。为了实现一致性,行业标准必须既易于实施又具有灵活性。开发和评估这些标准,可以促进合作伙伴之间的信息共享和有效合作,为整个供应链的成功创造有利条件。

(三) CPFR 的业务活动模型

CPFR 模型中的业务活动可划分为协同计划、协同预测和协同补货三个阶段(如图 6-13 所示)。

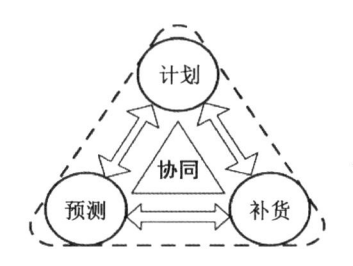

图 6-13　CPFR 的业务活动模型

主要流程包括以下几个方面:

1. 全面协议

所有参与方签署协作协议,制定解决问题的框架,明确各方的责任和义务。

2. 联合商业计划

各项目小组共同制定销售、库存、零售网点分布和产品类型款式等方面的决策,形成全面的商业计划。

3. 销售预测协作

零售商和供应商共享信息,预测、比较和甄别各自的销售预测曲线,找出不协调点并修改计划。

4. 订单预测协作

零售商和供应商共享补货计划,甄别不协调点并解决问题,确保订单预测的一致性。

5. 订单生成、交货/执行

实现结果数据共享,包括销售地点、订单、运货班期、现有库存等,甄别预测准确性的偏差和执行过程中的问题并加以解决。

以上整个流程的核心就是供应链上各方企业通过联合计划来管理日常的运营,包括制造交货和销售,并且经常相互交换和共享有关市场条件和物流支持变化的信息。

整个流程的核心是通过联合计划来管理供应链上各方企业的日常运营,包括制造、交货和销售。通过经常性的信息交换和共享,各方可以更有效地应对市场条件和物流支持的变化,实现供应链的协同管理。

小　结

库存在企业运营中可以是一种有价值的资源,是生产力和销售能力的体现,同时也可能成为一种巨大的潜在危害。本项目首先讨论了如何有效管理库存,然后介绍了供应商管理库存、联合库存管理以及供应链协同式库存管理等策略模型。通过科学、系统的方法,企业可以更好地管理和控制库存,确保其在生产和销售过程中发挥积极作用。库存控制策略模型强调了供应链各环节之间的协同和信息共享的重要性,通过这些策略,企业能够更灵活地应对市场需求变化,提高整体供应链的效率和响应速度,减少库存持有成本,提高客户满意度。

案例讨论

低库存助力 ZARA 规避时装业风险[①]

时装经销商一直面临三大难题。首先,价格先虚高后跳水。时装刚上市时价格虚高,但一旦过时,价格就会急剧下跌。因此,服装业有一句行业内的俗语:"先赚的钱是纸,后赚的钱才是真金。"其次,确定进货量是一项艰巨的任务。进货太少,可能导致缺货,无法实现最大利润;而进货过多,如果时装过时未能售出,就可能面临亏损。最后,过时时装对资金周转产生负面影响。滞销的过时货物无法售出,却占用了经销商的运营资金,使其难以购进新的流行时装,从而影响下一轮的经营计划。

西班牙时装品牌 ZARA 通过低库存战术成功规避了传统时装经销商面临的风险。ZARA 打破了时装价格"虚高—跳水"的怪圈,实现了"买得起的流行时装"的目标。其独特之处在于专卖店商品每周更新两次,保证了运营资金的灵活运用和存货的快速周转率。ZARA 以其灵活的供应链和迅速的反应能力成为时装企业学习的典范。

ZARA 实现低库存的关键在于:极速运转,款多量少,频繁配货。

1. 极速运转

ZARA 投资了 3 000 万美元用于建设信息系统,并在巴黎、米兰、纽约等时尚发布地建立了完备的时尚情报站。ZARA 拥有庞大的设计师队伍,共有 480 名设计师,能够迅速调查世界各地最新款式。通过收购,ZARA 将 1 200 家生产企业纳入自己的战略联盟。在全球 50 多个国家,ZARA 建立了超过 2 000 个店铺。在这个全球化的体系下,当全球任何一个地方有最时尚的时装款式出现时,ZARA 都可以在 5 天内生产出相应产品,并迅速推向市场。这一体系的建立极大地降低了 ZARA 的库存风险,因为在竞争对手的时装上架之前,ZARA 就已经成功卖出了很多产品。

此外,ZARA 在竞争对手推出同样款式的 5 天内,就能够迅速下架所有同类产品。这一策略使得 ZARA 始终处于引领时尚潮流的地位,而竞争对手则时刻面临着过时风险。这种敏捷的市场反应能力使得 ZARA 能够紧跟时尚变化,及时调整产品线,满足消费者的需求,同时

---

① 侯云先,吕建军,等. 运营与供应链管理[M]. 北京:中国农业大学出版社,2021:203-204.

避免了库存积压和过时货物的问题。

2. 款多量少

ZARA 以款多量少的品牌管理模式为基础,成功保证了其供应链的极速运转和持续开发新款式的能力。ZARA 的连锁店维持了极低的存货水平,每种款式在每个专卖店推出的数量都极为有限,通常只有几件,而这几件库存经常摆放在店内橱窗中。从顾客的角度看,他们可以在 ZARA 连锁店中找到最新的、限量供应的时尚单品。ZARA 还采用了"饥饿营销"的销售策略,已确定下架的衣服,即使店内还有存货,消费者想买,也不会拿出来卖。这就给消费者造成稀缺感,让他们感觉到 ZARA 的衣服过了这个村就没这个店。这种策略激发了消费者的购买欲望,让他们感受到 ZARA 的服装具有独特性和独家性,从而增强了品牌的吸引力。

3. 频繁配货

ZARA 因其低库存方针,其连锁店每天在营业结束后常常能够看到空空的货架。为了满足顾客需求,连锁店非常依赖有序而又迅速上市的新产品来补充货源。在配货方面,ZARA 采用了主动配货、精准配货和频繁配货的策略。

主动配货。与传统的订货制度不同,ZARA 总部会根据每个店的销售情况主动配货,避免了牛鞭效应。这意味着每个店铺能够更准确地获取所需的商品,减少了库存积压和过时货物的风险。

精准配货。ZARA 拥有信息反馈系统,总部可以实时查看每个地区、城市、单店和每款衣物的销售情况以及当前库存。这确保了 ZARA 在生产和配货数量上能够根据实际需求做出精准的决策,避免了过度压货的情况。

频繁配货。ZARA 的专卖店每周可以更新两次商品,这使得新产品能够更频繁地进入市场。通过定期推出新款式,ZARA 保持了顾客对于新奇和独特商品的兴趣,促使他们更加频繁地光顾店铺,从而提高了销售额。

上述 3 点成功保证了 ZARA 的低库存,规避了价格波动和低周转率。

ZARA 并非实现了零库存,而是采取了一种"款多量少"的策略。即使某些款式无法畅销,这种策略也有效地减轻了库存风险。对于卖不掉的款式,ZARA 不会积压大量库存;反之,即便是前景良好的款式,ZARA 也不会大规模生产和补货。总体而言,ZARA 的管理理念是在所有款式上追求"勤进快销"的目标,而不是专注于某些高收益的款式,从而分散了行业的风险和收益。

讨论:

1. 有人认为库存不可或缺,也有人认为库存是"万恶之源",请结合案例谈谈你的看法。
2. 结合案例,分析库存决策在供应链管理乃至公司战略中的影响和作用。

思维导图

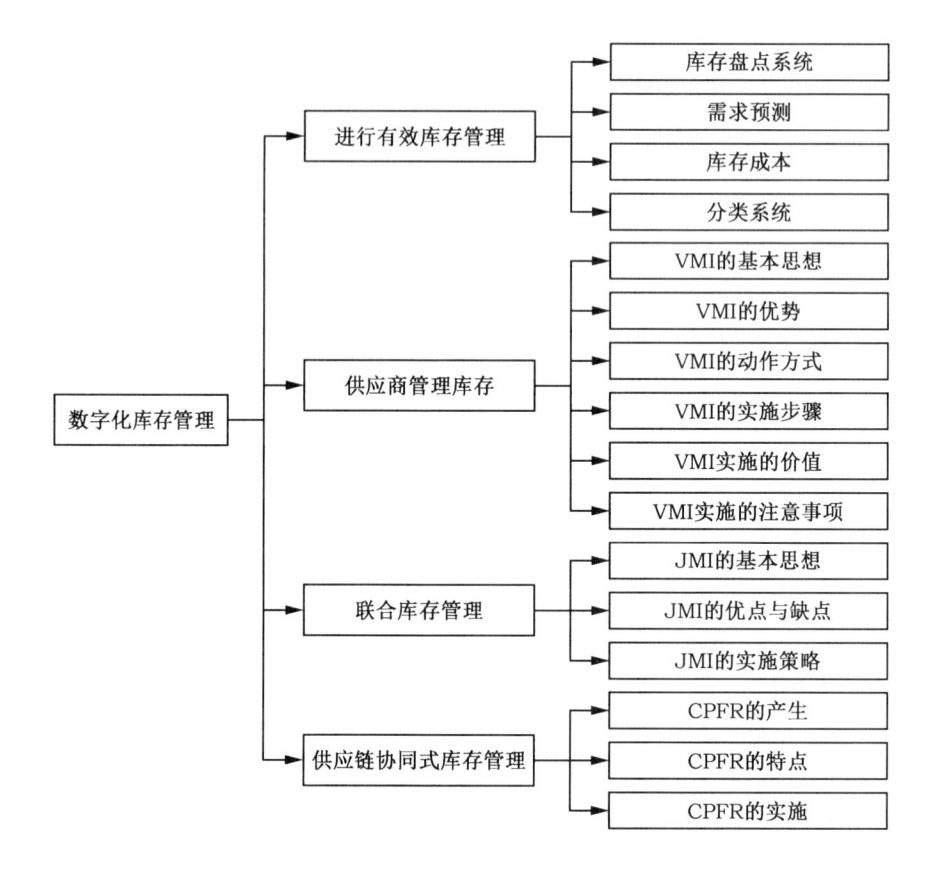

```
                                    ┌─→ 库存盘点系统
                                    │
                    ┌─ 进行有效库存管理 ┼─→ 需求预测
                    │               │
                    │               ├─→ 库存成本
                    │               │
                    │               └─→ 分类系统
                    │
                    │               ┌─→ VMI的基本思想
                    │               │
                    │               ├─→ VMI的优势
                    │               │
                    │               ├─→ VMI的动作方式
                    ├─ 供应商管理库存 ┼─→ VMI的实施步骤
                    │               │
数字化库存管理 ──────┤               ├─→ VMI实施的价值
                    │               │
                    │               └─→ VMI实施的注意事项
                    │
                    │               ┌─→ JMI的基本思想
                    │               │
                    ├─ 联合库存管理 ──┼─→ JMI的优点与缺点
                    │               │
                    │               └─→ JMI的实施策略
                    │
                    │                  ┌─→ CPFR的产生
                    │                  │
                    └─ 供应链协同式库存管理 ┼─→ CPFR的特点
                                       │
                                       └─→ CPFR的实施
```

思考题

1. 简要说明设置库存的原因。
2. 供应链管理下库存控制的目标是什么？
3. 简述供应商管理库存的优势。
4. 简述联合库存管理的实施策略。
5. 供应链协同式库存管理有哪些特点？

项目六

课后习题

项目七　数字化质量管理

1. 知识目标

(1) 理解统计质量控制；

(2) 掌握统计质量控制含义和方法；

(3) 了解抽样检查的基本原理；

(4) 熟悉 ISO9000 标准体系及服务质量的相关概念。

2. 能力目标

(1) 能够计算抽样检查中产品的不合格率；

(2) 能够运用质量管理工具实际操作，提高产品或服务的质量水平；

(3) 能够从数据中提取有用信息，具备有效分析数据的能力。

3. 思政目标

(1) 了解我国数字化质量管理现状，增强民族自豪感，培养创新意识、质量意识和爱国主义精神；

(2) 关注产品质量，体会新时代大国工匠精神的内涵，从而激发学生的使命感和责任感，树立正确的人生观、价值观和世界观。

导入案例

丰田的生产管理系统

丰田汽车公司在质量管理方面处于世界领先的地位。这一成功的经典案例被称为"丰田生产系统"，也被广泛应用于其他行业。丰田生产系统的核心是"精益生产"，它的目标是通过减少浪费和提高效率，实现质量持续改进。丰田汽车公司通过聚焦质量并积极参与员工培训，实施了一系列质量管理实践。

首先是建立高品质的生产标准。丰田汽车公司运用了一种叫作"质量圈"的管理方法，鼓励员工参与产品质量管理的决策过程。在质量圈中，员工可以讨论并确定适用于产品设计、生产和质量控制的标准，以确保产品质量符合顾客期望。

其次是长期质量改进的计划。丰田汽车公司天天实行的标准化工作使员工在各个环节上掌握了质量管理的能力。通过持续分析和改进质量问题，丰田汽车公司能够不断提高产品的质量和性能。

第三是员工参与和培训。丰田汽车公司注重培养员工的质量意识和技能。他们鼓励员工参与质量管理，并提供相关培训，确保他们具备解决问题的能力。

最后是强调质量的责任和文化。丰田汽车公司倡导"质量第一"的理念，将质量视为每个员工的责任。他们相信每一个员工都应该对产品的质量负责,并将质量的追求贯穿于整个企业文化中。

通过以上实践,丰田汽车公司在全球质量管理方面建立了良好的声誉。他们以优质的产品和卓越的质量管理赢得了全球消费者的信赖和认可。丰田生产系统的成功案例向其他企业表明,优质的产品和持续的质量改进是取得长期商业成功的关键。

全面质量管理强调建立与高质量供应商的合作关系、强调在整个供应链中建立一系列的标准化和流程优化、强调满足客户需求并不断提高客户满意度。全面质量管理注重整体性的质量管理,通过不断改进和优化,提高整个供应链的质量和绩效。通过数字化手段,企业能够实现对质量数据全面、实时的监控和分析,提高质量管理的精准度和效率。有关全面质量管理的相关概念在项目一中已做过详细介绍,本项目主要从统计质量控制、抽样检验、ISO9000 族标准、服务质量管理等方面进行阐述。

任务一 统计质量控制

在现代化生产过程中,产品质量的高低直接关系到企业的生存和发展。为了保证产品质量,企业需要采取有效的质量控制方法预防和控制生产过程中的误差。统计质量控制(Statistical Quality Control,SQC)作为一种科学、有效的质量控制方法,被广泛应用于各个行业。

一、统计质量控制的含义

统计质量控制是一种质量控制方法,它基于数理统计原理,通过监控和管理生产过程,确保产品质量特征值尽可能地等于或接近期望值。它是一种预防性的质量控制方法,旨在减少生产过程中的误差,提高生产过程的工序能力,从而保证产品质量。统计质量控制的目的是确保产品质量稳定,减少不合格品的产生,提高客户满意度和市场竞争力。它是一种科学、有效的质量控制方法,被广泛应用于各个行业。通过实施统计质量控制,企业可以实现对生产过程的精细化管理,提高生产效率和产品质量,为企业的持续发展和市场竞争提供有力保障。统计质量控制是一种科学的质量控制方法,其主要内容包括以下几个方面。

(一)统计质量控制图的制作

制作质量控制图是统计质量控制的核心步骤之一。通过收集生产过程中的数据,将数据标注在质量控制图上,然后观察数据是否在控制上限(UCL)和控制下限(LCL)之间。如果数据超出控制界限,则说明生产过程出现了异常,需要调整。质量控制图可以实时监控生产过程,帮助企业及时发现并解决问题。

(二)数据的收集和处理

在实施统计质量控制之前,需要收集生产过程中的数据,并适当处理。处理数据时需要去除异常值和失真数据,以确保数据的准确性和可靠性。同时,还需要对数据进行转换和标准化处理,以便更好地分析数据。

(三)工序能力的评估

工序能力是评估生产过程能否稳定生产出符合规格要求产品的重要指标。分析生产过程中的数据,可以评估工序能力。工序能力指数可以用实际生产的规格上限(USL)、规格下限(LSL)和实际生产的平均值(X)表示。工序能力指数越高,说明生产过程的稳定性越好。

(四)问题的发现和解决

实时监控生产过程的数据,可以及时发现生产中出现的问题。对于出现的质量问题,需要深入分析,找出问题的根本原因,并采取相应的改进措施。这可以帮助企业预防类似问题的再次出现,提高产品质量和生产效率。

(五)持续改进和优化

统计质量控制的目的是不断提高产品质量和生产效率,因此需要不断改进和优化。改进的措施可以包括调整工艺参数、改进生产流程、提高设备精度等。通过持续改进和优化,企业可以进一步提高工序能力和产品质量,增强市场竞争力。

统计质量控制的基本原理是通过数理统计方法收集、整理和分析生产过程中的数据,从而实现对产品质量的控制。具体来说,统计质量控制的基本原理包括全过程的统计质量控制、全员参加的统计质量控制、以预防为主的统计质量控制等方面。

全过程的统计质量控制意味着统计质量控制应该贯穿于统计工作的全过程,每进行一步,都要检查已完成的工作并及时纠正已发生的差错,做到层层把关,防止差错流入下一个工作环节。这种全过程的统计质量控制方法可以确保产品质量从源头到成品检验的每个环节都得到有效控制。

全员参加的统计质量控制意味着统计数据质量管理和控制的人员应该是全面的,全体统计工作者都要树立数据质量意识,认识到数据质量的重要性。各个主要的工作环节都要落实专人负责,确保每个环节的质量控制都有专人负责,从而保证数据质量的稳定性和可靠性。

以预防为主的统计质量控制意味着统计数据质量控制应该把差错消灭在它的形成过程中,做到防检结合,以防为主。通过预防性质量控制方法,及时发现潜在问题并采取相应措施解决,企业可以有效减少生产过程中的误差,提高生产过程的工序能力,从而保证产品质量的稳定性和一致性。

二、统计质量控制的定量方法

下面介绍几种统计质量控制的定量方法。

(一)统计分析表

类型统计分析表也称调查表,是一种用于收集和整理数据的工具,常用于质量管理体系中的数据分析和问题诊断。它是通过一种自行设计的表格,收集需要收集的数据信息、整理和分析。通过使用统计分析表,我们可以方便地记录数据、统计结果、分析和判断问题,从而更好地掌握产品质量情况,找出影响质量的原因,并采取相应的措施改进(如表7-1所示)。

表7-1　　　　　　　　　　　　不良项目统计分析表

项目日期	交验数	合格数	不良品数			不良品类型			不良品率/%
			废品数	次品数	返修品数	废品类型	次品类型	返修品类型	

统计分析表的设计可以根据实际需要而有所不同,但通常包含以下基本元素。

(1)表头。包括表格的名称、编号、日期等信息,用于明确表格的用途和重要性。

(2)表体。表格的主体部分,包括需要收集的数据信息。根据实际需要,可以设置多个列和行,分别代表不同的数据项。

(3)表注。解释和说明表格中的数据或符号,帮助读者更好地理解表格内容。

通常按照以下步骤应用统计分析表。

(1)设计表格。根据需要收集的数据信息,设计合适的表格样式,包括需要收集的数据项、列和行的设置等。

(2)收集数据。根据表格中设定的数据项,收集相关的数据信息,并将其填入表格。

(3)数据统计。根据表格中的数据信息统计和分析,包括数据的分布、集中程度、离散程度等。

(4)问题诊断。根据统计结果,分析产品质量情况,找出影响质量的原因,并制定相应的改进措施。

(二)直方图

直方图(Histogram)是一种用于展示数据分布情况的图形,它通过一系列高度不等的条形或线段表示数据的分布情况。直方图通常出现在统计学中,用于分析和描述数据的基本特征,如集中趋势、离散程度和分布形状等。直方图适用于对大量计算值数据的整理加工,通过找出统计规律推断总体的分布特征,从而分析工序或批量产品的质量水平及其均匀程度(如图7—1所示)。

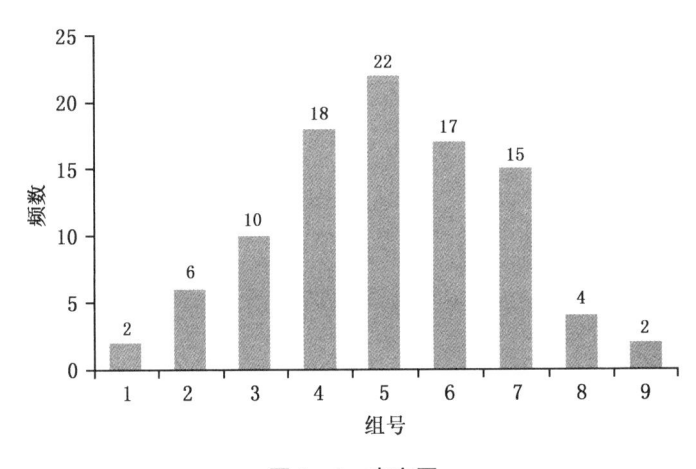

图7—1 直方图

直方图的基本构成包括横轴和纵轴。横轴通常表示数据的类别或范围,而纵轴表示每个类别的频数或频率。通过直方图,我们可以直观地看到数据的分布情况以及数据集中趋势和离散程度的表现。直方图的应用范围非常广泛,其不仅在统计学中得到了广泛应用,还在其他领域中被广泛使用。非对称形直方图没有对称性,左右两侧的频数不相等,常用于描述偏态分布的数据。此外,还可以根据数据的性质,将直方图分为定数直方图和频率直方图等。

(三)散布图

散布图(Scatter plot)是一种用于展示两个变量之间关系的图形,它通过将两个变量的数据点在二维坐标系中标出的方式来反映这两个变量之间的关系。散布图通常用于观察两个变量之间的相关关系以及它们的分布情况。它可以揭示变量之间的线性关系和非线性关系以及数据的分布情况。在生产中,往往有些变量之间存在相关关系,但又不能由一个变量的数值精确地求出另一个变量的数值。将这种有关的数据列出,用点画在坐标图中,观察两种因素之间的关系,这种图就是散布图。在散布图中,横轴表示一个变量,纵轴表示另一个变量,数据点在图中的位置代表这两个变量的值。

散布图的应用范围非常广泛。例如,在农业生产中,植物种子的质量对于农作物的产量和品质至关重要。每个品种的水稻种子都有两个主要指标:长度和重量。为了评估这些种子的质量,可以收集这些种子的长度和重量数据,并使用散布图分析。又如,热处理时,钢的淬火温度与硬度的关系,可用散布图来观察(如图7-2所示)。

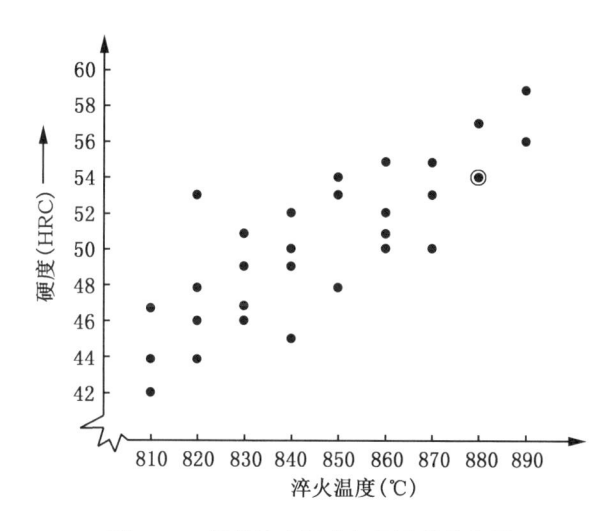

图7-2 钢的淬火温度与硬度的散布图

三、统计过程控制

质量是产品的生命线,任何产品都必须满足客户的质量要求。质量控制是为了确保产品达到客户期望的质量水平而进行的一系列管理和控制活动。质量控制不仅仅是在产品生产完成后检验,更重要的是在生产过程中监控和管理,及时发现并解决问题。统计过程控制(Statistical Process Control,SPC)是一种将统计方法应用于生产过程的质量控制方法。它通过收集、整理和分析生产过程中的数据,及时发现生产过程中的异常情况,从而采取相应的措施改进,确保生产过程的稳定性和产品质量的一致性。统计过程控制(SPC)具有以下基本特点。

(一)强调统计分析方法

SPC依赖于统计分析方法来分析生产过程中的数据。这些方法包括控制图、直方图、因果图、散点图等。运用这些统计分析方法,可以识别生产过程中的异常点、趋势和模式,并找出潜在的问题。

(二)再生产过程中的各个阶段进行监控与评估

SPC在生产过程中的各个阶段实时监控与评估产品质量。这包括从原材料的采购到生产过程的各个环节,直到最终产品的检验和包装等全过程。实时监控和评估可以及时发现生产过程中的问题,并采取相应的措施改进。

(三)预防性方法

SPC是一种预防性的方法。它通过监控和分析生产过程中的数据,找出可能导致产品质量问题的原因,并采取措施预防。这有助于减少产品质量问题的发生,从而提高生产效率和产品质量。

(四)强调全员参与和团队精神

SPC不仅仅是绘制控制图的问题,它强调整个过程的监控和保障。这需要全体员工的参与和团队合作。员工需要了解SPC的基本原理和方法,并积极参与实施和改进过程。团队合作可以更好地协调和沟通,从而实现更好的过程控制和产品质量。

任务二 抽样检验

一般来说,对产品质量的检验通常采取两种方式:抽样检验和全数检验。抽样检验是以数理统计为基础的科学的产品或服务质量检验方法,在质量控制中具有重要的意义,它能够有效地控制产品质量,提高检验效率,节约成本,预防和改进产品质量,优化检验方案等。因此,在生产过程中广泛应用抽样检验,是保证产品质量和提升企业竞争力的重要手段之一。

一、抽样检验的基本概念

(一)抽样检验

抽样检验是一种质量控制方法,它从整批产品中随机抽取少量个体组成样本,然后对样本进行全面检验,根据样本的检验结果来推断整批产品的质量。与全面检验相比,抽样检验可以节省检验工作量和费用,但需要设计合理的抽样方案,以确保推断结果的准确性和可靠性。抽样检验广泛应用于各个领域,如制造业、医药、食品等,是质量控制和监管的重要手段之一。抽样检查的方法一般适用于以下几种情况:

(1)检验的样品数量庞大,全面检验需要耗费大量时间和人力,采用抽样检验可以节约时间和成本。例如,在制造业中,需要质量检验一批零部件,如果全面检验所有零部件,需要数天或数周的时间,而且需要大量的人力。但是,如果采用抽样检验,可以根据一定的抽样方案从大量零部件中抽取一定数量的样品检验,样品数量通常只需要几百或几千个,就可以代表整批产品的质量水平。这样,检验的时间和成本都可以大大降低,同时也可以达到质量控制的目的。

(2)样品有一定程度的不合格率,通过抽样检验可以快速判断产品的合格率,避免不合格产品流入市场。例如,一家手机制造商在生产新款智能手机时,发现某批次手机的不良率较高,达到了10%以上。为了快速了解该批次手机的合格率,制造商可以采用抽样检验的方式,从该批次手机中抽取一定数量的样品检验。如果样品的不合格率较高,说明该批次手机的质量问题比较严重,需要全面检验和整改该批次手机,避免不合格产品流入市场。如果样品的不合格率较低,说明该批次手机的质量问题较轻,只需要适当处理和改进即可。

(3)样品的不合格率未知,无法确定抽样方案,需要通过多次抽样检验和调整抽样方案来达到检验目的。例如,临床试验一种新药的疗效时,通常需要选取一定数量的病人作为样本。但是,在临床试验初期,新药的有效性和安全性往往未知,病人的病情和身体状况也各不相同,因此样品的不合格率是未知的。在这种情况下,需要通过多次抽样检验和调整抽样方案来达到检验目的。

(4)样品的质量特征不具有可测量性,无法全面检验,只能通过抽样检验来推断整体的质量水平。例如,在环保监测中,有些环境指标是无法直接测量的,例如空气中的微生物含量、水质污染程度等。如果要监测这些环境指标,只能通过抽样检验的方式,从大量环境中抽取一定数量的样本测量,然后根据样本的测量结果推断整体的环境质量水平。

需要注意的是,抽样检验具有一定的风险和不确定性,因为样本的检验结果不能完全代表整体的情况。为了确保检验结果的准确性和可靠性,需要设计合理的抽样方案和检验方法,同时多次抽样和检验,以最大限度地减少误差和风险。

(二)单位产品的概念

将一个整体拆分为多个相同的部分,其中一部分就是一个单位产品。单位产品通常是为了便于统计、计算和分析,将一个整体拆分为更小的、具有相同特征的部分,以便于抽样检验、质量控制等管理活动。

例如,在制造业中,可以将一个产品拆分为多个相同的零件或部件,每个零件或部件就是一个单位产品。在食品加工行业中,可以将一箱饮料拆分为多个瓶装饮料,每个瓶装饮料就是一个单位产品。在服务业中,也可以将一个服务过程拆分为多个相同的步骤或任务,每个步骤或任务就是一个单位产品。

将整体拆分为单位产品,可以更好地掌握每个单位产品的特性和质量情况,从而更好地控制质量和优化生产过程。同时,单位产品的概念也常用于抽样检验,企业通过对单位产品进行抽样检验,可以推断出整批产品的质量水平。

需要注意的是,单位产品的划分并不是唯一的,不同的行业、不同的产品可能有不同的划分方式。同时,单位产品的数量也不尽相同,不同的产品可能有不同的单位产品数量。因此,在划分单位产品时,需要根据实际情况综合考虑和分析。

(三)检验批的概念

检验批是指一组或一批产品,这些产品在生产、加工和检验等过程中具有相同的特性和质量水平,并且可以作为一个整体抽样检验。检验批的概念通常用于质量控制和抽样检验,以便更好地掌握和控制产品的质量。例如,在制造业中,可以将同一批次生产的零件或部件组成一个检验批。同一批次生产的零件或部件在生产、加工和检验等过程中具有相同的特性和质量水平,因此可以将它们作为一个整体抽样检验,以推断该批次产品的整体质量水平。

检验批的概念对于质量控制和抽样检验非常重要。企业通过对检验批进行抽样检验,可以掌握该批次产品的整体质量水平,及时发现和处理质量问题,保证产品的质量和安全。同时,统计和分析检验批的质量数据,可以优化生产过程和质量控制方法,提高生产效率和产品质量。

(四)批量的概念

抽样检查中,提交检查的一批产品中所包含单位产品的总数叫作批量,以 N 表示。

二、统计抽样方案的分类

统计抽样方案是统计学中重要的基础之一,其分类也是非常重要的一部分。通过对抽样方案的分类,我们可以深入地理解各种抽样方法的特点和适用范围,从而更好地应用于实际问题的解决。由于生产实践的需要以及抽样理论的发展,目前已经形成不同特色的抽样体系,其分类大致可分为下述几个方面。

(一)按统计抽样检验的目的分类

根据统计抽样检验的目的,统计抽样检查可以被分为三类:预防性抽样检验、验收性抽样检验和监督抽样检验。

预防性抽样检验是为了确保产品在出厂前符合预先设定的要求或标准而进行的抽样检验。这种检验的目的是在产品被最终使用者接收之前,及早发现并纠正潜在的问题,以防止不符合质量要求的产品流向市场。

验收性抽样检验是为了检查产品是否符合接收标准而进行的抽样检验。这种检验的目的是在接收产品时,确定是否接受该批次的产品。它主要用于产品质量的初步控制,确保产品符合基本的接收标准。

监督抽样检验是为了检查产品是否符合规定的质量要求而进行的抽样检验。这种检验的目的是维护产品质量的稳定,确保产品在整个生产过程中保持一致的质量水平。它主要用于持续的生产过程,以监控产品质量的变化。

(二)按单位产品的质量特性分类

按单位产品的质量特性分类,统计抽样检查可分为计数抽样检查和计量抽样检查两种。

计数抽样检查是按照一定样本数量从总体中随机抽取一定数量的样本检查,以判断样本是否符合某个标准或标准水平,从而决定是否接收该批次产品。计数抽样检查常用于产品质量特性的离散程度较大、无法或难以连续测量的产品,如不合格品数、缺陷数等。

计量抽样检查是按照一定样本数量从总体中随机抽取一定数量的样本检查,以判断样本的单位产品的质量特性值是否符合某个标准或标准水平,从而决定是否接收该批次产品。计量抽样检查常用于产品质量特性的连续变量,如产品的尺寸、重量、密度等。

(三)按照抽取的样本数量分类

按照抽取的样本数量分类统计抽样检查可以分为一次抽样、二次抽样和多次抽样。

一次抽样检查是在一次抽样检查中,只从总体中抽取一个样本检查。如果样本符合要求,则判定该批次产品全部合格;如果样本不符合要求,则判定该批次产品全部不合格。这种抽样方法适用于产品质量的初步控制,样本数量较少,但需要快速做出决策。

二次抽样检查是在二次抽样检查中,需要从总体中抽取两个样本检查。如果第一个样本符合要求,则判定该批次产品全部合格;如果第一个样本不符合要求,则再抽取第二个样本检查。如果第二个样本符合要求,则判定该批次产品部分合格;如果第二个样本也不符合要求,则判定该批次产品全部不合格。这种抽样方法适用于产品质量的进一步控制,样本数量适当,能够提供更多的信息。

多次抽样检查是在多次抽样检查中,需要从总体中抽取多个样本检查。具体的样本数量和检查标准需要根据实际情况来确定。多次抽样检查的准确性和可靠性更高,但需要更多的时间和资源。

三、计数抽样的基本原理

(一)抽样方案

抽样方案是指根据标准和实际情况制定的一组规则和程序,用于从总体中随机抽取一定数量的样本,并检验和评估这些样本,以推断总体的特征和性质。抽样方案通常包括抽样方法的选择、样本容量的确定、抽样程序的制定和检验标准的确定等内容。

抽样方案是质量管理和控制中常用的一种方法,可以用于对产品、服务、过程等的评估和检测,以便更好地满足客户需求和保证质量。合理的抽样方案可以有效地减小抽样误差,提高检验的准确性和可靠性。

一般在计数抽样中,以三个参数表征方案:样本大小 n、合格判定数 Ac(或 c)和不合格判定数 Re。然而,在一次抽验方案中,由于 $Re=Ac+1$,所以一般仅用 (n/c) 符号表示。

(二)抽样方案的操作特性曲线(OC 曲线)

操作特性曲线(OC 曲线)是描述抽样方案性能的一种图形,它展示了在采用某一抽样方案时,即 (N,n,c) 确定后,产品的接收概率 $L(P)$ 与产品的实际质量水平 P 之间的关系。OC 曲线可以帮助我们了解抽样方案的区分能力,即它能够正确识别产品质量水平的能力,是制定和评价抽检方案的基本工具。

在 OC 曲线中,横坐标 P 表示产品的实际质量水平,纵坐标 $L(P)$ 表示在采用某一抽样方案时,产品被接收的概率。OC 曲线描述了不同质量水平下(各种不合格品率 P)的检验批在采用某一抽样方案时的通过概率曲线(如图 7-3 所示)。通过操作特性曲线,我们可以观察到抽样方案的宽严程度。当样本量增大时,操作特性曲线的斜率会逐渐增大,这意味着抽样方案的区分能力会更强。这也就意味着,如果一个抽样方案能够正确地区分产品质量水平,那么它就能够更好地满足客户需求并保证质量。

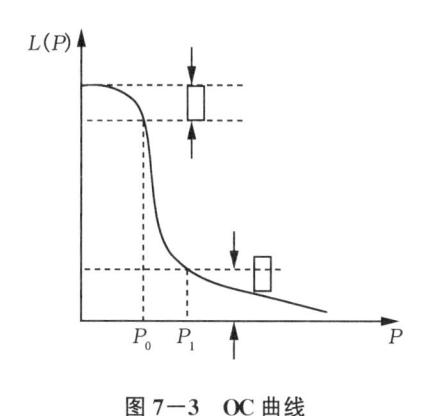

图 7-3 OC 曲线

在本任务中,主要对一次计件抽样方案计算接收概率。假设产品的不合格率为 p,检查产品的批量为 N,随机抽取产品数为 n,d 为样本中测得的不合格数,假设其中的不合格数为 X,那么 X 是一个随机变量。对一次抽样来讲,当 $X \leqslant c$ 时,可以接受这批产品,那么接收概率则为

$$L(p)=P(X \leqslant c)=P(X=0)+P(X=1)+\cdots+P(X=c)$$

一般来说,可通过超几何分布计算法、二项分布计算以及泊松分布等方法计算接收概率。下面我们来逐一介绍。

1. 超几何分布计算法

超几何分布是一种常见的离散概率分布,用于描述从总体中抽取的样本中特定事件的频率。在抽样检验中,如果采用超几何分布计算接收概率,可以根据不合格品在总体中的比例和样本量的大小来计算。

假设 N 件产品中的不合格产品数为 Np,有 $N(1-p)$ 件产品合格,那么抽取 n 件产品中有 d 件不合格品的概率为

$$P(X=d)=\frac{C_{Np}^{d} C_{N(1-p)}^{n-d}}{C_{N}^{n}}$$

其中，组合数 $C_m^n = \dfrac{n!}{m!(n-m)!}$。

2. 二项分布计算法

组合数的计算方法比较复杂，需对方法进行简化。当产品数 N 较大，n/N＜0.1 时，可以用二项分布简化计算。二项分布是一种离散概率分布，描述了在 n 次独立重复的伯努利试验中事件 A 发生的次数。当产品数 N 较大，抽取一个产品后，对这批产品的不合格率的影响很小，可以认为每次抽取一个产品，这一批产品的不合格率是不受影响的，即不合格率不变。那么，我们可以近似地利用二项分布计算，即

$$P(X=d) = C_N^n \, p^d (1-p)^{(n-d)}$$

3. 泊松分布计算

泊松分布是一种离散概率分布，通常用于描述某个事件在单位时间内发生的次数。例如，人类的出生和死亡、昆虫数量的自然变动、传染病的随机传播以及公共交通系统的运行等问题。

$$P(X=d) = \dfrac{(np)^d}{d!} e^{-np}$$

当产品数 N 较大时，n/N＜0.1，同时 p 较小，np 在 0.1～10 时，可以用泊松分布计算不合格率。

任务三 ISO9000 族标准

一、ISO9000 系列标准概述

ISO9000 是一个国际质量管理体系标准，它包括一组质量管理体系要求，可以帮助组织确保产品或服务的品质，以满足顾客的需求。ISO9000 是在总结世界各国特别是工业发达国家的质量管理经验的基础上产生的。它要求组织建立和实施的质量体系应该满足组织规定的质量目标，并确保影响产品质量的技术、管理和人为因素得到控制。无论是硬件、软件、过程材料还是服务，所有控制的目的都是减少和消除不合格，尤其是预防不合格品的出现。通过实施 ISO9000 族标准，组织可以建立和运行有效的质量管理体系，提高产品质量和客户满意度，降低不良品率，并增强组织的竞争力和美誉度。ISO9000 族标准不仅是工业制造领域的标准，也被广泛应用于服务业、医疗保健、教育和社会服务等领域（如图 7－4 所示）。

图 7－4 ISO9000

(一)ISO9000 的起源和发展

ISO9000 是由西方品质保证活动发展而来的。在第二次世界大战期间,由于战争扩大所需的武器需求量急剧增加,美国军火制造商因规模、技术和人员限制而无法满足需求,美国国防部面临增加武器生产数量并保证质量的现实问题。分析当时的企业,大多数管理是基于工头的经验,他们的技术知识存储在个人头脑中,而一个工头管理的人数非常有限,产量也很有限,与战争需求相差甚远。因此,美国国防部组织大型企业的技术人员编写技术标准文件,并开设培训班,批量训练来自其他相关机械工厂的员工,使他们能够在短时间内学会识别工艺图和工艺规则,掌握关键技术,从而将"专用技术"迅速"复制"到其他机械工厂,解决了战争难题。战后,美国国防部将宝贵的"工艺文件化"经验进行总结和丰富,编制了更周详的标准并在全国工厂推广应用,取得了满意的效果。此后,ISO9000 逐渐在西方各国推广和应用,成为全球通用的质量管理体系标准。

(二)四项核心标准

ISO9000 的发展历程是一个不断总结、更新和完善的过程,它为组织提供了一套通用的质量管理要求,帮助组织确保产品或服务的品质,并提高组织的竞争力和美誉度。

1979 年,国际标准化组织(ISO)成立了一个委员会,负责制定质量管理和质量保证标准。该委员会在 1987 年发布了 ISO9000 系列标准,其中包括三个标准:ISO9000、ISO9001 和 ISO9004。这些标准旨在为组织提供一套通用的质量管理要求,帮助组织确保产品或服务的品质。在随后的几十年中,ISO9000 系列标准不断发展和更新。1994 年,ISO 发布了修订版的 ISO9000 系列标准,其中包括了更加详细的要求和指导。2000 年,ISO 又发布了新的 ISO9000 系列标准,其中包括 ISO9004、ISO19011 等新标准。在 ISO9000 系列标准的制定和发展过程中,许多国家都积极参与。许多工业发达国家的质量管理经验被总结和融入标准,使得 ISO9000 系列标准成为一套通用的、全球适用的质量管理标准。

ISO9000 族标准的核心标准为:

(1)ISO9000:《质量管理体系基础和术语》,提供了质量管理体系的基础和术语,用于帮助组织理解和实施质量管理。

(2)ISO9001:《质量管理体系要求》,规定了质量管理体系的要求,用于确保组织能够稳定地提供满足顾客和适用法律法规要求的产品。

(3)ISO9004:《质量管理体系业绩改进指南》,提供了一种框架和方法,帮助组织识别并改进其业绩,以提高其适应性和竞争力。

(4)ISO19011:《质量和(或)环境管理体系审核指南》,提供了一种通用的管理体系审核指南,用于管理和审核质量管理体系。

(三)ISO9000 系列标准的作用

质量是推动成功的关键因素。来自不同国家政府、国际组织和行业协会的研究显示,企业的生存、发展和进步都依赖于质量保证体系的有效执行。ISO9000 系列质量体系被全球 110 多个国家广泛采用,包括发达国家和发展中国家,这使得市场竞争更加激烈,产品和服务质量得到持续提升。

(1)ISO9000 系列标准提供了一套全球通用的质量管理要求,为企业或组织提供了一个共同的基础和框架,以确保其产品或服务的品质达到高标准。这有助于提高企业或组织的竞争力和美誉度,吸引更多的客户和业务合作伙伴。

(2)ISO9000 系列标准可以帮助组织识别和解决潜在的质量问题,减少和消除不合格的产品或服务，特别是预防不合格品的出现。这可以通过监控和改进生产过程，提高产品质量和客户满意度，降低不良品率，减少退货和投诉，从而提高企业或组织的业务效率和盈利能力。

（3）ISO9000系列标准还可以促进组织质量管理水平的提高和完善。通过实施这些标准，组织可以建立和运行有效的质量管理体系，不断改进自身的流程和管理方法，提高生产效率和质量，降低成本，增加市场份额。

（4）ISO9000系列标准还有助于消除贸易技术壁垒，促进国际贸易活动的发展。在全球化的市场环境中，许多国家都要求出口企业必须通过ISO9000认证。通过获得ISO9000认证，企业或组织可以证明其产品或服务符合国际标准，从而打开国际市场的大门。

有效的质量管理是企业在激烈的市场竞争中取得成功的手段之一。ISO9000系列管理标准已经被各行各业广泛接纳和认可，拥有一个被世界各国和社会广泛承认的质量管理体系具有巨大的市场优势。随着国内外市场经济的进一步发展，贸易壁垒被逐步排除，ISO9000系列管理标准的重要性将更加凸显。

二、ISO9001质量管理体系

ISO9001质量管理体系标准是国际标准化组织（ISO）发布的一项质量管理标准，适用于各种类型和规模的组织。该标准旨在帮助组织建立和实施有效的质量管理体系，以确保产品和服务符合客户要求，并持续改进组织的绩效。

（一）质量管理体系的实施过程

1. 管理职责

管理职责的实施过程可以帮助管理层在组织内建立起有效的质量管理体系，促进组织持续改进和提高质量绩效。标准中关于管理职责的实施过程主要包括以下几个方面。

（1）领导承诺。管理层应该表达对质量管理体系的承诺，并确保其有效实施和持续改进。

（2）制定政策。管理层应该制定适合组织的质量政策，明确组织对质量的承诺和目标。

（3）角色和责任。管理层应该确定组织内各个部门和个人的质量管理职责和责任，并确保他们理解和履行这些责任。

（4）沟通机制。管理层应该建立有效的沟通机制，确保质量管理相关信息在组织内部流通畅通。

（5）监督和审核。管理层应该监督质量管理体系的实施情况，并定期进行内部审核和管理评审，确保其有效性和持续改进。

2. 资源管理

ISO9001标准中的资源管理过程涉及组织如何有效地管理和利用各种资源来支持质量管理体系的实施和持续改进，包括确定组织所需资源以及如何获取、使用和管理这些资源（包括人员、设备、材料、资金和信息等资源）的过程。资源管理过程主要包括以下几个方面。

（1）人力资源管理。确保组织拥有合适的人员，包括具有适当技能和经验的员工，以支持质量管理体系的实施和运作。

（2）设备和设施管理。确保组织拥有适当的设备、工具和设施，以支持生产过程和产品或服务的交付。

(3)基础设施管理。包括建筑物、通信设施、信息技术系统等,确保这些基础设施符合质量管理要求。

(4)工作环境管理。确保组织提供安全、健康和适宜的工作环境,以保障员工的健康和安全。

(5)资源评估和分配。评估和分配各种资源,确保资源的有效利用,以满足质量管理体系的要求和目标。

通过有效的资源管理,组织可以充分利用各种资源,提高生产效率和产品或服务质量,同时确保员工的安全和福祉。

3. 产品实现

ISO9001标准中的产品实现过程是指组织在设计、开发、生产和交付产品或提供服务的整个过程中,确保其产品和服务符合相关法律法规和行业标准、客户和质量管理体系等一系列要求。产品实现过程主要包括以下几个环节。

(1)设计和开发。确定产品或服务的设计要求,开展设计和开发活动,确保产品或服务符合客户需求和质量标准。

(2)采购。选择合格的供应商,确保采购的材料和服务符合质量要求,以保证产品或服务的质量。

(3)生产和服务提供。按照设计要求和程序规定生产和提供服务,确保产品或服务符合质量标准。

(4)测试和验证。测试和验证产品或服务,确保其符合质量标准和客户要求。

(5)控制非符合品。控制和处理发现的非符合品,确保不合格产品不会流入市场。

(6)标识和跟踪。标识和跟踪产品或服务,以确保产品或服务可以追溯到其生产或提供的过程。

通过有效的产品实现过程,组织可以确保产品或服务的质量符合客户需求和标准要求,提高客户满意度并持续改进产品或服务质量。

4. 测量、分析和改进

ISO9001标准中的测量、分析和改进过程是指组织通过对质量管理体系的运作进行测量与分析以及基于这些分析结果持续改进的一系列活动。测量、分析和改进过程包括测量产品和服务的质量、性能和可靠性以及分析这些数据并采取适当的改进措施。组织应确保其测量设备和方法是准确和可靠的,并能够提供足够的证据来证明质量管理体系的有效性和一致性。这个过程主要有以下几个主要环节(如图7-5所示):

(1)设定质量目标和指标。组织应该设定质量目标,并确定适当的质量指标来衡量这些目标的实现情况。

(2)收集数据。组织应该收集各种与质量管理相关的数据,包括客户满意度调查数据、产品或服务质量数据、过程绩效数据等。

(3)分析数据。分析收集到的数据,找出潜在的问题和改进机会以及评估质量管理体系的有效性和运作情况。

(4)制定改进计划。基于数据分析结果,制定针对性的改进计划,以解决问题、提高绩效和满足客户需求。

(5)实施改进措施。执行改进计划,改进流程、产品或服务,以确保质量管理体系的持续改进。

(6)监控和评估改进效果。监控和评估改进措施的效果,确保改进措施的有效性并根据需要调整。

通过测量、分析和改进过程,组织可以不断提高质量管理体系的有效性和绩效,持续改进产品或服务质量,提高客户满意度,并实现持续的业绩提升。

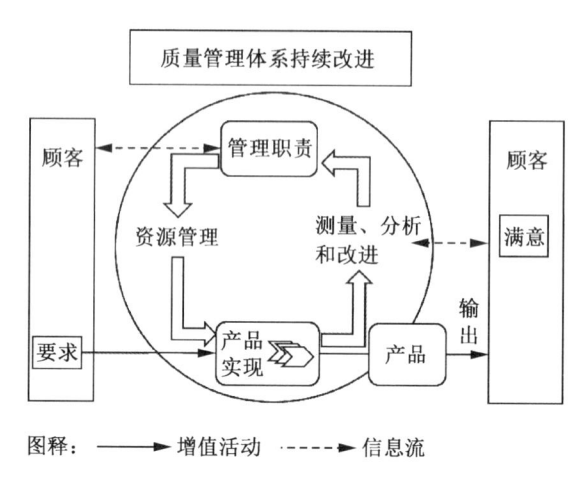

图7-5 ISO9001质量管理体系过程模式

(二)质量管理原则

ISO9001标准是国际标准化组织制定的一项国际标准,用于规范组织的质量管理体系。该标准的主要内容包括以下七个质量管理原则:

1. 以顾客为中心

组织应理解顾客当前和未来的需求,满足顾客要求并争取超越顾客期望。顾客的需求是多样化的,包括对产品的需求、对服务的需求、对交付方式的需求等。组织应全面了解顾客的需求和期望,并将这些需求和期望转化为具体的质量要求,通过提供优质的产品和服务,满足顾客的需求并超越顾客的期望。

2. 领导作用

领导者应确保组织明确质量方针,并创造一个始终如一重视质量的环境。领导者应具备质量意识和责任感,将质量作为组织的核心价值观,并通过自身的言行影响员工,形成追求卓越质量的氛围。

3. 全员参与

各级人员都是组织之本,只有全员充分参与,才能使他们的才干为组织带来最大的收益。组织应充分发挥员工的积极性和创造力,激发员工的潜力,提升员工的能力。通过培训和教育,员工了解质量的重要性,掌握质量管理的方法和工具,并能够在实际工作中积极参与质量管理。

4. 过程方法

将活动和相关的资源作为过程管理,可以更高效地得到期望的结果。组织应识别并确定主要的质量管理过程,确定关键的控制点,明确各过程之间的相互关系和相互作用,通过有效的过程管理,实现质量管理目标。

5. 改进

成功的组织总是致力于持续改进。持续改进是组织质量管理的一个重要组成部分。组织应通过收集和分析数据、评估过程的有效性和效率、采取改进措施等方法，不断寻求改进的机会并实施改进，以提升组织的整体绩效。

6. 循证决策

基于数据和信息的分析和使用决策，可以更好地实施改进并提高结果的质量。组织应建立有效的信息收集和分析系统，通过收集和分析数据和信息，了解组织的运营状况和外部环境，为决策提供可靠的依据。在决策过程中，应科学分析数据和信息，评估不同方案的影响和风险，选择最佳的方案实施。

7. 关系管理

与供方互利的关系能够增强双方创造价值的能力。组织应与供方建立互利共赢的关系，明确双方的期望和要求，建立有效的沟通机制和合作方式，共同解决质量问题、提升技术水平和降低成本等。

知识拓展

ISO9001 质量管理体系相关术语

1. 质量管理体系（Quality Management System，QMS）

组织内建立一套程序、流程和资源，用于实施质量管理活动，以确保产品和服务的质量符合客户要求。

2. 客户满意度（Customer Satisfaction）

衡量客户对产品和服务的满意程度，是评估组织绩效的重要指标之一。

3. 持续改进（Continuous Improvement）

不断寻求提高质量管理体系和组织绩效的过程，包括识别问题、制定改进措施和监控改进效果。

4. 管理责任（Management Responsibility）

组织领导层对质量管理体系的建立、实施和维护负有责任，并需要提供资源和支持。

5. 过程方法（Process Approach）

基于过程的方法论，强调将组织的活动视为一系列相互关联的过程，并通过管理这些过程来实现组织目标。

6. 决策基于证据（Evidence-based Decision Making）

组织应该基于数据和事实进行决策，而不是凭主观意见或猜测。

三、ISO9004 质量管理体系

（一）标准介绍

ISO9004 即《质量管理体系业绩改进指南》，旨在帮助组织提高业绩和效率，以满足顾客和其他相关方的需求和期望。ISO9004 标准要求组织关注所有相关方的需求和期望，包括顾客、员工、股东、供应商等。此外，该标准还鼓励组织持续改进，以提高自身的业绩水平。ISO9004 标准并非用于认证或合同目的，而是一种指导性的标准，其条款要求组织采用八项质量管理原则为基础进行质量管理。图 7-6 是 ISO9004 质量管理全系过程模式。

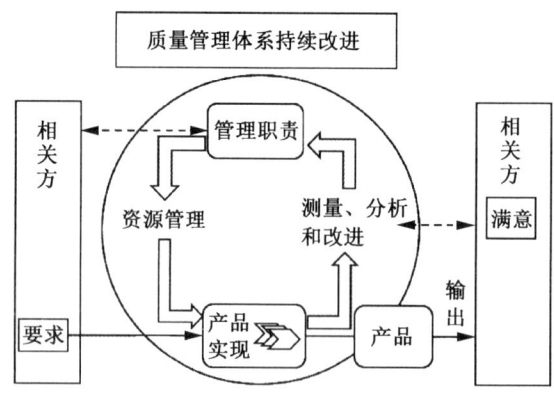

图 7-6 ISO9004 质量管理体系过程模式

（二）八项质量管理原则
1. 顾客导向
组织应理解并满足顾客的需求和期望，并努力超越其期望。顾客导向是质量管理的基本原则，组织需要始终关注顾客的需求和反馈，以便不断改进产品和服务。
2. 领导力
领导者应确立组织统一的宗旨和方向，并创造全员积极参与的环境，以实现组织的目标。领导者在质量管理中起着至关重要的作用，他们需要明确组织的愿景和目标，并建立有效的团队和合作机制。
3. 全员参与
员工是组织最重要的资产，全员参与是提高组织业绩的关键。因此应组织激发全体员工的积极性和创造力，使其参与改进产品和过程的活动，参与决策，为实现组织的目标做出贡献。
4. 过程方法
将活动和相关的资源作为过程管理，可以更高效地得到期望的结果。过程方法可以帮助组织更好地识别和管理关键过程，以提高产品的可靠性和一致性。
5. 管理体系方法
组织应该建立和维护一个有效的管理体系，以确保持续改进和绩效提升。
6. 持续改进
改进是一个持续的过程，组织应不断寻求改进的机会，并采取措施提高其有效性和效率，满足客户需求。改进可以通过数据分析、创新、学习和纠正措施等方式实现。
7. 事实和数据驱动
有效决策是建立在数据和信息分析的基础上的，组织应该基于事实和数据做出决策，而不是凭主观意见。
8. 相关方管理
组织应该理解和满足所有相关方的需求和期望，包括客户、员工、供应商和社会等。例如，组织与供方是相互依存的，互利的关系可增强双方创造价值的能力，与供方建立互利的关系，以确保资源的持续可用性、互利合作的机会以及共享的信息。关系管理可以帮助组织与供应商和其他合作伙伴建立有效的合作关系,以提高整个供应链的可靠性和效率。

这八项质量管理原则为组织提供了一个全面的质量管理框架,可以帮助组织提高业绩、改进产品质量、增强顾客满意度并促进持续发展。

知识拓展

ISO9001 和 ISO9004 的关系和区别

ISO9001 与 ISO9004 在关注点、结构和要求、目的和用途以及实施难度等方面均存在不同。但它们都致力于推动组织实现更好的业绩和效率,是相辅相成的质量管理体系标准。

1. 关注点

ISO9001 关注的是顾客,注重满足和持续满足顾客要求。而 ISO9004 则关注所有相关方,更广泛地考虑所有相关方的需求和期望,包括顾客、员工、股东、供应商等。

2. 结构和要求

ISO9001 规定了质量管理体系的要求,组织可以根据这些要求建立和实施质量管理体系。ISO9004 则提供了一种业绩改进的指南,它鼓励组织持续改进,不断提高自身的业绩水平。

3. 目的和用途

ISO9001 主要用于认证或合同目的,它可以作为组织内部审核的依据。而 ISO9004 则主要用于帮助组织提升业绩和效率,它并不用于认证或合同目的,而是一种指导性的标准。

4. 实施难度

由于 ISO9001 规定了具体的质量管理体系要求,其实施相对简单。而 ISO9004 由于其更广泛的适用性和更高的期望,实施难度相对较大。

任务四　服务质量管理

一、服务质量管理的含义

服务质量管理(Service Quality Management,SQM)是一个系统性的管理过程,旨在通过改善企业的服务质量来提高企业的市场竞争力。它基于顾客的服务需求,通过系统管理服务产品的质量,以实现提高服务水平、增强服务效益的目标。服务质量具有以下特点。

(1)无形性。服务质量是一种无形的产品,顾客无法直接观察到它的存在。它依赖于顾客的感知和评价,因此服务质量的好坏很大程度上取决于顾客的主观感受。

(2)不可分离性。服务质量与提供服务的组织和人员密不可分。顾客对于服务质量的评价不仅涉及所接受的服务本身,还受到服务提供者的形象、员工的态度和行为等因素的影响。

(3)不可储存性。服务质量无法像有形产品一样储存或保留,一旦服务被提供,就无法回收或重现。因此,优质服务的提供必须做到及时、准确、高效。

(4)差异性。服务质量在不同时间、不同地点、不同人员的情况下存在较大的差异性。因此,服务提供者需要建立有效的质量控制和改进机制,确保服务质量的稳定性和一致性。

(5)高度依赖性。服务质量的高度依赖性表现在两个方面:一是服务质量依赖于顾客的需求和期望,服务提供者需要根据顾客的需求和期望来提供相应的服务;二是服务质量依赖于服务提供者的能力和水平,服务提供者需要不断提高自身的专业能力和服务水平,以提高服务质量。

服务质量管理在服务行业中具有至关重要的地位,它直接关系到服务提供者的生存和发展。随着市场竞争的日益激烈,顾客对服务质量的期望和要求也在不断提高。因此,服务提供者必须认识到服务质量管理的关键性和紧迫性,通过提高服务质量来满足顾客需求,提升市场竞争力,实现可持续发展。服务质量管理在服务行业中的重要性体现在以下几个方面。

(1)提高顾客满意度。服务质量是顾客对服务提供者的评价和感知,提高服务质量可以增强顾客对服务提供者的信任和满意度,从而提高顾客的忠诚度和回头率。

(2)提升市场竞争力。在激烈的市场竞争中,提高服务质量可以增强服务提供者的市场竞争力,吸引更多的顾客,扩大市场份额。

(3)创造品牌价值。通过提高服务质量,服务提供者可以塑造良好的品牌形象,提升品牌价值和影响力。

(4)促进企业可持续发展。通过持续改进和优化服务质量,服务提供者可以不断满足顾客的需求和期望,实现企业的可持续发展。

(5)降低投诉率和管理成本。提高服务质量可以降低顾客的投诉率和管理成本,提高企业的运营效率和服务水平。

由于服务的无形性和差异性,国外学者对服务质量概念的研究并没有沿用有形产品质量的衡量模式,而是从顾客对服务质量的认知和感受这一角度研究。基于以上服务质量的概念,格鲁诺斯(Gronroos)提出了顾客可感知服务质量模型。顾客可感知服务质量模型是指顾客对服务质量的评价过程,这个评价过程基于顾客在接受服务过程中的实际感受和心理预期的比较结果。

首先,顾客在接受服务之前,会有一个心理预期,这个预期是基于顾客对服务提供者的服务质量预期和顾客对同类服务的服务质量预期的认知。这个心理预期会影响顾客对服务质量的期望值。

然后,当顾客接受服务时,他们会将实际感受到的服务质量与心理预期比较。如果实际感受到的服务质量符合或超过顾客的心理预期,那么顾客感知服务质量就是上乘的。这意味着顾客对服务质量的评价是一个比较的过程。

但是,如果实际感受到的服务质量未能满足顾客的心理预期,即使实际服务质量以客观的标准衡量是不错的,顾客仍然会认为服务质量是不好的。这意味着顾客对服务质量的评价不仅是一个比较的过程,还是一个主观的评价过程。

因此,格鲁诺斯提出的顾客可感知服务质量模型强调了顾客对服务质量评价的主观性和比较性。这个模型对于服务提供者来说具有重要的意义,因为它提醒服务提供者不仅要关注实际服务质量,还要关注顾客的心理预期,通过提高服务质量来满足或超过顾客的期望,以提高顾客感知服务质量。

二、服务质量管理的发展

服务质量管理的发展历程可以追溯到20世纪80年代,当时服务质量作为一个新兴的研究领域,主要关注服务质量的定义、评估和管理方面。随着消费者对服务质量的关注度提高,服务质量管理逐渐成为一个受到广泛关注的重要领域。

在服务质量管理发展的早期,学者们主要关注服务质量的特点和评估方法。其中,芬兰学者格鲁诺斯提出的顾客感知服务质量模型具有较大的影响力,该模型将服务质量分为技术质量和功能质量两个方面,并提出了服务质量评估的方法和工具。此外,PZB(Parasurama、Zeithaml 和 Berry)等学者也提出了服务质量差距模型,该模型分析了服务质量差距的产生原因和缩小方法。

20 世纪 90 年代是服务质量管理发展的关键时期,其中 ISO9000 系列国际标准的质量管理体系为服务质量管理提供了重要的参考和指导。在这个时期,许多学者对服务质量管理进行了深入研究并提出了各种服务质量评估工具和指标,如 SERVQUAL 量表、SERVPERF 量表、ROI 指标等。

进入 21 世纪以后,随着全球化和信息化的发展,服务行业面临着越来越激烈的竞争。因此,服务质量管理逐渐向如何提高服务质量和实现持续改进的方向发展。其中,六西格玛、精益思想、流程再造等管理方法在服务质量管理中得到了广泛应用。此外,随着大数据和人工智能等技术的发展,数据驱动的服务质量管理和个性化服务质量也成为当前研究的热点。

服务质量管理经历了从服务质量的特点和评估方法的研究,到各种服务质量评估工具和指标的开发,再到如何提高服务质量和实现持续改进的演变过程。在这个过程中,学者们不断探索新的理论和方法,以推动服务质量管理的发展。

三、服务质量模型

服务质量模型是一种用于评估和改进服务质量的工具,它可以将服务质量分解为若干个组成因素,并建立相应的指标体系,以便量化和评估服务质量。不同的服务质量模型有不同的构成因素和指标体系,但它们的核心目的是相同的,即提高服务质量、提升顾客满意度和市场竞争力。

服务质量模型的构成因素和指标体系可以根据不同的行业、不同的服务场景和不同的顾客需求调整和优化。一般来说,服务质量模型可以分为以下几个方面。

(一)服务质量差距模型

该模型是一种常用的服务质量评估工具,它通过分析顾客期望与顾客感知的服务之间的差距来评估服务质量。该模型认为,顾客期望与服务感知之间的差距是服务质量问题的根源,缩小差距可以提高顾客满意度和服务质量。

(二)服务质量六西格玛模型

该模型是一种流程改进的方法,以顾客为中心,以数据为基础,以过程为重点,以结果为导向,通过流程改进来提高顾客满意度和公司的收益。该模型强调对流程的改进和优化,以提高服务质量和效率。

(三)服务质量权重评分模型

该模型通过权重评分法确定各项指标的权重,从而实现对服务质量的全面评价。该模型通过对各项指标的重要性和影响程度进行评估和权重赋值,从而得到一个综合的评价结果。

此外,还有其他一些服务质量模型,如 SERVQUAL 模型、EPIP 模型等。这些模型都有各自的特点和优势,可以根据不同的服务场景和需求选择和运用。

四、服务质量管理体系

质量管理体系是一种系统化和标准化的管理方法,旨在确保产品或服务的质量符合规定的要求,并持续改进质量管理体系的过程。

(一)质量管理体系主要部分

1. 质量方针

由组织的高级管理层制定和发布的质量管理体系的总体方针。质量方针应明确组织的质量目标、质量管理原则和要求,并为组织提供指导和方向。

2. 质量目标

根据质量方针和顾客需求,制定具体的质量目标,包括产品或服务的质量指标、过程控制要求等。质量目标应该是可测量、可达成、具有挑战性且符合实际。

3. 质量计划

根据质量方针和质量目标,制定实现质量目标的具体计划和措施。质量计划应包括明确的工作步骤、责任人和时间表。

4. 质量控制

组织通过各种检测、测量、试验等方法,对产品或服务的质量进行监控和管理。质量控制应包括对原材料、半成品、成品的质量检验和控制,以及对生产过程的质量监控。

5. 质量改进

组织通过分析质量管理体系中存在的问题和缺陷,采取有效的措施改进和优化。质量改进应包括对产品或服务的设计、制造、销售等环节的改进以及对质量管理体系本身的改进。

6. 质量保证

组织通过建立有效的质量管理体系,确保产品或服务的质量符合规定的要求。质量保证应包括对产品质量的管理、对生产过程的控制、对员工的培训和管理等。

7. 质量记录

记录质量管理体系中的各种数据和信息,包括产品质量记录、检测报告、质量计划、质量控制记录等。质量记录应真实、准确、完整,并按照规定的时间和要求保存。

(二)服务质量管理体系的构建和管理阶段

服务质量管理体系的构建和管理阶段有策划阶段、设计阶段、实施阶段、评估阶段和改进阶段。

1. 策划阶段

明确服务目标、服务对象、服务质量标准和服务流程等。这个阶段的主要任务是确定服务质量管理体系的基本方向和目标,为后续的设计和实施提供基础。

2. 设计阶段

根据策划阶段的结果,设计服务质量管理体系的组织结构、职责、流程和标准等。这个阶段的主要任务是制定服务质量管理系统的具体方案,包括组织结构、工作流程、服务标准和服务质量反馈机制等。

3. 实施阶段

根据设计阶段的成果,实施服务质量管理体系,提供服务并持续改进。这个阶段的主要任务是将设计方案转化为实际的操作流程,按照规定的标准提供服务,并建立持续改进的机制,不断优化服务质量。

4. 评估阶段

收集和分析服务质量的反馈信息,评估服务质量管理体系的有效性和实施情况。这个阶段的主要任务是通过收集客户反馈信息,评估和诊断服务质量管理体系,发现问题并采取措施改进。

5.改进阶段

根据评估阶段的反馈信息,改进和优化服务质量管理体系,提高服务质量和客户满意度。

(三)构建和管理服务质量管理体系过程的注意点

在构建和管理服务质量管理体系的过程中,要以客户为中心,要系统化和标准化,保持持续改进,部门间有效沟通及领导作用。

1.以客户为中心

服务质量管理体系的最终目的是提高客户满意度,因此要以客户为中心,了解客户需求,关注客户反馈,不断优化服务流程和标准。

2.系统化、标准化

服务质量管理体系是一个系统化和标准化的管理机制,因此需要制定统一的服务标准和服务流程,并培训和考核服务提供人员,确保服务质量的稳定和提升。

3.持续改进

服务质量管理体系是一个动态的管理机制,需要建立持续改进的机制,不断优化服务流程和服务标准,提高服务质量和客户满意度。

4.有效沟通

服务质量管理体系的有效运行需要各部门之间的有效沟通,因此需要建立有效的沟通机制和反馈机制,确保信息的畅通和问题的及时解决。

5.领导作用

领导在服务质量管理体系的构建和管理中起到关键作用,他们需要关注服务质量,制定战略目标,提供资源支持,推动服务质量管理体系的有效运行。

五、数据驱动的服务质量管理

在当今的数字化时代,服务质量管理和个性化服务是提升客户体验的关键因素之一。通过收集和分析用户数据,利用人工智能技术,企业可以更好地了解用户需求和偏好,提供个性化的服务,并持续改进服务质量。

典型案例

可口可乐公司利用数据和人工智能技术提供个性化服务

在某个大型超市的饮料区,一位年轻女士走到货架前,准备购买一瓶可乐。她拿起一瓶可口可乐,但又放了下来,然后拿起了旁边的零度可口可乐。这位女士一直都在购买零度可口可乐,但她对可口可乐的其他口味也很感兴趣。

在这个超市的另一端,一名数据分析师正在监视着超市的销售数据和消费者行为。他注意到了这位年轻女士的购买行为,并开始分析她的购买历史。他发现这位女士在过去几个月内多次购买了可口可乐和零度可口可乐,而且她经常在周末健身后购买饮料。

这名数据分析师利用人工智能算法分析这些数据,并预测这位女士可能会对可口可乐的其他口味感兴趣。他创建了一个个性化的推荐,建议这位女士尝试一下可口可乐 zero sugar。

这位年轻女士准备结账时收到了一条手机应用程序的推送消息,推荐她尝试一下可口可乐 zero sugar。她感到很惊喜,因为她一直都想尝试这种口味。她拿了一瓶可口可乐 zero sugar,并感到非常满意。她对这种个性化的服务感到舒心,并决定以后继续购买可口可乐。

这个案例展示了可口可乐公司如何利用数据和人工智能技术提供个性化服务,从而提高消费者满意度和忠诚度。通过对消费者购买历史和行为的分析,企业可以了解消费者的偏好和需求,并提供个性化的推荐和服务,让消费者感受到真正的关怀和关注。

数据驱动的服务质量管理是一种基于数据分析和机器学习技术的方法,旨在提高服务质量和客户满意度。以下是关于实施数据驱动的服务质量管理的一般步骤。

第一步,数据收集。可以在不同的渠道和平台收集与服务质量相关的数据,包括客户反馈、服务记录、社交媒体数据等。

第二步,数据处理和分析。使用统计分析、机器学习等方法深入挖掘数据,对收集到的数据进行清洗、整合和标准化处理,以便进一步分析,发现服务质量的趋势和问题。

第三步,指标监控和预测。利用机器学习模型对服务质量数据进行预测,通过建立服务质量指标体系,监控关键绩效指标(KPI),如客户满意度、服务响应时间、问题解决率等,识别潜在的问题和改进空间。

第四步,服务流程优化。分析服务流程中的瓶颈和问题,优化服务流程,减少等待时间和投诉率。

第五步,员工培训和管理。分析员工绩效数据和反馈信息,了解员工能力和需求,提供针对性的培训和支持,提升员工的服务意识和技能水平,提高服务质量。

第六步,客户反馈和关系管理。通过客户关系管理(CRM)系统,记录客户信息和互动历史,获取客户反馈信息了解客户需求和满意度,及时采取措施解决问题和满足客户需求,提供个性化服务,以提高客户忠诚度。

第七步,服务质量监控和报告。建立服务质量监控体系,实时监测服务质量数据,并生成报告和分析结果。定期评估服务质量,识别改进机会和绩效指标,推动持续改进。

通过以上步骤,可以利用数据和人工智能技术实现服务质量管理和个性化服务。需要注意的是,这些方法需要不断迭代和优化,根据用户的需求和反馈进行调整和完善。同时,需要保护用户的个人隐私和数据安全,确保数据的合法性和安全性。

小　结

在现代商业环境中,质量已经成为企业成功的关键因素。通过实施全面质量管理,企业能够提高客户满意度、降低成本、提高生产效率并增强市场竞争力。本项目首先介绍了统计质量控制的内容和定量方法,并简单地介绍了统计过程控制的内容和特点,然后介绍了抽样检查的概念和基本原理,最后阐述了ISO9000族标准体系并介绍了服务质量管理的主要内容和构建方法。

案例讨论

犀牛智造——数实融合引领服装产业升级新篇章

作为淘宝天猫商业集团的全资子公司,犀牛智造自2018年成立以来便致力于数字化柔性制造服务的创新与发展。2020年,犀牛智造首家工厂在杭州投产。犀牛智造凭借在数字技术领域的深厚积累,已成功在浙江、安徽、山东等地落地,并获得了50余项服装制造行业技术领域的专利。

作为全球服装行业的首家"灯塔工厂",犀牛智造将数字技术与实体经济深度融合,构建了一套全流程数字化产品体系。通过数字媒体、计算机视觉、运筹算法等技术的运用,犀牛智造实现了从产品开发、计划排产、生产运营到质量管控等多个模块的数据驱动。在质量管理方面,犀牛智造独创了"犀牛质量屋",通过全过程的质量管理和技术保障,确保了产品的可靠品质。

在质量管理方面,犀牛智造通过生产的全过程践行"可靠质量造出来"这一理念,包括产品研发阶段面向质量的工艺技术设计、生产制造阶段的过程质量保障、检验阶段的成品质量管控三大部分。

第一,产品研发阶段面向质量的工艺技术设计(保质设计)。首先,犀牛智造会综合评估产品的原材料材质、特征、款式工艺、做法等设计要素,综合评估判断产品潜在的生产质量风险。其次,综合历史相似款式工艺、相似原材料的生产品质数据,基于工艺技术方案经验形成数字档案(数字工艺平台),根据新产品的需求特点,调整形成对应的产品工艺、生产技术、设备规格参数等可落地的生产技术方案。数字工艺平台通过大数据分析,将来自各个工厂之间的生产技术经验共享,可以高效地提取相似款式、面料的生产经验,方便操作者比对,并通过综合分析推荐最优生产技术方案。这一数字技术辅助生产决策的方式,可以最大范围地汲取生产相似产品的质量保障经验,指导形成最优的量产生产决策。

第二,大货生产阶段的过程质量保障。前期设计的工艺技术方案能否达到预期的产品品质,需要高水平的生产现场支撑。生产技术方面,犀牛智造注重生产现场技术指导,一线操作工人可以通过"工艺技术导航"第一时间获取针对其操作工序的生产技术指导,从而最大限度地还原和保障工艺技术方案中预设的产品品质。操作人员是产品质量控制中的关键要素,"智造操作系统"通过分析历史数据,综合工人的经验、生产效率和产品质量等多项指标,可以筛选出能够操作新产品所需面料和工艺、经验最为丰富、品质产出最为稳定的工人,为产线提供合理化智能排位布局,让产线分工发挥出最大优势。过程品控方面,系统可以根据订单实际情况的关键点进行质检抽检和返工调度。抽检结果也会及时反馈给对应的操作人员,根据情况判断是否需要返工并重新调度分工,及时避免批量性质量问题发生。

第三,检验阶段的成品质量管控。在质量检验方面,犀牛智造"品控RQAS"首创多媒体监控能力,采集和分析生产过程中的质量数据,配合视频分析算法,可以更精确地进行质量控制和问题预警,使得全程无人化质量管理得以实现。RQAS通过视频多媒体摄像记录工厂检验查货全过程,对质检人员的操作动作进行计算机视觉识别和解析,确保每个质检标准作业动作完成到位。系统同时对质检人员的操作实时评分,并提醒漏检的操作。

在产品生产的全过程中,犀牛智造沉淀了宝贵的生产管理、质量管理的经验和知识,新的经验和知识也将成为下一次生产经验的输入。这将在工艺技术设计阶段发挥作用,参与方案设计和质量风险预测。犀牛智造的客户对"可靠质量造出来"深有体会。一家工厂为日本品牌代工成衣,升级后得到了日本品牌商的高度认可,认为"可以取消第三方检品"。这一点变化为企业带来了莫大鼓舞,标志着我国的纺织服装工厂质量管理已经达到了国际级质量标准。

2022年6月,知名国际母婴品牌团队来到犀牛智造现场考察,企业负责人现场敲定了合作。"当时第一个感觉就是,未来这可以成为我们的'免检工厂'。"该品牌客户以高品质著称,客户投诉率仅有3‰,与犀牛合作以后,该品牌的商品创造了没有客户投诉的纪录。

作为数字化柔性制造服务提供商,犀牛智造基于IEC/ISO 62264理论框架,探索并实践了覆盖纺织服装产业制造企业的全流程数字化产品体系,以数据驱动产品开发、计划排产、生产运营、质量管控、持续闭环改善等多个模块。依靠软硬件的创新和研发，犀牛智造在产业园区内建立了拥有版型、工艺数字化的中央版房，打造了集约化程度高的自动化中央裁配中心，研发了具备极速调度能力的蛛网式吊挂系统。结合自主研发的数字工艺平台、计划运筹平台、智造操作系统、云品控等，犀牛智造逐步形成了数据驱动的智能制造能力，打造出了按需驱动、数据赋能、全链路协同的"云端制造"体系。

犀牛智造的成功实践不仅体现在技术创新上，更体现在其对消费者需求的深刻理解和快速响应上。通过与多个品牌的合作，犀牛智造展现出了强大的快反能力和品控能力，满足了市场对于高品质、个性化产品的追求。同时，犀牛智造也积极探索与劳动密集型纺织服装产业的深度融合，为行业的转型升级提供了新的思路和方向。

资料来源：根据《中国质量报》《数字化质量管理创新与实践典型案例》整理。

讨论：

1.犀牛智造如何将数字技术与实体经济深度融合以实现服装产业的转型升级？其在这一过程中面临了哪些挑战，又是如何克服的？

2.分析犀牛智造在质量管理方面的创新做法，并讨论这些做法对于提升产品质量和客户满意度的作用。同时，思考其他传统制造企业可以从中借鉴哪些经验来提升自己的质量管理水平。

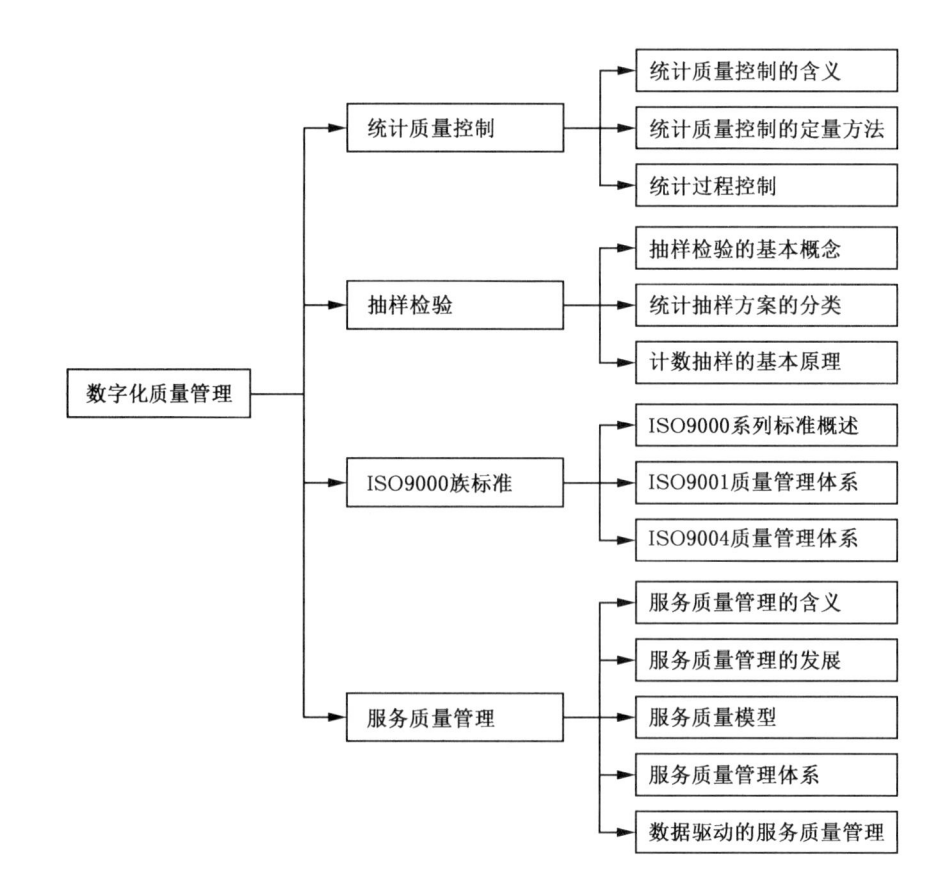

思维导图

```
                              ┌─ 统计质量控制的含义
                  统计质量控制 ─┼─ 统计质量控制的定量方法
                              └─ 统计过程控制

                              ┌─ 抽样检验的基本概念
                  抽样检验 ────┼─ 统计抽样方案的分类
                              └─ 计数抽样的基本原理
  数字化质量管理 ─┤
                              ┌─ ISO9000系列标准概述
                  ISO9000族标准┼─ ISO9001质量管理体系
                              └─ ISO9004质量管理体系

                              ┌─ 服务质量管理的含义
                              ├─ 服务质量管理的发展
                  服务质量管理 ─┼─ 服务质量模型
                              ├─ 服务质量管理体系
                              └─ 数据驱动的服务质量管理
```

思考题

1. 什么是统计质量控制？
2. 简述抽样检验的适用情况。
3. ISO9001 和 ISO9004 标准代表的质量管理体系模式异同点有哪些？
4. 简述服务质量管理的必要性。

项目七

课后习题

项目八　供应链风险管理

1. 知识目标
(1)掌握供应链风险识别的流程和方法;
(2)理解并掌握常见的供应链风险应对策略;
(3)熟悉并掌握与供应链风险管理相关的工具和技术。

2. 能力目标
(1)能够识别供应链中的潜在风险;
(2)能够编写风险评估报告;
(3)能够利用常用的供应链风险管理工具进行风险管理。

3. 思政目标
(1)了解我国数字化风险管理现状,增强民族自豪感,培养学生的社会责任感,培养创新意识和创新能力;
(2)系统学习和实践训练,使学生具备强烈的社会责任感、全面的风险管理能力、全局观念和协同合作精神。

导入案例

国际航空电信公司(SITA)供应链攻击事件

2021年2月24日,国际航空电信公司(SITA)旗下的旅客服务系统(PSS)遭受了一场严重的网络攻击。这一系统为多家航空公司提供乘客服务,包括航班预订、登机手续、行李追踪等。

攻击发生后,SITA迅速确认了事件,并开始调查。他们发现攻击者成功访问了PSS系统,并可能获取了部分乘客数据。尽管SITA没有透露具体有多少乘客数据被泄露,但考虑到PSS系统的广泛使用,涉及的乘客数量可能相当庞大。

受到影响的航空公司包括汉莎航空、新西兰航空、新加坡航空、北欧航空、国泰航空、济州航空、马来西亚航空,以及芬兰航空等。这些航空公司都依赖于SITA的PSS系统提供服务。在得知数据泄露事件后,这些航空公司迅速采取行动,通知了受影响的乘客,并建议他们更改密码以确保账户安全。

除了直接的数据泄漏风险外,这次攻击还对航空公司的声誉和客户关系造成了影响。乘客们开始质疑航空公司的数据安全措施,一些乘客甚至选择转向其他航空公司。

为了应对这次攻击,SITA启动了一系列紧急措施,包括加强系统安全、修复漏洞、提高数据加密等级等。同时,他们还与网络安全专家合作,深入调查攻击,以找出攻击者的身份和目的。

这次事件再次提醒了企业在供应链管理中加强安全管理的重要性。尤其是在全球化的背景下,任何一个环节的失误都可能导致整个供应链的崩溃。因此,企业需要建立完善的供应链安全管理体系,确保供应链的稳定性和安全性。

供应链所面临的市场竞争环境存在大量的不确定性。只要存在不确定性,就存在一定的风险。不确定性是指当引入时间因素后,对事物的特征和状态不可充分且准确地加以观察、测定和预见。供应链企业之间在合作过程中存在各种产生内在不确定性和外在不确定性的因素,因此需要有效的供应链风险管理。本项目将从供应链风险认知、供应链风险识别、供应链风险管理与评估以及数字化管理工具等几个方面介绍。

任务一 认识供应链风险

一、供应链风险的概念

供应链风险(Supply Chain Risk)是指在企业运营过程中由于供应链内部和外部的不确定因素导致供应链中断或运营受到影响的可能性。这些风险可能来自供应链内部,如供应商的生产问题、物流运输的延误等;也可能来自供应链外部,如政治经济环境的变化、自然灾害的发生等。

(一)供应链风险的特点

1. 客观性与必然性

自然界的地震、洪涝灾害和社会环境中的战争、冲突是不以人们主观意志为转移的客观存在,这也决定了供应链风险的客观性。尽管供应链整体应对市场竞争,其中的企业仍是独立的经济实体,存在潜在的利益冲突和信息不对称。在这不稳定的系统中,各节点企业通过不完全契约方式实现协调,导致供应链不可避免地具有风险性。这种环境下,自然灾害和社会冲突不可预测性地影响供应链的可靠性和稳定性,需要企业通过风险管理来提高抵御能力。

2. 偶然性和不确定性

尽管供应链风险的产生具有客观性和必然性,但我们无法确切地知道风险何时何地、以何种形式出现,以及其损失后果的危害程度和范围。这是因为风险引起的损失通常以偶然和不确定的形式呈现。供应链风险是一种具有发生和不发生两种可能性的随机现象。在特定条件下,人们可以通过经验数据的统计发现某一风险存在或发生的可能性具有较为规律的变化趋势,这为风险预测提供了一定可能性。

3. 多样性与复杂性

供应链自诞生之日起就面临着多种风险,不仅包括单个企业常见的系统风险、非系统风险、财务资产风险、人力资产风险、危害性风险和财务性风险,还涉及供应链特有结构所带来的合作风险、技术与信息资源传递风险、合作利润在不同企业中分配的风险以及市场风险等。这些风险的产生原因复杂多样,有时很难进行全面分析和预防。供应链在不同环节中的合作与信息传递可能面临困难,合作企业之间的利益分配也可能带来潜在的纷争,同时市场的不确定性也为供应链增添了不确定性和风险。

4. 传递性与放大性

供应链作为一个系统,涵盖了产品开发、生产和流通等多个环节,由多个节点企业协同参与。在这个复杂的结构中,风险因素不仅仅局限于单个企业,而是可以通过供应链流程在各个企业之间传递和累积。这种风险传递并不仅仅会对当事企业造成影响,更有可能借助供应链系统的脆弱性对整个供应链系统造成破坏,给上下游企业带来损害和损失,最终影响整个供应链的正常运作。正是因为供应链的这种系统性特点,对于风险的传递和控制成为供应链管理的关键之一。为了有效控制风险,相关企业需要在供应链各环节实施监测,并采用协同的管理策略,以减轻可能的风险传递效应,确保整个供应链系统的稳定运行。

5. 此消彼长性

在供应链管理中,各种风险之间常常存在相互联系的复杂关系。采取措施消除某一种风险可能会导致另一种风险的加剧,形成一种此消彼长的局面。企业内部降低某一风险的同时可能引发其他风险的增加。例如,为了强化与供应商的战略合作,企业可能采用单一或少数供应商的原则,然而这无疑会增加供应中断的风险。在供应链系统内,各节点企业之间的风险也存在此消彼长的关系。一个企业降低自身的风险可能导致相关企业的风险增加。例如,为了减少库存风险,制造商要求上游供应商采用及时生产方式送货,但这可能导致上游供应商的送货成本增加和库存积压。因此,在研究供应链风险和加强风险控制时,企业需要全面考虑风险之间的相互影响,平衡不同风险之间的关系,以确保供应链整体风险最小化。

综上所述,供应链运营中的风险是客观存在的,尤其在经济全球化的大背景下,这些风险愈发显著。为了降低因各种不确定性因素引发的供应链中断或危机而带来的损失,企业必须加强供应链的风险管理,提高供应链的弹性和柔韧性,使其在面对各种挑战时依然能够稳健地运行。

(二)供应链风险的分类

从风险的起因、结果、行为主体、管理目标以及"价值链"等不同角度,可以对供应链风险进行多种分类。

首先,按照风险的起因划分,供应链风险可以分为外部风险和内部风险。外部风险包括自然界风险(如地震、洪涝)、社会冲突与恐怖事件、社会环境风险、政策风险、市场风险以及社会信用风险。内部风险则包括信息风险、经营风险、制度风险、运输风险、利益分配风险、企业文化风险和信息技术风险。

其次,根据风险结果程度划分,供应链风险可以分为偏离风险、中断风险和灾难风险。偏离风险是由参数变化引起的,包括需求波动、供应波动等;中断风险是由不可预料事件导致的,如产品、供应和运输的中断;灾难风险是系统性中断导致的,通常是由灾难性事件引起,如恐怖袭击、自然灾害等。

再次,按照行为主体的不同,供应链风险可以划分为供应商风险、生产商风险、批发商风险、零售商风险和物流服务商风险。

此外,还可以根据供应链管理目标的不同将风险分为时间风险、质量风险和成本风险。或者按照"价值链"角度划分为采购风险、生产风险、配送风险、研发风险和营销风险(如图8—1所示)。

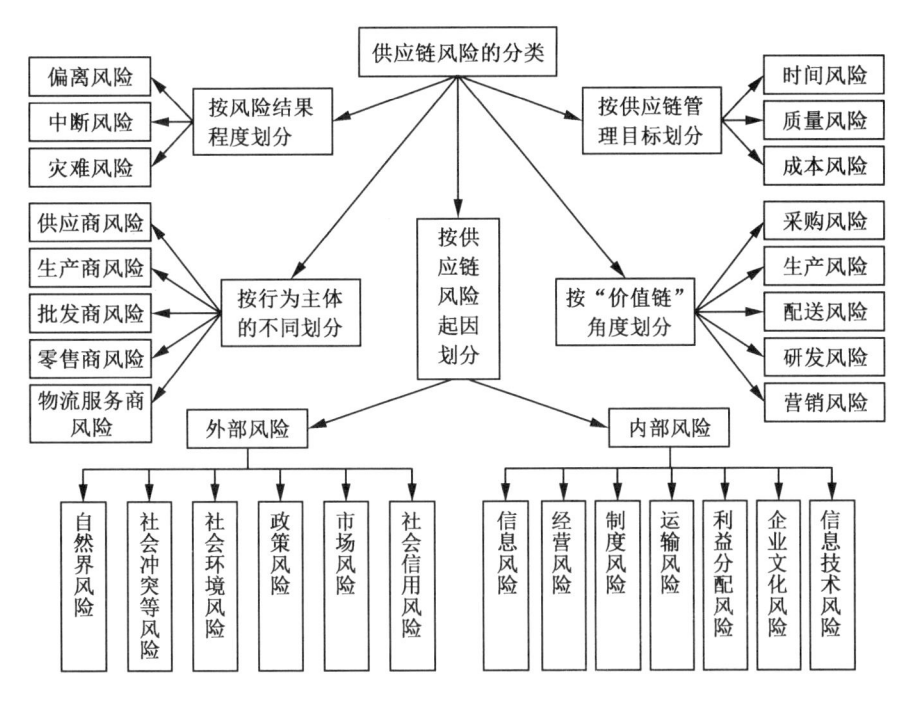

图 8—1 供应链风险的分类

二、供应链风险产生的影响

供应链风险可能涉及供应链多个环节，并对各环节产生影响。

（一）供应风险

供应风险指由于供应商自身的问题（如质量问题、生产延迟、违约等）导致供应链中断、短缺或受到影响的风险。供应商风险可能导致企业无法按时获得所需原材料或零部件，影响后续生产与销售，从而影响企业的正常运营。

（二）物流风险

产品在运输、仓储过程中的不确定因素（如运输延误、货物损坏、丢失等）导致供应链中断或受到影响的风险。物流风险可能导致企业无法按时将产品送达客户手中，从而影响客户满意度和企业的声誉。

（三）需求风险

需求风险指由于市场需求的不确定性和波动性导致供应链中断或受到影响的风险。需求风险可能导致企业面临库存积压或产品滞销等问题，从而影响企业的资金流动和运营效率。

（四）市场风险

市场风险指由于市场环境的变化（如政策调整、竞争加剧、消费者需求变化等）导致供应链中断或受到影响的风险。市场风险可能导致企业面临市场份额下降、利润减少等问题，从而影响企业的长期发展。

（五）运营风险

运营风险指由于企业内部运营管理的不善或失误导致供应链中断或受到影响的风险。运营风险可能包括生产流程中断、设备故障、人员失误等问题，这些问题可能导致企业无法按时完成订单或满足客户需求。

（六）制造与销售风险

工厂设备故障或技术节奏失误可能导致产品质量低下或产能受限。产品销量或价格低于预期会形成库存压力并影响现金流。

（七）信息风险

信息风险指由于信息传递不畅或信息失真导致供应链中断或受到影响的风险。供应链不同环节间信息传递或共享不畅，可能导致企业无法及时获取准确的市场信息、物流信息和供应商信息等，导致决策失误或问题未能及时发现与解决，从而影响企业的决策和运营效率。

（八）金融风险

金融风险指由于资金流的不稳定以及金融市场的不稳定（如汇率波动、利率变化、信贷紧缩等）导致供应链中断或受到影响的风险。金融风险可能导致企业面临资金压力、融资成本上升等问题，从而影响企业的现金流和运营稳定性。

（九）法律和政策风险

法律和政策风险指由于法律法规的变化或合规问题导致供应链中断或受到影响的风险。政策法规的变化、贸易壁垒等，都可能对企业的供应链造成影响。法律风险可能导致企业面临法律诉讼、罚款、声誉损失等问题，从而影响企业的合规性和稳健发展。

此外，供应链还可能面临经济周期风险。市场经济的运行轨迹具有明显的周期性，繁荣和衰退交替出现，这种宏观经济的周期性变化会加大供应链的经营风险。在经济繁荣时期，供应链在市场需求不断升温的刺激下，会增加固定资产投资，扩大再生产，增加存货，补充人力，相应地增加了现金流出量。在经济衰退时期，供应链销售额下降，现金流入量减少，而未完成的固定资产投资仍需大量资金的继续投入，此时市场筹资环境不理想，筹资成本加大，这种资金流动性差的状况就增大了供应链的经营风险。

三、供应链风险的应对策略

（一）风险预防与缓解

预防是供应链风险管理的关键。企业可以通过与供应商建立长期合作关系、加强质量控制、优化库存管理等方式预防风险的发生。同时，对于已经发生的风险，企业应采取积极的缓解措施，如寻求替代供应商、调整生产计划等，以减轻风险对企业运营的影响。

案例分析8-1

关键金属矿产
全球供应风险

（二）风险分散与转移

为了降低供应链风险对企业的影响，企业可以通过多元化采购、选择多个供应商等方式来分散风险。此外，企业还可以考虑通过保险等方式将部分风险转移给专业机构，以减轻自身的风险负担。

（三）风险减轻与接受

对于某些风险，企业可能无法完全消除或转移。在这种情况下，企业应考虑减轻风险的影响或接受风险。例如，企业通过投资研发，降低对特定原材料或技术的依赖；或接受一定的运营中断风险，以换取更高的成本效益。在决策过程中，企业应综合考虑风险的可能性和影响，以及风险减轻和接受的成本和收益。

（四）供应链协同和信息共享

供应链协同是指供应链中的各个参与者（如供应商、生产商、分销商和最终消费者）通过合作、协调和整合,实现资源的最优配置和整体效益的最大化。这种协同合作有助于消除信息孤岛现象,提高供应链的透明度,增强供应链的灵活性和响应能力。

信息共享则是供应链协同的基石,它涉及供应链中各个参与者之间的信息流动和交换。通过有效的信息共享,企业可以实时了解供应链的状态和需求,从而做出更准确的决策和更快速的响应。这不仅可以减少库存和降低成本,还可以提高客户满意度和增强市场竞争力。

(五)供应链弹性与韧性提升

提升供应链的弹性和韧性有助于企业在面对挑战时快速恢复,并保持持续稳定的运营。供应链弹性指的是供应链在面对冲击时的快速恢复能力,而韧性则是指供应链在面对长期压力时的持久性和稳定性。

提升供应链弹性和韧性需要企业从多个方面入手,包括多元化供应策略、强化库存管理、提升数字化水平、建立应急响应机制、优化生产和物流流程以及加强供应链风险管理等。通过不断优化和创新,企业可以构建一个更加稳健、高效和可持续的供应链体系,为长远发展提供有力保障。

供应链风险涉及多个方面,可能对企业的经营和财务状况产生严重影响,如导致生产中断、销售下滑、成本增加等。企业需要全面考虑并制定相应的风险管理策略,通过加强与供应商的合作、优化物流流程、提高市场预测准确性、加强信息化建设、控制金融风险、确保合规性、提升运营管理水平等措施,降低供应链风险,以确保供应链的稳定和高效运作,提高运营效率和竞争力。同时,企业还需持续关注供应链环境的变化,不断调整和完善风险管理策略,以确保供应链的稳健运行。因此,企业需要建立完善的供应链风险管理体系,通过识别、评估、监控和应对供应链风险,确保供应链的稳定性和安全性,从而保障企业的正常运营和发展。

任务二 供应链风险识别

在当今日益复杂和全球化的商业环境中,供应链作为企业运营的核心组成部分,承担着关键的角色。然而,供应链中存在的各种潜在风险可能对企业运营带来严重的影响,因此,建立科学、有效的供应链风险识别流程显得尤为重要。全面的风险识别不仅能帮助企业更好地规避风险,还能提高对变化和不确定性的适应能力,为企业在竞争激烈的市场中保持稳健运营提供坚实基础。

一、供应链风险识别的流程

供应链风险识别是供应链风险管理的基础和关键。企业需要建立科学、有效的风险识别流程,明确识别目标,收集相关信息,分析风险因素,确定风险级别,制定应对措施,并持续监控和评估。

(一)明确识别目标

在风险识别之初,首先需要明确识别的目标和范围。企业应根据自身的业务特点和供应链结构,确定风险识别的重点环节和关键节点。例如,对于某些高科技企业,技术研发和供应链管理可能是风险识别的重点。

(二)收集相关信息

信息是风险识别的基础。企业需要广泛收集与供应链相关的内部和外部信息,包括但不限于供应商信息、物流状况、市场需求、财务状况、政策法规以及技术发展趋势等。

(三)分析风险因素

在收集到足够的信息后,企业需要深入分析这些信息,识别出可能影响供应链稳定运行的风险因素。这些风险因素可能包括供应商风险、物流风险、需求风险、财务风险、政策风险以及技术风险等。

(四)确定风险级别

对于识别出的风险因素,企业需要根据其可能对企业运营造成的影响程度和发生的概率对其进行量化和评估,确定风险级别。

(五)制定应对措施

根据风险级别和企业的实际情况,制定相应的风险应对措施。这些措施可能包括风险规避、风险降低、风险转移和风险接受等。

(六)持续监控与评估

风险识别不是一次性的工作,而是需要持续进行的工作。企业需要定期评估供应链风险,监控风险的变化,并根据实际情况调整风险管理策略。

同时,企业还需要关注不同类型的供应链风险,如供应商风险、物流风险、需求风险、财务风险、政策风险和技术风险等,为制定全面的风险管理策略提供依据。

二、供应链风险识别的方法

在供应链管理领域,风险识别是一个重要的环节,有助于企业了解并预测潜在的供应链中断事件,从而采取有效的措施来应对这些风险。供应链风险识别的方法多种多样,每种方法都有其独特的优势和应用场景。

常用的供应链风险识别方法包括流程图分析法、风险清单法、SWOT 分析法、情景分析法和德尔菲法。

(一)流程图分析法

流程图分析法是一种通过绘制供应链流程图识别潜在风险的方法。流程图能够清晰地展示供应链各个环节的运作过程,从而帮助企业发现潜在的风险点。在绘制流程图时,企业需要详细记录每个环节的输入、输出、处理过程以及可能的风险因素,以便后续进行评估和管理。

(二)风险清单法

风险清单法是一种通过列举已知的供应链风险来识别潜在风险的方法。企业可以根据历史经验、行业报告以及专家意见,列出可能面临的风险因素,然后评估和分析每个风险因素。这种方法适用于那些已经有较多风险管理经验的企业,该方法能够帮助企业快速识别并应对潜在风险。

(三)SWOT 分析法

SWOT 分析法是一种通过评估企业的优势、劣势、机会和威胁来识别供应链风险的方法。企业可以针对自身和供应链伙伴的实际情况,进行 SWOT 分析,从而发现潜在的风险因素。这种方法既能够识别出供应链内部的风险,也能够发现外部环境带来的风险,为企业提供全面的风险管理视角。

(四)情景分析法

情景分析法是一种通过模拟不同情景来预测和识别供应链风险的方法。企业可以设定不同的市场、环境、政策等情景,分析这些情景对供应链的影响,从而发现潜在的风险因素。这种方法能够帮助企业预测未来的风险变化,为制定风险管理策略提供有力支持。

(五)德尔菲法

德尔菲法是一种通过专家调查来识别供应链风险的方法。企业可以邀请行业内的专家参与调查,让专家根据自己的专业知识和经验来识别潜在的风险因素。这种方法能够利用专家的专业知识和丰富经验,提高风险识别的准确性和有效性。

供应链风险识别是供应链管理中的重要环节。企业需要根据自身情况选择合适的风险识别方法,并关注不同类型的风险。通过有效的风险识别和管理,企业可以降低供应链中断的风险,提高供应链的稳定性和高效性,从而为企业的发展提供有力保障。

三、供应链风险识别的步骤

通过有效的供应链风险识别,企业可以更好地了解自身在供应链中的薄弱环节和潜在风险,从而制定更为合理的风险管理策略,确保供应链的稳定和高效运作。

供应链风险的识别是供应链风险管理的重要环节,它涉及对潜在威胁和不确定性因素的分析和判断。供应链风险的识别通常包括以下几个步骤:

案例分析8-2 应链风险识别、防范与应对

(一)确定风险识别的目标和范围

明确需要识别风险的具体供应链环节、产品或服务,以及风险识别的时间范围。

(二)收集风险信息

收集供应链内部和外部的相关信息,包括历史数据、市场趋势、政策变化、供应商情况、物流状况等,为风险识别提供全面的信息基础。

(三)风险分析和评估

分析和评估收集到的信息,识别出可能对供应链造成影响的潜在风险,包括供应风险、价格风险、质量风险、制造风险、物流风险、销售风险等。

(四)划分风险类型和影响程度

将识别出的风险按照类型和影响程度分类,以便后续的风险应对和管理。

(五)制定风险应对策略

根据识别出的风险类型和影响程度,制定相应的风险应对策略,包括风险规避、风险降低、风险转移和风险接受等。

知识拓展

供应链风险识别注意事项

在识别供应链风险时,还需要注意以下几点:

1. 要注重全面性,考虑到供应链各个环节可能面临的风险。
2. 要注重实际性,结合企业实际情况和运营环境分析。
3. 要注重灵活性,随着市场和环境的变化,及时更新风险识别的内容和方法。
4. 要注重系统性,将风险识别纳入供应链整体管理体系,与其他环节相互协调。

任务三 供应链风险管理与评估

一、供应链风险管理的组成结构与内容

当前,供应链风险管理已成为企业稳定运营和持续发展的关键。供应链风险管理在长期的实践和研究中,逐渐形成了基本的组成结构:风险来源(Risk Sources)、风险影响(Risk Consequences)、风险驱动(Risk Drivers)和风险缓解战略(Risk Mitigating Strategies)(如图 8-2 所示)。

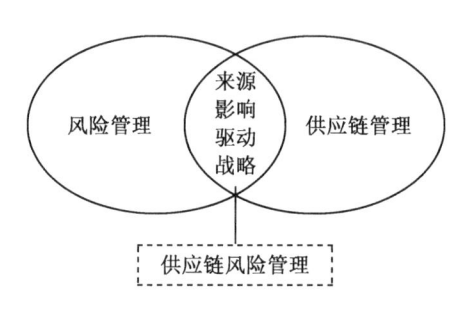

图 8-2 供应链风险管理示意图

(一)供应链风险管理的组成结构

1. 风险来源

供应链风险来源是指可能导致供应链中断或不稳定的各种因素。这些风险可能来自供应链的内部和外部环境。常见的风险来源包括供应商问题(如供应中断、质量问题)、物流问题(如运输延误、货物损失)、市场需求变化(如消费者需求波动)、政治和经济因素(如贸易政策变化、汇率波动)、自然灾害(如地震、洪水)等。识别和管理这些风险来源是供应链风险管理的第一步。

2. 风险影响

风险影响是指供应链风险事件发生后可能带来的负面影响和后果。这些后果可能包括产品短缺、延迟交货、成本增加、客户满意度下降、声誉受损等。了解潜在的风险结果有助于企业更好地评估风险的严重程度和制定相应的风险管理策略。

3. 风险驱动

风险驱动是指影响供应链风险发生和扩散的各种因素。这些驱动因素可能包括企业对风险的认知和管理能力、供应链中的权力结构、契约约束的完善程度等。了解风险驱动因素有助于企业深入理解风险的产生和演变过程,从而更好地制定风险缓解和应对策略。

4. 风险缓解战略

风险缓解战略是指企业为降低供应链风险而采取的一系列措施和方法。这些措施可能包括供应商多元化、库存优化、需求预测、质量控制、物流优化等。制定有效的风险缓解战略需要企业综合考虑风险来源、风险结果和风险驱动等因素,选择最适合的风险管理方法和工具。

图 8-3 为供应链风险管理的基本组成结构。

(二)供应链风险管理的内容

供应链风险管理的内容涉及多个环节和方面,包括供应商评估与管理、物流与运输安全、

项目八　供应链风险管理

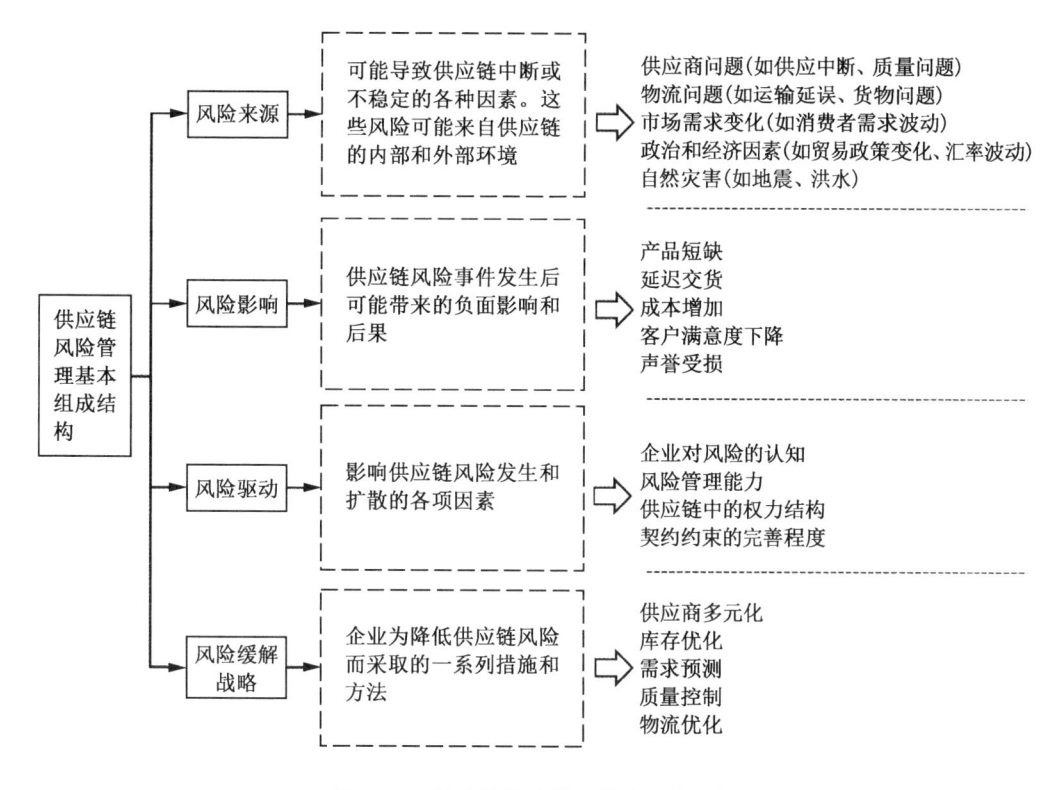

图 8-3　供应链风险管理基本组成结构

库存风险管理、需求预测与计划、质量控制与检测、法律法规遵守、合同管理与执行以及信息技术保障等。

1. 供应商评估与管理

供应商是供应链的重要组成部分,其稳定性和可靠性直接影响整个供应链的运行。因此,建立科学的供应商评估体系,全面评估供应商的质量、交货期、价格、服务等是供应链风险控制的关键。同时,建立长期稳定的合作关系,与供应商共同应对风险,也是降低供应链风险的有效手段。

2. 物流与运输安全

物流与运输是供应链中的关键环节,其安全性直接影响产品的质量和交货期。企业应建立完善的物流管理制度,选择可靠的物流合作伙伴,确保产品在运输过程中的安全。同时,还要采用先进的物流技术和设备,提高物流效率和准确性,降低物流风险。

3. 库存风险管理

库存风险是供应链风险的重要组成部分,包括库存积压、缺货等风险。企业应通过科学的库存管理,包括库存计划、库存控制和库存优化等手段,降低库存风险。同时,还要建立灵活的库存策略,根据市场需求和供应链状况及时调整库存水平,确保供应链的稳定运行。

4. 需求预测与计划

准确的需求预测和计划是降低供应链风险的重要手段。企业应建立完善的销售预测模型,根据历史数据和市场趋势预测未来需求。同时,还要制定科学的生产计划,确保产品按时交付,满足客户需求。

5. 质量控制与检测

产品质量是供应链风险控制的核心。企业应建立完善的质量管理体系,确保产品从原材料到成品的每一个环节都符合质量要求。同时,企业还要加强质量检测和控制,及时发现和解决质量问题,防止不合格产品流入市场。

6. 法律法规遵守

企业应遵守国内外相关的法律法规和标准要求,确保供应链活动的合规性。这包括贸易法规、环保法规、劳工法规等。遵守法律法规不仅有助于降低法律风险,还有助于维护企业的声誉和品牌形象。

7. 合同管理与执行

合同是供应链风险控制的重要依据。企业应建立完善的合同管理制度,确保合同条款的明确、完整和合法。同时,还要加强合同执行和监督,确保各方按照合同约定履行义务,降低合同违约风险。

8. 信息技术保障

信息技术在供应链风险控制中发挥着重要作用。企业应建立完善的信息系统,实现供应链信息的实时共享和监控,通过运用先进的信息技术手段,如大数据分析、人工智能等,提高供应链风险识别和应对能力,确保供应链的稳定运行。

供应链风险控制是一个系统工程,涉及多个方面和环节。企业应注重供应链风险的监测和预警,及时发现和解决潜在风险,确保供应链的稳定运行和企业的可持续发展。

二、供应链风险评估

评估供应链风险是一个系统且持续的过程,需要考虑到供应链的多个环节和影响因素。以下是评估供应链风险的关键步骤和方法。

(一)识别风险

首先,需要识别出可能对供应链产生负面影响的因素。这些风险可能来自供应商、物流、库存、需求、质量、法规遵守、合同执行以及信息技术等各个方面。企业要对这些风险进行全面梳理和分类。

案例分析8-3
汉高供应链风险评估

(二)分析风险

对于识别出的风险,需要深入分析,了解风险的发生概率和影响程度。可以采用定性和定量的方法,如风险矩阵、风险评估表等,对风险进行量化和排序。

(三)评估风险影响

评估风险对供应链的具体影响,包括对供应链的稳定性、可靠性、效率以及成本等方面的影响。这有助于确定风险控制措施的优先级和目标。

(四)制定风险控制措施

根据风险评估结果,制定相应的风险控制措施。这些措施可能包括供应商管理、物流优化、库存管理、需求预测、质量控制、法规遵守、合同管理以及信息技术应用等方面的改进和优化。

(五)监控和更新

供应链风险是动态变化的,企业需要持续监控和更新风险评估结果。企业要建立一套有效的监控机制,及时发现和解决新出现的风险,同时根据供应链的变化和发展,调整和优化风险控制措施。

知识拓展

供应链风险评估注意事项

评估供应链风险是一个复杂而重要的任务，需要企业建立完善的评估机制和方法，持续关注和应对供应链中的各种风险。在评估供应链风险时，需要注意以下几点：

(1)要全面考虑供应链的所有环节和影响因素，避免遗漏重要风险。

(2)要注重数据的收集和分析，尽可能获取准确的风险信息。

(3)要综合考虑风险的多个维度，包括风险的发生概率、影响程度、可控性等。

(4)要注重与供应链各方的沟通和协作，共同应对和降低风险。

三、风险评估报告

风险评估报告是一种用于识别和评估特定项目、业务或投资中潜在风险的文档。它通过对目标项目的全面调查、综合分析和科学判断，确定项目或业务可能面临的各种风险因素，并详细分析和评估。

风险评估报告的主要内容包括风险识别、风险分析和风险评估。在风险识别部分，报告会列出可能对项目或业务造成影响的各种风险因素，如市场风险、技术风险、法律法规风险、财务风险和竞争风险等。在风险分析部分，报告会深入研究每个识别出的风险，评估其发生的可能性、潜在的影响程度、可能的原因以及可能的后果。在风险评估部分，报告会根据风险识别和分析的结果，确定各个风险因素的优先级和紧迫性，为决策者提供全面的风险信息。

风险评估报告在风险管理中扮演着关键角色，它能帮助组织或投资者更全面地了解潜在风险，从而制定有效的风险管理策略和决策。通过风险评估报告，决策者可以更加科学地分配资源，避免或减轻潜在风险对项目或业务的影响，确保项目的顺利进行和业务的稳定发展。

(一)风险评估报告的内容

在任何组织或项目中，风险管理都是至关重要的。风险评估报告作为风险管理的核心组件，其流程和标准直接影响风险的识别、分析、评价和应对措施的有效性。风险评估报告的内容主要涉及以下几个方面。

1.确定评估方法

风险评估的方法通常包括定性评估、定量评估和混合评估。

(1)定性评估。定性评估主要依赖专家的知识和经验，主观判断风险的性质、发生概率和影响程度。例如，在软件开发项目中，企业通过专家访谈识别出潜在的技术难题（如某个模块的设计复杂性过高）。基于专家的经验和判断，可以初步评估该难题的发生概率和影响程度。

(2)定量评估。定量评估指使用数学模型和数据统计方法，对风险进行量化分析。例如，在工程项目中，可以使用故障模式与影响分析(FMEA)工具，为各个潜在故障模式的发生频率、严重度和检测难度评分，然后计算风险优先级数(RPN)，从而量化评估风险的大小。

(3)混合评估。混合评估结合定性和定量方法，既考虑专家的主观判断，也利用数学模型分析数据。例如，在金融领域，可以通过收集历史数据和市场信息，使用统计模型量化分析金融产品的潜在风险；同时，结合行业专家的判断，调整和优化模型的输出结果。

2. 得出评估结果

评估结果是风险评估报告的核心部分,包括风险清单、风险概率和影响程度的评估结果、风险排序和优先级划分等。例如,在一份项目风险评估报告中,评估结果可能列出多个潜在风险,如技术难题、市场变化、资源不足等,并给出每个风险的发生概率和影响程度的评估值,以及根据这些评估值计算出的风险优先级排序。

3. 提出改进建议

基于风险评估结果,报告应提供具体的改进建议,以减轻或避免潜在风险。例如,针对技术难题这一高风险因素,改进建议可能包括加强技术研发、优化项目流程、增加资源投入等。同时,建议建立定期的风险评估机制,以便及时发现和应对新出现的风险。

4. 整体概括

应回顾整个风险评估过程,并强调风险评估的重要性和必要性。同时,应对改进建议的实施提出期望和要求。例如,总结部分强调,通过本次风险评估,我们识别并评估了项目面临的主要风险,并提出了相应的改进建议。为确保项目的顺利进行和成功完成,我们期待项目团队和管理层能够高度重视并落实这些建议。

(二)风险评估报告撰写步骤

风险评估报告的撰写主要包括以下几个步骤:确定风险评估的范围和目标、收集和分析数据、识别风险、评估风险、制定风险应对策略、编写和报告评估结果。以上每一步都需要遵循一定的标准和最佳实践,以确保风险评估的准确性和有效性。

延伸阅读8-1

提高评估效果

1. 明确评估目标和范围

这是风险评估的首要步骤,需要清晰地定义评估的目标和范围,确保评估工作能够覆盖所有重要的风险点。

2. 收集和分析相关信息

收集与评估对象相关的各种信息,包括历史数据、现状描述等。然后对深入分析这些信息,识别出可能存在的风险因素。

3. 识别并评估风险

在收集和分析信息的基础上,识别出具体的风险源,并详细评估每个风险源。这包括确定风险的性质、发生的可能性、对目标的影响程度等。

4. 确定风险等级和优先级

根据评估结果,对每个风险进行等级划分,并确定其处理的优先级。这有助于决策者更好地分配资源和精力,优先处理那些对目标影响最大的风险。

5. 制定风险应对策略和措施

针对识别出的风险,制定相应的应对策略和具体措施。这可能包括风险规避、风险转移、风险减轻和风险接受等策略,以及具体的执行计划和时间表。

6. 编写风险评估报告

将上述步骤的结果整理成一份清晰、全面的风险评估报告。报告应包含风险源、风险等级、应对策略和措施等内容,以便决策者能够全面了解项目或业务的风险状况。

7. 审核和发布报告

在报告编写完成后,需要审核,确保报告的准确性和完整性。审核通过后,可以将报告发布给相关利益方,以便他们了解项目或业务的风险状况并做出相应的决策。

任务四　数字化管理工具

利用数字化工具提高供应链风险评估的效率是现代企业管理的关键之一。利用数字化管理工具提高供应链风险评估的效率需要企业从多个方面入手，包括数据集成、分析、可视化、风险模型、实时监控、模拟分析、协作共享和持续学习等。通过这些措施的实施，企业可以更加有效地管理供应链风险，提高整体运营效率和竞争力。

供应链风险评估工具是企业在识别、评估和管理供应链风险时的重要辅助手段。风险评估工具有各自的功能特点，企业需要根据自身的实际需求和情况，选择适合的工具或综合使用多种工具进行供应链风险评估。随着技术的不断发展，新的供应链风险评估工具也在不断涌现，企业应保持关注并适时引入新的工具，以提升供应链风险管理的效率和准确性。以下是一些常用的供应链风险评估工具。

延伸阅读8-2
如何利用数字化工具

一、简易方法

这些工具用于收集或组织数据，构建项目管理视图，帮助企业直观地了解供应链流程，并识别潜在的风险点。

（一）流程图

在供应链风险管理中，流程图是一种重要的工具，它可以帮助企业直观地了解和描述供应链的运作过程，从而识别出潜在的风险点。一个典型的供应链流程图可能包括以下几个主要环节：

1. 原材料采购

描述企业如何从供应商处采购原材料，包括供应商的选择、合同的签订、货物的运输和接收等环节（如图8—4所示）。

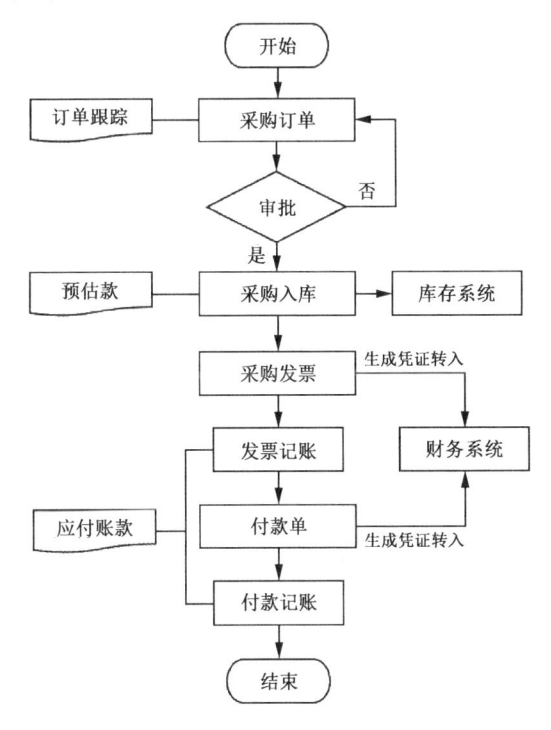

图8—4　原材料采购示例图

2. 生产制造

展示原材料如何经过加工、组装等流程转化为成品,包括生产计划的制定、生产线的运作、质量控制等环节(如图8—5所示)。

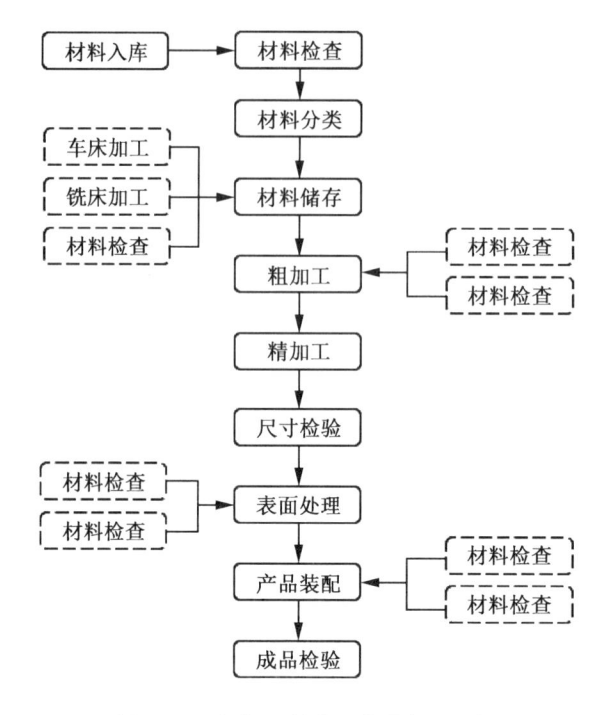

图8—5 机加工制造工艺流程图示例

3. 物流配送

描述成品如何从生产地运送到最终客户手中,包括订单处理、库存管理、配送路径规划、运输方式选择等环节(如图8—6所示)。

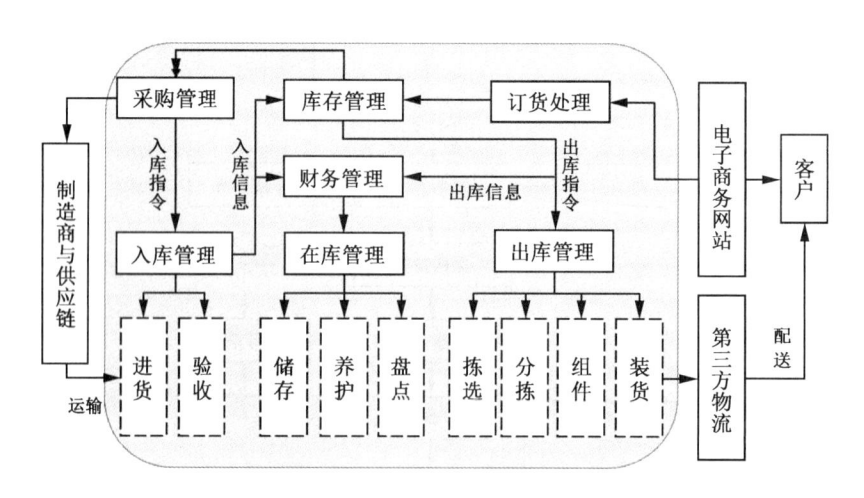

图8—6 物流配送流程示例图

4.销售和售后服务

展示产品销售给客户的过程以及售后服务的提供,包括销售渠道的选择、销售合同的签订、售后服务政策的制定等环节(如图 8-7 所示)。

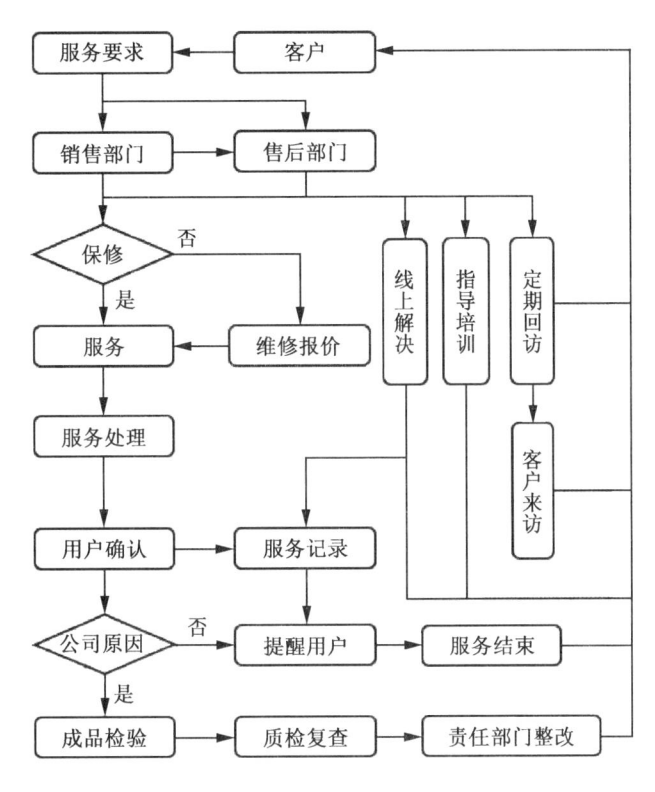

图 8-7 销售和售后服务流程示例图

在绘制流程图时,企业可以根据自身的实际情况和需求细化和补充流程。

(二)供应链风险管理图形分析

在供应链风险管理中,采用图形分析有助于更直观、系统地理解和应对风险。以下是一个简化的供应链风险管理图形分析框架:

1.风险识别与分类

风险地图。绘制供应链风险地图,标识出各环节的潜在风险点。

风险分类树。建立风险分类树,按照风险来源、性质和影响范围分类。

2.风险评估与量化

风险矩阵。使用风险矩阵评估识别出的风险,确定其可能性和影响程度。

风险量化表。对风险进行数值化评估,以便更精确地比较和分析。

3.风险来源分析

因果分析图。使用因果分析图(如鱼骨图)深入剖析风险产生的根本原因。

供应链流程图。使用流程图展示风险在供应链中的传播路径和影响范围。

4.风险传播路径

供应链网络图。绘制供应链网络图,展示各环节之间的连接关系和风险传播路径。

风险传播模拟。模拟实验分析风险在不同环节之间的传播速度和影响程度。

5. 风险应对策略

策略决策树。建立策略决策树,根据风险评估结果选择合适的应对策略。

风险应对矩阵。列出各种可能的风险和对应的应对策略,以便快速决策。

6. 风险监控与预警

风险监控仪表板。建立风险监控仪表板,实时监控供应链中的风险状况。

预警系统图。设计预警系统图,设定风险阈值,当风险达到一定程度时发出预警。

7. 风险缓解措施

措施实施流程图。绘制措施实施流程图,明确各项风险缓解措施的执行步骤和时间节点。

措施效果评估表。评估实施后的风险缓解措施效果,以便持续优化。

8. 风险管理效果评估

管理效果雷达图。用雷达图展示风险管理在各个方面(如风险识别、评估、应对等)的效果。

持续改进循环图。展示风险管理效果的持续改进过程,包括评估、反馈、调整和优化等环节。

通过这一系列的图形分析工具和方法,企业可以更系统、全面地管理供应链风险,确保供应链的稳定性和高效运行。

(三)鱼骨图

鱼骨图(Fishbone Diagram)又称因果分析图、石川图,是一种发现问题"根本原因"的技术分析方法,现代工商管理教育(如 MBA、EMBA 等)将其划分为问题型、原因型及对策型等几种类型。

鱼骨图是一种图形化的分析工具,用来表示导致某个问题或结果的一系列原因。它看起来像鱼的骨架,问题或结果通常写在"鱼头"部分,然后各种可能的原因像鱼骨一样从鱼头延伸出来(如图 8-8 所示)。

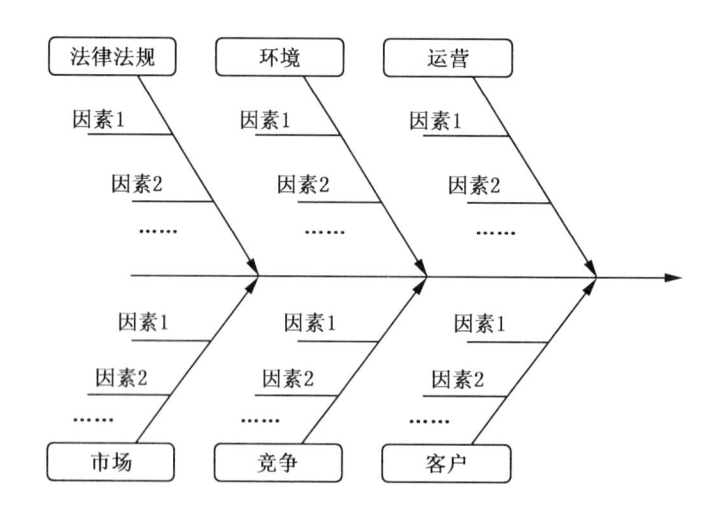

图 8-8 风险评估鱼骨示例图

这种图的主要用处是帮助人们识别并理解问题的根本原因,从而采取适当的措施来解决它。这种方法可以应用于各种领域,包括商业、工程、医疗、教育等。

在创建鱼骨图时,通常需要遵循以下步骤:

确定问题或结果。首先,需要明确要解决的问题或要达到的结果。

列出可能的原因。从问题或结果出发,列出可能导致其发生的各种原因。

分类并整理原因。将类似的原因分组,并按照逻辑关系排序。

创建鱼骨图。将问题或结果写在图的顶部,然后将原因按照逻辑关系连接到主骨上,形成鱼骨的形状。

审查并改进。审查鱼骨图,确保所有可能的原因都已列出,并根据需要修改或添加。

通过使用鱼骨图,团队可以更清晰地了解问题的根源,从而制定更有效的解决方案。同时,这种方法也有助于提高团队成员的沟通和协作能力。

(四)核对单

供应链核对单旨在为供应链管理中各个环节的协作提供指导和保障,确保供应链的顺畅运作。各相关部门应认真履行核对职责,并及时沟通与解决核对过程中发现的问题。供应链核对单是一种在供应链管理中用于核对和确认交易细节的重要工具,它能帮助买家和卖家确保订单的所有相关信息准确无误,并明确双方在交易中的责任和义务。核对单通常包含以下关键方面:

1. 供应商信息

核对供应商的名称、地址、联系方式等基本信息,确保与合同中指定的供应商一致。确认供应商的资质和信誉,以确保供应链的稳定性和可靠性。

2. 采购订单详情

检查订单号、日期、交货期等关键订单信息的准确性和一致性。核实订单变更、修改或取消等任何必要的更新。

3. 产品描述与规格

核对产品的具体描述,包括名称、型号、规格、颜色等。确保产品符合合同或订单中约定的质量标准和技术要求。

4. 数量与价格核对

检查订购的产品数量与合同中规定的数量是否一致。核实产品的单价和总价是否与采购合同或谈判结果相符。

5. 交货日期与地点

核实供应商的交货时间表,确保满足生产和销售的需求。明确交货地点,包括仓库、港口或特定接收地址等。

6. 付款条款与方式

核实付款的具体条件,如付款方式(电汇、信用证等)、付款期限和支付比例等。明确双方对发票、税收和支付手续费的约定。

7. 质量标准与检验

明确产品质量标准,确保产品符合国家和行业的质量要求。约定产品检验的方式、时间和地点,以确保产品符合合同规定。

8. 风险管理与应急措施

评估潜在的供应链风险,包括供应延迟、产品质量问题等。制定相应的应急计划和措施,以应对潜在的风险和问题。

通过使用供应链核对单,企业可以更加高效地管理供应链,确保交易的顺利,降低风险,并

提升整体运营效率

(五)帕累托图

帕累托图(Pareto Chart)又称为排列图或主次图,是一种特殊的直方图,用来展示各种因素对某个问题或现象的影响程度。帕累托图与帕累托法则(也称 80/20 法则)密切相关,即 80%的问题往往是由 20%的原因造成的。

帕累托图通常使用双直角坐标系表示,左边纵坐标表示频数(或投入、其他度量),右边纵坐标表示频率(或度量的累计汇总占总数的百分比)。横坐标则表示影响质量的各项因素,这些因素按照影响程度的大小(即出现频数的多少)从左到右排列。在帕累托图中,还会用折线表示累积频率,从而更容易观察到哪些因素是主要的(如图 8-9 所示)。

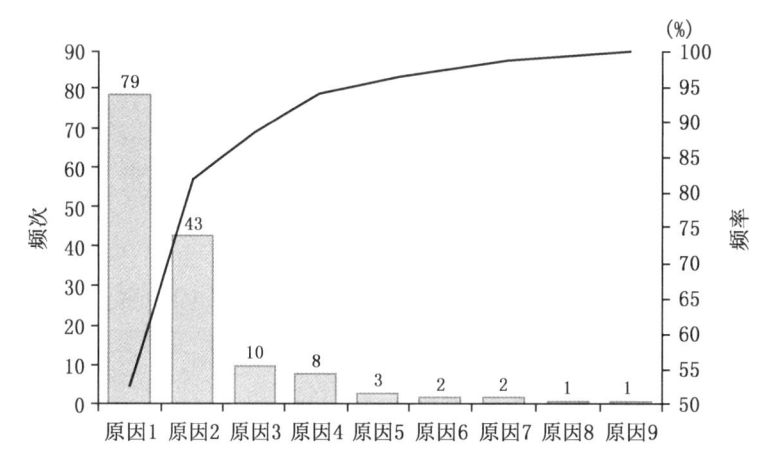

图 8-9 帕累托图示例

制作帕累托图的基本步骤如下:

(1)针对要解决的问题,收集一段时间内的相关数据。

(2)将收集到的数据按不同的原因或因素分类,并统计各类问题或现象出现的次数(频数)。

(3)按照频数的大小,从大到小将各类问题或现象列成数据表,并计算各自所占的比率(频率)和累计比率(累计频率)。

(4)根据数据表画出柱状图和累计频率折线图。柱状图以降序的形式显示各个度量值,而折线图则展示累计汇总的值。

观察和分析帕累托图,可以很容易地识别出影响质量或问题的主要因素,从而优先解决这些问题,实现 80/20 效率法则,即优先解决那些能带来最大效益的少数问题或因素。

案例分析8-4
供应生态的数字化治理

二、风险排列和过滤(RRF)

风险排列和过滤(Risk Ranking and Filtering RRF)方法通过对风险因素进行排列和比较,实施多重定量和定性评价,并确定风险得分,从而帮助企业确定风险的重要性和优先级。

风险评价可以使用"低/中/高"或"1/2/3"的分类和简单的矩阵(如图 8-10 所示)。

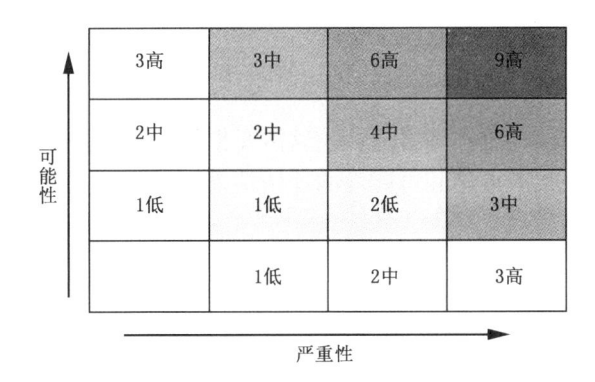

	3高	3中	6高	9高
可能性	2中	2中	4中	6高
	1低	1低	2低	3中
		1低	2中	3高

严重性 →

图 8-10　风险评估矩阵(Risk Matrix)示例图

用于风险评估的 RRF 表,适用于对事件定性及定量的全面分析(如表 8-1 所示)。

表 8-1　　　　　　　　　　风险排列和过滤(RRF)表示例

潜在风险	风险分析		风险评价
	可能性	严重性	得分
风险 1	高 1	中 3	中 3
风险 2	低 2	高 1	低 3
风险 3	中 2	中 3	中 2

三、事先危害分析(PHA)

事先危害分析(Preliminary Hazard Analysis,PHA)是一种在事情发生前应用经验和知识分析危害和失败的方法,旨在确定将来可能发生的危害或失败。PHA 是一种重要的风险评估工具,常用于评估产品、过程、厂房设施等前期设计阶段存在的潜在缺陷。

PHA 风险矩阵包括严重性的定义和排列,以及发生频次(可能性)的定义和排列。严重性通常被划分为严重、主要、次要、可忽略等级别。发生频次则包括频繁、可能、偶尔、罕见等选项。根据这些因素,风险可以被划分为高、中、低或微小等级别。

高:此风险必须降低;

中:此风险必须降至尽可能低;

低:考虑收益和支出,降至尽可能低;

微小:通常可以接受的风险。事先危害分析的矩阵如表 8-2 所示。

表 8-2　　　　　　　　　　事先危害分析(PHA)表示例

可能性	严重性			
	可忽略	次要	主要	严重
频繁	低	中	中	高
可能	中	中	高	高
偶尔	微不足道	中	中	高
罕见	微不足道	低	中	中

PHA 通常包括以下几个步骤：

(1)识别潜在的危害或失败模式。这需要对产品或过程有深入的了解，以便找出可能导致危害或失败的环节。

(2)评估危害或失败的严重性和可能性。这需要根据历史数据、专家意见和经验来判断。

(3)确定风险等级。将严重性和可能性的评估结果结合起来，确定每个危害或失败模式的风险等级。

(4)制定风险降低措施。针对每个确定的风险点，制定相应的风险降低措施，如改变设计、增加安全措施、提高操作人员的培训等。

通过 PHA，企业可以在产品或过程投入生产前发现潜在的问题，并采取有效的措施避免或减少风险。这不仅可以提高产品或过程的安全性，还可以降低生产成本和提高生产效率。因此，PHA 在制造业、医疗、交通运输等领域都得到了广泛的应用。

四、失败模式效果分析（FMEA）

失败模式效果分析（Failure Mode and Effects Analysis，FMEA）是一种预防性的质量工具，用于识别产品或过程中潜在的失败模式，评估其对系统的影响，并优先考虑改进措施。一旦失败模式被确定，可应用风险降低措施来消除、减少或控制潜在的失败。

FMEA 工具依赖于对产品和流程的深入了解，针对每种失败模式确定相应的风险得分（如表 8-3 所示）。

表 8-3　　　　　　　　失败模式效果分析（FMEA）打分示例

序数排列	严重性	发生的频率	可测量性	风险得分
1	潜在伤害	孤立发生	可避免	2
2	潜在严重伤害	可能发生	中等	9
3	严重伤害	难避免	不易鉴别	18
4	严重永久伤害	不可避免	不易避免	30

FMEA 排列标准和失败得分举例如下

$$严重性 \times 可能性 \times 可测定性 = 风险得分$$

失败模式效果分析的矩阵如下（如表 8-4 所示）。

表 8-4　　　　　　　　失败模式效果分析矩阵示例

风险	行动	风险得分
高	必须降低	12,18,27
中	适当降低	9,10
低	尽可能降低	3,4,5
微小	可接受	1,2

FMEA 的核心目的是在产品或过程设计阶段识别和纠正潜在问题，从而提高产品或过程的质量和可靠性。FMEA 作为一种强大的预防工具，可以帮助组织在产品或过程开发早期发现并纠正潜在问题，避免或减少故障的发生，提高客户满意度。FMEA 分为两种主要类型：设

计 FMEA(Design Failure Mode and Effects Analysis,DFMEA)和过程 FMEA(Process Failure Mode and Effects Analysis,PFMEA)。

1. 设计 FMEA

DFMEA 关注产品设计阶段,旨在识别产品设计中的潜在失效模式,评估这些失效模式对系统或产品性能的影响,并优先考虑改进措施。DFMEA 的主要目标是确保在产品设计阶段就考虑到潜在的失效模式,从而在产品投放市场前进行必要的改进,提高产品的质量和可靠性。设计 FMEA 集中在产品设计阶段,分析设计中的潜在缺陷如何影响产品的性能和功能。

DFMEA 的主要步骤如下:

(1)确定产品的功能和要求。首先需要明确产品的预期功能和关键性能要求。

(2)识别和分析失效模式。设计师或团队需要基于经验和专业知识,识别产品设计中的潜在失效模式。这些失效模式可能涉及产品的结构、材料、工艺等方面。

(3)评估失效模式的影响。评估每个潜在失效模式对产品性能、安全性、可靠性等方面的影响。这通常涉及对失效模式的严重性、发生频率和可检测性的评估。

(4)确定风险优先级。结合失效模式的影响和发生概率,确定每个失效模式的风险优先级。这有助于确定哪些失效模式需要优先改进。

(5)制定改进措施。针对高风险失效模式,制定具体的改进措施,如设计变更、材料替换、工艺改进等。

(6)实施和验证改进措施。将改进措施纳入产品设计,并进行必要的验证和测试,以确保改进措施的有效性。

(7)监控和更新。在产品设计和生产阶段,持续监控潜在的失效模式,并定期更新 DFMEA 分析,以确保产品设计的质量和可靠性。

DFMEA 在产品设计阶段提供了一个系统的方法来识别和纠正潜在问题,有助于提高产品的质量和可靠性,降低生产成本,提高客户满意度。它是一种重要的预防性质量工具,广泛应用于制造业、航空航天、汽车、医疗等领域。

2. 过程 FMEA

PFMEA 是一种预防性的质量工具,它集中在生产或服务过程的分析上,目的是识别生产过程中可能出现的潜在故障模式,评估这些故障模式对产品质量和过程效率的影响,并确定优先级以采取适当的改进措施。

PFMEA 的主要步骤如下:

(1)定义过程。明确所要分析的生产或服务过程,包括输入、输出、转换步骤和相关的控制参数。

(2)识别故障模式。基于经验、历史数据和专业知识,识别生产过程中可能出现的潜在故障模式。这些故障模式可能涉及设备故障、工艺问题、人为错误等。

(3)分析故障模式的影响。评估每个潜在故障模式对产品质量、过程效率、安全性等方面的影响。这通常涉及对故障模式的严重性、发生频率和可检测性的评估。

(4)确定故障模式的原因。分析导致潜在故障模式的具体原因,包括设备故障、工艺参数不当、操作失误等。

(5)确定风险优先级。结合故障模式的影响和原因,确定每个故障模式的风险优先级。这有助于确定哪些故障模式需要优先改进。

(6)制定改进措施。针对高风险故障模式,制定具体的改进措施,如优化工艺参数、改进设备设计、提供培训等。

(7) 实施和验证改进措施。在生产过程中实施改进措施并进行必要的验证和测试,以确保改进措施的有效性。

(8) 监控和更新。在生产过程中持续监控潜在的故障模式并定期更新 PFMEA 分析,以确保生产过程的稳定性和持续改进。

PFMEA 的优势在于能够在生产过程中预防和纠正潜在的故障模式,减少不良品的产生,提高生产效率和质量。通过早期的识别和改进,PFMEA 有助于降低生产成本,提高客户满意度,并增强企业的竞争力。

五、过失树分析(FTA)

过失树分析(Fault Tree Analysis,FTA)是一种由上而下的演绎式失效分析方法,利用布尔逻辑组合低阶事件,分析系统中不希望出现的状态或顶事件(即系统失效)(如图 8-11 所示)。

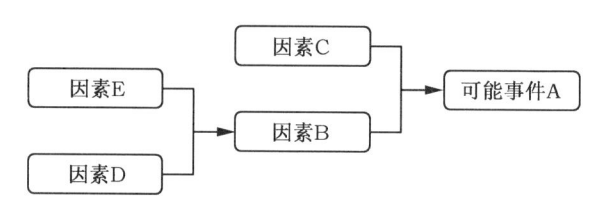

图 8-11 过失树分析图示例

这种方法在安全工程和可靠度工程领域中得到了广泛应用,用于了解系统失效的原因,并找到降低风险的最佳方式,或确认某一安全事故或特定系统失效的发生率。FTA 用于鉴别可能导致过失发生的原因,有助于企业找到风险的根源,并制定有针对性的防控措施。

FTA 不仅可以分析出事故的直接原因,还能深入揭示事故的潜在原因。它利用逻辑推理辨识和评价各种系统的危险性,清晰直观地描述事故的因果关系。FTA 起源于美国贝尔电话实验室,自 1961 年提出后,被广泛应用于各个领域,例如美国原子能委员会于 1974 年就运用 FTA 对核电站事故进行了风险评价。

FTA 的主要步骤包括定义顶事件、构建故障树、定性分析和定量分析。首先,需要明确系统失效的顶事件,即不希望出现的状态。然后,通过逻辑推理和布尔运算,构建故障树,分析导致顶事件发生的所有可能路径。接着,进行定性分析,确定导致顶事件发生的所有可能组合。最后,进行定量分析,评估各基本事件对顶事件发生的贡献程度,以及整个系统的可靠性和安全性。

FTA 是一种有效的系统安全性分析方法,有助于识别和预防系统失效,提高系统的可靠性和安全性。

六、SCOR 模型

供应链运作参考模型(Supply Chain Operations Reference Model)是由美国供应链协会发布的一个跨行业标准的供应链参考模型和供应链诊断工具。该模型全面、准确地提供适用于各种规模和复杂程度的供应链的标准化术语和流程。SCOR 模型是一种专门用于供应链描述与设计的工具。它也可以作为供应链风险识别的工具,通过细致分析供应链各环节,识别出潜在的风险因素。

SCOR模型主要由四个部分组成:

(1)供应链管理流程的一般定义。包括计划、供应、制造和交付,这是企业确立供应链性能和目标的基础。

(2)对应流程性能的指标基准。用于衡量供应链的绩效并进行标杆比较。

(3)供应链"最佳实践"的描述。为企业提供在改善供应链时,成功规划和确定目标所需要的信息。

(4)选择供应链软件产品的信息。这一部分工作有助于实施已配置的特定供应链。

SCOR模型将业务流程重组、标杆比较和流程评测等概念集成到一个跨功能的框架中。这个模型为供应链伙伴之间的有效沟通提供了一个流程参考,也是帮助管理者聚焦管理问题的标准语言。

作为一个行业标准,SCOR模型可以帮助管理者关注企业内部供应链的配置、量度和评价。通过使用规范的SCOR流程定义,它可以评估任何供应链配置,以支持连续的改进和战略计划编制。此外,SCOR模型还能够描述、量度和评价供应链的配置,涵盖从理解累计总需求到完成每项订单的整个过程。

小 结

本项目介绍了供应链风险管理的各个环节,从风险的认识、识别、管理与评估到数字化管理工具的应用,全面提升了对供应链风险管理的理解和实际操作能力。首先,通过了解供应链风险及其对各个环节的影响,认识到风险管理对于保障供应链稳定性、提高企业竞争力的重要性。其次,着重介绍了供应链风险识别、风险管理与风险评估。制定风险评估报告,可以更加清晰地了解风险状况,从而制定出更加有效的风险管理措施。最后,介绍了一系列实用的数字化管理工具,包括简易方法、风险排列和过滤(RRF)、事先危害分析(PHA)、失败模式效果分析(FMEA)、过失树分析(FTA)以及SCOR模型等。这些工具不仅可以帮助我们更加高效地管理供应链风险,还能够提高风险管理的准确性和科学性。

案例讨论

中国能建:坚持价值创造 高质量构建现代供应链管理体系

中国能源建设集团有限公司(以下简称中国能建)构筑新能源、新基建、新产业"三新"平台,围绕"健体系、强基础、优平台、创价值、严监管、塑品牌"六大主线,率先发布供应链发展规划,全面提升供应链资源整合能力、生产保障能力、价值创造能力和发展支撑能力,在推动内部一体化发展和内外部融合发展方面取得了显著成效。

1.注重顶层设计,在科学管理中融入新理念

中国能建在深入调研的基础上,全面对标世界一流企业,兼收并蓄,促进管理提升。中国能建运用全系统、全过程、全要素智治理念,编制了《"十四五"供应链发展规划》,坚持战略引领、问题导向、价值创造、系统谋划、数字赋能"五项"原则,引入现代供应链融合、协同理念,融入一体化、数智化、标准化、绿色化、全球化"五化"思维,着力推动稳链、优链、强链、延链、控链

"五链"深度耦合,物流、信息流、资金流、管理流"四流"合一,持续提升企业供应链管理核心竞争力和价值创造力。《"十四五"供应链发展规划》提出了以下目标:以现有招采业务为核心,扩展管理链条,重塑业务流程,实现采购管理"两个延展、两个提升",即采购管理向供应端、客户端"两端"延展;采购管理由事务操作型向价值创造型提升,由库存驱动的被动型采购向订单拉动型的主动型采购提升。

2. 着眼固本强基,在基础管理中筑牢新根基

中国能建以顶层"334"工程建设为统领,理顺了供应链管理各项关键环节,筑牢了供应链管理基础。

(1)不断夯实供应链管理"三基"根本。下移重心抓基层,优化完善"1+2+X+N"供应链业务管理架构,形成1个统筹决策总部,2个专业支撑平台,X个区联采中心,N个基层实施机构,形成上下联动、敏捷高效的管理网络;前移关口打基础,持续完善"1+3+N"供应链管理制度体系,并固化到供应链管理一体化平台实施,实现"管理制度化,制度流程化,流程表单化,表单电子化";以人为本练基本功,建立业务系统多层级培训机制,通过"能建学习"培训平台和线下培训等多种形式,邀请业内专家开展供应链知识培训,综合培育高层管理人员的供应链思维和整体意识,培养管理人员的综合能力,培育基层人员的操作能力和任职水平。

(2)严格落实供应链管理"三全"要求。实行供应链全链条全面预算管理,做到无预算不开支,有预算不超支;推行全成本核算,转变一味追求采购价格最低的传统思想,寻求成本、质量、效率和服务之间的最大公约数与一体化价值平衡,实现全生命周期成本最低;施行全面绩效考核,围绕供应链管理目标,对多维度分析评价和考核供应链各主体、各环节。

(3)全面推动供应链管理"四化"建设。聚焦提升供应链专业化水平,开展供应链管理单位能力和业务人员岗位能力培训,提升专业支撑能力;聚焦提升供应链标准化水平,总部组织制定供应链管理一套标准、一套模板、一套手册,实现对供应链管理有效支持;聚焦提升供应链数字化水平,坚持"共商、共建、共享"为原则,充分应用"云大物移智链"等前沿技术,开发"6P一中心"供应链管理一体化平台,实现一数一源、一源多用、全链管理;聚焦提升供应链精细化水平,推行采购策划、采购预算、需求计划、采购计划"四位一体"成本控制机制,精准控制成本,全面堵塞跑冒滴漏。

3. 聚焦关键要素,在降本增效中创造新价值

充分发挥集采及供应链管理在企业降本增效中的杠杆作用,多措并举、协同推进降本、提质、增效。一是持续做优做大两级集采。构建总部抓总、区域辖统、重点抓大、企业收拢的分级分类集采管控模式。企业通过"集采目录"驱动战略采购、区域联采、商旅集采等模式创新。二是持续推进采购效率提升。持续优化电子采购平台功能和流程,大力推行"无纸化、线上行"采购,提高工作效率。统一搭建能建商城电商平台,促进低值易耗品即时下单、即时配送。上网采购率保持在95%以上,压缩采购周期67%;能建商城采购周期压缩至3.1天,采购效率明显提升。三是持续推动内外部协同。健全装备制造产品协同经营机制,搭建协同平台,内部供采协同逐步走深走实。与18家境内外知名科技企业建立全球战略供应商合作关系,与8家建筑央企共同编制出版《供应链管理知识体系》丛书,对合作企业输出采购平台技术合作,共享智慧成果。

4. 坚持风险防控,在稳定生产中获得新保障

围绕供应链全过程开展风险管理,推动供应链全过程风险可识、可控,确保企业供应链安全稳定。

开展供应链风险闭环管理。按照重点环节和参与主体,梳理可能的风险事件和风险因素建立风险清单,系统分析风险可能带来的影响、发生的概率,开展压力测试,提前防范和及时应对风险。

防范供应商履约风险。在寻源上,把好"入口关",通过统一平台、统一标准、统一审核供应商资料,确保供应商质量。在选择使用上,把好"资信关",通过信息化手段获取和共享供应商资信,在各个应用场景实时提示和控制,确保供应商履约能力。在加强预警上,把好"联防关",建立供应商风险信息库,建立预警机制,对违规、异常、失信行为采取"零容忍"的政策。

防范采购合规风险。把好采购程序、采购标准、入围门槛、资质要求等基础关,最大限度避免基本流程出现"硬伤"。不断扩展信息化大监督功能,用穿透式手段约束不规范行为。全面推行标准化、电子化、结构化合同,杜绝可能存在的违规行为风险。

防范供应链不确定风险。分层分级建立核心物资和技术产品需求清单,对于发生频率较高、持续时间短的中断,保持合理的库存和备用渠道。持续推动装备制造产品内部协同,培育装备制造企业能力水平,稳定内部供应链。持续推动关键设备及零部件标准化、国产化,开展核心技术攻关,降低"卡脖子"风险。试点建立区域仓、前置仓,实现快速响应、稳定供应。对重要设备物资开展催交、监造管理,密切跟踪原材料供应、生产、质量和物流情况,确保按期、保质供应。

5. 勇担社会责任,在融合发展中营造新生态

构建"利益共享、风险共担"的生态圈,共同稳定供应链、强化产业链、提升价值链,努力实现链内效益最大化。

奋力构建绿色供应链。编制《营造绿色生态供应链倡议书》,积极倡导供应商开展绿色制造、绿色包装、绿色物流;大力发展绿色采购、绿色施工、绿色产业,加快产业生态化和生态产业化的步伐,努力在服务"双碳"目标中争当引领者、推动者、先行者。

助力做强供应链。加强与供应链上下游企业协同,协助解决技术、设备、资金、原辅料等实际困难,推动产业链上中下游贯通发展,打造链群发展共同体。充分发挥企业在新能源领域投资规模大、辐射领域广、引领带动强等优势,推动供应链上下游、产供销有效衔接协调运转,促进供应链上下游协同发展,让"供应链"成为"共赢链"。

助力中小企业纾困解难。规范采购交易行为,坚持"公平、公正、公开"采购,营造良好的营商环境,为中小企业纾困解难提供支持。优化供应链管理一体化平台,推行供应链业务"网上办、掌上办",帮助链内企业节约差旅、沟通、办公等费用。推广投标和履约保证金保函、保险替代,减轻合作资金垫付压力。

持续提升品牌影响力。高标准参加中国国际进口博览会和中国国际服务贸易交易会,扩大对外合作,提升行业影响力。高质量对接中国物流与采购联合会、中国招标投标协会等,在经验分享、标准制定、方案设计、政策研究、企业宣传等方面全方位开展合作。高目标建设"全国供应链创新与应用示范企业",全方位展示中国能建供应链管理的"综合实力"。

案例来源:国务院国有资产监督管理委员会。

讨论:

中国能建在现代供应链管理体系中如何实现价值创造和高质量发展?

思维导图

```
供应链风险管理
├── 认识供应链风险
│   ├── 供应链风险的概念
│   ├── 供应链风险产生的影响
│   └── 供应链风险的应对策略
├── 供应链风险识别
│   ├── 供应链风险识别的流程
│   ├── 供应链风险识别的方法
│   └── 供应链风险识别的步骤
├── 供应链风险管理与评估
│   ├── 供应链风险管理的组成结构与内容
│   ├── 供应链风险评估
│   └── 风险评估报告
└── 数字化管理工具
    ├── 简易方法
    ├── 风险排列和过滤(RRF)
    ├── 事先危害分析(PHA)
    ├── 失败模式效果分析(FMEA)
    ├── 过失树分析(FTA)
    └── SCOR模型
```

思考题

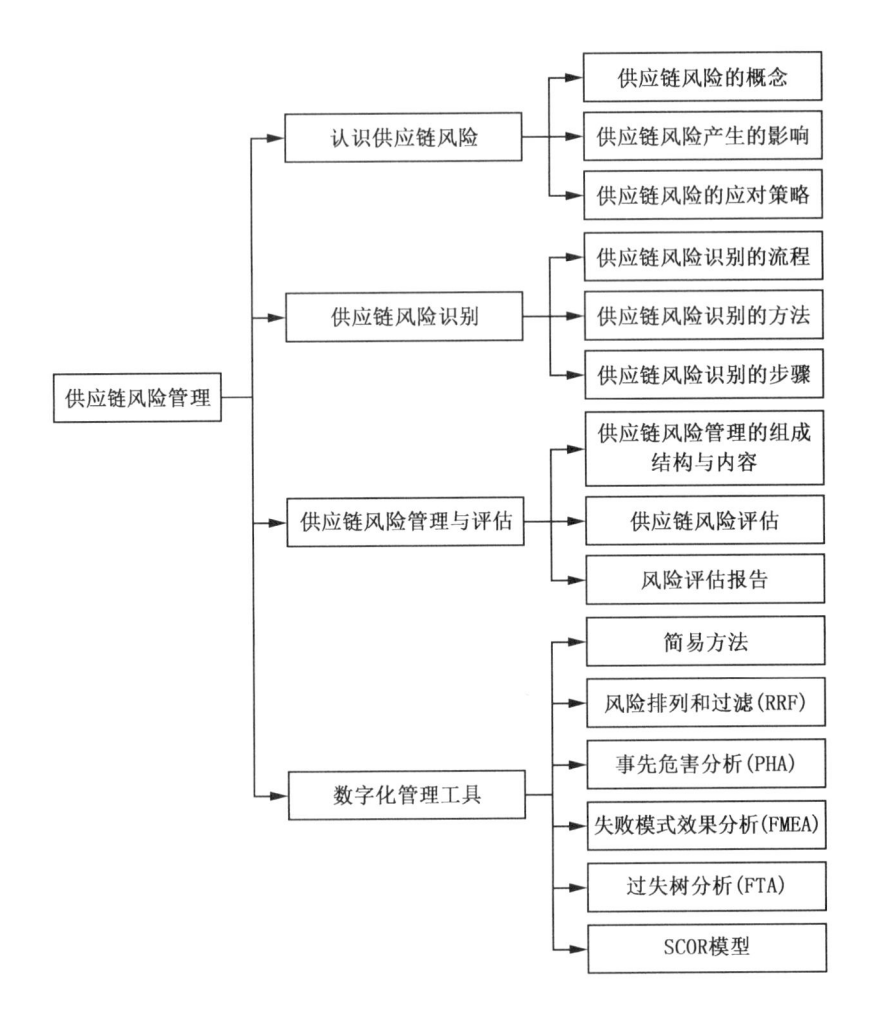

1. 什么是供应链风险，有哪些应对策略？
2. 介绍供应链风险识别方法步骤。
3. 常用的数字化管理工具有哪些？

项目九　供应链金融管理

1. 知识目标
(1) 了解预付账款融资、应收账款融资和库存融资的基本概念；
(2) 熟悉预付账款融资、应收账款融资和库存融资的各种模式；
(3) 掌握预付账款融资、应收账款融资和库存融资的运作机制；
(4) 熟悉供应链金融需求分析方法，了解供应链金融业务需求分析报告的内容；
(5) 了解供应链金融业务优化方案的设计原则。

2. 能力目标
(1) 能够设计供应链金融融资模式的运作流程；
(2) 能够区分预付账款融资、应收账款融资和库存融资的不同；
(3) 能够对供应链金融关注的领域进行行业与市场分析；
(4) 能编制供应链金融业务需求分析报告，设计供应链金融业务优化方案。

3. 思政目标
(1) 理解和认同中国传统文化价值观，包括诚信、正直、负责任等，使学生在商业和金融领域能够注重道德和伦理；
(2) 理解和应用数字化运营在供应链中的重要性，并通过数据分析、人工智能等技术手段解决实际问题。

导入案例

供应链金融促进摩托车产业发展[①]

重庆永安配件厂（以下简称"永安厂"）是一家专为知名摩托车企业飞翔摩托生产零配件的企业，供应链结构如图9—1所示。飞翔摩托车出口量较大，已与永安厂签订了长期供货合同。然而，由于基础建设项目的支出已经将永安厂的流动资金耗尽，该厂迫切需要采购原材料来完成订单，否则可能面临破产的风险。虽然该厂已准备了所有资信材料，向几家大型银行申请了贷款，但均被拒绝，主要原因如下：缺乏有效的抵押物和担保措施，信用不足；单笔贷款金额虽小，但笔数众多，贷款风险大，收益较低；中小企业普遍存在偷漏税的现象，银行认为提供贷款可能会带来较大的风险而收益不足以弥补损失。

深圳发展银行得知该厂的资金困难后，重新对企业资信开展评估，重点侧重于企业所在供应链的上下游企业的经营情况，具体包括：

---
① 田江.供应链金融[M].北京:清华大学出版社,2021:52—53.

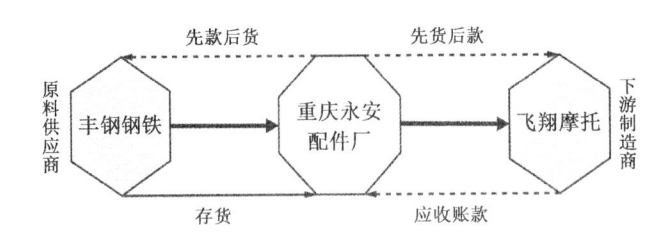

图 9-1 摩托车配件企业的供应链结构

(1)上游企业:永安厂的供应商是什么企业?这些供应商的实力是否雄厚?其生产能力和质量控制如何?是否稳定可靠,能够按时供货?

(2)下游企业:永安厂的客户是哪些企业?这些客户的实力如何?他们的市场份额和稳定性如何?是否有足够的订单量来支持永安厂的生产?

(3)产品销售情况:永安厂的产品销售如何?一年订单有多少?销售额和销售渠道如何?是否有长期合作客户?产品的市场竞争力如何?

通过评估,银行认为永安厂的困难在于它的上下游都是强势企业。丰钢(供应商)要求先款后货,下游的飞翔摩托要求先货后款,挤占了永安厂有限的流动资金。永安厂也有优势,即订单充足,产能较高。永安厂上下游企业虽然要求苛刻,却资本雄厚,信用度高。通过科学评估,银行决定为企业提供相关的融资服务。

措施一:银行、永安厂及丰钢可以协商后签订三方协议,实行先票后货的方式。具体步骤如下:(1)银行直接将原料款支付给丰钢,丰钢接款后,发货到银行指定地点;(2)银行指定的物流监管方对货物进行 24 小时监管,形成存货质押融资;(3)永安厂每接一笔订单,就向银行支付相应的款项来赎回货物;(4)银行根据永安厂的支付情况,指令仓储监管机构将一批原料放给永安厂,以便完成生产。

通过这种方式,永安厂可以在没有足够资金的情况下获得原材料,并且银行可以通过货物作为质押来降低风险,实现贷款支持。

措施二:针对飞翔摩托车拖欠货款的情况,永安厂可以将应收款项委托给银行管理。银行可以根据这些应收账款的数额,给予永安厂融资额度,永安厂可以凭借这一额度获得连续的融资安排和应收账款管理服务,无需提供其他担保或抵押物。

通过这种方式,永安厂可以及时获得资金支持,而银行则通过管理应收账款来评估永安厂的信用状况,并提供相应的融资服务。这种方式能够有效地解决永安厂因客户拖欠货款而面临的资金困难问题。

与该银行合作三年后,永安厂的销售收入从 6 亿元增加到 25 亿元。

供应链金融源于供应链管理,它是一个复杂的经营管理流程,资金在其中起着重要作用。在供应链运作中,企业往往会面临资金缺口问题,导致现金流紧张,甚至影响生产经营活动。主要问题包括订单与货物交付之间的资金缺口、库存压力以及应收账款等。为缓解这些问题,企业通常采取延长支付、提供早期支付折扣和优化物流管理等方式。然而,这些方法未能有效整合资金流、信息流、物流和商流,导致供应链效率低下。为解决这一问题,供应链金融应运而生。它更好地整合了供应链各成员,形成了生态系统。本项目将重点介绍三种供应链金融融资模式,即预付账款融资、应付账款融资和库存融资,在此基础上分别基于行业视角和基于供应链金融业务用户进行供应链金融业务需求分析,并讲述如何制定供应链金融业务优化方案。

任务一 预付款类供应链金融模式

一、预付账款融资的内涵

在供应链中,处于下游的中小企业常常因为资金短缺而无法向上游大型供应商采购原材料或产成品,导致生产经营受阻。由于中小企业规模小、信誉度低,它们在采购的时候,往往被要求提前支付货款,进一步加剧了资金压力,因此需要融资。为解决这一问题,下游的中小企业可以考虑预付账款融资,通过一笔或者多笔预付账款作为融资抵押,获取金融机构或其他金融服务商的短期信贷支持。

预付账款融资是以买方和卖方真实贸易合同产生的预付账款为基础,由金融服务提供商向处于供应链下游的中小企业提供的一种短期融资业务。这种模式通常用于支持中小企业向上游核心企业预付账款以获得所需的原材料,以维持其持续的生产经营活动。预付账款融资可以被理解为一种基于未来存货的融资,其担保基础是预付账款下客户对供应商的提货权,或提货权实现后通过货物发运、运输等环节中形成的在途存货和库存存货。

预付账款融资的特征如下:

(1)对于买方企业而言,预付账款融资可以充分挖掘下游买方的担保资源,可以在一定程度上解决融资担保难的问题,减轻资金压力。这种融资方式基于真实的商品交易,买方可以借助上游厂商的资信获得定向融资支持。这种合作过程可以加深双方的合作关系,买方也可以享受到与厂商的更紧密合作所带来的好处,比如批发购买优惠、降低销售成本、取得经销或总经销权以及获得更大的返利等。买方一般会按照分期的方式向资金方还清货款,而资金方则根据买方每期偿还的货款分批向买方发货。因此,预付账款融资能够将一次性付款变为分期付款,从而有效缓解买方的资金困难。

(2)对于上游核心企业而言,通过与下游买方企业合作提供预付账款融资,上游企业可以促进下游企业的发展,加强与其的合作关系,从而稳固自身的销售渠道,扩大销售规模,提升市场份额。同时,预付账款融资也有助于上游企业将应收账款转化为应收票据或现金,从而减少应收账款在资产中的占比。这不仅有利于提高公司的资产质量,还能够降低因赊账方式可能产生的信用风险,提升企业的资金流动性和偿债能力。通过与合作银行紧密合作,上游企业可以更深入地了解下游经销商的资信情况和财务状况,从而更好地管控风险,加强对自身供应链条上下游情况的掌握,提高经营管理的效率和水平。

(3)对金融机构来说,预付账款融资通过要求供应链上游供应商承诺回购并提供连带担保责任,可以在一定程度上降低融资给经销商带来的信贷风险。如果经销商无法按时偿还融资,供应商作为连带担保方承担责任,从而保障了金融机构的资金安全。同时,以指定仓库的既定仓单为质押,也进一步增加了金融机构的信贷担保,确保了融资的安全性。同时,通过参与供应链金融业务,金融机构还可以拓展业务范围,增加市场份额。预付账款融资是一种创新的融资方式,为金融机构提供了新的业务增长点。通过与企业合作提供预付账款融资,金融机构不仅可以获取利息收入,还可以通过各种服务费用等方式获得额外收益,从而增加盈利来源,促进业务发展。

二、预付账款融资的流程

预付账款融资的一般流程为：(1)上下游企业双方达成买卖协议，确定交易细节和条件，包括预付账款金额、货物规格、交付时间等。通常是下游买方向上游企业支付一定比例的预付款。(2)下游企业向银行申请融资，提出预付账款融资需求，并向银行缴纳一定数额的保证金。(3)资金提供方(通常是银行或其他金融机构)向上游企业支付货款。(4)上游企业在收到货款后，按照合同约定的时间安排生产并将货物发运给下游企业。(5)下游企业收到货物后，将货物进行销售，并通过销售所得资金回笼，用于偿还银行的贷款。通常是根据约定的还款计划，分期支付货款给银行，直至全部偿还。

三、预付账款融资的方式

本任务将介绍几种典型的预付账款融资业务模式：先款后货融资、保兑仓融资、进口押汇信用证融资、国内信用证融资。实践中的预付账款融资模式大多数都是这几种模式的延展和衍生。

(一)先款后货融资

先款后货融资是指融资企业从银行申请融资并获得贷款，并在缴纳保证金的基础上向供应商商议支付全额货款。供应商按照合同规定和合作协议书的约定发货，并将货物的所有权转移到银行名下，作为银行授信的担保。融资企业追加一定保证金后，可以根据需要取走一部分货物。这种融资模式中，货款可以是现金，也可以是商业票据，因此也称为先票后货融资。

该融资的业务特点如下：

(1)对融资客户而言，银行授信的时间覆盖了供应商的生产周期和物流时间，这意味着客户可以在订单确认后立即获得资金支持，并在供应商交货后再偿还银行。这种安排有效地缓解了客户对流动资金的需求压力，因为他们无需等待货物到达后才支付供应商，可以利用银行的授信提前支付，从而保证了订单的及时交付。此外，一旦货物到达，客户可以将其转为库存融资，进一步缓解资金压力。通过将库存作为抵押物，客户可以从银行获得更多的资金支持，用于日常经营或其他投资。这种方式不仅提高了客户的资金利用效率，还能够在需要时灵活运用资金。另外，借助银行的资金支持进行大批量采购，客户可以与供应商谈判获得较高的商业折扣，从而降低采购成本。

(2)对于银行而言，利用贸易链条的延伸来开发上游企业的业务资源是一种有效的策略，银行可以通过与供应商订立回购协议或调剂销售款项等方式帮助客户解决违约情况下的变现风险。这种方式可以为客户提供灵活的融资手段，同时也为银行提供了一种风险管理工具，降低了可能出现的损失。另外，通过第三方物流监管直接将货物发放给融资企业，可以更清晰地解决货物的权属问题，相比库存融资模式更加安全可靠。这种方式可以帮助银行更好地控制资金流向，减少因货物权属问题而导致的风险。

先款后货融资的业务流程如图9-2所示。

(1)签订贸易合同并缴纳保证金。买卖双方签订合同，其中融资企业向银行缴纳一定比例的保证金。这有助于确保交易的可靠性，并为银行提供一定的保证。

(2)提供授信并用于采购付款。银行向客户提供授信，资金直接用于向制造商支付采购款项。这有助于融资企业及时获取所需资金，完成采购交易。

(3)第三方物流发货至监管仓库。货物通过第三方物流企业直接送达制造商的监管仓库。

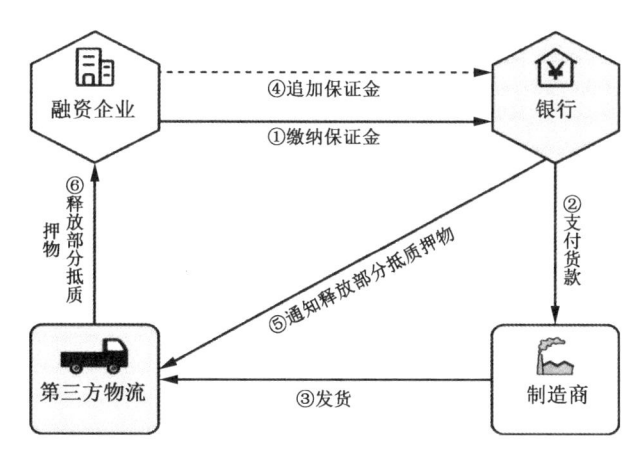

图 9—2 先款后货融资的业务流程

这确保了货物流转的透明性和安全性,减少了货物被替换或损坏的风险。

(4)融资企业补充保证金。根据经营需要,融资企业向银行补充保证金。这有助于维持交易过程中的信用和资金流动,保证交易的顺利进行。

(5)银行通知释放部分抵质押物。银行根据融资企业补充的保证金额度,通知监管方释放部分抵质押物。这为融资企业提供了一定的灵活性,可以更有效地管理其资产。

(6)融资企业释放抵质押物。融资企业根据银行通知,向监管方释放部分抵质押物。这表示融资企业对交易的履约能力得到了认可,同时也为后续交易提供了便利。

(二)保税仓融资

保兑仓融资又称担保提货融资,是一种常见的预付账款融资模式,本质是先款后货融资的演变,其特点在于以银行汇票作为预付账款,同时约定卖方的差额退款责任,实现对卖方信用的利用。在该融资模式下,融资企业(买方)需要提前缴纳一定保证金,并与金融服务提供商签署融资合同。合同约定了融资金额、利率、还款方式等重要条款。金融服务提供商向融资企业提供全额的资金用于采购,卖方需要出具全额提单作为金融服务提供商授信的抵质押物。随后,融资企业根据需要分批次向金融服务提供商提交提货保证金。金融服务提供商根据融资企业提交的提货保证金情况,分批次通知卖方向融资企业发货,如果卖方无法提供足够的货物,或者货物质量不符合要求,卖方需要向金融服务提供商支付差额退款。该融资模式又常被称为"卖方担保买方信贷模式",担保提货授信同样主要是针对采购阶段的资金短缺问题。此融资方式的业务特点如下:

(1)对融资企业客户而言,大批量采购订单,可以获得优惠价格,并且融资企业可以通过"淡季打款,旺季销售"的模式锁定价格风险。另外,货物是由上游供应商监管,可省去监管费用的支出。

(2)对供应商而言,由于一次性获得大批的预收款,可以缓解流动资金的瓶颈,并且能锁定未来销售,增强销售的确定性。

(3)对银行而言,供应商成为卖方和物流监管两个角色的共同体,简化了风险控制的维度,同时引入供应商发货不足的退款责任,能直接解决抵质押物变现的问题。

保税仓融资的业务流程如图 9—3 所示。

案例分析9-1

M公司的供应链融资

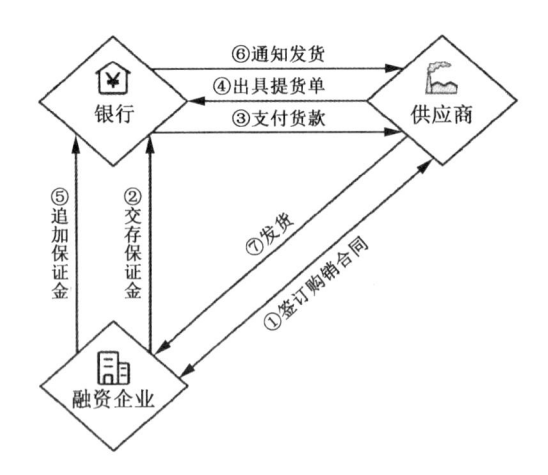

图 9-3 保税仓融资的业务流程

(1) 签订购销合同。融资企业与供应商签订商品购销合同,确立双方的交易关系和货物交付条件。

(2) 申请承兑汇票并交存保证金。融资企业向银行申请开立以供应商为收款人的承兑汇票,并按比例交存保证金作为交易的担保。

(3) 银行直接支付货款给供应商。银行根据融资企业的授信额度,直接向供应商进行采购付款,以满足融资企业的采购需求。

(4) 供应商出具提货单用于质押。供应商向银行出具提货单,作为质押物,以确保融资企业的借款安全。

(5) 融资企业追加保证金。融资企业根据经营需要向银行追加保证金,以维持交易的平稳进行。

(6) 银行通知供应商发货。银行根据融资企业追加的保证金金额,通知供应商向融资企业发货,确保交易顺利完成。

(7) 供应商发货至融资企业。供应商按照银行的通知,将货物发运至融资企业,从而完成本轮交易,如此循环操作。

案例分析9-2
华夏银行的保兑仓融资

(三) 进口押汇信用证融资

进口押汇信用证融资简称进口押汇融资,是国际贸易中一种常见的授信方式,旨在将商业信用转化为银行信用,提高进出口企业的贸易往来可能性。该融资模式还为供应链下游的中小企业提供了进口业务的融资解决方案。进口企业只需向开证行支付较少的保证金,即可进口较大规模的货物,提供了资金杠杆,缓解了资金压力。进口后的货物可作为存货质押,进口企业不必立即付款赎单,银行通过控制进口企业信用证下的单据所代表的货权,并将其作为还款来源,降低了银行开展业务时的风险。

进口押汇信用证融资是信用证融资和存货质押融资的一种发展和衍生,通过结合两种融资方式的特点,为供应链下游中小企业提供了更灵活的进口业务融资方案。当议付行(通常是受益人开户行)将单据交到开证行,开证行严格审单,如果单据符合要求,或者虽有不符点但得到供应链核心企业及开证行双方同意接受,则开证行应在合理的工作时间内对作为出口方的上游核心企业付款,并通知供应链下游的进口方赎单。由于供应链下游企业可能存在资金困难,开证行根据协议可以不立即要求供应链下游企业付款,而是将到港后的货物转换为存货质押融资,为供应链下游中小企业办理进口押汇。在货物到达港口后,供应链下游企业可以根据自身业务情况销售或再生产。待销售或再生产完成后,供应链下游企业再收款并向开证行赎单。

进口押汇融资业务的流程如图9-4所示。

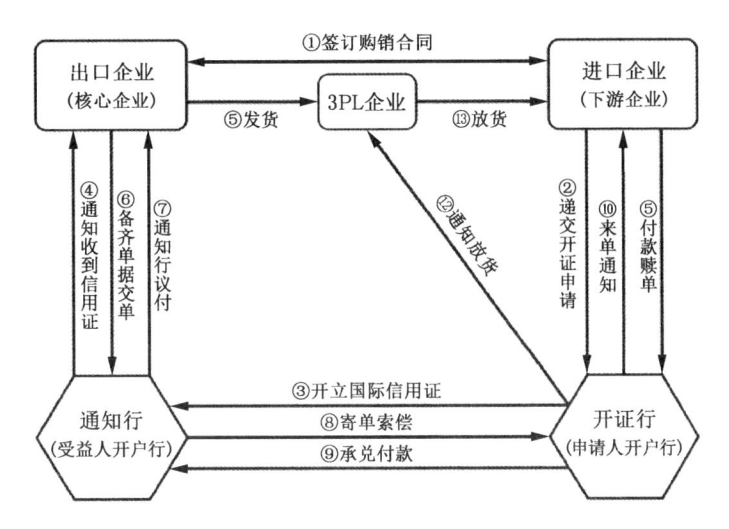

图9-4 进口押汇融资业务的流程图

(1)购销合同签订。买卖双方签订一份明确商品、价格和交货条件的合同。

(2)进口企业申请信用证。进口企业向开证行提交申请,请求开立可议付的延期付款信用证,以便支付出口商品的款项。

(3)开证行开立信用证。开证行受理申请,并向出口企业的银行(通知行)开立信用证,承诺在符合条件下支付款项。

(4)通知受益人。通知行收到信用证后,通知出口企业(受益人)。

(5)出口企业按条件发货。出口企业根据信用证和合同规定,按时发货。

(6)出口企业提交单据。发货后,出口企业准备好所有单据,并向受益人的银行(通知行)提交单据。

(7)受益人议付。受益人的银行收到单据后,向出口企业支付货款。

(8)通知行(受益人开户行)寄送单据给开证行。通知行(受益人开户行)将单据寄给开证行,进行委托收款。

(9)开证行确认付款。开证行收到单据后,审核无误后向通知行(受益人开户行)确认付款。

(10)开证行通知进口企业付款。开证行通知进口企业付款以赎回单据。

(11)进口企业追加保证金。根据需要,进口企业向开证行追加部分保证金,以办理进口押汇。

(12)开证行通知发货。开证行根据追加的保证金金额,通知第三方物流公司发货。

(13)第三方物流公司发货。第三方物流公司根据银行的指示完成货物的发运。

注意:步骤(11)~(13)循环操作,直至发货完毕。

(四)国内信用证融资

信用证作为一种支付方式,在国内贸易中也是一种常见的方式,特别是在买卖双方缺乏信任或涉及延长付款期限的情况下更为常见。国内信用证与国际信用证相比,在可撤销性和币种计价上有所不同,但其基本功能和作用是相似的,都是为了提供支付的安全性和可靠性。我国信用证是以人民币计价、不可撤销的跟单信用证,即信用证开具后在有效期内,不经信用证各有关当事人(包括开证银行开证申请人和受益人)的同意,开证银行不得修改或者撤销的信用证。国内信用证可以按照法律规定的条件修改和转让。信用证一般适用于以下两种情况:国内贸易买卖双方互不熟悉,或者买方对卖方交货能力存疑,或卖方对买方付款能力存疑;买卖中有延长付款期限需求,买卖双方资金不充裕。该融资方式的特点如下:

(1)融资企业客户方,可以利用开证行的授信额度,开立延期付款信用证提取货物,后期再用货物的销售收入支付国内信用证款项。这样使得企业能够更加灵活地运用资金,将资金用于更有利可图的业务发展和投资,从而优化了资金的使用效率。同时,通过延期付款的方式,企业还能够更好地匹配资金流入和流出,减少了资金的闲置和浪费。

(2)卖方在国内信用证业务中按照规定发货,其应收账款具有银行信用保障,有助于降低坏账或拖欠账款的风险。这种情况下,银行作为信用证的背书人,承诺按照信用证的条款向卖方支付货款,从而增加了卖方的收款保障,降低了贸易风险。

(3)银行在国内信用证业务中更容易控制货权,因为信用证交易中,银行作为信用证的开证行或通知行,有权在符合信用证条款的情况下向卖方支付货款,从而获得货权。相比之下,先票/款后授信和担保提货授信模式下,银行对货权的控制相对较弱,因为这些模式下银行更多扮演资金提供者的角色,直接参与到实际货物交割环节的可能性较低。此外,银行在国内信用证业务中除了获得贸易融资利息外,还可以通过信用证相关的中间业务获得额外收入。

国内信用证融资的业务流程如图9-5所示。

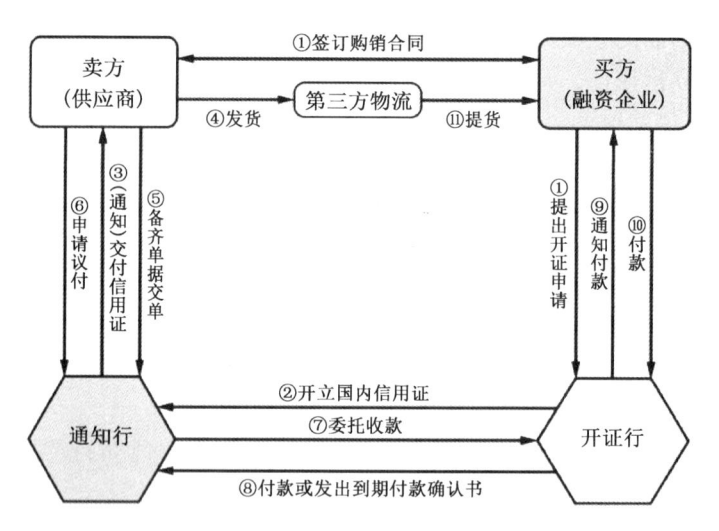

图9-5 国内信用证融资的业务流程

(1)签订购销合同,提交开证申请。买卖双方先签订购销合同,约定货物的品种、数量、价格、交付地点、付款方式等主要条款,买方向开证行提交开证申请,申请开立可议付的延期付款信用证,付款期限一般不超过6个月。

(2)开立国内信用证。开证行根据买方的申请,向卖方开户银行(通知行/议付行)开立国内信用证。

(3)(通知)支付信用证。卖方开户银行(通知行/议付行)收到信用证并通知受益人(卖方)。

(4)发货。卖方收到国内信用证后,按照信用证的条款和合同规定发货。

(5)提交单据。卖方发货后,备齐单据向委托行(通常为通知行)提交单。

(6)议付。委托行(议付行)审单议付,向卖方支付对价。

(7)委托收款。委托行(议付行)将全部业务单据寄送到开证行,办理委托收款。

(8)付款或发出到期确认书。待开证行收到全套单据,并审查单证的真实性,向委托行(议付行)付款或发出到期确认书。

(9)通知买方付款。开证行通知买方(融资企业)付款赎单。

(10)付款。买方向开证行付款,收到符合信用证条款的单据。

(11)提货。买方(融资企业)凭借符合条件的单据可以提货。

任务二 应收账款类供应链金融模式

一、应收账款融资的内涵

应收账款指企业在日常经营中,因销售商品、提供劳务等,应向购买单位收取的款项,其中包含应由购买单位或接受劳务单位负担的税金以及代购买方垫付的包装费、运杂费等。

上游企业因为频繁的赊销导致应收账款回款困难,造成了巨大的现金流压力。虽然只有少数企业拥有信用保险来缓解这种压力,但大多数企业无法享受到这样的帮助。为了确保生产运营的正常进行,供应链上游的企业亟须寻找新的方式来减轻这种现金压力。

应收账款融资是指供应链上游企业为获取资金,以与下游企业签订真实贸易合同的应收账款为基础,向供应链企业申请以应收账款为还款来源的融资。

应收账款融资的特点如下:

(1)加速资金周转。通过与金融机构和保理商合作,企业能够缩短收款周期,从而加快资金周转速度,提高资金利用效率。

(2)降低融资风险。由于应收账款融资的贷款额度与具体贸易背景相对应,金融机构能够根据实际交易情况授信,降低融资风险。

(3)降低交易成本。应收账款融资可以免除人工收账的烦扰,减少了买卖双方的交易成本,并提高了人力运用效率。

(4)优化应收账款管理。融资过程中需要管理和监控应收账款,这有助于企业优化账款管理,活化除固定资产以外的资产科目,提高了资金利用效率。

(5)增加营运周转金。通过应收账款融资,企业能够增加营运周转金,从而加强了财务调度能力,有助于企业更好地应对经营风险和变化。

综上所述,应收账款融资可以为企业带来多重好处,包括加速资金周转、降低融资风险、降低交易成本、优化账款管理以及增加营运周转金等,能对企业的发展起到积极作用。

二、应收账款融资的流程

应收账款融资的一般流程为:(1)供应链条上的上游企业与下游企业签订合同,形成应收账款。(2)下游企业向上游企业开具应收账款单据。(3)上游企业凭借应收账款单据向金融机构申请贷款。(4)下游企业向金融机构提供应收账款单据证明和付款承诺书。(5)金融机构贷款给上游企业,上游企业获得资金。(6)上游企业使用贷款资金进行产品的生产。(7)下游企业销售产品,获得货款。(8)下游企业将货款支付至金融机构指定的账户。(9)应收账款质押合同被注销。

这个流程确保了上游企业能够通过应收账款融资获得资金支持,而下游企业也能够按时支付货款,从而促进了供应链的良性运转。

三、应收账款融资的方式

应收账款融资主要有保理业务、保理池融资、反向保理、票据池融资、出口信用保险项下融资。

(一)保理业务

保理是一种金融服务,通过收购企业的应收账款来为企业提供资金支持,并提供其他相关服务。一般的保理做法是:保理商从其客户(供应商或卖方)手中购买应收账款(通常以发票形式表示),这些账款是应收债务人(买方)所欠的款项,再根据客户的需求提供包括债款回收、销售分户账管理、信用销售控制以及坏账担保等单项或多项服务。

保理业务让供应商或卖方能够提前获得销售回款,从而加速资金周转,而且无需提供质押物或担保,减轻了卖方的压力。这种业务适用于有应收账款融资需求或者需要优化财务报表的卖方。同时,买方的商业信誉和付款实力也需要符合保理商的相关要求,以确保保理业务能够顺利进行。

对卖方而言,国内保理业务具有如下优点:

(1)未到期的应收账款可立即转换为销售收入,从而改善财务报表的资金状况和经营绩效,使企业的财务状况更加健康和稳定。

(2)通过保理业务,企业可以向买方提供更具竞争力的远期付款条件,这有助于开拓市场,吸引更多客户,并增加销售额和市场份额。

(3)由银行承担买方的信用风险,意味着收款有可靠的保障,企业不必担心买方付款能力的问题,提高了资金回笼的可靠性和速度。

(4)银行能够提供一系列的服务,包括账务管理、资信调查以及应收账款追收等,这有助于企业节约管理成本,减轻了企业的管理负担,提高了工作效率。

对买方而言,国内保理业务具有以下优点:

(1)通过利用保理业务中的优惠远期付款条件,企业可以加速资金周转,更快地将应收账款转换为现金,从而创造更多的效益和利润。

(2)通过使用保理业务,企业可以节省开立银行承兑汇票、信用证等费用,因为保理商通常提供更经济高效的账务管理和资金流转服务,降低了相关费用的支出。

保理业务有很多类型,这里重点介绍以下四类:

第一类,根据发生买方信用风险时银行是否保留对卖方的追索权,保理可分为有追索权保理和无追索权保理。

(1)有追索权保理,也称为回购保理,在这种模式下,根据卖方的申请,银行可以受让卖方与买方因交易产生的应收账款。如果买方在到期时无法支付这些款项,无论出于何种原因,银行有权向卖方追索或反转让这些应收账款。根据保理合同的约定,卖方有义务按照约定金额从银行回购应收账款,并归还融资本息。在这种模式下,应收账款的坏账风险由卖方承担。

这种保理模式可以帮助卖方获得资金支持。相对于银行而言,由于有追索权,风险较低,因此这种模式通常能够获得较低的融资成本。同时,这也要求卖方对买方的信用风险有一定程度的了解和控制,以降低坏账的风险。

(2)无追索权保理,也被称为买断保理,在这种模式下,卖方将其应收账款转让给银行,但当转让的应收账款因买方信用风险而无法收回时,银行无权向卖方追索。因此,银行承担了所转让应收账款的坏账风险。相对于追索权保理(回购保理),无追索权保理的风险更大,因为银行无法向卖方追索未收回的款项。然而,由于承担更大的风险,银行通常会要求较高的融资费率,因此相对于回购保理,买断保理的收益通常也较高。

总的来说,买断保理适用于信用较好的买方和信誉良好的卖方,但对银行来说风险更高,因此通常需要更高的费率来补偿这种风险。

第二类,根据是否将应收账款转让事宜通知买方,保理可分为明保理和暗保理。

(1)明保理是指在债权转让发生后,供应商立即通知购货商,并要求购货商直接将应付账款支付给保理商的情况。根据民法典的规定,供应商在将应收账款转让给保理商时,必须在购销合同中明确约定并通知购货商。因此,我国的保理业务必须符合明保理的规定,以确保债权转让的合法性和有效性。

(2)暗保理是指供应商为了避免让他人知道自己流动资金不足而转让应收账款,并不将保理商参与保理的情况通知给购货商。在暗保理中,供应商将应收账款转让给保理商,但并未告知购货商。购货商的货款到期时,供应商仍然出面催款,并收回货款后再将款项交给保理商。暗保理的特点是对购货商不透明,且催款和资金回收由供应商自行处理,而保理商仅扮演资金提供和账务管理的角色。

第三类,根据保理商是否提供预付账款融资,保理可以分为融资保理和非融资保理。

(1)融资保理,又称折扣保理或预支保理,在融资保理中,保理商可以为供应商提供预付账款融资。供应商将发票交给保理商,保理商核准应收账款在信用销售额度内,然后立即支付不超过发票金额80%的货币资金给供应商。保理商随后向购货商收回全部应收账款,并在收回后向供应商结清剩余款项。这种保理形式能够为供应商提供及时的资金支持,帮助其加速资金周转。同时,保理商通过收回全部应收账款来收回预付的资金,从而确保了自身的风险控制。

(2)非融资保理,又称到期保理,在这种模式下,保理商在赊销业务发生时不提供预付账款融资,而是在应收账款到期时支付。具体来说,无论买方约定的付款期或预期付款期是否到达,保理商都必须在应收账款到期时支付货款给供应商。这种保理形式使得供应商能够获得应收账款的及时回款,不必等待买方付款,从而加速了资金周转。同时,对于保理商而言,他们需要在到期时支付货款给供应商,无论买方是否及时支付货款,因此对保理商来说存在一定的支付风险。

第四类,根据买卖双方是否处于同一国家或地区,保理可分为国内保理和国际保理。

(1)国内保理,即买卖双方均在国内的保理业务。

(2)国际保理,即买卖双方有一方在国外的保理业务,一般是针对出口商或者进口商的。

国际保理业务中存在单保理和双保理两种主要运行模式。在单保理模式中,通常涉及三个主要当事人:出口商、进口保理商和进口商,这种模式目前主要适用于国内保理业务。而双保理模式涉及两个保理商,通常包括四个当事人:出口商、出口保理商、进口保理商和进口商。在同一银行系统内两家经营机构合作开展双保理可以称为行内双保理。目前,双保理模式逐渐取代了单保理模式。在双保理模式下,出口商与出口保理商签订协议后,各种问题均可与出口保理商交涉,而出口商也能获得条件较为优惠的融资,进口商也只需与本国的进口保理商交涉。两个保理商共同开展工作,能更好地督促进口商偿付债务,从而保障出口商的债权,出口商的债权也能得到更好的保障。

保理业务的基本流程如图9-6所示。

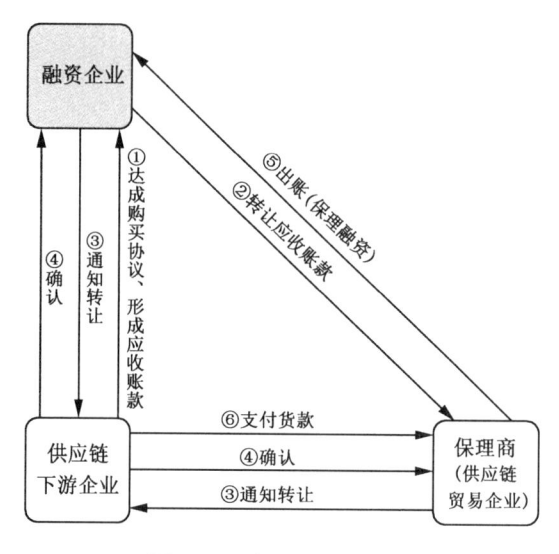

图9-6 保理业务流程图

(1)卖方交货或提供了有关服务后,向买方开出发票,形成应收账款。
(2)卖方向保理商申请应收账款转让,并提交发票副本给保理商。
(3)保理商受让应收账款,并与卖方共同通知买方。
(4)买方确认应收账款及其转让事宜。
(5)保理商根据发票金额按事先商定的比例(最高可达80%)向卖方发放融资。
(6)保理商负责向买方催收账款,并向卖方提供合同中规定的账务管理。应收账款到期前,保理商通知买方付款,买方直接将款项汇入保理商指定账户。待买方付款后,保理商扣除融资款项,余款划入卖方账户。

(二)保理池融资

保理池融资,指卖方将一笔或多笔不同买方、不同期限、不同金额的应收账款汇聚在一起,一次性全部转让给保理商,使得这些应收账款形成一个资金池。保理商根据这个池子中的资金总额为卖方提供一定比例的融资资金。

该融资方式具有以下优点:

1.能降低单一还款的风险

保理池中的买方分散,因此不太可能同时出现多个买方不还款的情况,从而降低了单一买方还款风险。通过集中多个买方的应收账款,保理商能够有效降低风险,并帮助供应商避免因单一买方违约而造成的财务损失。

2.手续简化,可降低操作与人员成本

保理池简化了业务流程和手续,因为转让多笔应收账款只需一次操作,减少了多次办理业务的手续。这不仅降低了融资的成本,还减少了操作成本。此外,保理商不需要派遣专门人员进行多个应收账款的跟踪放款,相比单笔业务,减少了人力资源的投入,降低了人员成本。

3. 循环融资

在保理池融资模式下,如果企业在授信有效期内能够保留最低额度以上的应收账款,那么企业就可以循环使用融资额度。这意味着企业可以根据需要随时获得资金支持,而融资的期限和金额不会受到单笔应收账款的金额和期限的限制。循环融资简化了融资流程,提高了放款的效率,无需重复放款和还款手续,同时减少了资金被无效占用的时间。

保理池融资的基本业务流程与保理融资基本一致,具体业务流程如图9-7所示。

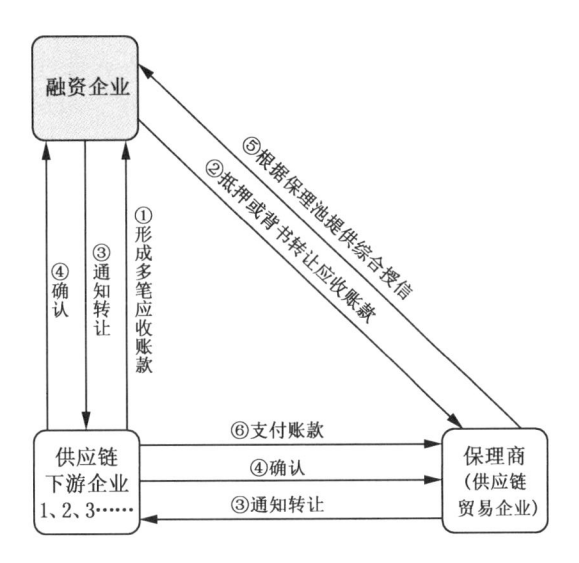

图9-7 保理池融资业务流程

(1)卖方与多个买方签订购销合同,形成多笔应收账款。
(2)卖方向保理商申请抵押或背书转让应收账款。
(3)保理商受让应收账款,并与卖方共同通知买方。
(4)买方确认应收账款及其转让事宜。
(5)保理商依据保理池提供综合授信。
(6)保理商负责向买方催收账款,并向卖方提供合同中规定的账务管理。应收账款到期前,保理商通知买方付款,买方直接将款项汇入保理商指定账户,待买方付款后,保理商扣除融资款项,余款划入卖方账户。

(三)反向保理

当供应链金融中出现了实力雄厚、财务状况良好的核心企业时,银行或金融机构会改变原有以供应商为主的合作模式,开始与核心企业合作,以降低回款风险。同时,核心企业的供应链意识不断提升,积极参与一些实力较弱的上游供应商的融资活动,以实现供应链融资的低成本、高效率运作。因此,应收账款融资模式中出现了反向保理业务。

反向保理,又称逆保理,是一种供应链金融模式,是银行或金融机构与核心企业(买家)之间的,为核心企业的上游供应商提供的融资、结算解决方案,此方案是针对核心企业与上游供应商之间因贸易关系产生的应收账款。在这种模式下,核心企业具有较强的信用和支付能力,它们通过向供应商提供较长的付款周期来获得融资,从而增强供应链的稳定性。该融资方式具有以下特点:

(1)对于供应商来说,中小企业常常面临资金周转不灵和融资困难的问题,使其在融资场景中处于相对弱势地位。然而,在反向保理业务中,由于可以依赖核心企业的信用资质,供应商能够获得更低成本的融资,并且缩短融资需求周期。这是因为银行或金融机构会在核心企业的信用评估基础上为供应商提供资金支持,从而降低了供应商的融资难度和成本。

(2)对于核心企业而言,通过反向保理融资,可以解决对上游供应商的资金支持需求,从而延长核心企业的付款期限或获得更低的货款折扣。这样做有助于最大化资金利用效率,甚至能够保障上游供货的稳定性。

(3)对于保理商而言,反向保理由核心企业(买方)发起保理申请,一定程度上增加了应收账款的真实性,有效解决了保理业务中贸易背景难核实的问题。此外,反向保理业务中的核心企业通常处于供应链的核心主导地位。保理商与核心企业建立起长期稳定的战略合作关系后,实力较强的大企业能够将中小供应商批量"打包"给保理商,简化了保理商的审核程序,提高了保理业务的高效运行。

简单来说,反向保理与普通保理的基础运作逻辑并无不同,只是在营销方向上有所区别,即普通保理的营销方向是卖方(上游供应链),而反向保理的营销方向则是买方(核心企业)。反向保理的业务流程如图9-8所示。

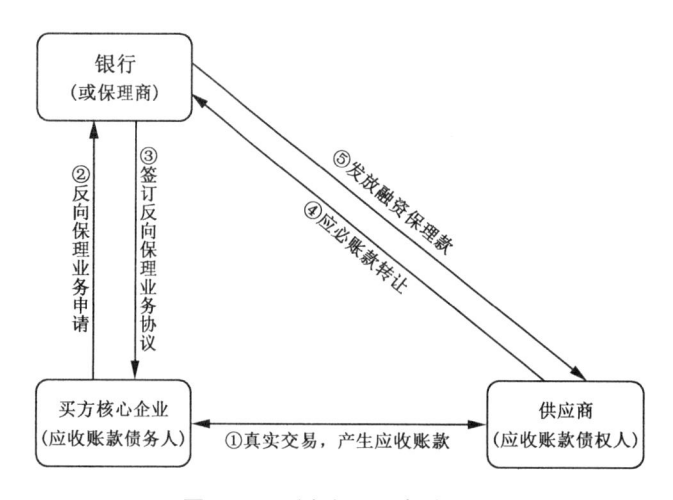

图9-8 反向保理业务流程图

(1)核心企业与供应商之间有形成切实的交易关系,供应商向买家发货,形成应收账款。
(2)核心企业收货验货后,将应收账款转让给保理商,并约定还款期限。
(3)保理商通知供应商应收账款已转让,并确认供应商办理反向保理业务,审核资质。
(4)经保理商审核双方信用资质后,向供应商提供一定比例的融资款。
(5)核心企业向保理商结算到期的应收账款。

(四)票据池融资

票据池是一种由一定规模的票据组成的票据资产池,是银行向企业提供的综合服务性金融产品。它包括票据管理、结算、融资和理财等与票据相关的一揽子服务。在供应链金融中,票据主要指商业票据。简单来说,企业将票据交给银行保管,同时银行给企业提供结算、融资和理财等增值服务。

票据池融资业务是指企业与银行签订相关协议,将票据质押给银行。银行根据质押票据

的余额、票据池保证金余额以及票据池下未结清的授信余额等因素,为企业办理授信业务。该融资方式有以下特点:

(1)对企业而言,票据池融资业务可以有效帮助自己解决票据业务管理压力。例如,提供票据代保管、真伪审验、托收等管理服务,有助于消除企业的票据管理操作成本和财务成本,专业化地消除票据风险隐患。同时,通过票据质押,企业可以实现最高担保额度的功能。企业可以利用持有的票据作为质押来开立新的票据,从而加快票据的周转速度,增加资金流通的价值。

(2)对银行而言,票据池业务可以带来多项综合收益,包括承兑手续费和贴现利息收入等。此外,通过票据池的集中管理,银行能够全面了解企业的票据库存结构以及客户的上下游供应链情况,从而开拓多项资产业务或组合业务,进一步拓展业务范围,增加收入来源。

票据池融资业务的流程如图9—9所示。

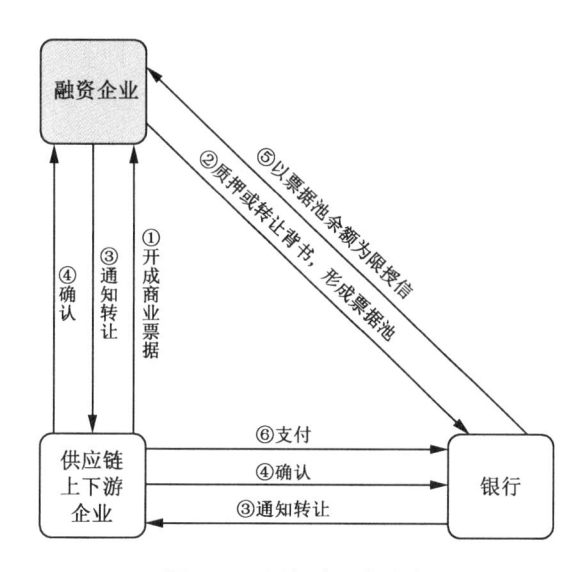

图9—9 票据池业务流程

(1)融资企业与供应链上下游企业之间形成商业票据。
(2)融资企业向银行进行质押或转让背书形成票据池。
(3)银行通知供应链上下游企业原票据转让。
(4)供应链上下游企业与融资企业确认。
(5)银行将以票据池余额为限对融资企业授信。
(6)供应链上下游企业向银行支付款项。

(五)出口信用保险项下融资

出口信用保险项下融资,指出口公司在出口货物或提供服务并办理了出口信用保险后,将保险权益转让给银行,银行向出口商提供的短期贸易融资业务。该融资方式有以下特点:

1.零抵押,零担保

零抵押和零担保可以降低出口企业的融资难度。保险公司承担部分风险,这使得银行可以根据情况提高对出口企业的授信额度或直接增加融资额度,为企业提供新的融资渠道。

2.专业分工,风险分散

银行和保险公司各自发挥自身专业优势,分别承担不同方面的风险,实现对风险的分散。

3.融资成本低

出口企业可以事先从银行获得资金,解决资金周转问题。同时,提前锁定收汇金额可以规避汇率变动风险。三方合作机制保证了出口企业的资金流动性,同时降低了整体风险。

出口信用保险项下融资流程如图9-10所示。

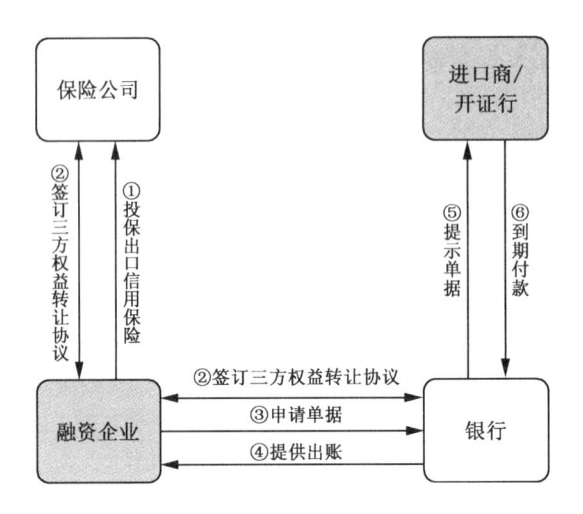

图9-10 出口保险项下融资流程

(1)融资企业向保险公司投保出口信用保险。
(2)融资企业、商业银行以及保险公司签订三方权益转让协议。
(3)融资企业向出口地商业银行提交出口单据并提出出口信用险项下授信申请,在将赔款权益让渡给出口地商业银行且货物出运后,保险公司向商业银行出具承保情况通知书。
(4)商业银行向融资企业提供出账。
(5)商业银行向进口商/开证行提示单据。
(6)进口商/开证行到期付款。

任务三　库存类供应链金融模式

一、库存融资的内涵

根据国外相关研究,库存成本在整个供应链运营成本中占据了重要位置(约占30%)。库存成本的核心包括被"锁定"在库存商品中的资金占用成本和使用成本。其中,资金占用成本实际上就是资金的机会成本。

库存融资是以供应链为基础,依托物流企业的信用和专业化物流监管能力,针对中小企业开展的一种动产融资。这种供应链金融模式能有效地帮助中小企业解决存货资产问题。在业务开展过程中,银行委托第三方物流企业代其履行监管职能,或者统一授信给第三方物流企业,由其全权负责对中小企业的融资。库存融资有助于加快库存资金的周转速度,降低库存资金的占用成本。库存融资也称存货融资,与应收账款融资一样,都是以资产控制为基础的商业贷款。

随着第三方物流的迅速发展,仓储、运输以及国际货运代理等物流服务企业与生产制造企业和贸易企业之间的联系日益紧密。第三方物流企业正在逐步渗透到供应链的各个环节。在供应链上下游企业之间,货物是最重要的商品流通形式,供应链金融有效地满足了货物流通对资金融通的需求。库存融资最初源自仓单质押,随着供应链金融的不断发展,涌现出多种存货质押模式。根据质押物对象,库存融资可分为基于存货本身的存货质押融资和基于货权的仓单质押融资两大类。根据质押物是否可自由更换、仓单是否标准化,以及货物存放地点和业务责任主体的不同,可进一步细分每一类。

库存融资有以下特点:

其一,增强了企业库存资金的流动性。

通过库存融资,企业可以将存货作为抵押物,获得资金支持,从而提高了企业库存资金的流动性。这意味着企业可以更灵活地运用资金,应对各种经营需求和突发情况。

其二,提高了企业库存资金的利用效率。

库存融资使企业能够更有效地利用库存资金,将其用于扩大生产、采购原材料或应对市场需求的变化,从而提高了企业的库存资金利用效率。

其三,库存融资不转移库存货物的所有权。

这意味着企业在利用库存融资时,虽然将库存货物作为抵押,但并不意味着企业失去了这些货物的所有权。这一点对企业的日常经营至关重要。因为企业仍然保留对库存货物的控制权和使用权,所以可以自由地管理和销售这些货物。这种情况下,企业能够根据市场需求调整库存的购买和销售,而不受到融资安排的干扰。这种灵活性有助于企业更好地适应市场变化,保持竞争力,并确保经营活动的连续性。

(四)企业可分批收回库存货物,无须一次性支出大笔金额赎回货物

通常情况下,企业可能需要在一定时间内将融资款项还清以赎回库存货物。但是,由于库存货物的数量和价值可能较大,一次性支付全部款项可能对企业财务造成负担。因此,分批收回库存货物有助于缓解企业的财务压力,使企业能够更好地管理现金流,并且在赎回过程中保持灵活性。这种做法有助于企业平衡资金的使用和库存的管理,提高资金利用效率,进而增强企业的竞争力和持续经营能力。

案例阅读

"货权"质押撬动企业融资

深圳发展银行在一些大中城市的创新产品推介活动中,推出了一项经过一年多的实践摸索成熟的"动产及货权质押授信"业务,这种业务很大程度上方便了中小企业贷款,撬动了中小企业融资。

谭先生是一位专门从事铝锭贸易的公司总经理,由于资金和资产有限,而很多流动资金又大多被途中的货物所占压,业务量始终没有做大。在一次银行业务部门请客户来讲述需求的沟通会上,他提出用自己手中的待售货品和货权单证以及产品销售合同等作为质押品从银行获得授信的请求。没想到,不久深圳发展银行广州分行便使这一设想变成了现实,在5 000万元的货权质押贷款帮助下,谭先生的公司销售收入从原来的500多万元,做到了现在的6个多亿元。

据深圳发展银行负责人介绍,目前这项"动产及货权质押授信"业务已覆盖钢铁、建材、石油、化工、家电等十几个行业,授信额度仅广州分行一家就已达25亿元,授信企业100多家,现在连电信公司的电话储值卡也可以拿到银行来质押融资。目前这项业务在南京、杭州、广东等省市已

经开始全方位运作,并将在全国范围内推广,其他一些商业银行也陆续开展了这项业务。

资料来源:根据CCTV《中国财经报道》相关资料整理。

二、库存融资的一般流程

库存融资的一般流程为:(1)企业、仓储监管方与银行之间签署协议,明确各方的权利和责任。(2)企业向银行缴纳一定金额的保证金,并签署授信协议,确定融资金额、利率等相关条款。(3)企业配合银行完成抵押登记手续,确保所抵押的库存货物的合法性和完整性。同时,监管人员进行日常监管,确保货物的安全和完好。(4)银行根据协议向企业提供融资,将资金划入企业指定账户。(5)在企业需要提取库存货物时,企业需向银行的保证金账户划付赎货款项,作为赎回货物的支付。(6)银行确认收到赎货款项后,通知监管方释放所抵(质)押的货物,使企业可以提取库存货物并继续经营。

三、库存融资的方式

目前库存融资比较常见的操作方式有三种,分别是静态抵质押、动态抵质押和仓单质押。

(一)静态抵质押

静态抵质押是指客户以自有或第三方合法拥有的动产为抵质押的授信业务。在这种情况下,银行通常会委托第三方物流公司监管客户提供的抵质押商品,以确保抵质押物的安全和完整性。与此同时,静态抵质押物通常不允许通过以货易货的方式交易,客户必须通过打款的方式来赎回抵质押物。静态抵质授信适用于那些除了存货以外没有其他合适的抵质押物的客户。此外,这种授信业务通常适用于那些采用批量进货、分次销售的购销模式的客户。静态抵质授信要求相对苛刻,客户必须严格按照银行规定的程序和条件操作。因此,这种授信业务更适用于那些从事大宗原材料、基础产品或品牌商品的经销商,以及现货库存占据大量资金的贸易型企业或生产型企业。

通过库存质押融资,客户可以将原本积压在存货上的资金盘活,扩大经营规模。同时,因为这种模式只允许用保证金赎货,不允许以货易货,所以赎货后所释放的授信敞口可被重新使用。

该融资模式的业务特点如下:

(1)对客户而言,即使没有其他抵质押物品,也能够从银行获得授信。客户可以利用存货作为静态抵质押物,获得所需的资金支持。通过这种方式,客户可以激活积压在存货上的资金,将其用于扩大经营规模,例如增加库存、拓展市场、开展新的产品线等。这种灵活的融资方式有助于提高企业的经营活力和市场竞争力。

(2)对银行来说,静态抵质押可以帮助扩大目标客户群体。因为这种融资模式不依赖于客户是否有其他抵质押物,而是以存货作为抵质押物,因此更多的客户可能符合资格。同时,银行可以通过这种方式获得变现能力较强的质押物,增加了资金回笼的可靠性。此外,银行还可以收取保证金以降低风险,并通过贸易链切入客户的上游企业,拓展收入来源和业务渠道。

综合而言,静态抵质押是一种双赢的融资模式,对客户和银行都具有吸引力。客户可以利用存货获得资金支持,扩大经营规模;而银行则可以通过这种方式扩大客户群体,增加收入来源,并降低风险,实现业务的多元化和可持续发展。

静态抵质押融资的业务流程如图9—11所示。

(1)申请融资。企业向银行提出静态质押融资申请。

(2)转交货物并交纳保证金。企业将库存货物转交给银行指定的第三方物流公司,作为融资的质押物,并向银行支付一定的保证金。

(3)通知和确认。银行收到第三方物流公司的收货通知,并确认收到企业的保证金。

(4)提供融资。银行根据融资协议向企业提供融资。

(5)追加保证金。企业在经营过程中如果需要提取质押的货物,就需要向银行追加保证金。

(6)发货指令。银行收到企业追加保证金后,向第三方物流公司发出发货指令。

(7)放货。第三方物流公司收到银行的发货指令后,向企业放货。

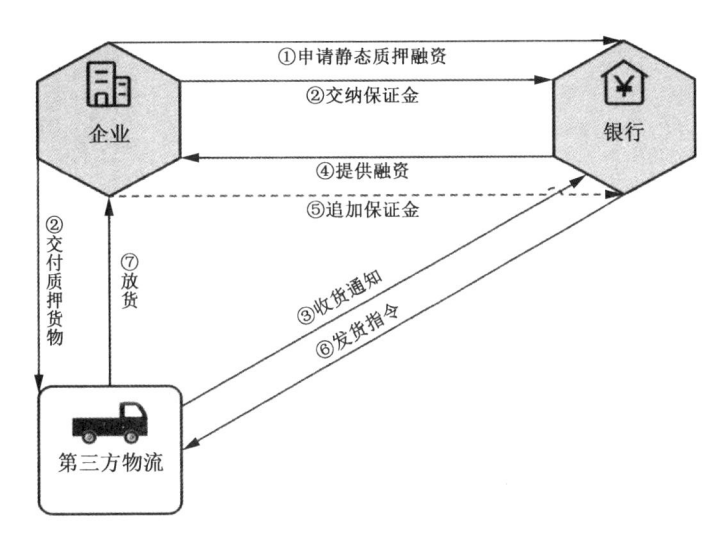

图9—11 静态抵质押融资的业务流程

在整个过程中,企业需要多少货物,就追加相应的保证金,然后从第三方物流那里提取货物。这一流程确保了质押货物的安全和透明性,同时为企业提供了灵活的资金支持,有利于企业扩大经营规模和提高竞争力。

(二)动态抵质押

动态抵质押是指客户将自有或第三方合法拥有的动产作为抵质押物向银行借贷资金。与静态抵质押授信不同的是,在动态抵质押授信中,客户可以使用被质押的货物,并且可以交易货物。

该业务的特点如下:

(1)使用被质押货物。在动态抵质押授信中,客户可以使用被质押的货物,这意味着客户可以继续经营并利用库存货物交易,从而实现资金的流动性和灵活性。

(2)设定最低限额。银行会设定客户抵质押的商品价值的最低限额。只有超过这个限额的商品才可以出库,这样银行可以确保抵质押物的价值足以覆盖借贷资金,降低风险。

(3)以货易货。客户可以以货易货,即可以通过交易货物来获取资金或其他商品,从而增加了经营的灵活性和多样性。

(4)适用条件。动态抵质押授信适用于库存相对稳定、货物品类不多、抵质押物的价值容易核定的客户。当客户的存货进出频率较高、不适合使用静态抵质押授信时,动态抵质押授信是一个较为合适的选择。

总的来说，动态抵质押授信为客户提供了一种灵活的融资方式，使其能够在经营过程中充分利用库存货物，同时为银行提供了更多的交易机会和风险控制手段。

动态抵质押融资的业务流程如图9－12所示。

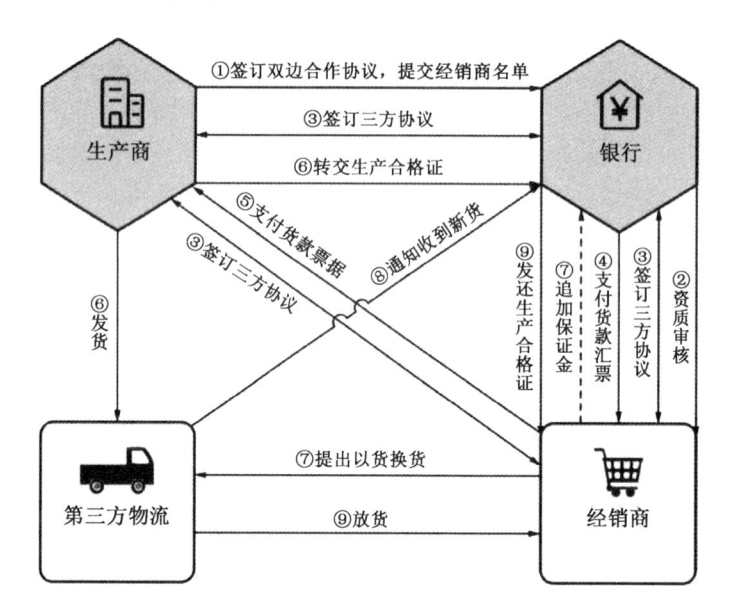

图9－12 动态抵质押融资的业务流程

（1）生产商与银行签订双边合作协议。
（2）生产商审核经销商并列出可支持的名单。
（3）银行审核经销商，与生产商和经销商签订三方融资协议。
（4）银行以汇票形式为经销商融资。
（5）经销商收到汇票后转让给生产商，从生产商那里进货。
（6）生产商将货物送至由银行指定的第三方物流处。
（7）生产商将生产合格证送至银行，在这之后，经销商要向银行归与销售货物价值相应的融资款项（或追加保证金），也可以在一定限额之内以货换货。
（8）银行收到还款或收到第三方物流收到新货的消息。
（9）银行指示第三方物流向经销商放货，并发还生产合格证，经销商即可销售货物。

案例阅读

邮政储蓄银行、中国建设银行等均提供有动态抵质押授信类产品服务

邮政储蓄银行的供应链金融服务包含了"动产抵押"产品。此产品适用于具有适合质押的动产、有短期流动资金贷款需求的客户。借款人在正常经营过程中，可以以其已经拥有的、邮储银行认可的动产（抵）质押给邮储银行，邮储银行自行或委托经邮储银行认可的监管企业对动产进行占有、监管，并在此基础上开展的融资业务。

本产品的特色在于：盘活存货，担保方式灵活；拓宽渠道，助力企业经营；扩大采购，加速资金周转。

中国建设银行的供应链融资业务也包含"动产质押融资"产品，该产品的特点在于质押动产范围广、种类多,包括钢材、有色金属、贵金属(黄金、白银)以及化工原料等;动产质押期间不影响销售,企业销售时,可以采取多种形式提取货物进行销售。

资料来源:http://www3.ccb.com/chn/company/gsjgsy/cpfw/gsyw/gylrzyw/dczyrz/index.shtml.根据相关内容整理。

(三)仓单抵质押

仓单质押融资简称仓单融资,是一种存货质押融资形式。在仓单融资中,融资方向仓储方出具仓单,并将仓单作为质押物向贷款方申请资金。这种融资模式涉及银行、仓储公司和融资企业三方,各方通过约定,共同实现监督保管存货和评估存货价值,并提供担保功能,实现三方共赢的目标。

简而言之,仓单质押融资是一种利用存货仓单作为质押物的融资方式,通过银行、仓储公司和融资企业的合作,筹措资金和控制风险,从而实现三方的共同利益。

仓单质押一般可以分为标准仓单质押授信和普通仓单质押授信两类。

1. 标准仓单质押授信

标准仓单,是指符合交易所统一要求的,由指定交割仓库在完成入库商品验收、确认合格后,签发给货主用于提取商品,且该凭证是经交易所注册生效的一种标准化提货凭证。标准仓单质押授信是指客户利用自有或第三方合法拥有的符合交易所统一要求的标准仓单作为质押物,向银行申请授信融资的业务。这种质押授信适用于两种类型的客户:一是通过期货交易市场采购或销售的客户;二是通过期货市场套利保值或规避经营风险的客户。

标准仓单质押授信的特点包括:

(1)资金使用灵活:客户可以利用标准仓单作为质押,获得银行的资金支持,用于满足采购、销售或套利保值的资金需求。

(2)风险规避:通过将仓单作为质押,客户可以规避经营风险,确保交易过程中的资金安全。

(3)市场透明:标准仓单是经过交易所注册和管理的,具有统一的标准和规范,有利于提高市场透明度和信任度。

总的来说,标准仓单质押授信为客户提供了一种便利、安全的融资方式,同时也为银行提供了可靠的抵押物,促进了期货市场的稳定发展。

标准仓单质押授信的业务流程如图9—13所示。

(1)融资企业向银行提交融资申请,并提供标准仓单以及相关证明文件,包括质押标准仓单的证明、客户基本情况证明等。

(2)银行审核融资申请,并根据客户的信用情况和抵押物的价值评估风险。审核通过后,银行与客户签署贷款合同、质押合同和其他相关法律文件。

(3)银行确认标准仓单质押登记手续,确保质押生效。通常,质押登记会在期货交易所或其他相关机构完成。质押生效后,银行向客户放款,提供融资资金。

(4)在质押期间,客户需要根据市场波动情况向银行追加保证金,以保证质押物价值的稳定。

(5)当贷款偿还或质押期结束时,客户向银行归还贷款,银行释放标准仓单。

(6)在质押期间,如果客户未能偿还贷款,银行会与期货公司协商交割,以利用标准仓单换取交割款。

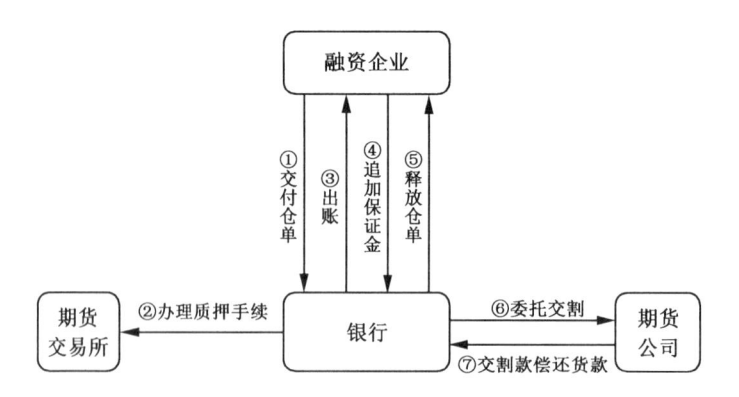

图 9—13　标准仓单质押授信的业务流程图

(7)客户在贷款到期时需要全额偿还贷款及利息。

2.普通仓单质押授信

普通仓单质押授信,是指客户凭借由仓库或第三方物流公司提供的非期货交割用仓单为质押物,并对仓单做出质背书后,由银行提供融资的一种银行产品。鉴于仓单具备有价证券的性质,一般出具仓单的仓库或第三方物流企业需要具有很高的资质。

普通仓单质押授信,是客户凭借由仓库或第三方物流公司提供的非期货交割用的仓单为质押物,向银行申请融资的过程。在这种融资方式中,客户将仓单作为抵押物,向银行申请贷款或信用额度,以解决企业经营中的资金需求。普通仓单通常由仓库或第三方物流公司出具,用于证明客户拥有存储在仓库中的货物所有权。当客户需要获得资金支持时,可以将这些仓单作为质押物向银行申请融资。银行会根据仓单的价值和客户的信用情况来确定融资额度,并在质押合同中约定相关的贷款条件和利率。

普通仓单质押授信通常适用于需要短期资金周转的企业,例如需要采购原材料、支付供应商款项或者应对突发经营需要等。通过将仓单作为质押物,客户可以获得灵活、快速的融资支持,同时降低了融资的成本和风险。

普通仓单质押授信的业务流程如图 9—14 所示。

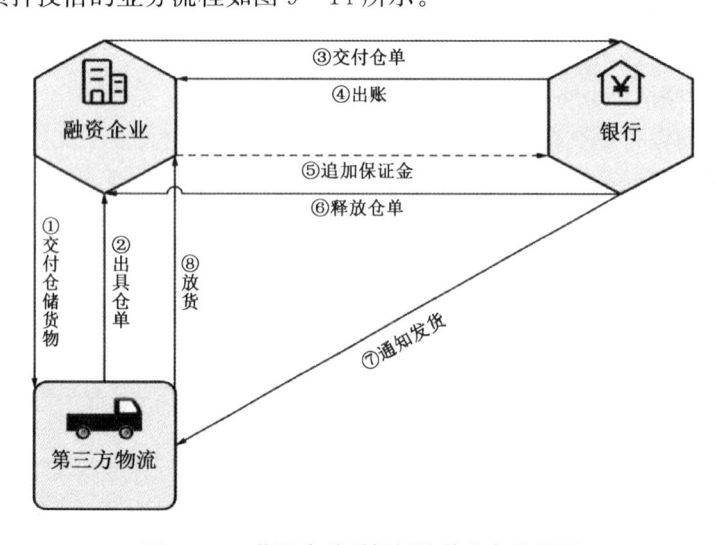

图 9—14　普通仓单质押授信的业务流程图

(1) 交付货物。融资企业或第三方出质人将其合法拥有的货物交付给第三方物流公司保管。

(2) 出具仓单。第三方物流公司向融资企业或出质人出具与存放货物对应的仓单。

(3) 交付仓单。融资企业将仓单背书记载质押字样,并经仓储方签章,然后将质押仓单交付给银行作为质押物。

(4) 签订合同,发放贷款。银行与客户签订质押合同和贷款合同,明确质押物的质押权利和贷款的条件、利率等。质押合同生效后,银行向客户提供贷款,可以是现金贷款或者信用额度。

(5) 追加保证金。融资企业按照银行规定的比例追加一定的保证金,以满足贷款要求。

(6) 释放仓单。贷款方在收到保证金后会向融资企业释放仓单。

(7) 放货。银行释放仓单后,通知第三方物流公司发货,并在收到指令后向融资企业放货。

通过这个流程,融资企业可以利用自己或第三方合法所有的货物质押,从而获得银行的融资支持,实现资金周转和经营发展的目标。

知识拓展

普通仓单质押授信和标准仓单质押授信的区别

普通仓单质押授信和标准仓单质押授信在以下几个方面存在不同:

1. 质押标准

普通仓单质押授信是以非期货交割用的普通仓单为质押物,其发放的贷款通常与仓单价值挂钩,贷款额度可能较为灵活。标准仓单质押授信则是以期货交割用的标准化仓单为质押物,贷款额度一般与标准仓单的价值和交易所的规定相关,通常贷款额度受限于交易所的监管。

2. 质押物特性

普通仓单通常由仓库或第三方物流公司出具,用于非期货交割的商品,如农产品、工业品等。这些仓单的发放较为灵活,质押的商品范围较广。标准仓单是经过交易所注册和管理的,用于期货交割的商品具有统一的标准和规范。质押的标准仓单通常为期货交易所指定的特定品种的商品,如黄金、铜等。

3. 申请条件

普通仓单质押授信的申请相对较为简便,客户只需提供仓单和相关申请文件即可,通常对客户的资质要求较低。标准仓单质押授信一般需要符合期货交易所的规定和银行的审批条件,客户需要经过严格的审核和评估,且对客户的信用要求较高。

4. 用途范围

普通仓单质押授信的资金用途相对较为灵活,可用于日常经营资金周转、采购或生产资金等方面。标准仓单质押授信更多地用于期货交易的资金周转,如期货交易保证金、套利交易等,其用途较为专业和固定。

任务四　供应链金融业务需求管理

一、供应链金融需求分析方法

(一)基于行业视角的供应链金融需求分析

一个完整的供应链一般包括上游、中游和下游三个主要环节：上游负责原材料的生产和供应，是供应链的起始点。上游环节的企业通常包括原材料生产商、采矿公司、农场等，他们提供的产品或服务是供应链的基础。中游负责产品的加工、制造和组装，将原材料转化为成品。中游环节的企业通常是制造商、加工厂、组装厂等，他们负责将原材料加工成最终产品，为下游提供产品。下游负责产品的销售和最终消费。下游环节的企业包括批发商、零售商、消费者等，他们是产品的最终使用者或销售渠道。行业不同，核心企业所处的位置也不同。根据企业的商业形态和所处的行业不同，供应链可以分为多种类型，如建筑行业供应链、汽车行业供应链、钢铁行业供应链、医药行业供应链、电信行业供应链、环保行业供应链、食品行业供应链、化工行业供应链等。

不同行业的供应链，金融需求的具体表现形式也有所不同，由此产生的金融需求也就不同。

1. 制造型供应链的金融需求

制造型供应链的金融需求主要包括：(1)规模增长和产业升级的资金支持。制造型企业通常需要大量资金用于扩大生产规模、引进先进设备、进行技术升级和研发创新等，以满足市场需求并提升竞争力。(2)日常生产经营的流动资金需求。制造企业需要大量的流动资金用于购买原材料、支付工资、运营设备等日常经营活动，确保生产运营的正常进行。(3)销售渠道的培育和市场保障。为了拓展销售渠道、开拓新市场或者在市场低迷时保证销售，制造型企业可能需要获得买方信贷、为客户提供产品回购担保等服务，以降低客户风险并促进销售。

2. 商贸型供应链的金融需求

商贸型供应链的金融需求包括：(1)资金充实与扩大经营规模。商贸企业需要大量资金用于扩大经营规模、开设新店铺、扩展产品线等，以适应市场需求并提升市场份额。(2)跨地域连锁经营。为了掌握更广阔的市场销售网络，商贸企业可能需要资金支持用于跨地域连锁经营、开设新分店、加盟店或者实施跨境电商等。(3)持续投入资金。由于客户需求变化快、产品升级换代频繁，商贸企业需要持续不断地投入资金用于采购新品、更新库存、维护门店、广告宣传等，以保持竞争力。(4)大量应付账款管理。由于商贸型企业与供应商、客户之间的交易频繁，往往会产生大量的应付账款，需要合理管理和妥善处理，以确保资金周转和经营稳定。

3. 高科技型供应链的金融需求

为了保持供应链持续不断的创新能力，企业需要将大量资金用于技术研究，因此研发融资需求在总融资需求中占据着非常大的比例。企业要维持、运作研究成果，必须持有一定的流动性资金用于日常经营支出等。为了完成产品试制、反复的试验以及试销，则需要购置大量的机器设备来进行反复的生产试验，因此需要资金购买机器设备等固定资产。

高科技型供应链的金融需求主要包括以下几个方面：(1)研发融资需求。为了保持供应链的创新能力，企业需要大量资金用于技术研究和开发。因此，研发融资需求在总融资需求中占据很大比例。(2)流动性资金需求。企业需要持有一定的流动性资金，用于日常经营支出、研发项目的运作等,以确保供应链的正常运转。(3)资本支出需求。为了完成产品试制、反复试验以及试销,企业需要购置大量的机器设备等固定资产。这些资本支出是供应链运作的关键,需要充足的资金支持。(4)风险管理需求。高科技供应链涉及诸多不确定性和风险,包括技术风险、市场风险等。因此,企业需要一定的资金用于风险管理,如保险、应急资金等。

(二)基于结构视角的供应链金融需求分析

供应链结构主要是从供应链环节之间的相互链接关系出发,考虑参与供应链节点企业数目大小和企业间的连接关系是否复杂。供应链可以分为链型供应链和网型供应链,不同结构的供应链特征不同,核心企业与上下游企业的地位和关系不同,因此产生的金融需求也不同。

1. 链型供应链的金融需求

链型供应链是一种线性结构,各个环节之间存在明确的顺序和依赖关系。通常由核心企业领导着上下游企业,形成了明确的供应链条。在链型供应链中,核心企业往往占据主导地位,对金融资源的需求较大。主要的金融需求包括供应链中的资金流动性需求、资本支出需求以及对风险管理的需求。核心企业通常需要投入大量资金用于研发、生产、市场推广等方面,同时需要保持足够的流动性资金来确保供应链运转顺畅。

2. 网型供应链的金融需求

网型供应链是一种多对多的网络结构,各个企业之间形成了复杂的相互关系,不存在明确的主导企业。在网型供应链中,各个参与节点之间的地位相对平等,金融需求更加分散和多样化。除了资金流动性需求和资本支出需求之外,网型供应链还需要更多的金融产品和服务支持多方合作、信息共享、风险分担等方面的需求。例如,可能需要建立供应链金融平台解决多个参与方之间的融资和结算问题,同时还需要更加灵活的风险管理工具适应复杂的供应链关系。

综上所述,链型供应链和网型供应链由于结构特征不同,产生的金融需求也有所不同。理解和满足不同类型供应链的金融需求,有助于提高供应链的效率和稳定性。

(三)基于生命周期视角的供应链金融需求分析

供应链生命周期是指供应链具有孕育、成长、成熟和衰退四个基本阶段并且不断循环的现象。在市场经济条件下,因所处供应链的发展阶段不同,企业面临着不同的经营风险和发展机遇,从而对金融需求也有所不同。

1. 供应链孕育期的金融需求

(1)资金需求。在孕育期,企业需要大量资金来进行厂房建设、设备购置、人员招募等前期准备工作。因此,融资租赁等形式的资金产品需求较为突出。

(2)风险管理需求。由于处于初始阶段,企业面临的风险较高,因此需要适当的风险管理工具和保险产品来应对可能出现的风险。

2. 供应链成长期的金融需求

(1)结算产品需求。在成长期,企业的交易活动增多,因此需要快捷方便的结算产品来支持日常业务。

(2)投资咨询和信贷产品需求。企业需要全面的投资咨询服务,并对贸易融资或信用证类服务有强烈需求,以支持其扩大规模和市场份额。

3. 供应链成熟期的金融需求

(1)金融产品适配性需求。成熟期的企业更加关注银行提供的金融产品与自身需求的匹配程度、服务质量、态度及效率等方面。

(2)直接融资需求。成熟期的企业倾向于通过资本市场直接融资,以获取更多的资金支持和提高企业的知名度。

4.供应链衰退期的金融需求

衰退期的供应链无论是寻求退出还是创新转型,都需要强大的资金支持来应对挑战和改变现状。因此,对银行贷款等传统融资方式具有强烈需求。

综上所述,随着供应链生命周期的不同阶段,企业的经营需求和风险状况也会发生变化,因而产生的金融需求也会相应地有所不同。理解并满足不同生命周期供应链的金融需求,有助于提升企业的竞争力和抗风险能力。

二、供应链金融业务用户的需求分析

(一)供应链核心企业

对核心企业而言,稳定与上下游企业的采购销售关系是至关重要的经营活动。通过加强对上下游企业的控制,核心企业可以实现以下几个方面的效益。

1.改善现金流量和优化财务报表

通过稳定采购销售关系,核心企业可以更好地规划和管理现金流,避免资金周转不畅或过度占用资金的情况,进而改善企业的现金流量。此外,稳定的销售和采购订单也有助于优化财务报表,提升企业的财务状况。

2.提升供应链竞争力

通过控制和加强与上下游企业的合作关系,核心企业可以优化供应链的整体效率和竞争力,包括提高供应链的灵活性、响应速度和产品质量,从而使核心企业在市场竞争中处于更有利的位置。

3.提升自身市场话语权

通过稳定的供应链关系和优质的产品供应,核心企业可以建立良好的市场声誉和品牌形象,从而提升在市场中的话语权和影响力。这有助于吸引更多的客户和合作伙伴,推动企业的市场扩张和业务发展。

4.促进长期合作关系

加大对上下游企业的控制力度可以建立更加稳固和长期的合作关系。这种长期合作关系不仅有助于稳定供应链,还可以降低交易成本、提高效率,并为企业未来的发展提供可靠的支持。

(二)供应链上下游中小企业

围绕核心客户上下游两端的中小企业往往面临融资难、融资贵的问题。供应链融资可以有效解决这些问题,具体体现在以下几个方面。

1.降低融资风险

供应链融资将中小企业的融资需求与其上下游企业的交易关系相结合,借助核心客户的信用和交易背书,从而降低了银行融资的风险。

2.缓解流动资金压力

供应链融资可以通过提前对中小企业的应收账款或存货融资,从而快速获取资金,缓解企业的流动资金压力,保证正常的经营活动。

3.构筑稳固和谐的客户群

通过供应链融资,中小企业与核心客户之间建立了更加稳固和长期的合作关系。这有助于构筑和谐的上下游客户群,增强合作意愿,降低了供应链中的交易风险。

4. 降低交易成本

供应链融资简化了资金流动路径,减少了信息不对称和中间环节,从而降低了交易成本。中小企业可以更加高效地获取资金,并以更低的成本生产和销售。

5. 增加扩大生产的可能性

通过供应链融资,中小企业可以更容易地获得资金支持,从而扩大生产规模,满足市场需求,提高产能利用率,进一步提升企业的竞争力和盈利能力。

6. 提升经营能力

通过供应链融资,中小企业可以更加灵活地应对市场变化和客户需求,增强了企业的经营能力和应变能力,进一步提升了企业的市场地位和竞争力。

(三)商业银行

商业银行为核心企业提供深度的供应链金融服务,可以通过简化审核程序、提高业务办理效率,并降低资金潜在成本。供应链金融服务有以下优势。

1. 简化审核程序,提高效率

商业银行只需考察核心企业的信用资信情况以及与其有业务往来的关联企业之间的有价票据,而不需要逐户分析考察企业资质和还款能力,从而大大简化了审核程序,提高了业务办理效率。

2. 降低资金潜在成本

供应链金融服务通过对核心企业的信用评估和有价票据的考察,降低了银行的信用风险,从而降低了资金的潜在成本,使银行能够以更低的成本向核心企业提供资金支持。

3. 分化调整客户融资结构

通过供应链融资,银行可以根据核心企业和其关联企业的信用状况和交易情况,进一步分化调整客户的融资结构,实现局部风险控制,降低了银行贷款的集中风险。

4. 提升业务合作黏度

供应链金融服务有助于构建核心企业与银行之间更紧密的业务合作关系,增强了业务合作黏度,有利于长期合作关系的建立,进一步促进了供应链金融服务的开展。

5. 拓展服务范围和类别

通过供应链营销,商业银行可以进一步拓展服务范围和类别,围绕供应链融资提供更多样化和专业化的金融产品和服务,为客户提供更全面的金融支持,从而成为商业银行业务发展的新利润增长点。

(四)供应链中其他第三方机构

供应链融资中的第三方机构包括保险公司、担保公司、物流企业、电子商务平台、保理公司、租赁公司等多种类型的企业。它们的参与丰富了供应链融资的参与主体,对于弥补商业银行、核心企业以及供应链上下游中小企业之间的业务合作短板起到了重要作用。以下是第三方机构参与供应链融资的优势和作用。

1. 提高合作效率

第三方机构的参与可以加速信息流、资金流和物流的流动,从而提高了供应链融资中各个环节的合作效率。例如,物流企业的参与可以优化供应链的物流管理,减少货物运输时间和成本。

2. 降低业务风险

第三方机构的介入可以提供额外的保障和担保,有助于降低商业银行和核心企业在供应链融资中面临的业务风险。例如,保险公司可以提供供应链融资保险,减少交易风险。

3. 拓宽业务合作渠道

第三方机构的参与拓宽了供应链融资的业务合作渠道。通过与这些机构合作,商业银行和核心企业可以更广泛地接触到供应链上下游的中小企业,扩大合作范围。

4. 创造相关收益

第三方机构在供应链融资中承担着不同的角色,从中获得相关收益。例如,保险公司可以收取保险费,担保公司可以收取担保费,保理公司可以收取保理服务费等,从而获得收益并实现进一步发展壮大的可能。

任务五　供应链金融业务优化方案制定

一、供应链金融业务优化方案的设计原则及目的

供应链金融业务优化方案的内容包括方案设计的原则及目的,全流程金融服务优化方案设计,业务链条风险控制优化方案设计和内部流程敏捷优化方案设计。优化供应链金融业务的核心,一方面是要有产业资源积累,有获取优质资产的渠道,另一方面,要把风险控制放在首位,更有效地把控信息及资金的流向及用途。

(一)供应链金融业务优化方案设计的目的

供应链上的企业在"供应链金融"的融资模式下,一旦获得银行的支持,等于资金进入了供应链,可以激活整个"链条"的运转,为中小企业赢得更多的商机,同时也可以成为银行提升竞争力和获取利润的新手段。供应链金融业务优化方案的设计目的主要包括以下几个方面:

1. 解决中小企业融资难题

中小企业通常面临融资难、融资贵的问题,供应链金融优化方案旨在通过整合供应链上下游企业的资源,为中小企业提供更便捷、灵活的融资渠道,解决其融资难题,促进其发展壮大。

2. 实现供应链资金融通

优化供应链金融业务可以实现整个供应链的资金融通,即实现供应链上下游企业之间的资金流动和融资互通,加速供应链的资金周转,提高供应链运作效率。

3. 优化供应链流程

供应链金融优化方案可以整合物流、资金、信息和商流四大要素,实现供应链的优化和协同,提高供应链的运作效率和灵活性,降低企业的运营成本。

4. 降低企业成本

提高效益优化供应链金融业务可以为企业节省财务成本、管理费用,降低融资成本和交易成本,提高企业的盈利能力和竞争力。

5. 增强银行竞争力和盈利能力

供应链金融业务的优化可以帮助银行拓展客户群体,提升服务水平,增加业务规模和收入来源,进而提高银行的竞争力和盈利能力。

(二)供应链金融业务优化方案设计的原则

供应链金融业务优化方案的设计要根据金融服务主体的特征、需求以及产业价值链的形成,以供应链核心企业为核心,针对客户对产业链的不同需求,将产业价值链上的各个主体联

系起来,提供一体化、全流程、集成式的服务方案和产品组合,以期该链条上所有的参与主体需求都能得到重视与满足,链条资源得到最大化优化整合,金融服务提供者从而获得最大化收益。供应链金融业务优化方案设计的原则如下。

1. 客户导向原则

以供应链核心企业及其他参与主体的需求为中心,定制个性化的金融服务方案,满足不同企业在产业链上的融资、结算、风险管理等多样化需求。

2. 一体化服务原则

提供一体化的金融服务方案,覆盖供应链上下游的所有环节,包括融资、供应链管理、物流、结算等,实现全流程的金融服务。

3. 风险共担原则

金融服务提供者与供应链上各参与主体共同承担风险,建立起风险共担机制,提高供应链整体的风险抵御能力。

4. 信息共享原则

建立供应链上各主体之间的信息共享机制,加强信息流通与沟通,实现信息的及时、准确传递,提高供应链的透明度和运作效率。

5. 创新驱动原则

不断创新金融产品和服务模式,结合新技术和业务模式,提高金融服务的普惠性和便捷性,满足不断变化的市场需求。

6. 合规合法原则

遵守金融监管法规和行业规范,确保金融服务的合规性和合法性,维护客户权益和金融市场稳定。

7. 合作共赢原则

供应链金融优化,可以实现金融服务提供者与供应链上各参与主体之间的合作共赢,共同推动供应链的协同发展,实现资源最大化优化整合,实现多方共赢的目标。

二、供应链全流程金融服务优化方案设计

明确供应链金融业务优化方案设计的原则及目的后,就可以对供应链全流程金融服务设计优化方案。银行和其他金融机构应充分发挥自身优势,围绕供应链核心企业,将其上游供应商、下游企业、终端消费市场等纳入整体考虑,分析供应链各节点的业务背景,了解供应链金融需求,分析现有金融产品缺陷,为核心企业产业链条上各成员企业设计适用于自身需求的全新金融服务方案。

(一)需求分析和定制化服务

银行和金融机构应当与供应链核心企业密切合作,深入了解其上下游企业的融资需求和金融服务痛点。根据不同企业的需求,提供定制化金融产品和服务,包括供应链融资、订单融资、库存融资等,以满足不同企业在不同业务环节的资金需求。

(二)数字化金融平台建设

建立完善的数字化金融平台,实现供应链金融服务的全流程在线化。该平台应当包括供应链信息管理、融资申请、审批流程、资金结算等功能,提高服务的便捷性和效率。

(三)智能风险管理系统

结合大数据和人工智能技术,建立智能风险管理系统,对供应链上下游企业的信用风险、

交易风险进行实时监控和预警,及时采取相应措施降低风险。

(四)供应链可追溯性与透明度

借助区块链技术等手段,实现供应链信息的可追溯性和透明度,提高交易数据的真实性和可信度,降低信息不对称带来的风险,增强金融服务的可持续性。

(五)金融产品创新

银行和金融机构应当根据供应链上下游企业的实际情况和需求,不断创新金融产品和服务。例如,结合物联网技术开发智能供应链融资产品,利用大数据分析提供供应链风险管理服务等。

(六)合作生态圈建设

建立起银行、供应链核心企业、供应商、物流公司等各方之间的合作生态圈,促进信息共享、资源整合和合作共赢,实现供应链金融服务的良性循环。

以上措施可以实现供应链全流程金融服务的优化,提升服务水平和效率,促进供应链各参与方的协同发展,推动整个产业链的良性循环。

三、供应链金融业务风险控制优化方案设计

针对供应链金融业务的风险控制,可以采取以下优化方案设计。

(一)核心企业风险控制

制定严格的核心企业选取标准,考察其市场地位、财务状况、管理水平等;加强对核心企业的风险评估和监控,定期审查其经营状况和财务情况。建立预警机制,及时识别并应对核心企业可能面临的风险,采取相应措施降低风险影响。

(二)经销商风险控制

设立严格的经销商准入机制,审查和评估经销商,确保其具备良好的信用记录和经营能力;加强对经销商的授信贷前调查,全面了解其经营状况和风险情况,避免潜在风险;建立健全的合同管理机制,明确经销商的权责,规范合作关系,降低合作风险。

(三)第三方监管商风险控制

加强对第三方监管商的监管和管理,确保其合规运营,防范可能存在的违规行为;明确仓单质押操作中的法定验货责任,加强对质物的监管和管理,防止质物质量问题引发风险。不建议采用动产抵押担保模式,避免可能存在的动产抵押登记不完善、优先权冲突等风险。

(四)监管责任加强

加强监管方对供应链金融业务的监管责任,确保金融市场秩序稳定。

加强监管部门对金融机构的监管力度,规范金融机构的经营行为,防范金融风险。

综合来看,以上优化方案的设计可以有效降低供应链金融业务的各方风险,保障金融机构和供应链各参与主体的利益,推动供应链金融服务的健康发展。

四、供应链内部流程敏捷优化方案设计

在发展理念上,针对供应链内部流程的敏捷优化,可以采取以下措施:

(1)引入先进的信息技术,建立数字化的供应链金融平台,实现业务流程的在线化、自动化和智能化,提高工作效率和响应速度;开发并应用大数据、人工智能等技术,分析和挖掘供应链数据,为业务决策提供数据支持和智能化指导。

(2)以客户为中心,深入了解客户需求和痛点,不断优化产品和服务,提高客户满意度和忠

诚度;建立客户反馈机制,及时收集和反馈客户意见,根据客户反馈调整内部流程和服务方案。

(3)设立敏捷工作团队,采用敏捷开发方法,快速响应市场变化和客户需求,迅速调整业务流程和产品设计;建立快速决策机制,降低层级,简化审批流程,提高工作效率和灵活性。

案例分析9-6 设计A银行供应链金融业务优化方案

(4)培养员工创新思维,鼓励员工提出新的业务流程和产品服务的创意,推动内部流程的不断创新和优化;建立主人翁意识,让员工积极参与工作,主动承担责任,推动工作的积极开展和高效执行。

(5)全面审视和优化供应链金融业务的各项流程,简化烦琐流程,减少不必要的环节和等待时间,提高业务办理效率。

以上内部流程敏捷优化方案的设计和执行,可以提高供应链金融业务的反应速度和灵活性,加强与客户的沟通和合作,实现业务的快速落地和持续发展。

小 结

近年来,供应链金融引起理论界和实业界的高度关注,成为全社会的热点话题。本项目结合多个案例,分析了预付账款融资、应收账款融资和库存融资的基本内涵、业务流程以及这三种融资模式所包含的方式;并在此基础上分别基于行业视角和基于供应链金融业务用户分析供应链金融业务需求,最后阐述如何制定供应链金融业务优化方案。

案例讨论

供应链金融模式创新[①]

进口车是指纯原装进口、在中国销售的汽车,分为中规进口车和平行进口车两类。

中规进口车是由国内获得国外品牌厂商授权的经销商进口并在中国销售的车辆。这些车辆通常定向为中国市场生产,由授权的品牌4S店提供售后保障,但价格较高,维修可能存在困难。

平行进口车是由非厂家官方授权的独立贸易商直接从原产地或其他海外市场购买,并在中国销售的车辆。与中规进口车相比,平行进口车的进口渠道与国内授权经销渠道相平行,但可能具有不同的规格和配置,如"美规车""中东版车""加版车""欧规车"等。

山东银座汽车有限公司(以下简称"银座汽车")是由山东商业集团有限公司(以下简称"鲁商集团")投资组建的大型汽车综合性服务运营商。2016年起银座汽车全面布局平行进口车业务,充分发挥自身优势,借助汽车供应链金融业务,积极拓宽国际贸易渠道,分别在德国汉堡和我国的香港、天津、青岛设立子公司,在北美、中东开设海外仓,在上海、广州、深圳、福州等国内港口设中转库,全力打通境内外平行进口车各个贸易环节,搭建起国际化平行进口车供应链贸易平台。

进口车辆因海外出口商话语权大、单车余额高、运输周期长等特点,需要大量资金来保持正常运转,因此企业需要大量融资。然而,大多数平行进口车贸易商是中小民营企业,面临融资难的情况。随着利好政策的推动,一些有实力的大型企业纷纷进入平行进口车市场,导致原

---

① 卢强.供应链金融[M].北京:中国人民大学出版社,2022:125−128.

有的中小企业主导、未利用金融杠杆的局面发生了重大变化。供应链金融是金融机构为实体经济提供融资支持的一种新兴金融产品，可以有效帮助中小民营企业摆脱融资限制，解决融资问题。

平行进口车贸易商为了持续经营，通常会同时持有可销售的库存车辆、清关车辆、海上运输车辆和海外待发运车辆等，因此需要占用大量资金。然而，由于多数平行进口车贸易商是轻资产企业，缺乏足够的固定资产作为抵押来获取金融机构的资金支持，导致经常面临库存积压、资金占用过多、资金周转不足的问题。因此，他们需要融资。

银座汽车抓住了平行进口车市场的商机，通过成为核心企业嵌入平行进口车贸易链的进口商角色，实现了汽车传统单店营销模式的创新与转变。他们利用供应链金融解决了传统贸易业务模式中资产投入大、人员占用多、销售产品品牌受限、销售辐射区域小等问题。这种转变将重资产转变为轻资产，符合山东省新旧动能转换重大工程及高质量发展的要求。

银座汽车为国有企业，属于银行的优质客户，可以作为中间担保人为客户担保，使企业获得资金，以解决企业融资难问题。银座汽车作为这些平行进口车部分卖家的上家，会提供给它们优质和稳定的货源以及保障，并从中获得利润。

具体业务流程如图9—15所示。

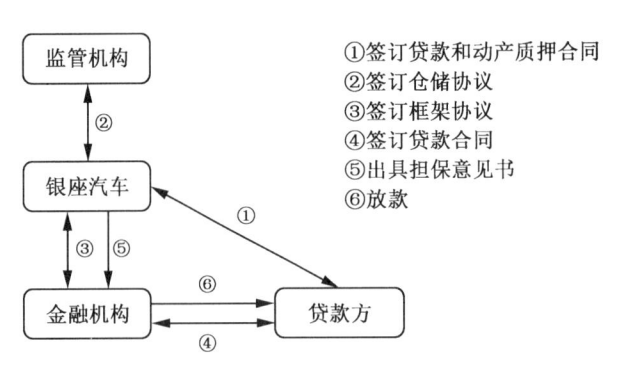

图9—15 平行进口车库存业务流程图

(1)银座汽车与借款方签订借款和动产质押合同。
(2)银座汽车与监管机构签订仓储协议。
(3)银座汽车与金融机构签订框架协议。
(4)金融机构与借款方签订贷款合同。
(5)银座汽车出具担保意见书给金融机构。
(6)金融机构放款给借款方，借款方获得经营资金。

综上，借款方首先会与银座汽车商讨，达成一致后，银座汽车作为担保人与监管机构和金融机构签订相应的仓储协议和框架协议。经金融机构审批后，与借款方签订贷款合同，然后联系银座汽车达成一致并出具担保意见书。审核通过后，金融机构放款给借款方，借款方按时还款并履行与银座汽车相关的手续以及提货的义务。

讨论：
银座汽车在平行进口车的供应链金融模式中发挥了什么作用？

思维导图

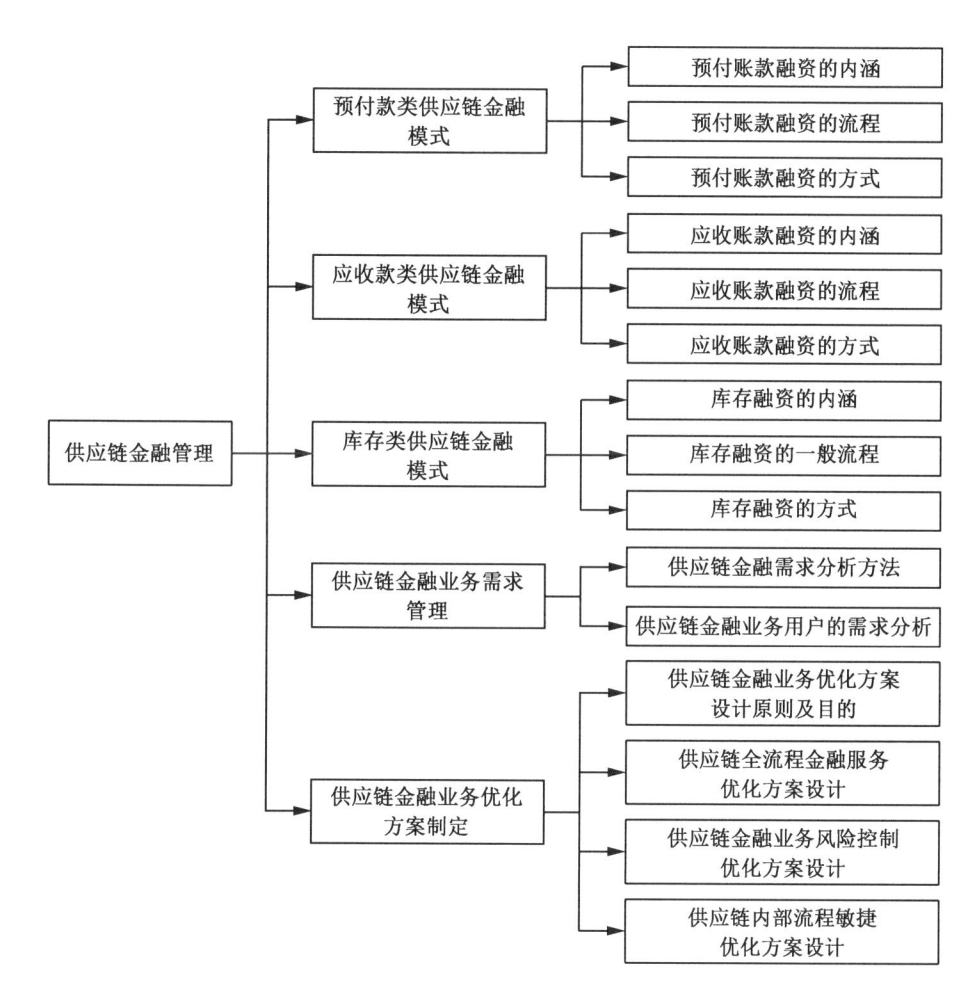

- 供应链金融管理
  - 预付款类供应链金融模式
    - 预付账款融资的内涵
    - 预付账款融资的流程
    - 预付账款融资的方式
  - 应收款类供应链金融模式
    - 应收账款融资的内涵
    - 应收账款融资的流程
    - 应收账款融资的方式
  - 库存类供应链金融模式
    - 库存融资的内涵
    - 库存融资的一般流程
    - 库存融资的方式
  - 供应链金融业务需求管理
    - 供应链金融需求分析方法
    - 供应链金融业务用户的需求分析
  - 供应链金融业务优化方案制定
    - 供应链金融业务优化方案设计原则及目的
    - 供应链全流程金融服务优化方案设计
    - 供应链金融业务风险控制优化方案设计
    - 供应链内部流程敏捷优化方案设计

思考题

1. 什么是预付账款融资？预付账款融资有哪几种方式？
2. 什么是库存融资？库存融资有哪些特点？
3. 库存融资有哪几种方式？区别是什么？
4. 请画出标准仓单质押授信和普通仓单质押授信的流程图。

项目十　低空物流运营管理

1. 知识目标
(1)熟悉国内外低空物流的发展历程；
(2)了解低空物流的发展要素；
(3)掌握低空物流服务模式及低空物流未来的发展趋势；
(4)了解低空物流的运行组织架构。

2. 能力目标
(1)能够对无人机进行航线规划与测试；
(2)能够进行基本的无人机飞行操作；
(3)能够分析和解决实际物流问题,设计低空物流商业运营方案。

3. 思政目标
(1)了解无人机技术等创新领域的发展,引导学生在实际问题中寻找创新解决方案,培养学生积极探索、创新思维和实践能力。
(2)深入了解低空物流对于可持续发展的挑战和机遇,培养学生的社会责任感和公民素养。

导入案例

亚马逊 Prime Air 无人机送货到家

发迹于"网络书店"的亚马逊是电商行业的老前辈,其电子阅读器 kindle、AWS 云服务等都大获成功。亚马逊在 2013 年左右开始布局无人机物流项目,其最终的目标是用无人机送货的方式覆盖其电商平台 80% 左右的订单,并能够让用户在下单后 30 分钟内收到货。

在 2022 年下半年,亚马逊在美国加利福尼亚州洛克福德地区成功推出 Prime Air 无人机配送服务。该高科技配送方式通过亚马逊平台下单的符合 Prime Air 标准的商品,在不到 60 分钟内由无人机携带 5 磅以内的包裹完成交付。Prime Air 无人机具备先进的避障技术,能够安全避让其他飞机、人员、宠物和障碍物,确保飞行路径畅通无阻。成功交付后,Prime Air 无人机安全返回基地。

自 Prime Air 无人机项目成立以来,亚马逊汇聚了数百名科学家、工程师、航空航天专业人士和未来学家,共同努力推动该项目的进展。通过持续不断地设计、制造和测试,团队不断迭代更新多款无人机,大幅提升其性能和安全性。这一不懈的努力旨在实现无人机送货到家的梦想,为未来的物流领域带来创新和革命性的变革。

2020 年,亚马逊获得了美国联邦航空管理局(FAA)颁发的 Part 135 航空承运人证书,这意味着联邦航空局已经授权亚马逊作为航空公司运营,通过无人机递送小包裹。近十年来,亚马逊一直在 Prime Air 无人机强大坚固的机身、自主的系统及航空交通管理系统这三个领域创新,致力于让消费者明白 Prime Air 无人机的交付是安全可靠的。

未来,剑桥的 Prime Air 团队将致力于构建一个更高效的系统,使得无人机能够在 30 分钟甚至更短的时间内,将包裹安全、迅速地送达客户手中。

我国要以科技创新推动产业创新,特别是以颠覆性技术和前沿技术催生新产业、新模式、新动能,发展新质生产力。要大力推进新型工业化,发展数字经济,加快推动人工智能发展,打造生物制造、商业航天、低空经济等若干战略性新兴产业。作为新质生产力的代表,低空经济已经成为培育发展新动能的重要方向,"能够赋能千行百业,成为经济增长新的重要引擎,形成至少万亿级别的市场"。广东、安徽、山西、江西、江苏等多省政府工作报告中均提到了"低空经济",低空经济成为被越来越多城市看准的"新赛道"。2023 年我国民用无人机产业规模超过了 1 200 亿元,稳居全球首位。低空物流是低空经济的重要组成部分,可以提高交付效率、降低成本、解决"最后一公里"难题,具有广阔的应用前景。

任务一 低空物流的发展历程

城市低空物流的发展历史可以追溯到无人驾驶飞行技术的起源,随着技术的不断进步和商业应用的扩展,这一领域有了更多的发展。

20 世纪 20 年代至 60 年代,美国空军开始研究和测试无人驾驶飞行器技术。但在这一时期,无人驾驶飞行器还主要应用于军事和科学研究,并没有正式进入民用化阶段。随着无人驾驶飞行器技术的进步,21 世纪初,商业无人驾驶飞行器开始崭露头角。最初无人机主要应用于商业航拍、农业、测绘等领域,还较少涉足城市领域,在物流方面也仅仅停留在想象和改装式的测试阶段。

一、国外低空物流的发展

21 世纪 10 年代,一些大型科技公司和物流公司正式开始涉足低空物流配送领域。2013 年 12 月,《60 分钟》制作团队在对亚马逊 CEO 杰夫·贝索斯(Jeff Bezos)采访时,首次曝光了一架八旋翼的无人机——来自 PrimeAir 的"蜜蜂",这也是亚马逊首次喊出的低空物流配送的口号。这次事件点燃了社会的热情,硅谷一批公司参与了这个领域的技术竞赛,随后 Wing、UPS Flight Forward、Matternet、Zipline(排名不分先后)等公司也加入无人机低空配送的狂潮。

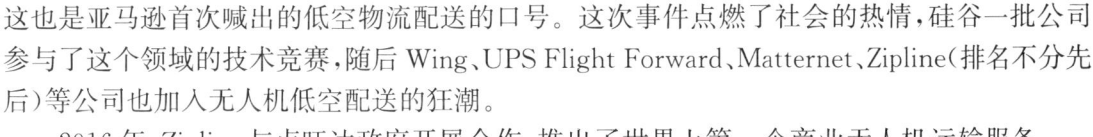

2016 年,Zipline 与卢旺达政府开展合作,推出了世界上第一个商业无人机运输服务——血液配送。ZIpline 在首都的国家中心和全国四个地区仓库储存血液,运送至遍布全国的村庄城镇,成为跨区域配送的第一个案例。

二、我国低空物流的发展

在 21 世纪 10 年代,我国开始涌现出大批无人机物流企业,迅蚁、美团、京东、顺丰纷纷加入低空物流的探索。2013 年,顺丰在广东东莞首次试飞搭载着 25 千克货物的八旋翼无人机。2016 年年初,京东在宿迁开展了无人机的送货实验。2016 年 9 月,中国邮政首次与迅蚁科技合作,在安吉开辟了全中国第一条无人机邮路,这也是国内首条低空物流的商业航线。低空物流的快速发展也引起了国内相关部门的重视,实施了"放管服"新政以及《特定类无人机试运行管理规程(暂行)》。2018年,顺丰、迅蚁分别在陕西、浙江开展了无人机物流运行的配送测试。

2019年9月19日,中国民用航空局首次以SORA方式通过了迅蚁科技的TR7S与RA3两款无人机的风险评估,并向迅蚁科技子公司杭州送吧物流科技有限公司颁发了全球首张城市物流无人机试运行牌照——特定类无人机试运行批准函和无人机物流配送经营许可。迅蚁也成了全球首个获得政府许可的合规城市低空物流企业,低空物流瞬间转入"城市"纪元。同年,美团发布第一代无人机,并于次年完成了首次奶茶配送的流程展示。

2021年,美团送出了第一个真实的用户外卖订单,并提出了"城市低空物流网络"的构想。同年3月,迅蚁与浙江大学医学院附属第二医院合作,开辟了全国首条无人机医疗急救血液运输航线,并拓展成为血液运输网络。

2023年,美团城市低空物流解决方案通过中国民航局审定,获得局方颁发的特定类无人机试运行批准函和无人机物流配送经营许可,成为第二家可以开启城市商业化运营的企业。

至今,据各企业公布的数据来看,运行里程与架次均破百万千米,低空物流的航路逐渐成了空中一道优美的风景线。

根据摩根史丹利2021年5月的最新预测数据,到2040年,全球城市空中交通(Urban Air Mobility,UAM)的市场规模(Total Addressable Market,TAM)将达到1万亿美元,2050年将达到9万亿美元的市场规模。根据此份报告的预测,中国将是全球最大的城市空中交通市场,在2030年之前占全球市场规模50%以上(约260亿美元)。根据我国预测,到"十四五"末,我国低空经济对国民经济的综合贡献值将达到3万亿元至5万亿元。

任务二 低空物流的发展要素

城市低空物流有众多的发展背景,也经历了井喷式的发展阶段,但要想进一步推广需依靠以下发展要素。

一、市场要素

发展低空物流运输,市场是根本。我国目前的低空经济市场总体上呈现出有人机市场增长平缓,无人机市场蓬勃发展的局面。除了要大力发展应急救援等应用外,还要积极鼓励拓展消费类航空的发展,激发市场潜力。

二、空域要素

空域是低空物流乃至低空经济发展的关键要素。发展低空经济的关键在于低空空域的安全和高效使用。如何充分发挥民航和政府在低空空域管理工作中的角色和作用,进而减轻部队空管压力,提高空域使用效益,是低空经济能否快速发展的关键。

三、政策要素

发展低空物流离不开政策性保障。除了中央政府的政策外,地方政府出台一些地区性财政、金融、产业等配套政策尤为重要,地方政府要在加强市场培育、政府购买服务、扶持龙头企业、主导大项工程、优化营商环境等方面更多发挥作用。

四、技术要素

低空物流发展需要技术做支撑。由于低空物流的载重特殊性，能量密度要求特别高。低空物流发展仍然需要依靠电池材料的成本降低与能量密度提升。目前城市低空物流依赖的传感器、通信设备仍然需要性能优化，也需要进一步小型化、轻型化的升级迭代。

五、安全要素

发展低空物流要以安全为底线。既要在充分保障空防安全的基础上保证飞行安全及公共安全，也要尊重安全发展的客观规律，结合国情合理确定安全指标，合理制定相关政策，科学把握发展与安全的关系。

任务三　低空物流服务模式

一、低空物流的应用场景

无人机的应用，尤其是在末端应用领域，正逐渐由农村延伸至城市，应对城市这个更为复杂的物流场景。末端无人机配送的特点是空中直线距离通常在10千米以内，载重在5～20千克，单程飞行时间在15～20分钟。这种技术可以极大程度上解决"最后一公里"配送效率低的问题，是当前物流领域的一项创新性技术。

在国内，一批无人机物流的先行者，如京东、顺丰、迅蚁、菜鸟等，最初不约而同地选择在农村开展无人机物流业务。这种选择的背后有着多方面的原因，而农村地区的试飞无人机相较于城市，具备更为简单的飞行、起降环境，对技术和安全性的要求相对较低，因此成为这些企业的试验场。

京东于2016年初首次在宿迁展开了无人机送货实验，顺丰早年在四川凉山地区尝试在山区进行无人机派送，中通快递则于2018年在陕西西安临潼网点正式启动无人机常态化运行。此外，菜鸟网络在2017年10月进行了无人机群组试验，为农村淘宝提供物流服务。这一系列的尝试表明，无人机物流在农村地区的应用正逐渐成为业界的共识。

物流无人机的优势在于适用于小批量、高频次的运输，特别适合农村、山区等偏远地区以及紧急件派送。农村试飞无人机除了技术和安全性相对容易保障外，还与农村地区的人口密集度较低、情况相对简单等因素密切相关。农村试飞无人机的成功尝试为无人机物流纳入快递进村、村通邮服务提供了实践基础，推动了快递物流与无人机技术的融合发展。通过无人机的应用，许多之前无法通快递的农村地区得以提供服务，对于业务下沉有着积极的意义。

尽管无人机物流在农村地区取得了一定的成功，然而最伟大的配送革命仍然集中在城市。许多公司已经认识到农村场景的局限性，开始有意识地将目光投向城市。与农村相比，城市环境对无人机物流面临着更多的技术和政策上的挑战。早在2013年，顺丰在广东东莞进行过八旋翼飞机模型试飞，搭载25千克的货物。然而，由于技术和政策等原因，无人机在城市的推广进展并不大。

近年来,顺丰在深圳已获批66条航线,仅在2023年1至3月期间,顺丰无人机在深圳的产业化运行就累计超过1 800架次,运送货物超过13万件。除顺丰外,其他物流快递企业也纷纷加大城市末端物流配送的布局。值得一提的是,美团作为一家特殊业务属性的企业,从一开始就选择挑战城市场景,首发实验城市选择了拥有最复杂城市场景的深圳。2021年年初,美团无人机在深圳完成了首个面向真实用户的订单配送任务。2023年12月,美团针对城市末端配送场景自主研发的FP400系列无人机已在北京、深圳两地测试机场完成了超过32万架次的飞行测试。美团的第四代无人机满载最大配送半径达5千米,主要用于构建城市低空配送网络。

目前,城市低空物流仍然存在一些限制,无法直接将商品送达用户手中,整个配送过程仍需分为三个环节:首先,货物被送到无人机的投递点;其次,无人机将货物送到空投柜;最后,用户需要自行前往空投柜取货,仍然存在最后100米的配送问题。

在城市环境中,无人机的飞行安全问题是目前最大的挑战之一。在密集建筑区域内,无人机的飞行轨迹受到严格限制,可能会引发意外事故,因此需要采取措施以确保飞行安全。为了解决这个问题,需要进一步升级和完善无人机的高精度定位技术、智能运行调度系统以及分布式远程塔台等相关技术。

二、低空物流服务模式

（一）点对点模式

点对点服务体系包含货物揽收、配送站和快递员三个关键环节,由顺丰企业构建。在顺丰以往的物流服务体系中,顾客可以根据需求在指定地点安排货物揽收,之后货物被运送至相应的配送站,最终由专业的快递员完成最后的配送。货物在不同快递点间传输,即为点对点配送模式,通过无缝的物流流程满足客户的物流需求。

为了提高这一物流服务体系的效率,顺丰引入了无人驾驶技术,利用其在机场协调方面的经验,通过运用支线物流无人机进行航空货运,将传统的航空货运与城市货车运输方式相结合,为物流配送提供了更快速、高效的解决方案。顺丰无人驾驶技术的应用使得点对点服务更加灵活和智能。支线物流无人机的运用不仅提高了货物配送的速度,同时也降低了成本,使得物流体系更为可持续和环保。

（二）点对多模式

点对多模式包括物流仓储中心、配送站及快递员三部分,由京东企业构建。在京东企业以往的物流服务体系中,京东商城根据各地区历史销售数据,在物流仓储中心储备足量商品。当消费者在京东商城下单后,物流仓储中心会就近发货,通过小型货车将商品运送至消费者所在区域的配送站,最后由配送站的快递员完成"最后一公里"的货物配送。货物在物流仓储中心和收货人之间传输,即点对多的模式。

为了提高物流配送效率,京东引入了无人驾驶技术,并建立了智慧物流体系。末端物流无人机的应用成为解决"乡村最后一公里"物流配送问题的关键,在保障企业物流覆盖率的前提下,实现了经济效益与社会效益的双赢。无人机从乡镇级配送站点起飞,根据每日订单数量、商品重量及体积等信息,按照既定的飞行路线,分批次将货物快速配送至目的地乡村推广员手中。采用"点对多"的无人机物流配送模式,显著减轻了对传统快递员的需求,提高了效率,降低了配送成本。

三、主要货运载具——无人机

城市低空物流大多采用分布式驾驶的带有一定自主运行程度的无人驾驶飞行器作为载体。同时考虑到城市环境的噪声问题，目前大多数城市低空物流飞行器均采用电力供能的模式，以最大限度降低对地面的噪声干扰。运输载具根据飞行原理不同可分为多旋翼与垂直起降固定翼(e-vtol)；根据起飞重量不同，在城市低空运行的设备主要可分为轻小型无人机与中型无人机。

迅蚁科技目前用于城市低空物流运输的无人机 RA3 机型为六旋翼结构，起飞重量达到 15.5 千克，属于轻小型无人机。该款机型最大载重 4.5 千克，最大续航 15 千米，可在中雨、中雪和 6 级风环境下正常运行。

美团在 2023 年 7 月对外发布了 FP400 第四代无人机，该款机型为六旋翼结构，属于轻小型无人机，可在 −20℃至 50℃的中雨、中雪和 6 级风天气下安全运行，配送距离最远可达 5 千米。

旋翼无人机，或者称小型无人机，其应用正在扩展，不仅美团、京东、顺丰等所在的物流无人机赛道产品性能日渐完备，有实力的无人机专业厂家也纷纷加入，万众瞩目的大疆运载无人机 FLYCART 30(FC30)已线上发布。FC30 无人机采用 4 轴 8 桨多旋翼构型，单电模式下最大载重 40 千克；双电模式下最大载重 30 千克、满载最大航程 16 千米，适用于山地、岸基、乡村运输场景及各类应急场景下的物资运输。

相比旋翼无人机，中大型固定翼无人机具有更广泛的应用前景。大型无人机的独特优势将为物流行业带来革命性的变革。大载重、中远距离支线无人机运输，其直线运输距离通常在 100 千米到 1 000 千米，具备吨级的载重能力和数小时的续航时间，这使它们能够构建点对点直运航空物流网络，涵盖跨省、跨区域(干线级)和省内城市间(支线级)的物流配送需求。

无人机作为新技术和先进生产力的代表，已成为中国制造业的崭新名片和低空经济的新引擎。无人机制造正迎来一个新的时代，市场需求成为推动无人机系统合作研发和投入运营的主导因素，这已经成为较为普遍的市场趋势。为了推动城市无人机配送的发展，政府相关部门也制定了明确的规划。到 2025 年，预计城市短距离低速轻小型物流配送无人驾驶航空器将逐步成熟；2030 年，城市中短距离快速中小型物流配送无人驾驶航空器将逐步应用；而到 2035 年，城市中长距离快速中大型物流配送无人驾驶航空器将逐步推广。

然而，实现城市无人机配送的愿景需要大量的资金投入，涉及无人机技术和硬件的研发、新建站点的建设、日常运营和维护等多个方面。无人机物流的复杂性不仅仅在于运输过程，还需要在装卸、调度、空中飞行、后台运维等方面实现全面打通。为此，建立综合飞行器、地面承接装置以及航线管理后台系统为一体的城市低空物流网络是必不可少的。

四、发展趋势

在无人机的总体布局上，物流头部企业(如顺丰和京东)共同提出了三段式网络构想：干线－支线－末端。三个层次的智能物流体系，成为物流无人机的主流布局方向。这种布局旨在实现大、中、小型无人机的有机融合运用，通过直接对接智能仓储，实现智慧物流的闭环。

未来无人机货运网络将由干线、支线和末端配送的无人机、无人车、智能终端、智能机场等一系列技术与节点组成,成为未来物流配送的支柱力量。末端级物流无人机主要负责最后一公里的配送任务,能够在城市中垂直起降,通过智能导航系统实现精准投递,提高末端配送的效率和灵活性。支线级物流无人机在区域内进行中短距离的货物输送,快速从物流中心将货物分发到具体的配送站点。这些无人机适应城市复杂环境,提高区域配送的效率。干线物流无人机负责长途、跨区域的货物输送,具备较大的载荷和较长的续航时间,能够在不同城市之间迅速运送大批货物,为航空物流开辟新的通道。

降本增效是发展智能物流的终极目标,而干线—支线—末端三级智能物流体系则是实现这一目标的有效手段。从政策角度来看,民航局颁发支线物流无人机商业试运行牌照,为支线级物流无人机的商业应用提供了政策支持。对于大型无人机行业而言,未来20年将迎来行业发展的黄金时间。

大型无人机在物流场景中的应用不仅为航空物流打通了干线与支线的新通道,还满足了不断增长的对于生鲜农副产品、医疗用品等高附加值货物以及政府应急运输等方面的需求,为这些货品提供了安全、可靠、经济的航空运输服务。目前不少企业集中在中大型固定翼无人机上布局,以期给支线、干线运输带来运力的升级,"支线级"物流无人机将成为全球竞争焦点。大型货运无人机,具有载重大、航时长、航程远等巨大优势,适于承担城市间中长距离的支干线货运任务,它们以其独特的魅力,成为物流领域最有潜力的细分赛道。

随着国内无人机市场的火热,支线货运无人机运输领域逐渐成为市场关注的焦点。多家企业,包括顺丰、京东、天域航通、白鲸航线等物流平台和航空科技创业公司,都在积极布局此类飞机的制造与应用。京东物流主打机型"JDY-800京鸿"已完成载货检飞试验,正在进行更多场景的试验。京东自主研发的第二款原生支线物流无人机"京蜓",2020年首飞成功,具备出色的短距离起降能力,不再受制于机场跑道的限制。顺丰主力机型"飞鸿-98"(与航天时代电子技术股份有限公司合作研发),2022年获得全国首个支线物流无人机试运行批准函和经营许可。2023年2月,该机型成功完成了从陕西至宁夏航线的首次飞行任务。

相对于多旋翼飞机在末端物流应用的百花齐放,固定翼大型无人机的应用仍然处于起步阶段。大型无人机作为一个复杂系统,包括产品研发、生产制造、运营、保障等多个方面,属于高度资源整合和先进技术型产品。目前,大载重、中远距离货运无人机在国内仍处于发展的初级阶段,业务形态正在摸索阶段,尚未有成熟的业务应用案例。但从长远来看,支线和干线货运无人机必然会在物流领域发挥重要作用,为未来物流运输提供更高效、经济的解决方案。

任务四　城市低空物流运行体系

城市低空物流作为在城市人口密集区进行的空中运输活动,在实际运行过程中将会面临各类风险。如何设计高度协作的运行体系从而规避各类风险,一直是低空物流行业内的重要命题。2022年4月7日,民航局就《民用无人驾驶飞行器分布式操作运行等级划分》征求意见,这份文件明确了无人驾驶航空器系统分布式操作运行的安全标准,本任务将以该文件为例,介绍城市低空物流的运行体系要求。

一、运行组织架构

一般来说,运行组织将组织架构分为四个部分,分别负责执行具体运行流程、制定运行体系、管理运行安全、运营日常事务等,并从组织架构上实现了双重保障机制、执行与监督分离机制。以送吧为例,组织架构如图10-1所示:

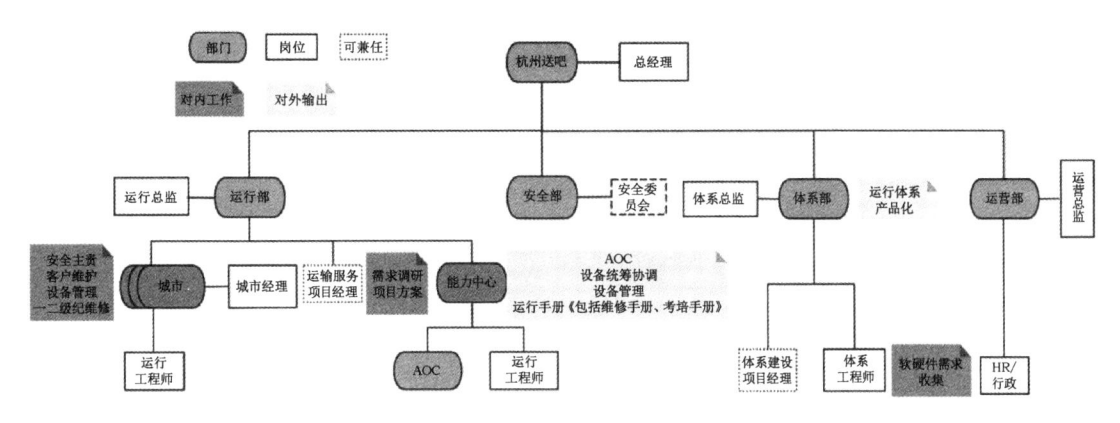

图10-1 运行组织架构

(一)运行部

运行部主要负责常态化运行与运输项目的实施,大致分为两个部分——"城市运行部"与"能力中心"。

城市运行部主要负责运输服务项目的实施,确保项目完成实施与验收并定期向运行需求方汇报业务开展情况,城市运行部需要具备项目经理的能力,在城市经营过程中以最低成本达成项目运行目标,并针对运行问题进行处理和反馈,准确将问题与需求传递给相关部门。在常态化运行过程中,城市运行部需要严格执行相关文件要求,包括《运行手册》《考培手册》《维修手册》等,对运行安全负责。

能力中心主要负责资产管理、仓库管理工作。包括运行部运行设备的采购、保管及维修;负责设备资产管理相关流程的建立与维护。作为内部支持部门,协调运行部内部设备资源,协助城市运行部完成运行目标。能力中心需要培训运行人员,包括负责制定培训要求,按照标准制定考培计划,推动运行部内部培训执行,同时负责标准建设,定期修订和发布运行手册。

(二)安全部

安全部作为日常安全的管理部门,在日常运行中需要独立监督运行安全,反馈运行存在的安全问题。当出现紧急情况或事故时,需要处置事故(征候),包括组织事故(征候)的分析会议,并跟进事故(征候)分析报告和行动项。

(三)体系部

体系部门主要负责将运行体系产品化,负责收集内部运行和外部合作方反馈的运行管理需求。体系部需要输出运行体系,包括内外部运行体系建设项目的实施,对运行团队的能力建设(含维修能力、项目实施能力),并解答试运行牌照申请。同时,体系部也需要接收并传达体系的相关问题和软硬件需求。

延伸阅读10-1

人员分工

(四)运营部

运营部负责公司的日常财务、人力及行政工作以及运行相关的商务工作。

二、运行协作流程

以迅蚁机器人运力网络 ADNET 为例,运行体系在物理架构层面可分为运行监控中心(AOC)、运行人员、无人机、无人站、辅助设备和迅蚁云软件系统(如图 10-2 所示)。

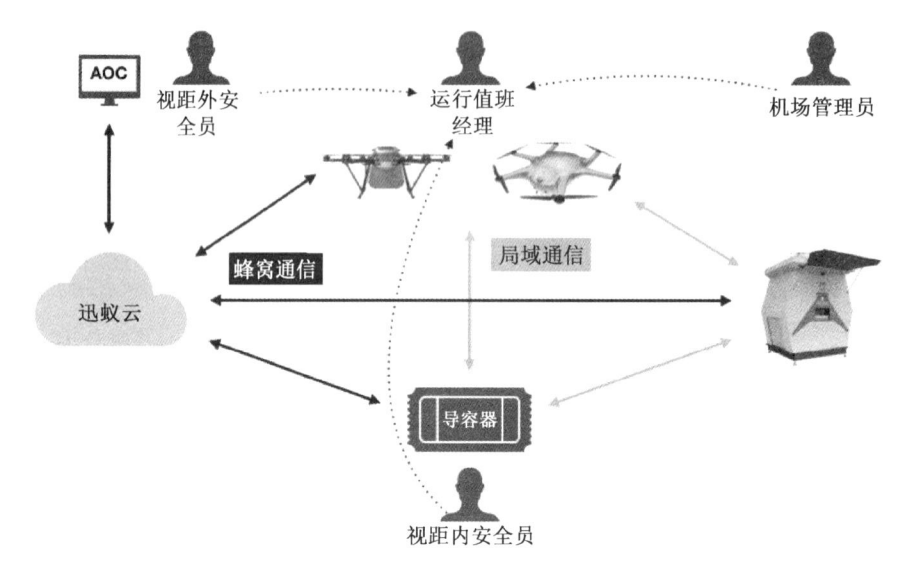

图 10-2 ADNET 运行体系

无人机和无人站通过蜂窝网络与迅蚁云保持通信,并接受迅蚁云的指挥调度指令以执行运行任务;无人机和无人站之间可以通过局域通信实现信息交互,从而配合完成货物装卸等功能;辅助设备包括导控器以及智能电池。导控器可以用于在短距离通过局域通信链路操作无人机,导控器与迅蚁云通信,接受迅蚁云的配置。

无人机系统的运行活动由运行总监指挥开展,运行总监对运行安全负责。运行总监主要根据迅蚁云系统中的运行数据,以及包括人员询问、现场检查等方式确认各运行环节正常运行。

正常运行程序由超视距安全员、设备管理员共同完成,应急处理则由运行值班经理指挥,超视距安全员、视距内安全员共同协作处理。运行中涉及的系统或设备包括迅蚁云系统、无人机、无人站、起降台、导控器,以及保障无人机运行的各类支持性设备等。其中,无人机飞行相关数据由迅蚁云系统记录储存,并且支持随时查看。

在运行程序中,由设备管理员准备好现场的设备,保障设备可用性,同时确认现场环境,保证环境可用性。设备准备就绪后,通知超视距安全员检查飞机各项参数,确认参数均符合起飞条件后,再次和现场设备管理员确认可起飞,得到明确回复后下达起飞指令,无人机起飞后全程自主飞行,超视距安全员持续关注无人机飞行各项参数,遇到异常后根据运行手册要求汇报给值班经理,并采取对应干预措施。如果遇到通信链路异常导致超视距安全员无法控制无人机,则要按照运行手册要求,由运行值班经理统一指挥,安排对应区域的视距内安全员带上应急设备前往现场,到达现场后,维持现场秩序并使用局域通信设备导控器控制无人机安全降落。

三、校验飞行

校验飞行是一种对新航线上的导航、通信、飞行风险特性进行实际飞行测试的测试飞行。在展开一个全新的网络运行场景或在已有的网络中增加新的运行航线前，运行总监应组织具备丰富网络运行经验的超视距安全员、具有授权的视距内安全员和视距内安全员开展空域申报、无人机机场选址、无人机机场创建、航线勘察、校验运行前准备、校验实施、校验总结全部7个校验运行流程的工作。一般情况下，需要针对新划设的航线与1个月内未飞行的航线进行校验飞行。

校验飞行的特点在于有较高的飞行风险，因此需要采用专业的校验设备进行校验飞行。同时，需要在飞行中记录导航、通信性能数据以及可用于判别飞行风险的图像信息。视距内安全员在飞行过程中需要保持全程目视，可随时接管飞行。开展校验运行的视距内安全员作为校验运行工作的总协调人和负责人，其须具备至少3个月且不少于100飞行小时的网络运行经验。

开展校验飞行时需要携带以下主设备（必须携带）：校验机、折叠简易台架、电池、图传显示屏幕、航拍机、接收机、遥控器（电池满电）、测高仪器、导控器、工具包、靶标、应急处理包、车辆。

开展校验飞行时需要选择携带以下飞行附件：电池充电器、图传用4S电池、4S电池充电器、导控器充电器、USB延长线、望远镜、指南针。

（一）机场选址

视距内安全员（VSS）在规定区域进行无人机起降点选址，起降点选址要求以无人机机场为圆心，直径不低于4×6米的平整场地；无人机起降点要求上方为净空无任何遮挡物；站在机场正中心向正北走5米转身180度面向正南手机横屏，相机焦距调整为0.5倍，照片比例调整为4∶3，放置于胸前向上倾斜15度拍摄一张照片（如图10－3所示）。

图10－3　面向正南拍摄图

站在机场正中心向正南走5米转身180度面向正北手机横屏，相机焦距调整为0.5倍，照片比例调整为4∶3，放置于胸前向上倾斜15度拍摄一张照片（如图10－4所示）。

图 10-4 面向正北拍摄图

站在机场正中心向正西走 5 米转身 180 度面向正东手机横屏,相机焦距调整为 0.5 倍,照片比例调整为 4∶3,放置于胸前向上倾斜 15 度拍摄一张照片(如图 10-5 所示)。

图 10-5 面向正东拍摄图

站在机场正中心向正东走 5 米转身 180 度面向正西手机横屏,相机焦距调整为 0.5 倍,照片比例调整为 4∶3,放置于胸前向上倾斜 15 度拍摄一张照片(如图 10-6 所示)。

若距起降点 6 米内有障碍物,应满足:起降点距障碍物的距离×1.19≥障碍物的高度;若距起降点 6~25 米内有障碍物,应满足:起降点距障碍物的距离×1.732≥障碍物的高度;若距起降点 25 米外有障碍物,障碍物对无人机起降无影响。

对现场环境的信号有以下几点要求:

使用校验机在预选站点进行地面静置测试 3 分钟,上线待机测试卫星数不低于 13 颗、EPH 信号不高于 160、4G 网络信号无延迟;地面静置测试完成后,VSS 需手持遥控器以 GPS 飞行模式控制无人机在机场上空 10 米处位置悬停 3 分钟;无人机从地面起飞至机场上空 10 米的过程,仍属于信号测试范围。在机场信号记录过程中,应将地面/10 米悬停测试中的最差

图 10-6　面向正西拍摄图

等级作为最终选址判断依据;若机场起降点选址或信号要求不达标,应对起降点进行起降测试,确认无人机能够正常起降。

(二)应急机场选址

1. 区位要求

VSS 在机场半径 500 米范围内和每间隔 3 千米寻找可供降落的应急机场;应急航线的长度不应超过 500 米。应急机场选址应符合前往应急机场道路畅通、可快速到达的要求;选择应急机场时,应优先选择无人区,其次选择有灯光照射的区域,以提升无人机夜间应急备降时的安全性。

2. 空间要求

应急机场应为 4×4 米以上平整空地;其余同上述普通机场空间要求。

3. 信号要求

同上述普通机场信号要求。

4. 应急机场安全等级划分:

A 级应急机场:特指机场应急机场,应急机场人员可快速到达。

B 级应急机场:非机场应急机场,但有可支持无人机自主备降的光源。

C 级应急机场:非机场应急机场,且无靶标及可支持无人机自主备降的光源。

若机场起降点选址或信号要求不达标,应参考上一部分对起降点进行起降测试,确认无人机能够正常起降。

(三)航线规划

航线规划是在确定运行需求后进行的针对运行航线的设计工作,航线规划时应遵循如下原则:(1)安全原则,优先选择风险最低的区域规划航线。(2)效率原则,在安全的前提下,保证以常态化运行最高效的方案设计航线。

1. 航线性能参数要求

规划航线时,需要保证航线参数不超过设备安全运行的性能包线。具体要求如下:

(1)升降速率:航线的爬升速率不超过 3 米/秒,下降速率不超过 2 米/秒。

(2)转弯角度:航线转弯角度不超过 60 度,即使用全域规划航线时,下一个航点需落在绿色扇区以内。

(3)航线速度：主航线最大速度不超过 16 米/秒，最低不低于 10 米/秒，应急航线恒定 10 米/秒。

(4)航线高度：航线对地高度不超过空域审批高度。

2.航线结构要求

应急航线间隔不应超过 3 千米，单条应急航线长度不应超过 500 米。

3.航线划设区域要求

应当优先选择风险等级较低的区域，区域风险等级划分如表 10-1 所示。

表 10-1　　　　　　　　　　　区域风险等级划分

风险等级	典型区域类型	备注
禁飞区	军事基地、储油厂、化工厂、人群聚集的广场、高铁站、机场禁限飞区	涉及国家机密；重要地面基础设施，事故造成无法估计的财产损失、人员伤亡
高风险区域	加油站、中小学、高速公路、铁路、政府单位、工地	具有较高风险，出现失控时造成的次生危害较大
中风险区域	城市道路、住宅、写字楼、大学	非合作人群可以到达的公共区域
低风险区域	河道、绿化带	非合作人群不会到达的区域，但附近可能有人员
适飞区域	农田、森林	没有人口暴露、没有重要地面设施

禁飞区与航线水平距离与航线真高不低于 1∶1，即真高 120 米航线，距离禁飞区水平距离不低于 120 米。高风险区域与航线水平距离不低于 2∶1，即真高 120 米航线，距离高风险区域不低于 60 米。中风险区域、低风险区域及适飞区域均可飞越。越障高度与航线相对起点的高度关系如表 10-2 所示。

表 10-2　　　　　　　　　越障高度与航线相对起点的高度关系

相对起点高度(米)	越障高度(米)
<100	20
$100 \leqslant X < 200$	30
$200 \leqslant X < 300$	40
以此类推	

4.航线间距要求

航线与航线间距不低于 30 米；应急航线间距不低于 20 米。

5.其他要求

针对不可重复获取的货物，如水中样本、可能导致重大污染的生化样本，航线不能长时间处于无法迫降的区域，如水面、河道，最长不超过 1.5 千米。全域规划时需要保证航线提示信息为 0 条，方可投入使用。当航线提示信息不为 0 时，需要经过城市经理审核确认，方可投入使用。

初步航线规划好后，先将 KML 文件导出，再导入至奥维地图手机 App 中，视距内安全员需要沿航线勘察，勘察标准参考《航线规划手册》规定的要求进行，同时将存在的风险在系统中标注。

(四)航线二次规划

视距内安全员根据航线一次规划的现场勘察结果调整航线，航线的划设不仅需要满足航线一次规划的相关要求,同时也要满足避让现场勘查过程中新增的障碍物、地面类型;项目经理需要将二次规划的航线在校验飞行审批单流程中上传,进入下一步程序由体系工程师审批航线合规性,待审核通过后可开展校验飞行。

四、常态化运行

在经过校验飞行划设航线并测试后,航线通过验收,开始进入常态化运行阶段。常态化运行是日常运行的标准流程,主要分为三个阶段:运行前、运行中、运行后。

（一）运行前

运行前一日,各区域城市经理应与运行值班经理同步次日运行人员及项目安排,各运行人员应按照前一日运行值班经理公布的运行人员排班表中要求的工作时间与工作内容,到达各自的岗位开始当日的运行工作。

1.空域申请

当日运行空域申请运行值班经理根据前一日提交的次日计划申请表内申请空域的时间,在计划飞行前一小时致电管制室申请起飞;根据空域管理部门批复起飞时间,运行值班经理根据批复时间准时进行起飞报备,并在迅蚁云系统中变更飞行计划状态,点击起飞报;空域管理部门未批复今日的飞行计划申请,则通知该区域城市经理告知空域情况,由城市经理判断是否协调飞行。

运行值班经理需提前一日向各城市空域管理部门通过传真、邮件、电话等方式提交次日飞行计划申请表;提交次日飞行计划申请表时间以空域管理部门规定时间为准;根据各空域管理部门要求,致电确认空域管理部门是否收到次日飞行计划申请表;迅蚁云系统中变更飞行计划状态,点击计划报备,填写空域时段、对应空域的批件号和报备信息。

2.各岗位检查

运行开始前的8小时内禁止饮酒及任何含酒精的饮料,确保参与运行前日有6小时或以上的休息时间,确保运行时所有必需品佩戴齐全(包括网络运行资格证、工服、手机)。

(1)超视距安全员:运行监控中心检查。

确认电源插头正确插入排线板,线路整齐无胡乱摆放迹象,电源供给正常;开/关AOC的"ON AIR"警示灯,亮灯维持3秒及以上,确认工作正常;打开对应的钉钉、微信、萤石云并将手机放置于合适位置;无人站监控界面回跳时间和北京时间相差在5秒内。

(2)视距内安全员:导控器检查。

检查导控器外观,确认无破损和裂痕,确保网络运行时可以正常操作;打开导控器查看右上角剩余电量,电量剩余要≥40%。

(3)视距内安全员:应急包检查。

检查医疗箱内物资配备齐全,且均在保质期内;检查灭火器未被使用过,且在保质期内检查麻袋无破损,可将飞机装入;检查安全杆稳固可用。

(4)机场管理员:天气检查。

观察运行当日现场天气与中国天气网发布的地区分时天气预报是否相符;如遇到不相符情况,且可能会影响飞行运行安全,需使用风筒、雨量计等设备检测;将检测结果拍照记录并报告给超视距安全员,由值班经理判断是否可以正常运行。

(5)机场管理员:无人机运行前检查。

检查仓库内各架无人机,对比前一日情况,确认无他人挪用痕迹,之后严格按照运行前检查单步骤及检查项,逐步检查无人机状态。

(6)机场管理员:无人站运行前检查

严格按照运行前检查单内无人站检查步骤及检查项,逐步检查无人站状态。

(二)运行中

1. 起飞前检查

运行客服同机场管理员沟通确认靶标占用情况,并让机场管理员将无人机搬放至指定靶标;查看机场管理员拍摄的电池仓与货舱的锁扣,确认锁扣已锁好;通知机场管理员给无人机解锁,并在无人机解锁后确认机场管理员远离至围栏外,若不符合起飞要求,应通知机场管理员现场处置。

超视距安全员在无人机上线后,确认监控界面无人机电池信息、摄像头状态、传感器状态、信号强度、无人机姿态等信息是否符合无人机起飞要求。确认机场管理员离开至围栏外以后,给无人机下达起飞指令,时刻观察无人机状态;若超视距安全员因环境因素、设备因素等原因无法确认现场情况是否符合起降要求时,应首先询问现场人员,再操作。

天气检查需要保证运行天气符合正常运行天气条件参数表(如表10-3所示)规定。

表10-3　　　　　　　　　　　　正常运行天气条件参数表

环境要素	指标
风力	5级及以下
最大阵风	10米/秒及以下
降雨	中雨及以下
降雪	中雪及以下
气温	$-10℃\sim40℃$
不可运行的气象条件	未出现雷电、冰雹、台风、冰冻情况

观察运行当日现场天气与中国天气网发布的地区分时天气预报是否相符,如遇到不相符情况,且可能会影响飞行运行安全,需使用风筒、雨量计等设备检测,将检测结果拍照记录并报告给超视距安全员,由值班经理判断是否可以正常运行。

2. 飞行中

(1)空域保障。

值班经理应时刻响应当地公安、空域管理部门的通知,遇到临时性紧急情况,运行值班经理按要求安排无人机落地,规定时间内,判断无人机是否可以飞行到终点:若可以飞行到终点,飞行降落后致电空域管理部门降落报备,若不可以飞行到终点,应急到最近的应急备降机场,飞机降落后致电空域管理部门降落报备。

当空域管理部门告知空域已恢复,则再次申请起飞。运行值班经理确保无人机运行空域与其他运营人的航空器存在空域冲突时,划定飞行冲突区域,应告知运行总监进行沟通协商。

(2)运行保障。

运行值班经理运行期间应在运行监控中心驻守,如运行值班经理不在运行监控中心时,应指定兼任运行值班经理的人员,确保所有网络运行人员在岗和所有设备完好,以确保网络运行安全有序。运行值班经理应时刻关注AOC内运转情况,确保AOC内电源、网络在任何状态下可持续响应,确保网络运行安全稳定。如出现岗位人员无法立即决策的事情,值班经理应给出明确指示,值班经理无法决策的,应根据问题分析逐级上报至城市经理、运行总监或总经理。

运行值班经理应随时随刻保持手机和手机网络处于立即响应状态,避免出现在网络运行,联系不到的情况。运行值班经理接到超视距安全员通知无人机或无人站出现异常情况或应急事件时,值班经理应立即依据《ADNET运行手册》中的故障处理程序和应急处置程序,判断网络是否可以继续运行。

(3)航线检查。

视距内安全员每月全面检查负责区域内的航线,并提交钉钉航路应急机场安全检查流程,由运行值班经理检查;对区域内的有变动的建筑物拍照并记录,及时与运行值班经理同步;运行值班经理判断建筑物是否影响运行安全,并上报项目经理;项目经理安排人员寻找新的飞行路线,对更改后的航线进行校验飞行,更改后的航线信息填写至《现场勘察及校验飞行报告》内,由运行值班经理检查。

(4)应急机场检查。

每周视距内安全员应该前往区域范围内所有应急机场检查,钉钉提交航路、应急机场安全检查单,确保应急机场满足使用要求,通往应急机场道路畅通。若有不满足条件的应急机场应及时与运行值班经理同步,并重新寻找合适的应急机场。

(5)天气检查及保障。

机场管理员下雨天使用雨量器及漏斗测量降雨量小于30ml/5min,现场天气预报查看当地风力等级。

(6)无人机起降保障。

机场管理员在申请起飞前,需退出至围栏外,并告知运行客服"我已离开围栏,无人机可以起飞",申请无人机起飞。运行过程中,需要机场管理员始终处于待命状态。无人机起降时,机场管理员需站在无人机周围5~10米视野良好处观察飞机起降。无人站在运行期间,出现摄像头损坏,现场需要有机场管理员保障无人站运行,现场没有机场管理员,当前无人站需要上锁,禁止取换货。

超视距安全员应在AOC负责实时监控无人机、无人站的运行状态,管理飞行运行系统,确保飞行运行计划得以安全、规范、有效地实施。无人机起飞后,超视距安全员应时刻监控云端无人机数据是否正常。飞机将要到达机场时,提前通知机场管理员到达机场,要求其做好保障工作。无人机出现应急情况时超视距安全员应将其他正在飞行的无人机交接给其他超视距安全员,确保应急情况下的无人机能够得到及时处理。

3. 飞行后

准备执行下次飞行任务。

(三)运行后

1. 空域降落报备

根据飞行计划申请表内的降落时间,运行值班经理向空域管理部门致电进行降落报备,并在迅蚁云系统点击降落报告,结束报备不得超过运行前一日向空域主管部门飞行计划申请表的计划结束时间。运行值班经理通过迅蚁云系统检查各城市空域报备情况,是否按照飞行计划申请表内的降落时间完成降落报备。

2. 运行后检查

超视距安全员进行运行监控中心检查,将所有运行的无人机,无人站监控权限释放,通过迅蚁云监控检查所有无人站均下线。确认所有运行机场处于开启状态及令牌为空闲状态。关闭监控电脑、监控大屏幕、空调等电器的电源,确认关闭"ON AIR"警示灯,运行结束后清理和

延伸阅读10-2

应急程序与事故处理

擦拭电脑、桌面、地面。

视距内安全员检查导控器,检查导控器外观,确认无破损和裂痕。确认导控器已正常关闭,确认导控器电量是否充足,如电量≤40%则需给导控器补电。

视距内安全员检查应急包,确认救援急救包放置运行货架指定位置。确认救援急救包拉链属于闭合状态,内置工具齐全,如有物品缺失或即将过期需及时补充更换确保可以正常使用。

机场管理员进行站点检查,机场管理员在网络运行后钉钉提交运行后检查单,由城市经理检查。

3. 运行日报

总结运行数据、汇总当天的运行数据与运行异常情况。记录当天出现的任何异常情况,如设备故障等。运行值班经理应确保所填写的数据准确无误,避免错误或遗漏。

知识拓展

特殊场景运行

除常态化运行外,在低空物流运行过程中仍会遇到特殊场景与天气的运行情况。以下介绍低空物流在特殊场景下的运行操作。

1. 夜间运行

运行值班经理每日查看各城市日落时间,通知各城市机场管理员需要每天按当地日落时间提前15分钟开灯,如果由于特殊天气原因导致光线过暗,可提前开启靶标灯。超视距安全员起飞前需要与机场管理员确认靶标灯是否开启。

2. 大风条件运行

在网络运行过程中,当风力等级达到4~5级、阵风风速超过10米/秒,为确保网络安全运行,当无人机俯仰角出现告警时,需要酌情减速,直到姿态角恢复正常水平,缓解因风力过大而导致无人机飞行姿态失控。

3. 雨天运行

在网络运行过程中,出现下雨天气时,视距内安全员需携带量筒在机场附近进行降雨强度测量,测量方法如下:在空旷地,用漏斗和小量杯,在高于0.5米的架子上接雨水5分钟,将量杯里水倒入小量筒中,读取量筒内雨量记录为 V ml(5分钟瞬时雨量),$V<30$ml 即为满足飞行要求,参考12小时雨量约等于 $V\times2.957$ 毫米。若不满足运行要求,无人机暂停飞行。

4. 雪天运行

在网络运行过程中,出现下雪天气时,超视距安全员飞行前,通知机场管理员提前擦拭靶标表面积雪,避免出现无人机无法识别靶标。

5. 无应急靶标运行

当应急机场满足4×4米以上平整空地要求,且不满足"无其他人员、其他车辆占用"要求时,如果应急机场距离起降点不超过50米,且起降点一直有VSS保障,允许在飞机应急时临时固定应急靶标。

6. 长途运输后运行

所有飞行器,在经过长途运输后,到达当地先校准磁力计、加速度计,校准完毕后才可以运行。

小　结

低空物流通过提高配送效率、降低成本、应对紧急情况等方面的优势，为供应链带来了更多可能性，推动了物流行业的创新和发展。本项目介绍了国内外低空物流的发展历程，并从市场、空域、政策、技术以及安全方面详细阐述了低空物流的发展要素，然后详细介绍点对点和点对多的低空物流服务模式，并结合无人机的发展阐述了低空物流的发展趋势；最后以迅蚁为例详细阐述了低空物流的运行体系。

实训任务

请选择当地一家涉足低空物流领域的企业调研，结合以下任务要求完成一篇调研报告。

任务要求：

1. 调查企业的背景、发展历程、组织结构等方面的信息。
2. 调查企业在低空物流领域的业务模式、技术应用、服务范围等。
3. 调查企业在无人机技术、物流技术和信息技术方面的创新和应用。
4. 调查用户对企业低空物流服务的满意度和体验。
5. 调查企业在低空物流领域未来的战略和发展规划。

思维导图

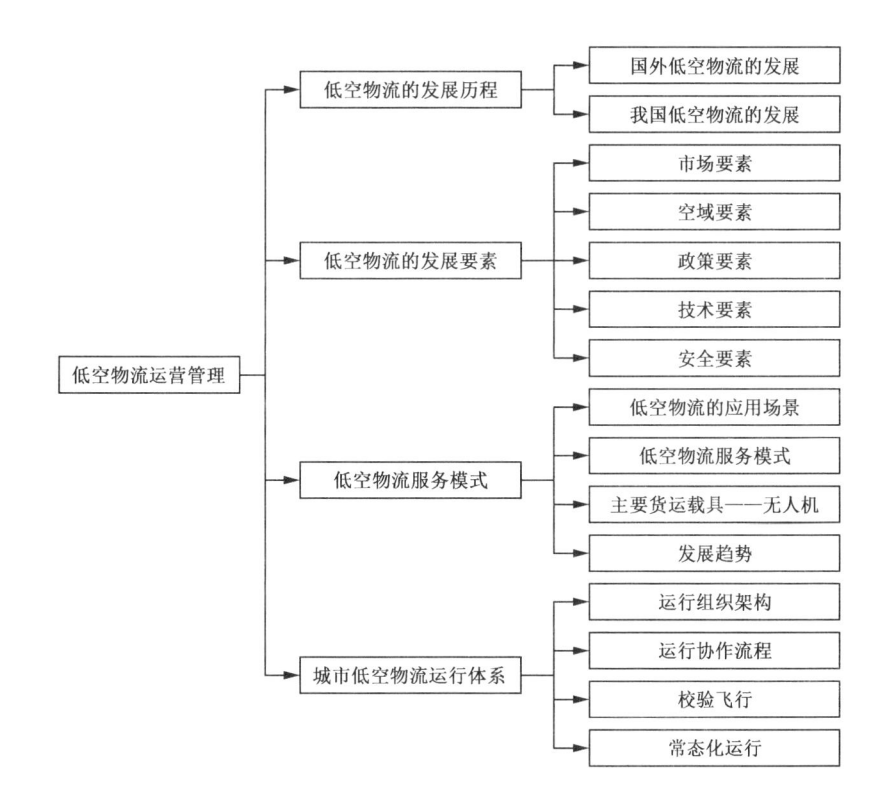

```
                                         ┌─► 国外低空物流的发展
                     ┌─ 低空物流的发展历程 ┤
                     │                   └─► 我国低空物流的发展
                     │
                     │                   ┌─► 市场要素
                     │                   ├─► 空域要素
                     ├─ 低空物流的发展要素 ┼─► 政策要素
                     │                   ├─► 技术要素
低空物流运营管理 ─────┤                   └─► 安全要素
                     │
                     │                   ┌─► 低空物流的应用场景
                     │                   ├─► 低空物流服务模式
                     ├─ 低空物流服务模式  ┼─► 主要货运载具——无人机
                     │                   └─► 发展趋势
                     │
                     │                      ┌─► 运行组织架构
                     │                      ├─► 运行协作流程
                     └─ 城市低空物流运行体系 ┼─► 校验飞行
                                            └─► 常态化运行
```

思考题

1. 低空物流的发展要素有哪些?
2. 简述以京东为代表的点对多的低空物流服务模式。
3. 简述以顺丰为代表的点对点的低空物流服务模式。
4. 简述无人机的运行协作流程。

项目十一　低碳供应链运营管理

1. 知识目标
(1)掌握低碳供应链的含义及低碳供应链管理体系的内容;
(2)掌握低碳采购和低碳供应商选择的基本理论;
(3)掌握低碳制造的主要环节;
(4)熟悉低碳支付的主要方法;
(5)熟悉低碳运输的主要方式及对低碳发展的影响。

2. 能力目标
(1)能够明确低碳供应链管理的目标;
(2)能够分析低碳供应链管理的主要方式和相关措施;
(3)能够了解低碳供应链对可持续发展的重要作用。

3. 思政目标
(1)了解我国低碳供应链发展现状,培养爱国主义情怀,增强民族自信;
(2)掌握低碳供应链管理的主要方式,培养创新精神和社会责任感。

导入案例

苹果公司的低碳供应链实践:绿色转型的典范

苹果公司作为全球知名的科技公司,一直致力于推动供应链的低碳化转型。近年来,苹果公司在供应链方面取得了显著的成就,成为全球低碳供应链运营的典范。

苹果公司在产品设计阶段就充分考虑了环境影响。它采用环保材料,如回收铝材、可再生能源等降低产品对环境的影响,优化产品结构和功能,减少不必要的能源消耗和浪费。在包装环节,尽量减少包装材料的使用和废弃,采用可回收的包装材料,如纸板和塑料,并在包装设计中注重简约和环保。iPhone15 是一个很好的例子,其机身使用了 75% 的再生铝金属,电池中使用了 100% 的再生钴。同时,iPhone 的包装盒也取消了外部的塑封膜,采用了更环保的纸质材料。苹果还鼓励用户回收旧设备,通过"Apple Trade In"计划,延长了产品的使用寿命,减少了废弃物的产生。

另外,苹果与供应商紧密合作,共同推动供应链的低碳化转型。它要求供应商遵循严格的环保标准,并提供培训和技术支持,帮助他们改进生产工艺和减少碳排放。苹果也鼓励供应商采用可再生能源,减少对传统能源的依赖。例如,2023 年,苹果携手 250 多家供应商,承诺 100% 使用可再生电力生产 Apple 产品。苹果还利用绿色金融工具,为供应商提供资金支持,帮助他们实现清洁能源的转型。

苹果公司通过绿色产品设计、与供应商的合作等方式，成功构建了低碳供应链，成为全球绿色转型的典范。它的实践不仅展示了企业应对环境挑战的决心和行动，也为其他企业提供了宝贵的经验和启示。通过借鉴苹果公司的成功实践，更多企业可以加入低碳供应链的建设中来，共同推动全球可持续发展。

任务一　认识低碳供应链管理体系

供应链是资源的整合与集成，低碳供应链则是指通过采用低碳的生产和物流方式以及减少碳排放的产品和服务，来降低整个供应链的碳足迹和环境影响。它是一个包含多个环节的复杂系统，包括原材料采购、生产、物流、销售和售后服务等多个环节。低碳供应链的实践可以促进企业的可持续发展，降低碳排放，减少资源浪费，提高效率和竞争力。

低碳供应链管理是一种现代化的战略管理方法，其基础是供应链管理理论，旨在全面考虑整个供应链中的碳排放因素，涵盖供应商、制造商、销售商和最终用户等各个环节。该管理方法的核心目标是在产品的整个生命周期中最小化碳排放，以降低对环境的负面影响。为实现这一目标，低碳供应链管理模式要求在规划阶段就全面考虑产品生命周期中的多个因素，包括但不限于质量、成本、进度计划、用户需求、资源优化利用、碳排放和回收等。这种管理方法在整个供应链的不同环节中引入了环保理念，强调在产品设计、制造、运输和售后服务等方面的综合碳排放控制。

通过充分考虑碳足迹，企业能够更好地满足现代社会对可持续发展和环境友好的需求。低碳供应链管理不仅有助于降低企业的环境风险，还可以提升企业的品牌形象，满足消费者对绿色产品的日益增长的需求。在实施低碳供应链管理时，企业需要在整个供应链中建立合作伙伴关系，共同致力于降低碳排放。此外，技术创新和绿色供应链标准的引入也是实现低碳供应链的关键。通过引入新的技术和持续改进流程，企业可以不断提高供应链的能效，减少能源消耗，从而实现碳排放的最小化。总体而言，低碳供应链管理是一种积极应对全球环境挑战的策略，它不仅有助于企业在竞争激烈的市场中保持竞争力，同时也能为可持续发展和积极承担社会责任做出重要贡献。

通过综合考虑这些因素，低碳供应链管理旨在实现环境友好、经济效益和社会效益的协调发展。

在实施低碳供应链管理时，企业需要采取一系列措施，如选择低碳原材料、优化生产流程、提高能源利用效率、推广绿色物流等，以降低整个供应链的碳排放。同时，还需要加强供应链各环节的协同合作，促进信息共享和资源整合，以实现整个供应链的可持续发展。通过这些努力，企业不仅可以降低运营成本，提高市场竞争力，还能积极履行社会责任，为社会的可持续发展做出贡献。低碳供应链管理涉及环境管理、可持续发展、生态经济等多个领域的理论和实践，需要综合运用工程学、管理学、经济学、环境科学等多个学科的知识和方法来实现供应链的低碳化和可持续发展。

从总体的运作程序上可以把整个低碳供应链管理流程分为低碳采购、低碳制造、低碳支付、低碳物流和逆向物流等环节。

具体的低碳供应链管理体系结构如图11-1所示。

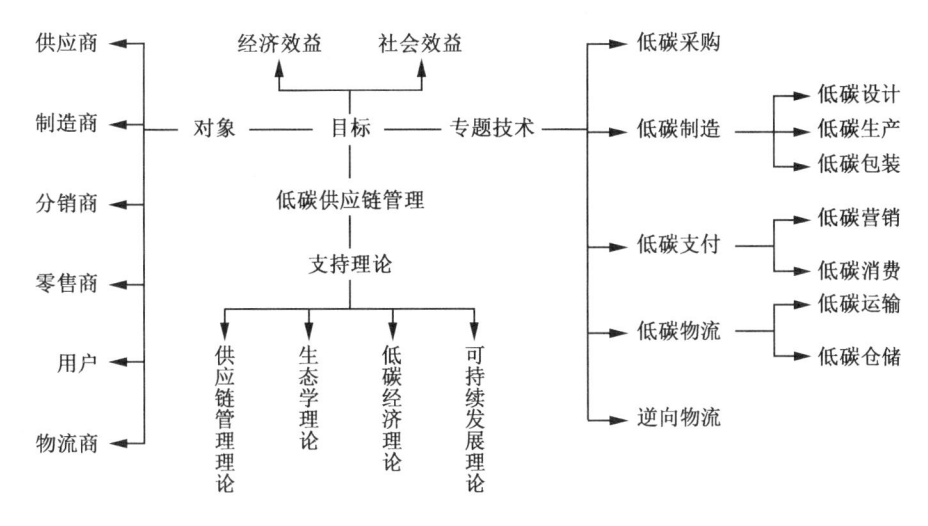

图 11－1　低碳供应链管理体系结构

任务二　低碳采购

在低碳供应链中,低碳采购扮演着至关重要的角色,它是绿色采购理念的一种深化。它的主要目标是减少采购活动对环境和社会的负面影响,实现经济、社会与环境的和谐共进。随着全球对低碳经济的重视,低碳采购逐渐成为行业内的热点话题。

一、低碳采购概述

低碳采购主要是指企业在供应链管理过程中,在原料采购过程综合考虑碳排放因素降低对环境的影响,尽量采购碳排放低的产品或服务,从而实现可持续发展的一种采购方式。低碳采购不仅关注产品的价格和质量,也注重产品的环境性能,例如产品的能源效率、材料的可再生性等。通过低碳采购,企业可以减少对环境的负面影响,同时也可以降低企业的运营成本,并提高企业的社会责任感和品牌形象。

低碳供应链是绿色供应链的一个子集。显然,采购本身是供应链中的一个重要环节,低碳采购同样成为低碳供应链管理的一个子集。采购是保证企业生产经营正常进行的必要前提,企业在向外部采购物资、设备、服务等的过程,可以通过选择低碳原材料、提升供应商低碳准入门槛、优化采购流程和提高采购效率等方面来实现低碳采购。

(一)低碳材料

在供应链的整个生命周期中,原材料的使用贯穿了生产流程、产品应用、废弃及回收等各个环节。为了实现低碳采购,原材料的选择应优先考虑低碳材料,这些材料在满足使用性能的同时,尽量减少了对不可再生自然资源的依赖。在生产过程中,应追求低能耗、低污染、低排放的目标,确保产品的制造过程对环境影响最小化。此外,产品应具有较长的使用寿命,在使用过程中避免产生有害物质,实现节能减排。当产品不再使用时,应能够方便地回收和再利用,以实现资源的多次循环利用。通过这样的方式,我们可以促进供应链的可持续发展,降低对环境的负面影响。

在低碳与可持续的发展要求下，产业所开发的产品在设计前期就会考虑到如何回收再利用，也会让生产过程符合可持续发展的目标。净零碳排的制造业趋势已促使许多国际品牌大厂积极减碳。基于品牌价值与企业责任，许多指标性终端产品制造厂商企业在几年前都已经宣示了采用回收或再生材料的达成时程。例如，可口可乐及百事可乐到2030年将采用100%可回收包装、麦当劳于2025年将回收所有使用过的包装垃圾、宜家家居（IKEA）将于2030年全面采用可回收或再生材料。

在净零碳排与循环经济的目标带动下，再生材料将成为未来的使用材料的主流，如石化企业与塑料生产厂商加速研发再生原料、导入热裂解技术、化学性或物理性的裂解与聚合技术等，赋予废塑料新价值等。国际大厂包括德国巴斯夫（BASF）、德国科思创（Covestro）、赛拉尼斯（Celanese）等，都与供应链伙伴携手合作，积极布局回收再生料的开发与市场推广。塑料制品因热塑性材料的可回收再利用的可持续性发展特性而更加受到关注。各大材料商都在积极开发对应的PIR/PCR塑料或生质性塑料以对标产业界的需求。

消费性市场和各经济体系则在探究新的方法以合理利用世界上的有限资源，如将废弃物视为一种资源，在全价值链中尽可能回收再利用，这也推动了生物基或生质性等可持续性替代原材料的使用的探索。

在建筑、交通、工业等高碳排行业，选择节能材料，则成为减少资源使用、降低能耗、优化生态环境的重要工具和推动力。建筑行业采用中空玻璃、低辐射玻璃、吸热玻璃、热反射玻璃等保温或隔热，减少冬、夏季空调制热或制冷能耗损失。

竹钢以其卓越的拉伸强度而脱颖而出，相较于同等质量的钢材，其拉伸强度可达到钢材的3倍，不仅如此，竹钢的使用寿命更为长久，可达50年。大规模生产的竹钢在成本上与传统钢材相当，这使得企业在选用建筑材料时不仅可以考虑到性能优越性，还能够实现在经济层面的平衡。陶瓷纤维（硅酸铝纤维）在石化、冶金、有色金属、建材、电力、机械等多个行业中发挥着至关重要的作用。陶瓷纤维具有轻质、耐高温、低热导、容重小、热稳定性好、耐机械振动等一系列独特特性，成为众多工业领域首选的功能性材料之一。在工业应用中，陶瓷纤维广泛用于工业窑炉的耐火保温、管道保温、绝热密封、辐射隔热等多个领域，为高温环境提供了可靠的保护。由于陶瓷纤维的独特特性，其有助于降低系统的热量损失，尤其在光热发电系统中，能够高效地将太阳能转化为电能，为可再生能源的利用提供了一种创新性的解决方案。随着双碳政策的推进，下游行业对节能减排的需求日益增加，陶瓷纤维作为重要的节能减碳材料，有望逐渐取代传统的高耗能保温隔热材料。

（二）供应商准入门槛

为了确保挑选的供应商符合低碳标准，企业在选择新的供应商时，需要依托一套以碳中和为导向的供应商准入流程和业务政策与指南。以某汽车制造商为例，该企业成功地将碳中和理念融入其供应商准入流程中。首先，该企业明确了其可持续发展的目标，这些目标包含了汽车二氧化碳排放量的减少、电动汽车销售量的提升以及与全球环境信息研究中心（CDP）供应链计划相关的采购份额的增长。该企业坚信"可持续运营"不仅是其核心价值主张，更是对全球环境做出的庄重承诺。为了深化这一承诺，企业在其价值链的上下游制定了明确的排放目标。这意味着从原材料的采集到最终产品的生产、销售和废弃，企业都设定了严格的环保标准。同时，企业还将其对可持续发展的要求明确纳入供应商的行为准则。要求包括但不限于实施气候披露项目、定期发布环境数据，以及提供上传、测量和评估工具，以确保供应商在运营过程中也符合企业的可持续发展目标。企业对供应商定期评分，综合考虑其排放量、排放范围和减碳进程,以选择最符合可持续发展标准的供应商。这种基于碳中和理念的供应商选择方式不仅确保了从源头筛选出符合低碳标准的供应商,而且推动了整个供应链朝着可持续发展的方向迈进。通过将可持续发展要求融入业务政策和准入流程中,企业在业务运作中积极推动低碳化措施的实施,从而为环保事业和企业社会责任发挥了积极作用。

(三)数字化采购

数字化采购充分利用大数据高级分析、流程自动化以及创新的协作模型,旨在优化采购职能的运作效率,显著削减成本,推动实现更为迅速、更加透明的可持续采购策略。数字化作为低碳化的核心驱动力,通过构建数字化平台,能够有效整合各方资源,促进上下游企业的协同合作,从而加快产业的低碳化转型和低碳产业的发展步伐。企业可以通过数字化采购平台进行产品碳足迹的可信精算与追溯,从采购开始进行产品碳排放生命周期评估,还可以对供应商进行减碳进展跟踪、减碳举措建议、碳排放数据管理等,基于海量数据分析,实现节能降本增效。

二、选择低碳供应商

低碳供应商与一般供应链环境下供应商的区别在于,传统模式下采购企业考虑的重点是供应商的产品质量、快速的反应送达、价格以及服务等因素。因为传统的供应商选择是建立在资源优化配置理论以及效率先行基础上的,采购企业是供应链的组织者和协调者。至于供应商生产过程是否符合低碳要求,是否造成环境污染问题,并不会影响该企业的生产业绩,因此极少受到关注。在实行低碳供应链管理的过程中,必须把供应商的可持续发展能力、低碳举措、环境友好措施等纳入考察范畴,并作为不可缺少的重点考察因素。

(一)选择低碳供应商的意义

从低碳供应链的构成来看,低碳供应商扮演着特殊且重要的角色,不仅是制造中心,还是质量控制和成本控制的核心。若采购企业采购的原料未达低碳环保标准,将直接影响最终产品的合规性,可能导致退货或销毁。因此,选择符合低碳标准的供应商是减少甚至避免潜在成本损失的首要条件。

随着社会对低碳环保产品的需求日益增加,消费者更倾向于选择环境友好型产品。这将使致力于发展低碳供应链的企业产品更受欢迎,进而提升其竞争力。从长远来看,低碳产品有望逐渐取代现有产品,成为市场主流。因此,选择低碳供应商对于提升采购企业产品竞争力至关重要。

优秀的低碳供应商对整体供应链绩效具有显著影响。如能提供高质量的低碳原材料,并提高对采购企业交货期变化的响应速度和灵活性,那么在同等条件下,低碳供应商将比非低碳供应商获得更多时间和利润。

对于采购企业来说,与低碳供应商建立稳固的伙伴关系,不仅能促进双方间的信息交流,共同开发低碳产品和工艺,还能共同承担风险、分享利益,有效防范竞争者或其他外部因素带来的风险。低碳供应商和采购企业构建相互信任的关系,可以降低交易和管理成本,实现双赢。

(二)低碳供应商选择评价指标的建立

1. 指标设计的原则

在供应商选择中涉及因素很多,评价指标及其相互间也存在复杂的关系,因此有必要建立一套具有良好的通用性和可重构性的评价指标体系,低碳供应商选择评价的指标体系是在传统供应商选择理论上建立和发展的,也应遵循全面系统的、简明、可比性、实用性、定性指标与定量指标相结合等原则。

2. 低碳环保指标的建立

在低碳供应链中,对供应商的评价选择尤为关键,其中碳排放量成为不可或缺的考核指标。为实现节能减排目标,供应商需积极推行清洁生产,塑造良好的低碳形象,并遵循"减量化、再循环、再利用"的原则。需要注意的是,不同行业和产品对低碳产品采购策略的关注点各异,导致低碳供应商选择评价体系中的低碳环保指标子因素也有所不同。以下提供的几个方面可为企业在实际选择过程中提供借鉴和参考。

(1) 碳排放量。从能源消耗的角度来看,供应商企业涵盖了能源采购、转换和利用等多个环节。这些企业在消耗能源的过程中,不可避免地会产生温室气体排放。企业的温室气体排放源可大致分为直接和间接两类。直接排放主要源自企业自身拥有或控制的排放源,如锅炉、熔炉、车辆和空调设备等,同时也包括因消耗电力而产生的碳排放。间接排放则是由企业的活动引起,但排放源归其他企业所有或控制,例如原材料的采购和运输、外购电力以及员工的公务出行等。因此,量化分析供应商企业的碳排放至关重要。

(2) "减量化"指标。"减量化"是指生产单位产品时尽可能减少原料、燃料和机器设备的使用量,并降低"三废"(废水、废气、废渣)的排放量。这种做法不仅有助于减少碳排放量,还能实现成本节约。因此,在设计企业的减量化指标时,可以考虑单位产值"三废"排放量、单位产值能耗减少量以及物料能源与同行业的消耗量对比等因素。

(3) "再利用"指标。"再利用"强调供应商企业在生产过程中必须妥善处理"三废",以最大限度地提升资源使用效率,减少资源浪费,从而实现废物的有效转化和利用。在构建再利用指标时,可以考虑以下几个方面:"三废"的回收与利用率、包装容器的回收利用率以及再循环材料的使用率等。这些指标有助于评估企业在资源再利用方面的表现,并推动其不断改进和提升。

(4) 企业的低碳可持续性指标。企业在生产运作过程中会消耗一定量的能源,这必然对环境产生影响,尤其是一些环境意识薄弱又消耗大量能源的企业,对环境破坏更为严重。低碳经济强调实现工艺清洁化,推广使用低碳新能源,如太阳能、风能、核能等,并减少依赖煤炭、石油等传统粗放型能源。此外,企业在环境治理方面的投入以及消费者对低碳产品的接受程度也是关键因素。因此,在评估低碳经济时,可以考虑设置新能源使用比例、环境治理投入、低碳产品市场接受度等相关指标。这些指标有助于全面评估企业在低碳经济实践中的表现。

3. 低碳供应商选择评价综合指标体系的建立

在低碳供应链环境下建立供应商选择评价指标体系,其目的在于揭示新的环境与竞争条件下的供应商评价特点。按照低碳供应商选择评价指标体系的设置原则一般从供应商资质、产品水平、合作能力以及环保竞争力四个方面基本涵盖所测评的指标,从而为企业在低碳供应商选择评价方面提供新的参考。

表11-1为低碳供应商选择评价指标体系。

表 11—1　　　　　　　　　　低碳供应商选择评价综合指标体系

低碳供应商选择评价综合指标体系	产品水平	质量水平	产品合格率
			质量管理体系
			质量改善计划
		成本	相对价格水平
			产品获得成本
	企业资质	财务状况	总资产报酬率
			速动比率
			利润增长率
		发展潜力	员工人均培训时间
			装备水平
			科研经费投入率
	合作能力	服务水平	准时交货率
			订单完成率
		信誉水平	企业信誉
		沟通能力	信息化水平
			企业战略目标兼容性
	环保竞争力	低碳环保能力	二氧化碳排放量
			单位产值能耗减少量
			"三废"回收利用率
			环境改善费用

确定了低碳供应商选择评价指标体系后,还需要对体系中的指标进行可比性设计,一般定性指标按优、良、中、差等级分别设置相应得分,定量指标给出具体计算公式。对低碳供应商特有的低碳环保能力指标则采用定量方式。

(1)碳排放量。根据碳排放量的计算方法得出供应商特定统计期内能耗或特定产品或服务的碳排放量。

(2)单位产值能耗减少量。单位产值能耗是指特定统计期内企业总的消耗量与总产值之比,如万元产值能耗量=统计期内消耗的能耗/总产值。单位产值能耗减少量特指在低碳供应链背景下,供应商企业采取相关低碳环保措施后与之前对比能耗的减少量。

(3)"三废"回收利用率。"三废"回收利用率是指企业在生产和运营过程中对产生的废气、废水和废渣进行回收利用所占的比例。通过将"三废"转化为有价值的资源,企业不仅能节约成本,还能有效地推进节能减排工作。该利用率的计算公式为:"三废"回收利用率="三废"回收利用的数量/生产过程中产生的"三废"总量。

(4)环境改善费用。环境改善费用指某一时期内(通常为一年)企业投入改善环境或环境污染治理的费用,可直接通过企业调查获得相关资料,如引进新的节能减排技术或设施的费用。

4. 低碳供应商选择评价

在建立一个合理的低碳供应商选择评价指标体系后,决策者需要分析评价指标结果,这样才可以为采购企业挑选出最合适的低碳供应商。目前应用于供应商选择评价的方法很多,如成本分析法、神经网络法等。在选择和评价供应商的过程中,本质上是一个涉及多个属性的决策问题。在这个过程中,决策者的主观性和可变性起着重要作用,导致评价体系中各指标的确定和权重存在显著差异。特别是在评估低碳供应商时,由于涉及的多个指标之间存在非线性复杂关系,这使得问题更加复杂。为了解决这个问题,企业可以采用数据包络分析法和层次分析法相结合的集成模型。这种方法可以帮助企业在供应商选择与评价过程中做出更加科学和合理的决策。

任务三 低碳制造

作为一个可持续发展的制造模式,低碳制造涵盖了三个核心要素:低碳设计、低碳生产和低碳包装。市场信息分析、产品设计、产品种类和形态特性以及包装、销售和服务不仅影响产品的碳排放,也决定着企业在低碳制造方面的表现。市场信息分析可以帮助企业了解市场需求,从而选择更加环保的产品设计和生产方式。产品设计阶段的碳排放评估能够帮助企业提前识别并解决潜在的环境问题。产品的种类和形态特性同样影响其碳排放,例如,生产高能效的产品可以降低使用阶段的碳排放。此外,包装、销售和服务过程中也需要考虑碳排放问题,例如,通过合理的包装设计和回收策略来降低包装废弃物的产生。

在进行制造的准备工作时,或在制造开始之前,对将来合适地评估和控制各流程的碳排放至关重要。这一工作在帮助企业了解当前的环境影响并制定相应的减排措施的同时,还能通过预测未来的碳排放量,让企业提前采取措施来降低或消除碳排放,从而实现更有效的减排。

一、低碳设计

低碳设计是一种创新的理念,旨在在整个产品生命周期中最小化碳排放,同时保证产品性能和成本。这种设计理念不仅关注产品的使用阶段,还涉及制造、销售、回收等各个环节,从而全面降低碳排放。低碳设计的核心是节约资源和能源,从源头上减少碳排放,而非依赖后期的处理措施。这意味着企业在产品设计阶段就需要充分考虑如何降低碳排放,例如选择环保的材料、优化产品设计、提高生产效率等。这些措施可以帮助企业在满足市场需求的同时降低对环境的影响。在低碳设计过程中,设计师需要全面考虑产品在制造、销售、使用和报废后的碳排放。这意味着设计师需要了解产品的整个生命周期,从原材料的采购到生产、运输、销售和使用,再到最后的回收和处理。通过这种方式,设计师可以更好地优化产品设计和生产过程,降低各个环节的碳排放。为了实现低碳设计,设计师需要与多个部门和团队合作,包括生产、采购、销售、物流等。这些部门需要共同参与低碳化评价准则的制定和实施,以确保整个设计过程的优化和经济性。通过合作和共同参与,企业可以更好地协调各个部门的工作,确保低碳设计的有效实施。此外,低碳设计还需要关注市场动态和消费者需求。随着消费者对环保产品的需求不断增加,企业需要了解市场趋势和消费者偏好,以设计出更符合市场需求的产品。通过关注市场动态和消费者需求,企业可以更好地把握市场机会,提高产品的竞争力。

总之,低碳设计是一种全面、系统的方法,需要从产品生命周期的全局出发,综合考虑各个方面的因素。通过与相关部门的合作和优化整个设计过程,企业可以降低碳排放,实现可持续发展,同时也能够满足消费者对环保产品的需求。

(一)低碳设计的要素

低碳设计要考虑三个主要要素,即成本(用 c 表示)、碳排放量(用 i 表示)、性能(用 p 表示)(如表 2-2 所示)。

表 11-2　　　　　　　　　　　低碳设计的三要素

要素	成本	原料成本
		制造成本
		运输成本
		循环再生成本
		处理成本
	碳排放量	碳排放量
	性能	安全
		回收性
		附加值
		便利与否
		精神文化
		审美观
		寿命

低碳设计产品的综合价值可用 p,i,c 来表征,其综合价值指标 $=p/ic$。

为了实现低碳设计,应当努力使产品的性能(p)达到最大化,同时尽可能降低其环境影响(i)和成本(c),从而提升产品的综合价值指标。如果不考虑碳排放对环境影响的作用,仅仅追求性能(p)与成本(c)的最优比,即追求产品性能的最大化和成本的最小化,那么这种设计思路仍然停留在传统的经济价值观念上,忽视了企业可持续发展的重要性。因此,必须摒弃这种陈旧观念,将碳排放作为设计过程中的一个重要考量因素,真正实现低碳设计。这不仅有助于提升产品的综合价值,还能确保企业在可持续发展的道路上稳步前行。

(二)概念设计阶段的低碳设计方法

在产品概念设计阶段,设计者需要以需求为导向,充分考虑产品技术性能、工程成本和环境指标的影响。这一阶段是整个产品设计过程中最为关键的环节,因为它的决策将直接决定产品的基本形态、功能和性能。为了实现低碳设计,设计师需要关注产品的基本形态特征和材料选择。这些因素不仅影响产品的外观和性能,还对产品的环境影响产生显著影响。

1.材料选择

材料是低碳设计与制造的核心要素,其碳排放强度直接决定产品的低碳表现。因此,在设计阶段精心挑选并恰当运用低碳材料,对于确保产品最终的低碳特性至关重要。在满足必要的机械性能前提下,优先选择耐久性强、易于回收和再制备的新型复合材料,是实现低碳转型的关键。从产品设计源头考虑降低材料在生产过程中可能需要的高能耗工艺也是产品低碳设计要考虑的要素之一。例如,某些需要铸造、锻造、焊接、热处理、表面处理的材料往往耗能较高,其将产生较严重的环境影响。因此,设计中依据具体情况灵活选用易于设备加工制造的材料能够降低整个生命周期的碳排放。

2. 基本设计特征建模

特征建模技术在低碳设计中发挥着核心作用,能够准确表述产品的基础形态信息,确保其在生命周期内有效筛选与交流信息。设计的核心特征,如基本几何、形状、约束及拓扑特征,与产品的碳足迹紧密相连。利用这些特征能够对设计方案的碳排放进行初评,为改善设计提供强有力的依据。对未来而言,研究将集中在与碳足迹密切相关的特征模型的构建、识别与映射等关键领域。在解析算法方面,像动态规划、流程情景等被认为是至关重要的,而信息智能技术,如 BP 神经网络、人工神经网络、模糊规划、灰色关联等,也将发挥关键作用。设计初期的设计参数与碳足迹之间的关联和量化是一个挑战,需要应用解析算法和信息智能技术。未来研究的趋势之一是探索有效的方法,将设计特征域与碳排放域结合,以更好地处理设计早期信息的不确定性。这样的探索将有助于设计者深入理解设计方案中的低碳信息,从而做出相应的优化和改进。

(三)结构设计阶段的低碳设计方法

产品结构设计根据功能目标使零部件构成一定的组织形态,生成产品结构树并将各部分编制成一个有机整体,从而确定了产品主要零部件结构及装配关系。产品结构设计中不仅要考虑螺纹连接、销、键、铆接和焊接连接等对碳排放的影响,还要注意不同结构设计方案的材料用量、装配方式、回收方式等的碳排放程度。多种设计方法如轻量化、模块化设计、可拆卸性设计、可再制造设计技术等在低碳设计中发挥了重要作用。

1. 基于轻量化的低碳设计

在维持产品性能与质量的基础上,轻量化结构设计通过改进产品布局来实现低碳目标。这涵盖了一系列措施,如使用轻量化材料、优化结构、改进成型工艺和连接工艺等。这种方法在大型工程机械、航空航天和汽车等领域中得到了广泛应用。

2. 基于模块化的低碳设计

模块化设计指系统中具备基本功能的零件、组件或部件,通过标准化关联接口相互选择、联接、组合构成产品的方法。低碳模块化设计的价值不仅在于优化产品的结构或功能,更在于通过模块化设计提高产品在整个生命周期内的低碳拆卸性和可再制造性。这种以低碳为导向的模块化设计策略,有助于降低碳排放的负面影响,缩短产品设计与开发的周期,并推动产品的系列化和标准化进程。

3. 基于可拆卸的低碳设计

在满足产品基本功能的前提下,可拆卸性设计在产品设计阶段就注重装配结构的易拆卸性,这有助于减少温室气体排放。优化拆卸过程,间接降低了拆卸所需的物料消耗和时间成本。随着可拆卸性设计研究的深入,局部拆卸设计思想得以灵活应用于产品低碳设计过程中。这种方法聚焦于产品关键组件的便捷更换、维护和回收,使得设计更具灵活性和可持续性。

案例分析11-2

IKEA家具的可拆卸设计

4. 基于可再制造的低碳设计

在产品设计初期,通过精心选择材料和优化结构设计,可以确保产品在达到使用寿命后仍能再制造和再利用,进而有效延长产品的整体服役周期。这种综合性的设计方法不仅有助于提升产品的可持续性,而且从全生命周期的视角显著增强了其低碳表现。

(四)低碳设计方案决策优化

低碳设计方案的决策优化是一个涉及多学科、多目标、多变量的综合协调与求解过程。这个过程旨在通过综合考虑产品设计过程中各种可选项的技术性、经济性和环境协调性，从而得出最佳的低碳设计方案。其核心步骤是将低碳设计问题转化为计算机可识别的语言，并利用产品的全生命周期设计信息作为变量。在确保产品质量和功能的前提下，以产品设计方案的碳足迹为优化目标，运用适当的求解方法迭代计算，以获得满足需求的帕累托解集。最后，通过决策分析，确定最佳的低碳设计方案。整个过程可概括为设计问题的提取与界定、优化目标的设定与冲突解决、低碳设计优化求解方法的分析、低碳设计方案的决策方法应用等步骤。

（五）低碳设计工具开发与应用

低碳设计工具的研发和应用对提高产品低碳设计效率、缩短时间和降低人力成本具有关键意义。基于其功能和应用范围的差异，这些设计工具通常可分为两大类别：针对单元过程的设计工具和生命周期评估工具。单元过程设计工具，如 DX 工具，主要用于辅助特定生命周期阶段或目标的设计。而生命周期评估工具则从产品整个生命周期的角度出发，全方位评估产品的碳足迹。这些低碳设计工具的具体应用和效果如表 11-3 所示，它们在实际应用中为产品的低碳设计提供了有力支持。

表 11-3　　　　　　　　　　　　　低碳设计工具

	设计工具	存在问题
面向单元过程的设计工具	材料选择工具	单元过程工具中设计阶段或设计目标间存在复杂的耦合和冲突，难以支持产品全生命周期的低碳设计
	基于能值的材料选择和工艺决策工具	
	产品拆卸回收工具	
	产品回收设计工具	
生命周期评价工具	SimaPro/GaBiOpenLCA/Teamv……	独立于企业现有的设计系统，耗时且浪费人力，存在评估结果不够准确及信息同步性差等问题
	SolidWorks SustainabilityEcologiCAD/……	

二、低碳生产

低碳生产技术正处于快速发展阶段，其中最为显著的是清洁生产。自 20 世纪 80 年代末开始，发达国家逐步推行清洁生产，旨在改善环境生态。清洁生产要求从根本上解决工业污染问题，即在污染发生之前采取防范措施，而非在污染发生后采取治理措施，以使污染物在生产过程中被彻底消除，并实施全程控制。

（一）清洁生产的基本含义

到目前为止，在国际上尚未形成对清洁生产概念的统一定义，一般广泛接受的定义是联合国环境规划署工业与环境规划活动中心于 1989 年提出的："清洁生产是指将综合预防的环境战略持续地应用于生产过程和产品中，以便减少对人类和环境的风险性。对生产过程而言，清洁生产包括节约原材料和能源，淘汰有毒原材料并在全部排放物和废物离开生产过程之前减少它们的数量和毒性。对产品而言，清洁生产战略旨在减少产品在整个生命周期过程（包括从原材料提炼到产品的最终处理）中对人类和环境的影响。清洁生产通过应用专门技术、改进工艺技术和改变管理态度来实现。"

通过上述定义可以发现，清洁生产的最终目标是尽可能减少资源消耗从而提高资源利用率,这样不仅通过资源的可持续利用降低了成本,而且企业不再局限于末端治理而是将清洁生产贯穿从生产到销售的整个环节,这样便从根本上解决了生态环境的破坏问题,使得经济的发展走向了良性循环具有了可持续性。

(二)清洁生产技术

对于工业生产而言,清洁生产是非常有必要的。当前工业生产体系的发展模式依旧比较传统,粗放型的生产方式产生了大量的能源消耗,造成了严重的工业污染。由于生产过程中忽视了污染防治问题,后续在污染治理过程中会投入大量的人力、物料成本,而且污染的治理周期也比较长,对企业的发展造成了直接的影响。因此清洁生产技术的引领在工业生产中非常必要。

1. 优化生产工艺

在企业生产工艺中,许多制造流程涉及清洗工序,通常包括二级或三级清洗,每次清洗后的废水被直接排放,这不仅导致水资源的浪费,还加剧了水污染的问题。如果能够收集后续清洗产生的相对干净的废水,经过简单净化处理后再作为前期清洗水的来源,不仅可以提高水资源的再利用率,同时也显著减少了运营成本。

2. 原材料回收利用

在企业运营中,许多材料具备可回收再利用的潜力,比如机加工中产生的切削液。由于切削液使用量较大,一般会直接将其作为废物处理,不仅导致处理成本增加,还需要投入新的切削液,进而提高原材料成本。然而,若企业倡导清洁生产理念,引入过滤净化设备,将废切削液经过处理后再次应用于生产,不仅能够降低原材料成本,同时也显著减少废弃物的产生。采用清洁的工艺技术,使得资源尽可能地有效利用,尽量控制产品使用过程中对于环境的副作用,尽可能低成本高效率地处理必须产生的废弃物使之对于环境的影响减少到最小,从而最大限度地减少产生对环境有害的废弃物。

3. 清洁生产管理

清洁生产还体现在生产管理层面,其中最典型的例子是周转箱等物料容器。由于企业管理不善,员工对清洁生产的认识较为欠缺,通常将会这些容器当作一次性消耗品,使用后就将其当作固废处理。这些本可以重复利用的材料并没有得到妥善处理,使用一次后就被弃置,既增加了企业的经济投入,也不符合当前绿色环保生产的理念。提高储运以及生产组织方面的管理效率,制定并保障清洁生产的规章制度和操作规程,可以尽量减少物料能源不必要的流失。

4. 淘汰高能耗高污染技术和设备

采用落后的工艺和设备生产存在多方面的问题,首先,其物料利用率低,导致了资源的明显浪费。同时,这种落后工艺产生大量污染,对周围大气环境和水环境造成明显的污染性影响,直接降低了环境质量。具体到人工喷粉操作设施,存在低涂料利用率和粉尘污染问题,进一步加重了生产过程的环境负担。为解决这些问题,引入自动喷粉房成为一种有效的改进措施。自动喷粉房不仅能提高涂料利用率,降低原料浪费,还通过自动回收装置有效降低了粉尘污染的风险,有效控制了生产过程产生的环境影响。这不仅有利于提高生产效率,还符合可持续发展和绿色环保理念,有助于企业实现长久的可持续发展。采用先进的工艺和设备不仅对环境友好,还能保护生产人员的身体健康,从而为企业的可持续发展打下坚实基础。

不难发现,清洁生产的实质就是在资源得到充分合理利用的同时使废弃物数量最小以及环境副作用最低,从而实现企业经济效益和生产安全有机统一、企业内外部经济性有机统一。同样,基于清洁生产技术提升的低碳生产,将更加显著地将"低碳"这一概念融入清洁生产。

任务四　低碳支付

低碳绿色供应链的支付环节实际上是一个交付的过程,它包括两部分的内容:低碳营销的过程和低碳消费的过程。

一、低碳营销

1992年6月3日,在里约热内卢召开的环境与发展大会上,联合国通过了《环境与发展宣言》和《21世纪议程》,呼吁各国根据本国情况制定可持续发展战略、计划和对策。以此为契机,一些国家纷纷推出以环保为主题的"绿色计划"并实施绿色营销,要求企业在经营中考虑社会价值观、伦理道德观,以维护自然生态平衡为责任。在环境保护形势日益严峻和低碳经济的驱动下,低碳营销成为21世纪的主流营销模式。主动实施低碳营销不仅是企业积极承担社会责任的表现,更是保持竞争优势的重要筹码。作为绿色供应链管理的一部分,低碳营销考虑整个营销过程中的碳排放因素,强调在产品生产、消费和废弃物回收过程中的减排,以满足日益增长的低碳消费需求。在开展低碳营销之前,企业需明确减排目标,积极开发低碳产品、制定低碳价格、建立低碳渠道,并全面考虑以低碳为主要内容的各种因素,以确保企业在可持续发展的道路上取得更为显著的成就。低碳营销是对现代市场营销的扬弃,是市场营销理论发展的新阶段。

（一）开发低碳产品

为实施低碳营销,企业需着力研发低碳产品,将其作为核心,以满足消费者对低碳需求的期望。低碳产品应具备节能和减排功能,例如天然竹木制品、太阳能设备、活性炭、电子签章、变频式空调、自行车等。

（二）制定低碳产品价格

低碳产品在其开发过程中,增加了企业在原料、技术、碳排放等方面的成本,根据"污染付费"和"环境有偿使用"的原则,企业用于减排方面的支出,应该计入成本,构成价格的一部分。低碳价格反映减排成本,包括产品所吸收的环保及减排支出的费用,确立环境与生态有价的基本观点,加之低碳包装、低碳促销等活动的费用,低碳产品的定价一般高于同类非低碳产品。具体的定价需要根据国内外市场的供需状况灵活调整。在产品定价过程中,除了要将企业用于减排方面的支出计入成本,还必须考虑政策和市场的多重因素。按照国际惯例,政府通常允许低碳产品的价格相对于同类产品上浮一定比例。在考虑市场因素时,需要充分考虑消费者的支付能力和文化水平。那些拥有一定购买力和文化素养的消费者,为了追求低碳、节能,实现自我价值,愿意支付额外30%～100%的费用,以购买代表时尚和文明的低碳产品。

（三）选择低碳营销渠道

正确有效的低碳渠道是低碳营销的关键环节,因为它涉及低碳产品销售的有效性,会影响低碳价格,并影响企业的低碳形象。此外,它还涉及低碳产品的质量保证及销售过程中的资源耗损问题。企业着眼于推广低碳产品,积极建立可靠、畅通的低碳分销渠道,以确保低碳产品能够顺利送达消费者手中,并有效防范仿冒。在建立低碳营销渠道的过程中,选择信誉良好的批发商、零售商显得至关重要,并可以通过设立低碳产品专柜、低碳产品专卖店或低碳连锁店等手段,进一步巩固渠道信誉。低碳渠道作为从生产者到消费者的通道,要求参与者具有强烈的低碳观念,从而促使更多的消费者成为低碳产品的支持者。为确保低碳营销渠道的稳定性,企业需采取现代化的网络销售手段,实施 LC 化分销。这意味着建立高效且低碳排放的渠道系统,使其具备跨时空交互式、拟人化、高效率的特征,以适应新经济和低碳营销的迅速发展需求。通过这一综合而创新的方式,企业能够更好地推广低碳理念,促进低碳产品的推广和市场占有率的提升。积极开展低碳产品直销活动是推动低碳渠道发展的有效途径,不仅可以缩短销售渠道、减少污染,还能提高产品的可及性,增强消费者对低碳产品的认知。

(四)开展低碳促销

作为一种有效的市场策略,低碳促销通过利用促销媒体传递低碳产品及企业信息,旨在激发和引导消费者的低碳需求,最终达到促成购买行为的目的。以顾客为中心的低碳促销要求企业改变传统广告促销方式,转向整合营销传播,以"营销就是传播"为核心理念。企业通过良性整合广告、公关、营业推广、产品陈列等传播工具,实现与顾客的充分沟通,塑造企业与产品的低碳品牌形象。低碳促销的核心在于通过信息传播赢得公众的信任与支持,同时谋求便利和竞争优势。消费者对绿色产品的信任需要商家提供满意的低碳产品,并通过有效的沟通方式传递。促销作为沟通的纽带和桥梁,具有诱导和创造需求的功能,因此商家需要将产品、企业与节能减排有机联系起来开展低碳促销,注重建立与消费者之间的积极沟通,以提升品牌形象和满足日益增长的低碳消费需求。通过全面的低碳促销战略,企业能够在市场中树立环保形象,同时促使消费者更积极地支持和选择低碳产品。

二、低碳消费

低碳经济是污染化的工业文明转向生态化的经济文明的一次大跨越,作为其中的一个重要环节,低碳消费的本质代表着一类环境友好型消费方式,它是以正确的消费伦理观念为基础,要求正确看待消费与自然的关系而确定环境友好的理念、正确看待消费中个人与整个社会的利益关系以及正确看待物质层面的消费与精神文化层面消费的关系。在广义层面上,低碳消费方式包括恒温消费方式、经济消费方式、安全消费方式、可持续消费方式以及新领域消费方式。其中,恒温消费指温室气体排放量在消费过程中最低,经济消费指对资源的消耗最小,安全消费指消费结果对环境副作用最小,可持续消费指不危及人类后代的需求,新领域消费指转向消费新型能源,鼓励开发新低碳技术来研发低碳产品,拓展新的消费领域。

面对低碳大潮,供应链上的企业更应该重塑生产经营观念,迎合世界潮流,要像对待生产过程一样,把消费作为一个过程予以重新考虑,只不过是从相反的方向进行,以便发现使消费者获得所需的商品和服务的更好方式。低碳供应链体系中应注意开发低碳消费流程需要合理配置的相关业务活动,以便在不浪费企业和消费者时间、精力以及资源的情况下,满足消费者在整个消费过程中随时随地的需要。低碳供应链体系必须从根本上改变思维方式,重新考虑供应链与消费之间的关系以及消费者在供应链流程中所担当的角色,确保所有产品和服务都能发挥正常功效并具备相互配套的能力。

任务五 低碳物流

低碳物流的兴起,源于哥本哈根环境大会对低碳的官方倡导。物流作为高端服务业,在响应全球低碳趋势的同时,亦需走上低碳化的道路。

目前,我国物流业仍呈粗放式发展态势,专业水平相对较低,导致能耗增加、能源浪费,物流成本居高不下,全社会物流费用占 GDP 比重高达 20%,比例远远高于美日等发达国家,也高于中等发达国家(16%)。中国物流问题表现为空驶率高、重复运输、交错运输、无效运输，仓储利用率低，物流信息化程度相对较低。这导致物流设施利用率低，特别是影响到蔬菜等商品的流通成本，进而影响物价波动。另外，物流交通组织方式滞后，信息化程度低，运输车辆甚至存在40%的空载率，这也是商品"卖贱"和"买贵"的原因。作为我国十大重点产业之一，物流业有着巨大的潜力和责任，需要在低碳经济的发展中发挥更为积极的作用。为实现低碳物流，我们必须从低碳运输方式、低碳运输组织和低碳运输设施三个方面入手，通过推动技术创新、提升信息化水平和优化物流组织，为构建低碳物流体系奠定坚实基础，实现物流行业的可持续发展。

一、低碳运输

低碳运输概念是由低碳经济发展而来的，符合低碳经济的发展理念。低碳运输是货物运输可持续发展的一种必然选择路径。低碳运输以高效益和低污染为主要特点，运用合理的管理手段，优化货运运输结构，合理利用资源，提高运输能源利用率，最终达到运输效益最高且运输碳排放最低的目的。

(一)传统运输存在的问题

1. 货物运输结构不合理

地区运输条件限制以及运输方式的多样性会导致货运结构存在差异。目前我国的货物运输大多是以公路货运方式为主，有些地区的公路货运占比甚至大于80%。公路货运具有灵活度较高、短途运输便捷等特点；铁路和水路运输具有运价低和载重量大的特点；航空货运具有耗时短但载重低的特点。中远距离重型货物使用铁路运输最为合适，水路运输限制条件多但载运量大，能够大幅缩短运输距离与成本。但是国内运输的货物与货运方式之间的适用性存在不足，未将运输方式的最大优势发挥出来，货运大多用公路运输工具运输，并未根据货物的特性以及运输方式特点运输，且货运过程中存在缺乏根据货物的实际需求选择车型的问题，公路货物运输仍旧以传统的重卡货运为主。总之，当前的货运结构不利于节能减排，因此需要合理降低公路货物运输，大力发展铁路货物运输。各种运输方式中最节能、最低碳的正是铁路运输。应通过提高信息化水平来创新组织模式，进而加快运输速度和质量，促进铁路运输的发展。

案例分析11-4

菜鸟网络的低碳物流

2. 运输工具节能减排成效低

我国运输工具的发展水平与发达国家有一定差距，运输工具的发展相对比较落后。目前，我国货物运输仍处于高碳运行状态，不利于碳达峰目标的实现。从公路运输工具上看，重卡货物运输存在资源利用率低、高污染和高能耗的弊端。虽然目前已有相关文件对重卡限行，卡车货运正朝着轻量化方向发展，但是由于货物运输的需求，我国的重卡货运比例还在提高，以清洁能源为动力的运输工具在货运中使用占比极低。伴随着新能源基础设施的完善和科学技术的发展，目前国家已开始鼓励氢能燃料电动车运行，氢能重卡的研发取得了新的进展。然而，在新能源技术还不能完全突破的前提下，公路货运还未实现真正意义上的节能减排。从铁路运输工具上看，从2012年开始，铁路电力机车数量超过了传统铁路内燃机车，自此之后，我国铁路机车以电力机车为主，传统铁路内燃机车数量逐年下降，铁路运输的碳减排工作取得了一定成效。总之，我国为实现碳达峰目标，需要大力发展以清洁能源为动力的运输工具。

(二)低碳运输方式

1. 运输工具低碳化

可以使用全电动、混合电动等新能源物流车,并持续完善物流站点的基础设施配备(如光伏充电桩等)。但新能源物流车全生命周期成本高于燃油物流车,可考虑借助租赁模式与网络货运平台缓解运输企业的购车压力。对于使用传统能源的车辆,也可以使用低滚阻轮胎、轻量化箱体、对司机驾驶方式进行优化与培训等方法来节省油耗。另外,还要充分运用高效率、低排放的交通运输设备、机械设备,提高设备的节能和二氧化碳排放量,严格遵守设备节能减排要求,强化废水的处置和废物的循环利用,严格遵守交通设备的排放,定期检修保养设备,确保交通运输设备在交通运输中起到关键作用。

2. 运输模式创新

可以通过运输模式的创新来实现低碳运输。如多式联运可降低物流运载综合能耗,相对单一公路运输,铁路和水运运量大、能耗低,使用多种运力组合(如公水联运)可降低单位重量的运输能耗,助力低碳。甩挂运输是汽车(牵引车)按预定计划,在某个装卸作业场站甩下半挂车,挂上其他半挂车继续运行的运输组织形式,该模式可以使牵引车的停歇等待时间缩短至最低,减少油耗20%~30%,能大幅度降低能源消耗和污染排放。统仓共配是多个快递公司统一仓储、通过合理配置人员与运力等来提供配送服务的方式,利用该运输方式可通过规模化的作业来提升物流资源的利用效率,减少不必要的碳排。

3. 运输距离优化

运输距离优化可通过运输路径规划实现。企业可以通过确定物流节点要素地理位置等方式,优化和提高物流系统的有效性和效率,选择最优配送线路,减少运输距离。例如采取循环取货模式,按需求方物流时间表规定的时间、路线混合装载多家供应商(含中继地),提高车辆积载率、减少车次和运输碳排放。距离优化还可以通过装载优化减少运距的货物,即根据运输场景调整装载结构来实现,即通过合单等方式优化装箱,提升单位货运量和满载率,减少空驶,提升运力和运载效率,降低碳排放。

二、低碳运输组织

低碳运输组织的构建涉及内部和外部两大层面,其中内部组织的核心在于通过物流信息化建设推动低碳目标的实现。物流信息化运用现代信息技术手段,深度分析和精准控制物流信息,从而实现对物流、商流和资金流的全面管理。这一过程的根本目的在于提升物流运作的自动化水平,优化决策过程,进而实现物流资源的合理配置,降低物流成本,提升服务水平。物流信息化不仅是电子商务快速发展的内在要求,也是物流企业和整个社会物流系统提升核心竞争力的关键。这种信息化主要体现在先进信息技术的应用上,如代码化、电子化、标准化、实时化和数字化等。这些技术的应用使得物流运作更加高效、精确和可靠,为实现低碳运输提供了有力支撑。具体而言,物流信息化在降低运输碳排放方面的作用包括:首先,通过精准预测市场需求,企业能够合理安排运输计划,减少不必要的空驶和重复运输,从而降低运输过程中的能源消耗和碳排放。其次,提高运输工具的实际装载率有助于减少单位运输量的能耗和排放。例如,通过优化装载方案,企业可以确保运输工具在满载状态下运行,避免部分装载导致的能效损失。再次,提升仓储设施的利用率也有助于企业降低碳排放。通过合理规划仓储布局、提高仓储作业效率等方式,企业可以减少仓储过程中的能源消耗和排放。

外部组织中能实现低碳运输的重要方式是实现共同配送(或协同配送)。共同配送是解决我国物流配送设施布局不合理、利用率低、重复建设等问题的较好解决手段,其实质是物流资源的共享。实现共同配送,既可以有效提高车辆使用率,又能明显改善交通运输状况,进而为全社会创造低碳生活做出贡献。这种"货物配送的集约化"突破了企业物流合理化的限制,充分利用配送企业之间的资源共享,实现了配送服务的规模化和灵活性,是一种高效且环保的全新配送方式。因此,在当前情势下,有效组织和实施协同配送对于减少配送环节的碳排放量具有现实重要性。为了更好地开展协同配送,应从以下几个方面加以整合:首先是信息共享,企业要想有较大的发展,就必须在思想上摆脱束缚,改变原有的保守观念,树立信息共享、合作共赢的思想,这是有效实施协同配送低碳化的基础。其次是构建物流公共信息平台,平台允许相关物流企业发布、查询和接收物流运作信息,使得任何客户都可以委托并购买物流服务,这为协同配送提供了可能性。再次是公用基础设施的利用,协同配送允许多个物流企业共享物流配送中心等基础设施以及运输渠道,共同使用某一物流设施或设备。这样,不同的物流公司可以将相同目的地的货物集合起来,实现联合配送。这不但提高了车辆实载率,改善了车辆回程配载状况,还能够实现物流资源的集约化配置及社会运输资源的优化与整合,达到节能减排的目的。

三、低碳运输设施

低碳运输设施的建设主要涉及废旧物流设施设备的循环利用和构建物流商务信息系统两个方面。

(一)废旧物流设施循环利用

废旧物流设施的循环利用至关重要。随着物流业的迅猛增长,废旧物流设施的数量也在迅速攀升,简单地报废或遗弃这些设施是对资源的极大浪费。通过强化废旧物流设施设备的循环再利用,可以显著降低对环境的污染和碳排放量。例如,拆解和回收废旧物流设备,以及改造升级废旧物流设施(如废旧仓库)等措施,都是实现这一目标的有效途径。

(二)使用信息化技术

随着信息技术、互联网技术在我国的快速发展,一些较为成熟可靠的信息化技术也逐步地应用于货运输站场。货运站(场)应用的信息化技术包括能提供车辆、驾驶员和货物信息查询、发布、统计分析、管理等服务功能的物流信息平台;能提供车辆运行位置与运行状态监控等调度服务智能运营监控系统,方便货运站(场)货物信息的共享、货物管理的同时,也达到一定的节能效果。

小　结

随着全球气候变化和环境问题的日益凸显,低碳供应链管理已成为企业可持续发展的重要战略之一。本项目详细探讨了低碳采购、低碳制造、低碳支付和低碳物流等关键环节,并强调了它们在推动供应链低碳化转型中的核心作用。在低碳采购方面,企业通过选择低碳原材料和零部件、优化供应商选择、发展数字化采购确保从源头减少碳排放。在低碳制造过程中,企业从低碳设计方案到引入先进的节能技术和清洁生产方式及发展低碳包装来减少生产过程中的能源消耗和废弃物排放。低碳支付则通过低碳营销,推广低碳消费为供应链的绿色打通最后一站。而低碳物流则通过优化运输路线、采用清洁能源车辆等方式,降低物流环节的碳排放。随着科技的不断进步,未来低碳供应链管理将继续迎来更多的发展机遇和挑战。

案例讨论

自1993年成立以来,顺丰速运已经迅速崛起并成为中国领先的综合性物流服务提供商。顺丰不仅致力于提供高效、准时的快递服务,还积极履行社会责任,推动低碳发展。为了降低碳排放并促进绿色物流,顺丰采取了一系列创新措施,积极打造可持续物流。

陆路运输是顺丰提供物流服务的主要运输方式。公司持续优化运力用能结构,通过提升新能源车辆运力占比、优化燃油车辆选型、管控车辆油耗等方式来减少运输过程中的碳排放。顺丰2022年新增投入运营使用的新能源车辆超过4 900辆,累计投放新能源车辆超过26 000辆,已覆盖232个城市,城市内普通及大件收派、短途支线及接驳运输等场景。另外,顺丰还对传统燃油车辆进行选型优化与置换,通过提升车辆装载容积、置换高轴数车辆、清退高油耗车型等举措,提升能耗使用效率,减少燃油车辆的排放对环境造成的影响。2022年,公司累计置换清退了超过800辆燃油车辆。顺丰还搭建了能源管理平台以实现用能数据管控,并采用大数据、云计算等科技手段优化运输线路,逐步推动陆路运输环节的节能减排工作。

在航空运输领域,顺丰持续完善能源管理制度体系,建立了《顺丰航空能源管理制度》,设立航空碳排放工作组,统筹推进航空运输模块的各项节能减碳工作。自2018年起,顺丰积极引进波音747、757、767等大型货机,新购入的大型货机相较于传统的波音737货机,拥有满载情况下碳排放效率更高、吨千米油耗更低的优点。截至2022年年底,顺丰共有77架自有全货机。2022年,顺丰通过截弯取直技术节约航空燃油量1 234吨,减少二氧化碳排放量约3 742吨,通过二次放行节约航空燃油量707吨,减少二氧化碳排放量2 144吨。

顺丰积极顺应绿色包装的发展趋势,加大了对包装材料研发的投入,2022年通过广泛推广绿色包装的使用,成功减少了约50.6万吨的碳排放。顺丰还推出了"丰景计划",针对胶袋、胶纸、贴纸、封条等八大类物料进行减量化、标准化、场景化的创新研发,成功减少了塑料消耗。2022年累计减少了约4.7万吨的原纸使用和约15万吨的塑料使用。同时,循环箱的使用次数超过了3 200万次,为碳减排贡献了1.3万吨。

讨论:
1. 顺丰如何打造可持续物流,推动低碳发展?
2. 顺丰的如何发挥它在供应链中的优势,带动低碳供应链发展?

思维导图

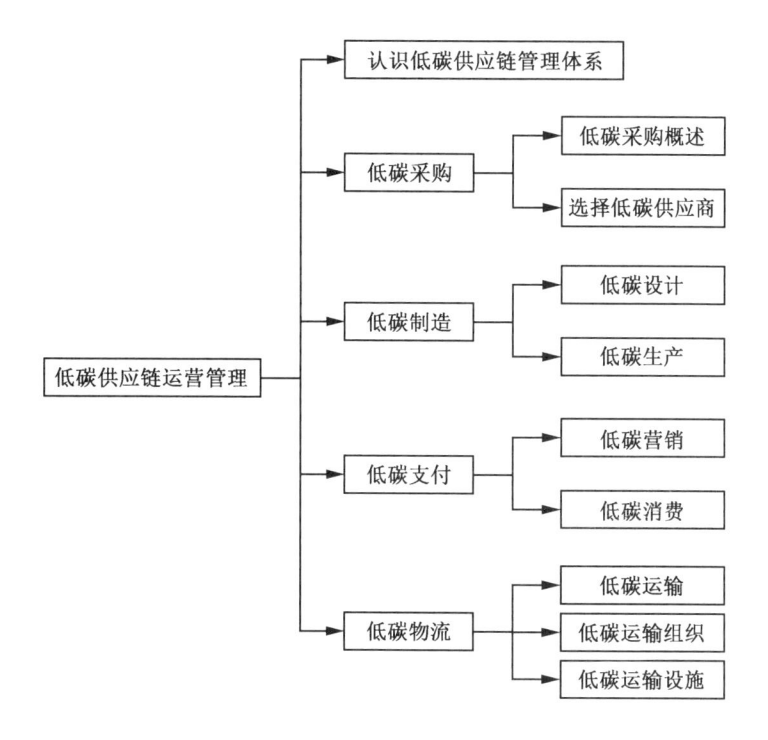

低碳供应链运营管理
- 认识低碳供应链管理体系
- 低碳采购
  - 低碳采购概述
  - 选择低碳供应商
- 低碳制造
  - 低碳设计
  - 低碳生产
- 低碳支付
  - 低碳营销
  - 低碳消费
- 低碳物流
  - 低碳运输
  - 低碳运输组织
  - 低碳运输设施

思考题

1. 简要说明低碳供应链管理的主要内容。
2. 简述选择低碳供应商的意义。
3. 什么是清洁生产?
4. 简述低碳运输的方式。
5. 简述我国低碳供应链发展现状及未来发展趋势。

项目十二　供应链数字化运营解决方案

1. 知识目标

(1) 了解供应链数字化运营方案的设计要求；

(2) 掌握供应链网络的构建方法；

(3) 熟悉大数据技术、区块链技术的应用方案。

2. 能力目标

(1) 能够熟练运用数据收集、分析和挖掘技术，准确提取出供应链中有价值的信息；

(2) 能够为企业供应链数字化运营提供优化方案。

3. 思政目标

(1) 理解和认同中国传统文化中诚信、正直、负责等价值观，培养学生在物流与供应链领域注重道德和伦理的意识；

(2) 理解供应链数字化运营对企业、员工、环境等方面的影响，培养学生的社会责任感。

导入案例

联合利华供应链运营模式

作为一家世界500强企业，联合利华旗下拥有1 600个品牌，是日化行业中著名的领军企业。自2018年起，联合利华开始构建4S(Swift & Agile-迅速敏捷, Smart-智能, Sustainable-可持续, Striving-进取)供应链，加速推动智慧供应链的创新。

当你从超市货架上拿起一瓶清扬洗发水时，对联合利华中国而言意味着什么呢？答案是：1 500家供应商、25.3万平方米的生产基地、9个区域分仓以及300个零售商和经销商都会因此而发生变化。这些都是构成公司供应链体系的关键节点。如果要更清楚地描绘整个供应链网络，你会看到一端连接着来自全球各地的1 500家供应商，而另一端则是超过8万个销售终端，包括沃尔玛、乐购、屈臣氏和麦德龙等约300家零售商和经销商。

实际上，每当你从超市货架上拿起一瓶清扬洗发水时，这看似平凡的、时刻都可能发生的小动作都会对联合利华整个供应链组织的运作产生影响。如何确保这庞大组织能够灵活运转呢？这确实是一个值得深思的问题。

任务一　供应链数字化运营方案设计

一、供应链数字化运营实施方案

(一)供应链数字化运营方案的设计要求

1. 设计目标

供应链数字化运营方案的设计目标在于全面优化全链条价值增值与全流程重组,构建跨部门的企业内部共享互动集成供应链计划机制与平台。推动供应链从分散向集中转型,实现整个供应链协同、敏捷、一致的智能运营。

2. 设计原则

供应链数字化运营方案的设计原则立足于"五个坚持",通过数字化技术驱动供应链实现"三化三型"的转型升级。"五个坚持"包括:持之以恒构建适应企业全球化的治理体系,坚定不移地执行法人治理结构以及股东股权管理机制,持续推进人才流动机制的专业化管理,坚决实现以战略为导向的计划预算模式对接,全面推动安全体系建设和标准实施管理。而"三化"则指现代化、枢纽化与集成化,"三型"分别为绿色型、智慧型与平安型。

3. 设计思路

供应链数字化运营方案的设计思路聚焦于运营理念的创新与数字化运营方式的构建,着力推进以下四个方面的重点工作。

第一,精准定位战略体系,通过运用云技术、大数据、物联网等新兴技术,构建信息资源整合和协同平台。企业可依赖数字化技术提前洞察需求,进而智能化地根据感知的需求调整计划,实现与客户的无缝互动,构建以需求为中心的运营模型,并实现从线下到线上的转型。

第二,优化资源管理及相关项目的协调控制,搭建与供应链数字化经营生产相关内容的服务网络平台。在企业与多级供应商信息交互的过程中,监控企业供应商的库存、产能、质量等信息,实现主动风险管理。

第三,根据具体项目特性、投资类型和战略管理需求,采取"组合式"差异化管控策略模式,提升供应链数字化运营的局部决策水平。

第四,巩固运营基础,构建完善的供应链数字化运营保障体系,通过组织保障、技术保障、制度保障等体系的建设,确保运营方案的有效性和持续性。

(二)供应链数字化运营方案的编制

1. 战略层面的运营方案

(1)制定供应链数字化战略决策。制定供应链数字化战略决策需要综合考虑企业使命与愿景、企业数字化战略规划、数字化产业环境分析和企业价值主张等方面的因素,以确保数字化战略的有效实施及企业发展的可持续性。企业使命与愿景是指企业追求的长期目标,这一目标将直接影响数字化战略的设定和实施。企业数字化战略规划是指确定数字化转型目标、路径和时间表,确保数字化战略与企业整体发展战略相一致。数字化产业环境分析是评估外部数字化趋势、市场竞争环境和内部资源状况,为制定数字化战略提供有力支撑。企业价值主张是企业数字化战略的核心,涉及企业的竞争优势、核心价值和差异化策略,有助于企业在数字化转型中实现更好的绩效表现。

(2)制定数字化战略举措应对决策。在应对数字化挑战时,制定数字化战略举措至关重要。这些举措涵盖从数字化商业模式到数字化供应网络的全面数字化供应链运营管理和分析决策。必须全面跟踪、分析和应对各项供应链数字化战略举措，以确保企业在数字化转型中取得成功。

（3）对供应链全流程进行数字化设计。借助数字化技术，可以进行市场环境分析、竞争对手分析和数字化营销战略定位，从而使供应链更具竞争力。针对供应链的计划、生产、物流和服务等各个环节，需要详细分析和设计数字化业务的发展，以实现供应链的高效运作和不断提升。

2. 执行层面的运营方案

（1）建立以用户为核心的生产运营体系。利用机器学习、大数据分析等数字化技术，建立具有动态弹性的生产和物流流程，以确保客户需求得到满足。从产品设计、渠道推广、订单交付到用户服务等多个方面，实施完善的用户体验运营，提高客户满意度和忠诚度。

（2）打造数字化生产运营流程。首先，着眼于供应链流程，将数字化产品和流程集成到模块中。然后，基于资源管理、规则管理、流程控制和动态调整等内容，将这些模块结合起来，以提高供应链对市场变化的适应性和灵活性。

（3）设计数字化生产运营渠道。构建数字化运营渠道，将设计部门、业务单位、供应链网络和合作伙伴连接在一起。通过可视化体验、全通道协同和全通道统一管理等方式，持续改善和优化运营数字化渠道。

（4）制定数字化生产运营优化方案。制定针对各运营环节的持续优化方案、整体运营机制的持续优化方案以及提高供应链渠道运营效率和产品质量的方案。

（5）拟订内外生态评估方案。制定企业内外的基础能力环境评估方案，包括物流、支付、部门间的协作管理以及与合作伙伴的价值合作运营等方面。

（三）供应链数字化运营方案实施路径

1. 引进新兴互联网技术，实现自身数字化、智能化升级

积极接触现代信息技术，通过建立产品营销互动参与系统、市场预测分析系统以及客户交易记录系统等，实现生产管理、营销以及决策的全面数字化转型。

企业通过大数据技术建立的数据库，能够实时追踪和分析客户的市场需求及购买力。基于这些数据，可以做出合理的生产和营销决策，从而提高产品生产和市场推广的准确性。

建立客户交易记录系统，依据客户过往的交互历史，为客户的供给采购、企业融资、金融产品增值以及线上交易等金融活动提供更优质的服务。

2. 优化内部系统架构，为顺利开展金融活动做好保障

优化企业内部系统架构，最终的目标在于提升系统的稳定性、安全性和扩展性。具体实施方法包括基础设施结构和核心技术结构的优化，以达到更高水平的运作效能。

在基础设施架构优化方面，采用IAAS（基础设施即服务）集成和分配企业生产运营所需的物理基础设备。核心技术架构的优化方面，通过依托分布式数字化运营技术和计算机集成系统，共同维护供应链系统的连续性和稳定性。

3. 打造数字化企业运营信息共享平台

数字化平台是数字经济的基石，致力于建立一个多主体共享的开放式协同生态系统。该平台连接多家企业，旨在对接群体需求、创造网络效应、实现多方共赢。

首先，企业需要综合考虑自身现状和数字化目标，在拟定数字平台策略的同时逐步增强相

案例分析12-1

农产品供应链数字化转型

关能力。其次，应进行设计和规划。企业通过了解业务优先级、技术发展情况、成熟程度以及当前项目进展来为规划数字平台战略目标和实施路径。接着是实施。根据数字平台战略目标和实施路线图，提供咨询、交付、运营支持等服务。最后，通过数字化平台构建行业生态推动企业IT团队提升效率，全面提高供应链数字化水平。

二、供应链新技术应用方案

（一）大数据技术的应用方案

1. 大数据下的供应链运作流程

在大数据环境下，供应链运作流程相对于传统供应链具有明显特点，包括增强的预测机制、高效的信息流传递机制以及更精准的销售策略（如图12-1所示）。

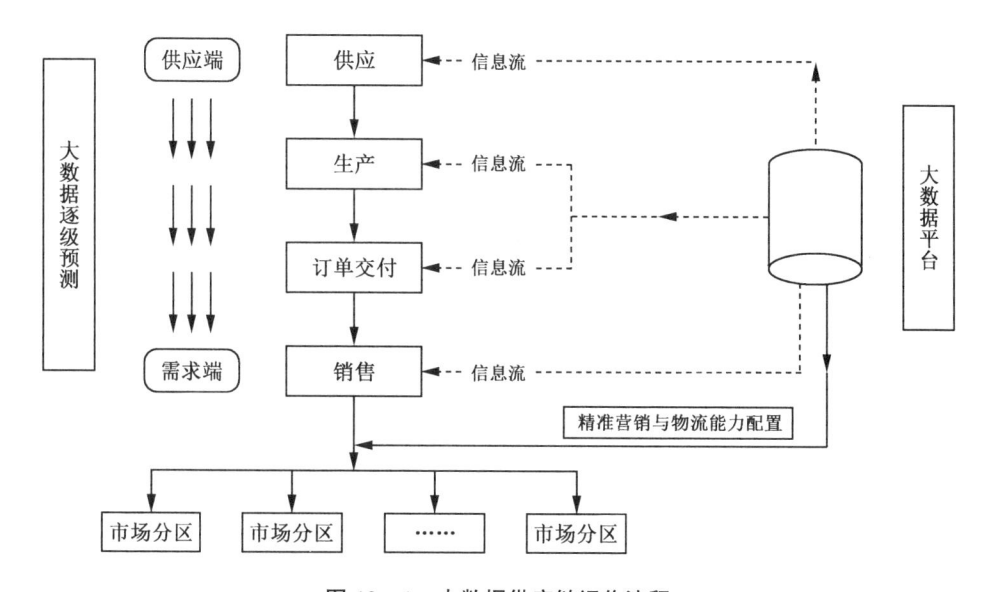

图12-1 大数据供应链运作流程

与传统供应链不同的是，在大数据时代的供应链管理中，市场需求预测信息不再只向供应链上游传递，而是将每次运营职能的转换作为预测节点，强调逐级的跨越供应端到需求端的预测精确性。

在大数据时代的供应链管理中，信息流采用了"一对多"的传递机制，使得成员企业可以直接从大数据平台获取信息，从而降低了信息在逐级传递过程中的失真程度，减弱了供应链的牛鞭效应。同时，这种模式有助于减少供应链各级子系统的时滞，增进供应链信息共享，使得供应链扩张不再受到级数限制。

在大数据时代的供应链中，销售商需要将末端视为精细的市场分区，而非简单的广义销售市场。在此背景下，销售商需深入了解消费者的个性化需求，利用消费者大数据的分析来驱动供应链市场的细分。因此，销售商需要运用大数据思维解决"顾客在哪里"的问题。

2. 大数据技术在供应链不同环节中的应用方案

在营销环节，重要的是捕捉客户需求、进行微观细分以及消费行为预测。因此，结合大数据技术和需求预测工具，可以实现市场划分精细化的目标。大数据在营销环节的另一个重要应用是价格优化。通过对价格和销售数据的高精度分析，企业可以利用各种数据来源，并几乎实时地做出价格策略决策。

在采购环节,企业通过大数据分析供应商的绩效、可靠性和风险因素,选择最优质的供应商,辅助制定采购策略,并在成本和风险之间取得平衡。这有助于优化采购渠道,同时有效整合供应商到业务运营中。

在生产环节,可以应用大数据技术监控和优化生产过程。企业通过传感器和物联网设备收集实时生产数据,帮助实现智能制造,提高生产效率,减少资源浪费。

在物流环节,供应链大数据分析可辅助设计最优的配送中心和供应路线,并致力于降低运输成本,以便货物能够高效、合理地在供应链中流通,从而最终实现库存优化。同时,支持GPS的大数据远程信息技术可用于优化运输路线。此外,可以利用大数据分析优化燃油效率、检修维护和司机行为等方面,有助于提高生产率。

在库存管理环节,可以利用大数据分析库存水平、销售速度等信息,实现精准库存管理。企业通过预测需求和优化补货策略,降低库存成本,提高资金利用效率。

在绩效管理环节,借助对供应链管理系统中各种数据的收集和大数据分析,企业能够获取更有价值的信息,以评估、考核和指导核心业务的运营表现。

3. 大数据技术应用方案的制定方法

(1) 分析供应链环节的业务需求。在大数据整合前,应梳理供应链业务的运营状况,以增强业务分析的准确性。企业通过大数据的处理和评估,探究市场对供应链环节的需求,以加强业务目标的确立和拓展的有效性。

(2) 明确高效的分析策略。在明确分析方向和目标的基础上,研究国内外优质大数据分析策略,逐步探索出可靠的大数据应用模式,找到高效的分析路径,以增强分析模型的适应性和可操作性。

(3) 构建可靠的数据模型。首先,明确具体的分析目标,并据此制定可靠的分析算法,以确保大数据分析的可靠性和逻辑性,并确定精确的算法公式。接着,将这些算法实施到实际的供应链场景中,明确具体的数据范围和分析标准,以保障数据溯源的顺利进行。

(4) 处理整合数据。由于供应链各环节采集的大数据存在显著差异,为了增强数据整合分析的效率和效果,需对全供应链数据进行预处理。企业通过整合不同渠道来源、具有不同结构特征的数据,实现数据在格式和形式上的统一和标准化,从而提高供应链数据的规范性,确保数据分析过程的准确性和高效性。

(5) 评估和应用分析结果,将可靠的分析成果用于供应链业务实践。借助相关指标评估分析结果,制作精准的评估报告,并提出更新和增强全供应链大数据应用的可靠建议。在分析和评估过程中,需要建立准确的模型,以指导供应链的优化和监控工作。

案例分析12-2

大数据赋能
智慧供应链

(二) 区块链技术的应用方案

1. 区块链技术在供应链中的应用方法

(1) 分布式账本技术。分布式账本技术是指交易记账记录由分布在多个地方的节点共同完成,这些节点都维护着完整的账本,并可以共同参与监督交易的合法性。这种技术使得账本的记录和验证不再依赖于单一中心化机构,而是通过网络中多个节点的共同协作完成。

将区块链的分布式账本技术与供应链融合,可以通过区块链和物联网技术平台将各个信息孤岛"连接"成一个整体,从而实现信息的无障碍流动。在这种设定下,网络中的各个节点交易信息经过共识验证后被直接写入账本,且不可随意更改。同时,供应链的每个节点企业都可以获得该账本的拷贝,这意味着整个网络上的企业能够在无需中心控制的情况下自由、直接互动。

(2)P2P协议。P2P(Peer to Peer)协议,即点对点协议,是一种去中心化技术。通过分布式核算和存储技术,各节点的企业信息能够自主管理。在去中心化网络中,各参与节点可以平等地交换和存储信息,享有相同的权利和义务。

将P2P协议应用于供应链中,核心企业主导的信息资源可以自由在供应链网络中各节点间进行交互,从而提高信息传递效率。例如,在传统产品供应链网络中,批发商只能通过核心企业获取上游生产情况的信息,这导致批发商处于被动状态,信息传递效率低下。同时,核心企业也并不一定会向批发商展示所有信息,数据共享渠道也缺乏透明度。应用P2P协议后,批发商无需通过核心企业作为"中介",而是可以直接在供应链中与产品对接,从而获得所需信息。这样做保证了信息在供应链中的公开和透明性,使得信息传递变得更加高效。

(3)共识技术。共识结束是指所有参与记账节点需要验证交易、确认并达成一致意见的机制。这样的技术加强了供应链中溯源信息的真实性和可靠性。通过共识技术,各链上节点企业之间能够在相互缺乏信任的情况下建立信任关系,无需依赖第三方,直接在系统内交换数据,从而避免了人为干预的可能性。

(4)智能合约技术。智能合约技术是一种创新性的技术,它将传统供应链中的财务资金流和商务信息流整合在一起。在传统的供应链中,商务合作签订的合约需要经过人工审核和鉴定后通知财务转移资金。而利用智能合约技术可以根据事先约定的规则,通过代码运行自动执行、协同写入(即通过算法代码)形成一种能够将信息流和资金流合二为一的"内置合约"。这项技术的引入极大地提高了供应链运作的效率和透明度。

2.区块链应用方案设计步骤

区块链技术确保了供应链各节点间信息和数据的有效集成,使得各节点形成网状拓扑结构。即使出现部分链路中断或破坏,也不会对其他节点链条造成影响,从而提高了供应链系统的稳定性。在供应链中,区块链的应用方案通常包括以下几个步骤。

(1)明确业务问题。确定在供应链中需要解决的具体业务问题,如透明度不足、数据安全性、追溯性等。明确问题有助于设计合适的区块链解决方案。

(2)签署智能合约。在供应链网络中的各参与方(如供应商、零售商、承运商、品牌商等)签署智能合约,将传统的书面物资交付协议转变为区块链系统代码,明确输入与输出的设定。

(3)数字化所需的供应链运作信息,以确保各种材料、生产、零售和使用情况通过射频识别、软件自检、人工上传等方式上传至区块链平台。

(4)根据采集到的信息,智能合约判断订单协议是否达成,并按照协议内容执行货物及资金的交付。

(5)实时监测供应商的供货量、生产商的产量以及零售商的销售量,并根据此信息调整生产和销售计划,以降低库存成本和缺货损失。

(6)用户在购买产品时通过区块链进行产品信息追溯,而在使用过程中,通过软件自检和传感器等方式将产品使用参数、售后服务、维修记录等信息发布到区块链中。

(7)品牌商可以根据区块链中的产品信息、用户使用记录和维修记录等信息,对回收产品进行定价评估,并据此处理回收产品以及二次销售。

(8)购买二手产品或再制造产品的用户也可以方便准确地追溯产品的硬件和耗损信息,以防止出现"信息不对等"等问题。

3.区块链技术在供应链中的具体应用方案

(1)区块链技术在供应链金融中的应用。"区块链＋供应链金融"系统能够连接供应链金融领域的各家企业、金融机构和银行。首先,通过加密的贸易信息记录实现多方共识,核心企业平台的信用能够在上下游间传递。外部供应商和分销商通过在区块链上记录与核心企业的供应链关系来解决面向金融机构的征信问题。同时,系统中的银行节点能够通过本地存储的分布式账本查看申请融资企业的相关贸易信息。另外,利用智能合约技术,企业完成付款后,供应链资金在上下游企业间实现自动结算,以确保企业获得稳定可靠的付款担保,同时降低金融机构在供应链贷款方面的风险。

(2)基于区块链的供应链信息协同管理优化。利用区块链技术构建信息协同系统,整合供应链各部分,并建立以区块链为核心的供应链信息协同系统,从而提高信息协同管理的智能化水平,实现去中心化的管控效果。以下是主要步骤。

①优化传统信息共享模式,搭建基于供应链的分布式数据库,降低边缘企业的使用门槛,提升供应链信息的流通水平,实现供应链信息的全面协同共享。

②引入智能合约技术,最大限度地减少人工操作,降低人为因素的干扰,提高信息传输效率,从而加速供应链信息的流动速度,减少错误发生的概率,节约运营成本,降低供应链人力和物力等资源的消耗,实现智能化管理模式。

③借助区块链信息管理技术,有效降低信息风险,提高信息传输的规范水平,加强信息的公开和透明性,推动供应链的协同共享。

基于优化后的供应链信息协作系统,企业可以在去中心化和提高智能化水平的基础上实现需求预测、计划制定以及库存自动管理等多项目标。这有助于企业提升供应链信息协同管理的智能水平,构建一个可靠和安全性较高的供应链信息协同系统。

案例分析12-3

区块链助力生鲜电商供应链

任务二　数字化供应链运营优秀案例

一、华为供应链的数字化转型

在当今快节奏、竞争激烈的商业环境中,数字化转型已经成为企业维持竞争力和持续发展的不可或缺的要素。作为全球电信和技术领域的领导者,华为在其供应链运营中成功地实施了这一变革。凭借先进技术和创新战略,华为彻底转变了自身的供应链,提升了效率、灵活性和客户满意度。

2015年,华为启动了名为"集成供应链＋"(ISC＋)的数字化转型项目。该项目的目标是通过数字化和主动的供应链管理提升客户体验并创造价值。为了实现这一目标,华为构建了一个智能的双层供应链业务系统,同时引入了面向服务的流程和基于场景的算法模型。具体而言,华为的数字化供应链转型主要体现在以下几个方面。

(一)流程数字化

华为的数字化转型旅程始于其供应链流程的数字化。华为采用了人工智能、大数据分析和物联网等先进技术,以实现各种任务的自动化和简化。例如,人工智能驱动的需求预测算法帮助华为精准预测市场需求,从而实现更佳的库存管理,减少缺货或库存过剩情况。

此外,华为利用物联网设备和传感器从生产设施、仓库和运输车辆收集实时数据。随后分析这些数据,以识别瓶颈、优化工作流程,并提升整体运营效率。通过将这些流程数字化,华为实现了对供应链可见性和可控性的全面提升,进而缩短了响应时间并降低了成本。

(二)流程优化

华为数字化转型的一个关键方面是流程优化。通过引入自动化流程和智能化的数据处理系统,华为实现了信息处理由串行传递变为并行处理的转变。这意味着订单到发货的整个流程可以同时进行,大大缩短了订单处理时间,提高了工作效率。

举例来说,华为引入了订单履约中心(OFC)的理念,实现了订单处理、生产计划和物流配送的一体化管理。通过建设和管理 OFC,华为能够更好地满足客户需求,提高订单交付的准时性和准确性。

(三)协作平台

为了加强与供应商和合作伙伴的合作,华为开发了能够实现无缝沟通和信息共享的协作平台。这些平台促进了实时协作,使利益相关者能够交换数据、实时追踪发货进度并及时解决问题。通过消除人为流程和改善沟通,华为明显缩短了交付周期,提高了供应链的透明度。

一个值得关注的案例是华为的供应商协作平台连接了全球各供应商。通过该平台,供应商可以获取实时的需求信息,提交报价,并展开产品开发的合作。这种高效的方法不仅改善了华为与供应商的关系,还加速了新产品的上市时间。

(四)数据驱动决策

通过建立统一的数据库和数据模型(包括订单数据、物流数据和生产数据等),华为实现了由基于个人经验和直觉的决策模式向由数据分析驱动的决策模式的转变。在数字化转型中,华为专注于数据分析和数据驱动决策的应用。

借助数据分析,华为能够更全面地洞察客户需求和市场趋势,进而做出更为精准的决策。另外,华为还借助数据可视化工具和数据分析工具,协助管理层深入了解供应链状况,制定更有效的策略和决策。

(五)智能仓储和物流

通过引入自动化系统,实现大量手动操作向自动化系统操作的转变,从而提高工作效率和准确性。此外,华为还积极投资于智能仓储和物流解决方案,以优化其供应链运营。

华为使用先进的机器人和自动化技术来提高仓库效率、减少错误,并提升订单履行速度。自动引导车(AGV)和机械臂等被应用于分拣、包装等任务,最大限度地减少人为干预,提高了生产力。

此外,华为借助数据分析和机器学习算法,优化物流路线,最大限度地降低运输成本,并提升交付准确性。通过分析历史数据、天气状况、交通模型等变量,华为能够实时做出明智的决策,确保及时且经济高效的交付。

(六)以客户为中心

华为的数字化转型不仅仅局限于内部流程改进,还包括以客户为中心的方法。华为实施了客户关系管理(CRM)系统,实现了个性化互动、高效的订单处理和有效的售后支持。通过这些系统,华为能够更好地了解客户的偏好,预测他们的需求,并提供定制化的解决方案。

华为通过数字化渠道和电子商务平台直接与客户接触,不仅加快了订单处理速度,还为客户行为和市场趋势提供了有价值的见解。借助这些数据,华为能够持续改进产品,提升整体客户体验。

总之,通过数字化技术,华为不仅提高了供应链效率和准确性,还提升了客户体验,进一步推动了企业的快速发展。在当今数字化时代,华为的成功经验告诉我们,企业只有积极进行数字化转型,方能在全球竞争中取得持续优势。

二、联合利华供应链运营模式

作为一家居于世界500强的领军企业,联合利华拥有1 600个品牌,在日化行业享有盛誉。自2018年起,联合利华便开始构建4S(Swift & Agile-迅速敏捷,Smart-智能,Sustainable-可持续,Striving-进取)供应链,加速推进智能供应链的创新。

(一)深度数据挖掘与需求分析

相比家电、汽车等耐用消费品,日化行业的消费趋势和周期性更加难以预测。这是因为消费者购买频率更高,消费结构更为复杂,且充满许多不确定因素。因此,联合利华需要准确地预测未来的销售情况。

为此,联合利华建立了大数据管理平台,实时采集、整理、存储、查询和展示数据,并融合数据智能引擎,高效积累数据资产,支持业务应用场景,助力企业构建坚实的数据基础,实现数字化经营。此外,联合利华还根据16个品牌的产品形态划分成四大业务分类,每个类别设有专门团队来预测产品销售情况。

每天,遍布全国各地的联合利华销售人员在巡店后将数据输入大数据管理平台(如图12-2所示),将销售情况源源不断地汇总到公司数据库中心的主机上。此外,还有直接连入诸如沃尔玛POS机系统和经销商库存系统的系统。因此,无论联合利华的管理人员身处中国上海总部办公室还是伦敦全球总部办公室,都能及时了解在中国超过1万家零售门店的每日销售状况。

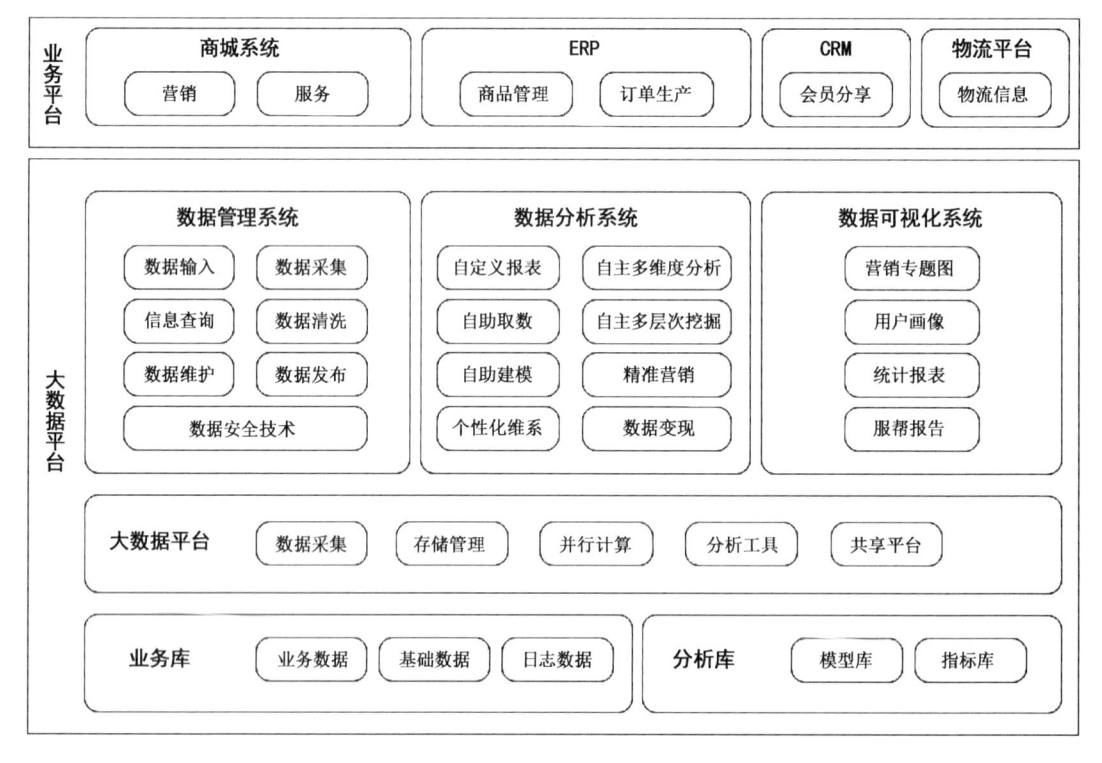

图12-2 联合利华大数据管理平台

(二)全球协同采购与供应商管理

根据联合利华的全球化采购和生产体系,消费者的购买行为对采购和生产产生的影响甚至是全球性的。目前,联合利华旗下拥有 400 多个品牌的产品在六大洲的 270 个生产基地生产。所有原材料和包装材料的采购问题,包括供应商的选择、采购地点以及采购规模和频率的安排,都是全球统一协调的。这种全球化的运作不仅体现了规模效应的成本优势,同时也对公司的供应商管理水平提出了挑战。

联合利华针对供应商制定了全球共同执行的标准,逐步建立了长期可靠的战略合作伙伴关系。他们还利用采购供应商管理系统展开多方面的建设,包括优化原材料检验流程、提升供应商管控能力、建立供应商质量档案以及开展供应商改进协同和互动,全面提升了供应商管理水平。对于在这一领域缺乏技术和经验的企业,联合利华还提供协助,帮助他们建立专业高效的供应商管理系统,实现供应商的规范化管理。该系统包括供应商的基本信息、资质、编号、审批、分类、级别、区域、行业等内容,可以在一个界面上详细查看。通过对供应商的信用、效率、价格、质量、利润、绩效等多方面的统计分析和综合评估,企业可以不断优化供应商准入标准,使供应商选择更具科学性和合理性,有助于企业有效控制采购成本。

通过科学的供应商关系管理,企业在产品质量、交货时间、供货准时率等方面取得了显著的改善,极大地提高了顾客的满意度和忠诚度。联合利华在国际市场逐渐赢得了越来越大的竞争优势。

(三)渠道供应链管理,实时洞察市场动态

如果将厂家比作军事指挥的大本营,那么各个经销商则是奔赴前线的作战部队,他们应在成功与失败中共享荣耀、共担责任。然而,由于双方之间建立合适的信任关系颇具挑战,他们既相互合作又相互制约,存在"爱恨交织"的局面,如果处理不当,最终会损害各自的利益。目前,传统的分销渠道普遍存在一些问题,包括渠道缺乏统一性、市场拓展不尽如人意、渠道覆盖范围过于广泛、在中间商选择上缺乏明确标准、技术水平较低、过度依赖自建网络、信息更新不及时等。

为了应对这一状况,联合利华在全国设立了 9 个销售大区,由合肥生产基地制造的成品首先被发往上海、广州、北京、沈阳、成都等 9 个城市的区域分仓。公司建立了 B2B 经销商渠道管理系统(如图 12-3 所示),利用互联网延伸及便捷性,使商务流程不再受时间、地点和人员的限制,实现企业与经销商之间端到端的供应链管理。这有效缩短了供销链,确保企业能够随时、随地展开销售,以无缝应对拓展和增长需求。同时,为经销商提供互联网销售工具,使每个经销商都具备业务拓展的能力,协助他们增加销售额。

举例来说,春节是联合利华产品销售的旺季,而接近春节时,西向铁路线将会变得拥挤,公路运输也会变得繁忙,有时还会出现无法预料的临时状况,导致原材料或货物无法按时送达。面对这种情况,联合利华的分销资源计划部门可以通过 B2B 经销商渠道管理系统提供的订单管理,实时了解市场动态、掌握渠道库存情况,精准执行促销策略,并与业务部门、生产部门、物流部门等进行,规划提前在何处建立库存存储。

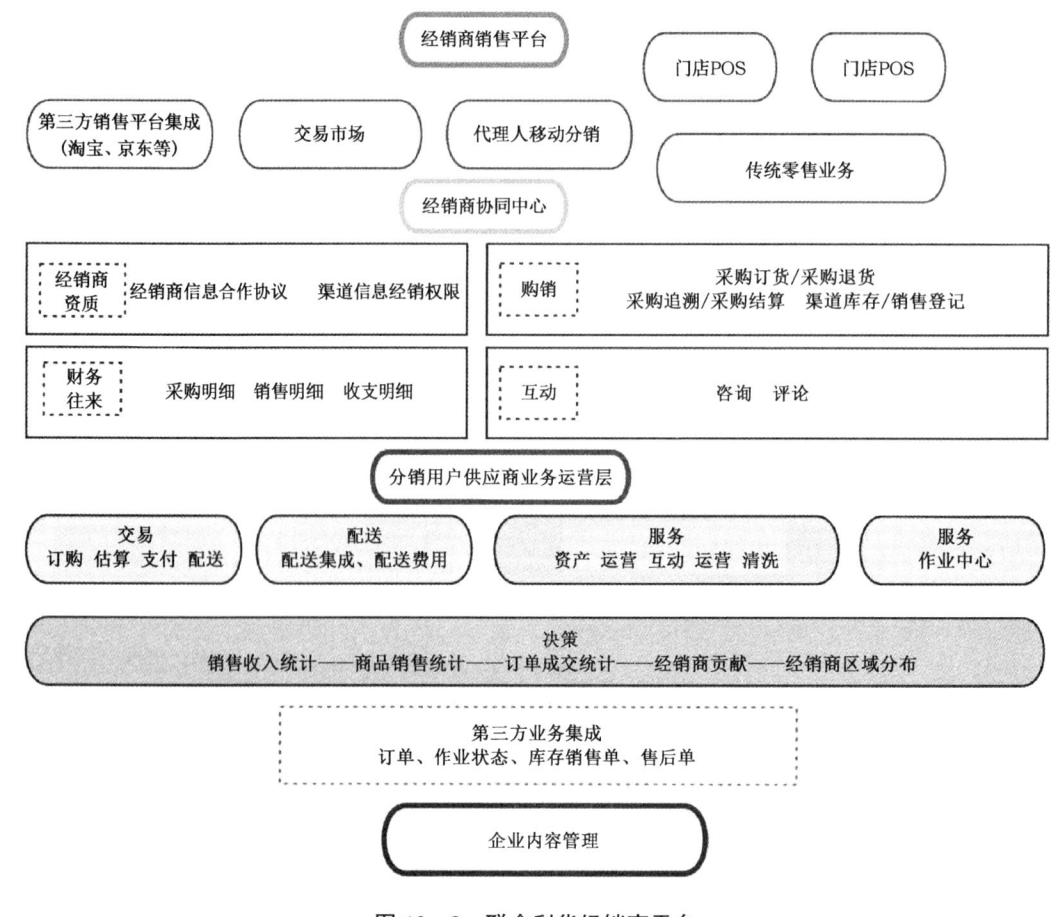

图 12—3 联合利华经销商平台

三、沃尔玛的数字化转型

沃尔玛是一家美国跨国零售巨头,经营大型超市、杂货店和折扣百货店,于 1962 年由山姆·沃尔顿创立于阿肯色州,至今已有 60 余年历史。经过多年经营与发展,沃尔玛已发展成为全球最大的零售公司,连续多年位居世界 500 强企业榜单首位。

沃尔玛的使命和愿景始终围绕着满足用户需求和提供优质用户体验展开。与此同时,沃尔玛积极拓展业务,不断创新业务模式,注重线上线下销售的结合,并持续利用数据改善服务和业务。除此之外,沃尔玛还重视成本控制和利益共享,在生态系统中促进繁荣共赢,实现可持续发展目标。

(一)价值主张

沃尔玛的使命被概括为"在零售店和电子商务中帮助全球人们随时随地省钱,享受更美好的生活"。其愿景是"使忙碌家庭的每一天更轻松"。沃尔玛将"忙碌家庭"定义为其主要核心客户群体。为迎合这一消费群体,沃尔玛特别注重提供"轻松舒适"的购物体验,因此在商品分类、摆放和结账模式上力求明确、简便、易用。

受益于信息时代和消费者消费习惯的变化,电商行业近年来蓬勃发展,沃尔玛积极抓住线上销售的机遇,通过自主建设和并购模式,不断扩展线上销售渠道,完善内部物流配送系统,以进一步提升用户体验。沃尔玛与京东、淘宝等线上电商合作,开拓线上销售渠道;同时与互联网企业合作,扩展支付渠道。通过打通线上线下销售渠道、完善物流和自取服务、保障退款等售后服务,沃尔玛促进了用户购物行为,使购物更加便捷,用户更易于查询商品种类。同时,沃尔玛一直贯彻低价策略,推出"天天低价"等活动,进一步刺激用户消费,采用薄利多销的营收模式,推动了沃尔玛的收入不断增长。

2021年,沃尔玛中国第四财季净销售额增长了13.5%,可比销售额增长了13.3%。山姆会员商店和电商业务继续表现出色,沃尔玛大卖场业绩也有所提升。

沃尔玛的主要业务包括沃尔玛美国(占销售额的65%)、沃尔玛国际(占销售额的23%)和山姆会员店(占销售额的11%)。沃尔玛的商业模式主要依靠降低成本、提高效率和扩大市场份额获取收益。额外的收入来源包括山姆会员店的会员费、商品进场费以及账期理财等。此外,沃尔玛注重业态创新,每次推出的业态模式都处于行业的前沿,主要包括折扣店、购物广场、山姆会员店和社区店等。这些业态的组合使得沃尔玛成功抢占了高、中、低档市场。

沃尔玛商品物美价廉的成功离不开其对成本和费用的严格控制。沃尔玛与供应商无缝对接,强化自有品牌建设,不仅节省了中间环节成本,还能迅速补货和进货,有利于整个供应链效率的提升。沃尔玛与宝洁的合作便是一个典型案例。

(二)用户中心

借助其庞大的客户数据和供应商数据支持,沃尔玛整合了技术企业的资源,开发并利用高度信息化的系统实现了高效的库存管理,同时还运用私人卫星支持配送中心实现了中心与供应商、运输系统和门店的连接。沃尔玛将门店设于物流中心附近,通过自建运输车队实现及时配送,同时监控整体流程,提高了效率、降低了成本。此外,沃尔玛严格控制运营成本和员工成本。这些综合措施使得沃尔玛始终保持价格竞争优势,并将节省下来的成本优势与客户共享。

沃尔玛坚持以服务至上、产品平价优质为理念,致力于满足广大消费者对于优质且实惠商品的需求。在沃尔玛的线下门店和线上App中,用户都能享受到优质便捷的购物体验。沃尔玛的山姆会员店为会员制超市,全渠道提供差异化的优质商品、服务体验和会员权益,并结合智能互动平台,不断优化用户体验,为用户提供便利,吸引用户。

(三)数据驱动

沃尔玛通过整合会员数据,实现线上线下会员消费体验与运营管理的全面打通,以分析消费者需求为主导,确保产品安全可溯源、提高产品质量并保障产品价格优惠。通过与电商平台、在线支付平台以及物流公司的合作,沃尔玛实现了旗下商店在线渠道的销售、支付和配送,不断丰富业务类型和服务方式,实现了零售行业的全渠道销售。

(四)增长目标

沃尔玛与多家企业展开深度合作,共同解决食品安全追溯、"最后一公里"物流配送以及线上销售等问题,推动数字化转型并参与共建零售业生态圈,进一步降低各环节成本。沃尔玛的运营模式不仅优化了用户体验,极大便利了用户的购物和物流取货过程,还为用户提供了优质且实惠的商品,刺激用户消费,增加收入,降低成本,从而实现了收入增长。

沃尔玛旗下的商业目标始终聚焦于提升客户体验和提供优质低价产品。公司积极推动销售渠道的拓展,持续优化服务,不断提升用户体验和服务便捷度,以激发用户的消费行为,推动市场发展。凭借庞大的数据基础,沃尔玛整合和分析会员数据,推出针对性活动,改进产品。同时,利用供应商、库存和物流数据,打造智能配送中心和分拣系统,实现供应商、门店和物流之间的协同,降低成本,发挥数据驱动引擎。这两个"飞轮"相互结合,推动沃尔玛持续盈利和发展。

四、上汽通用物流探索全局数字化

从零部件供应到整车装配再到最终销售，一辆汽车的生产涉及超过8 000家企业在多个层次产业链中的协作。汽车供应链管理和物流运营的复杂程度非常高。在"工业4.0"和《中国制造2025》的推动下，汽车行业加速向智能制造转型升级，数字化成为实现汽车供应链上下游企业高效协同的关键。

早在2015年，作为我国汽车产业的领军企业之一，上汽通用汽车有限公司（简称"上汽通用"）就立足于公司的智能制造发展战略，制定了供应链与物流数字化发展规划，对传统物流业务流程进行全面数字化改造，同时稳定推动物流业务各环节的自动化升级，取得了显著成效。

经过多年的实践探索，上汽通用已经建立了覆盖生产计划、入厂物流、工厂物流和出厂物流全流程的数字化架构。公司陆续开发并投入使用了智能排产系统、入厂/出厂物流智能集成平台、包装器具管理平台、仓储面积智能规划系统、人员工时管理系统、供应链数字一体化平台、工厂物流人－机－料智能调度等一系列数字化系统平台。上汽通用在供应链和物流领域的全面数字化发展，伴随着物流自动化和智能化的升级，代表了中国汽车物流产业从工业2.0向工业4.0迈进的过程。

第一，引入尺寸链（Dimensional Chain）概念，从物流包装方面入手，建立物流标准化体系。在上汽通用物流向自动化机器设备替代人工的初期阶段，发现整个工厂物流尚未采纳尺寸链的概念。包括料箱、料箱底衬和托盘等包装器具缺乏统一规范的尺寸链，不同器具存在尺寸差异，经过多个作业环节传递后，影响了自动化物流设备的准确识别和高效运作。上汽通用将汽车生产中的尺寸链概念引入物流包装领域，建立了包装标准化体系，明确了包装设计原则和检验标准，与机器人等自动化物流设备实现精准匹配，通过二次定位校准误差，最终实现了物流作业全流程的提速降本。建立物流包装尺寸链夯实了中国汽车供应链和物流运作向自动化升级的重要基础，该方法被其他同行企业广泛学习借鉴。

第二，建立自动化物流设备的开关机流程，以更好地保障高度集成的自动化物流系统的运行。随着机器取代人力工作的深入推进，AGV、AGC、自动化立体库、输送机、分拣系统等越来越多的自动化物流设备被广泛应用于上汽通用。由于同时开机可能导致电流冲击过大、超负荷运行，因此需要确定各种设备的启动顺序。上汽通用意识到，各类物流设备的开关机时间和顺序与业务逻辑之间存在复杂关系。因此，上汽通用开始结合业务逻辑设计物流设备的开关机流程，标志着汽车供应链和物流已发展到了大规模高度集成自动化的阶段。

第三，建立信息系统的标准化接口和统一的"时钟"概念，以促进全方位、整体性和实时性的高效协同发展。目前，供应链物流各环节的信息系统已逐步健全。例如，我们拥有生产物流管理系统、运输管理系统，后者可细分为前端绑定、运途跟踪、电子报警、排队申请、卸货跟踪、空箱运输等各分段信息系统。这些信息系统各自独立高效运行，但在相互衔接方面仍存在一些问题。例如，上汽通用拥有8 000多家供应商，当所有物流操作数字化呈现时，数据逻辑变得十分复杂，各系统会产生大量数据，数据之间需要何种传输、何时采集数据，将来如何扩展等问题都将对供应链各环节产生重大影响。因此，信息系统建设初期应从整个链条的角度出发，设定良好的接口、规范，构建基础架构，并从时间维度确定统一的"时钟"概念，以精确采集关联数据，确保整体系统及时响应、高效运转。

在自身使用数字化管理信息系统受益匪浅的同时，上汽通用将数字化收益扩展至零部件供应商、物流服务商等上下游合作伙伴。供应链与物流的全范围、整体性和实时性发展是一个彻底的转变,需要确保上汽通用、零部件供应商和物流服务商之间的供应链和物流运作数据通畅无阻。必须深入挖掘数据的价值,以满足业务需求,从而实现提高质量、提升效率和降低成本,实现各方共赢。

上汽通用的供应商总数超过 8 000 家,遍布全球各地,这使得上汽通用在应对市场变化时面临着巨大挑战。为此,上汽通用建立了供应链数字一体化平台,可以在管理平台上查看所有供应商的基础信息。对于关键的一级供应商,除了基础数据外,上汽通用通过系统平台对接,实现了工厂排产、库存、物流等数据的实时同步,实现了主机厂和供应商之间的深度协同。在初期规划中,通过优化供应商布局、消除冗余供应链,近年来上汽通用成功削减了超过 2 亿元的成本,提升了供应链整体成本竞争力,增强了供应链的响应能力,确保了供应链的安全性。

以入厂物流为例。零部件的运输网络十分复杂,当遇到需求波动或物料报警等突发情况时,上汽通用调整生产计划会,每家供应商的出货量和频次都会发生变化。此外,出现供应商出货地址变更、限行政策调整等情况时,需重新调整零件数量、需求时间、窗口间隔、库存限制、装载率、卡车运力等。以往,依赖人工规划需要数周时间,运输资源的调整经常落后于计划调整,导致运力的浪费。

随着各方数据的互通,上汽通用建立起入厂物流智能集成平台,实现了对整个物流管道内货物的精准跟踪,提升了零部件供应商的交付结算效率和安全性,同时使物流服务商派遣的车辆更加精益。在智能算法引擎的协助下,仅需半小时即可对运输方案进行迭代优化。优化后的运输指令提前一天发布,提高了实际运作效率,实现需求与资源的高效匹配。统计数据显示,与基于人工经验计算的结果相比,优化后的方案提高了 8% 的装载率,缩短了 13% 的运输路径,并降低了 10% 的车辆需求。

在上汽通用物流中,以"资源与需求的数字化高效匹配"为中心,公司全面探索供应链与物流的整体数字化管理,最大限度挖掘数据的价值,并通过引入多种先进技术,稳步推动物流业务的自动化与智能化升级,为公司智能制造战略的实施提供支持,确保企业保持竞争优势。

小　结

数字化供应链运营解决方案有助于提升企业的运营效率、灵活性和客户满意度,为企业在竞争激烈的市场中保持竞争力提供了有力的支持。本项目首先介绍了数字化供应链运营方案的设计要求、编制内容和实施路径。其次系统分析了大数据、区块链技术在供应链数字化运营中的应用方案。最后通过华为、联合利华、沃尔玛、上汽通用的案例展示了数字化物流对供应链优化在企业中产生的巨大影响。

案例讨论

宝洁的数智化进阶:数字化服务平台与人工智能应用

宝洁公司长期致力于数字化转型,重点投资于供应链、零售业务以及环境可持续性方面的变革。近期,其推出的协同供应链战略——数字化供应链服务平台,为北美渠道零售合作伙伴提供服务,成为最受瞩目的数字化转型举措。宝洁公司总裁兼首席执行官乔恩·莫勒表示:

"数字化供应链服务平台有助于提升我们为零售合作伙伴和消费者提供服务的能力,同时优化端到端的供应流程,形成可持续且不断扩大的竞争优势。"预计此举将每年实现高达15亿美元的成本节约,部分节约将用于扩大产能。

在数字化能力方面,宝洁公司已大量投资,提高生产力并降低成本,尤其在渠道分销中心和供应仓自动化方面成果显著。此外,宝洁致力于零售业务数字化,加大数据投资,以优化零售合作伙伴的货架推荐,实现更准确的销售预测。"数字化工具告诉我们,团队应如何布局,投放何种关键词,广告和营销活动的投资额度,以及何时启动营销活动。这些数字技术推动了卓越的零售业务,赋予我们市场竞争优势。"

莫勒表示,数字化转型的最终目标是打造"一个更赋能、更敏捷、更负责任的组织",实现企业无缝支持并减少冗余。与众多快消品公司一样,宝洁也在积极探索涉及人工智能的一系列前景广阔的应用。

在近日与投资者的电话财报会议中,莫勒透露,宝洁的全球供应链3.0计划旨在通过自动化和数据分析加强供应链韧性。他还指出,该计划使宝洁能更全面地与零售商合作,共同优化整个供应链,而非仅关注局部优化。

该计划还包括运用数据和机器学习算法优化货车调度,最小化司机空闲时间,以及利用人工智能工具提升补货率、优化采购和规划智能路线。宝洁首席信息官维托里奥·克雷泰拉近期分享了"以人工智能为先"的企业理念,包括开发一种全球80%的业务中使用的机器学习平台。据高管透露,该公司的"AI工厂"使数据工程师的速度和效率提高了10倍。

讨论:

宝洁公司如何在数字化供应链的基础上实现供应链的优化?供应链的优化给宝洁公司带来了哪些战略竞争优势?

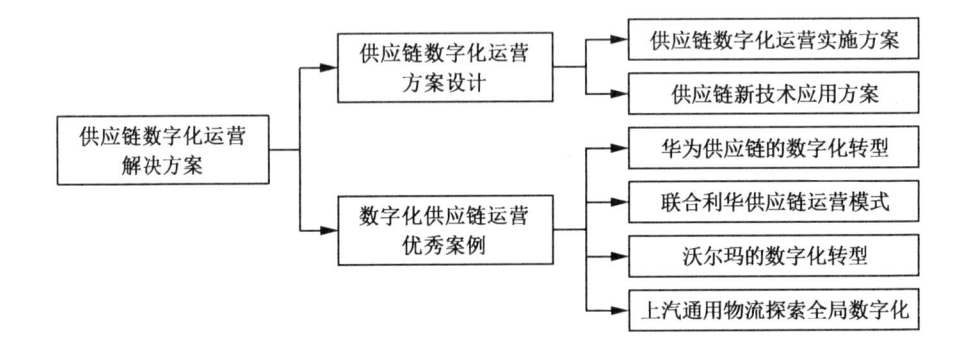

思维导图

供应链数字化运营解决方案
- 供应链数字化运营方案设计
  - 供应链数字化运营实施方案
  - 供应链新技术应用方案
- 数字化供应链运营优秀案例
  - 华为供应链的数字化转型
  - 联合利华供应链运营模式
  - 沃尔玛的数字化转型
  - 上汽通用物流探索全局数字化

思考题

1. 如何在数字化物流的基础上实现供应链优化?
2. 供应链优化对于企业的影响具体有哪些?

参考文献

[1]刘常宝.数字化供应链管理[M].北京:清华大学出版社,2023.
[2]孙明波,高举红.运营管理[M].北京:机械工业出版社,2015.
[3]马潇宇,张玉立,叶琼伟.数字化供应链理论与实践[M].北京:清华大学出版社,2023.
[4]杨国荣.供应链管理[M].北京:北京理工大学出版社,2019.
[5]张立群.供应链管理基础与实务[M].长春:吉林人民出版社,2021.
[6]张磊,张雪.物流与供应链管理[M].北京:北京理工大学出版社,2021.
[7]林清芳.生产运作管理[M].北京:北京理工出版社,2016.
[8]姜金德,卢荣花,朱雪春.生产与运作管理[M].南京:东南大学出版社,2017.
[9]孙明贺.智慧物流与供应链基础[M].北京:机械工业出版社,2022.
[10]霍明奎,封伟毅.物流与供应链管理[M].北京:电子工业出版社,2020.
[11]王能民,史玮璇,何正文.运营管理:新思维、新模式、新方法[M].北京:机械工业出版社,2023.
[12](美)威廉 J. 史蒂文森,等.运营管理[M].马风才,译.北京:机械工业出版社,2016.
[13]冯耕中,刘伟华.物流与供应链管理:[M].北京:中国人民大学出版社,2014.
[14]侯云先,吕建军,李晓红,等.运营与供应链管理[M].北京:中国农业大学出版社,2021.
[15]乐美龙.供应链管理[M].上海:上海交通大学出版社,2021.
[16]陈明蔚.供应链管理[M].北京:北京理工大学出版社,2018.
[17]陈荣秋,马士华.生产与运作管理[M].北京:高等教育出版社,2005.
[18]霍佳震,张艳霞.物流与供应链管理[M].北京:高等教育出版社,2021.
[19](比)帕特里克·梅斯.销售赋能[M].胡晓红,郭玮钰,译.天津:天津科学技术出版社,2019.
[20]阳正义,舒昌.市场营销学[M].北京:清华大学出版社,2019.
[21]周欣悦.消费者行为学[M].北京:机械工业出版社,2019.
[22]宁延杰.数字化营销:新媒体全网运营一本通[M].北京:北京大学出版社,2023.
[23]余爱云,刘列转.市场营销理论与实务[M].北京:北京理工大学出版社,2021.
[24]陈玲.市场营销基础[M].重庆:重庆大学出版社,2021.
[25]姜宏锋,张喆,程序.数智化采购:采购数字化转型的方法论与实践[M].北京:机械工业出版社,2021.
[26]蒋振盈.采购供应链管理:供应链环境下的采购管理[M].北京:中国经济出版社,2015.
[27]吴春尚,孙序佑.采购管理[M].成都:电子科技大学出版社,2020.
[28]李恒兴,鲍钰.采购管理[M].北京:北京理工大学出版社,2018.
[29]陈鸿雁,张子辰.生产物流运作管理[M].北京:北京理工大学出版社,2020.
[30]刘蕾.运营管理[M].北京:机械工业出版社,2023.
[31](美)罗伯特·雅各布斯,理查德·B.蔡斯.运营管理[M].苏强,霍佳震,邱灿华,译.北京:机械工业出版社,2019.
[32](美)威廉 J.史蒂文森,张群,张杰,等.运营管理(原书第13版)[M].北京:机械工业出版社,2023.
[33]田江.供应链金融[M].北京:清华大学出版社,2021.
[34]阮喜珍,刘晶璟.智慧仓储配送运营[M].武汉:华中科技大学出版社,2023.

[35]孙秋高,方照琪.仓储管理实务[M].北京:电子工业出版社,2020.

[36]万玉龙,宋珊珊,雷安然.仓储与配送实务[M].长沙:湖南师范大学出版社,2020.

[37]马士华,林勇.供应链管理[M].北京:机械工业出版社,2020.

[38]操露.智慧仓储实务:规划、建设与运营[M].北京:机械工业出版社,2023.

[39]唐隆基,潘永刚.数字化供应链:转型升级路线与价值再造实践[M].北京:人民邮电出版社 2021

[40]李震宇.精益物流实施精要[M].北京:机械工业出版社,2016.

[41]靳海杰.精益物流在机械企业中的应用研究[J].化纤与纺织技术,2023,52(2):86-88.

[42]杨旋.精益物流背景下仓储物流成本控制对策研究[J].中国集体经济,2023(31):93-96.

[43]黄爱猛.威派公司精益物流管理研究[D].长春:吉林大学,2023.

[44]陈瑶.精益供应物流整合优化研究[D].上海:同济大学,2009.

[45]王茂林.供应链环境下制造企业精益物流运作研究[D].天津:天津大学,2009.

[46]郭肇明,史文月.供应链管理师(二级)[M].北京:中国劳动社会保障出版社,2019.

[47](美)博特.世界级质量管理工具[M].遇今,等译.北京:中国人民大学出版社,2004.

[48](美)乔纳·伯杰.催化:让一切加速改变[M].王晋,译.北京:电子工业出版社,2021.

[49]Coleman, Sr L B. The Connection Between Supplier Audits and Organizational Risk"[J]. The Journal for Quality & Participation,2018,41(2):33-38.

[50]Mohammadreza Haddadi.华为手机伊朗市场营销策略研究[D].兰州:兰州理工大学,2021.

[51]李敬雷.餐饮供应链专题分析报告[R].国金证券股份有限公司,2022.

[52]李永飞.供应链质量管理前言和体系研究[M].北京:机械工业出版社,2016.

[53]黄文霖.数字化采购:采购转型升级的实践指南[M].北京:人民邮电出版社,2023.

[54]吴晓波,于东海,许伟,等.不确定时代的质量管理:穿越周期的华为[M].北京:中信出版社,2023.

[55]戚维明.全面质量管理[M].北京:中国科学技术出版社,2010.

[56]刘宝红,赵玲.供应链的三道防线:需求预测、库存计划、供应链执行[M].北京:机械工业出版,2018.

[57]包兴,郑忠良.供应链金融风险控制与信用评价研究[M].北京:清华大学出版社,2015.

[58]时青靖.供应链风险来袭[M].杭州:浙江出版集团数字传媒有限公司,2014.

[59]陈祥锋.供应链金融服务创新论[M].上海:复旦大学出版社,2008.

[60]郑为晶.中小企业供应链金融融资研究:以M公司为例[D].郑州:中原工学院,2019.

[61]卢强.供应链金融[M].北京:中国人民大学出版社,2022.

[62]赵华伟,刘全宝.供应链金融[M].北京:清华大学出版社,2023.

[63]曹珺雯,佟京昊,曹雁林.国内物流无人机配送体系模式研究[J].中国物流与采购,2018(14):72-73.

[64]彭鑫,李方义,王黎明,等.产品低碳设计方法研究进展[J].计算机集成制造系统,2018,24(11):2846-2856.

[65]孔琳,李方义,王黎明,等.产品方案低碳设计研究综述与展望[J].机械工程学报,2023,59(7):2-17.

[66]钱冰冰.清洁生产技术在工业生产中的应用和发展[J].大众标准化,2022(6):181-183.

[67]范宝栩.我国产品过度包装的环境法律规制研究[D].哈尔滨:东北林业大学,2023.

[68]文岩.生命周期理论下的绿色包装低碳化设计研究[D].桂林:广西师范大学,2023.

[69]林秋风.基于货运结构优化的中国货物运输碳排放仿真研究[D].北京:华北电力大学,2022.

[70]杨明荣,林玉山.基于低碳物流的协同配送[J].物流工程与管理,2011,33(9):1-2.

[71]宁斌.基于低碳经济的逆向物流分析与研究[D].青岛:山东科技大学,2012.

[72]曹思思.废旧家电逆向物流网络设计研究[D].重庆:重庆大学,2022.

[73]张伟.再制造逆向物流回收与网络优化设计[D].天津:天津科技大学,2017.

[74]赵忠.逆向物流运作模式研究[M].上海:上海交通大学出版社,2013.

[75]赵阳,王影,齐阳.降低自然资本风险的策略——以联合利华为例[J].可持续发展经济导刊,2019(7):43-45.

[76]宋新平,刘馥宁,申真,等.大数据下企业供应链风险管理与竞争情报融合模型构建——以华为公司为例[J].情报杂志,2024(2):1-10.

[77]叶小凤,鲍安德,黎妍.打造绿色环保高效的供应链管理平台——沃尔玛(中国)与联合利华(中国)端到端全方位供应链合作[J].中国自动识别技术,2013(3):61-63.

[78]王玉梅.联合利华(中国)灵活运转的供应链[J].石油石化物资采购,2012(12):78-79.

[79]黄倩.数字化转型背景下沃尔玛盈利模式研究[D].济南:山东大学,2022.

[80]李文心.供应链视角下汽车制造企业存货管理研究[D].广州:广东财经大学,2023.

[81]任维胜.上汽集团数字化转型绩效研究[D].兰州:兰州大学,2023.

[82]王玉,江宏.上汽通用物流:探索全局数字化重塑共赢生态圈——访上汽通用汽车有限公司生产控制与物流部执行副总监周辉[J].物流技术与应用,2021,26(5):104-108.

[83]刘晓云.宝洁如何在数字世界起舞?[J].成功营销,2013(4):54-56.